böhlau

Schriftenreihe des Forschungsinstitutes für politisch-historische Studien
der Dr.-Wilfried-Haslauer-Bibliothek, Salzburg

Herausgegeben von Robert Kriechbaumer · Franz Schausberger · Hubert Weinberger

Band 73

Dr.-Wilfried-
Haslauer-
Bibliothek

Andreas Weigl

Von der Existenzsicherung zur Wohlstandsgesellschaft

Überlebensbedingungen und Lebenschancen in Wien und Niederösterreich von der Mitte des 19. Jahrhunderts bis zur Gegenwart

Böhlau Verlag Wien · Köln · Weimar

WISSENSCHAFT · FORSCHUNG
NIEDERÖSTERREICH

Veröffentlicht mit Unterstützung durch das
Amt der N.Ö. Landesregierung, Abteilung Wissenschaft und Forschung
und die Hannes-Androsch-Stiftung

Bibliografische Information der Deutschen Nationalbibliothek:
Die Deutsche Nationalbibliothek verzeichnet diese Publikation in der
Deutschen Nationalbibliografie; detaillierte bibliografische Daten sind
im Internet über http://dnb.d-nb.de abrufbar.

Umschlagabbildung: Ausschnitt aus Gemeinde Wien, Wiener Arbeiterkammer und Sozialversicherungsinstitute auf der Ausstellung »Wien und die Wiener« 1927. Statistische Bildertafeln des Gesellschafts- und Wirtschaftsmuseums in Wien, Wien 1927, 29

Korrektorat: Patricia Simon, Langerwehe
Einbandgestaltung: Michael Haderer, Wien
Satz: Michael Rauscher, Wien
Druck und Bindung: Hubert & Co., Göttingen
Gedruckt auf chlor- und säurefrei gebleichtem Papier
Printed in the EU

Vandenhoeck & Ruprecht Verlage | www.vandenhoeck-ruprecht-verlage.com

ISBN 978-3-205-20994-2

Für Alicja, Magda und Malgosia

Inhaltsverzeichnis

Vorwort

Der vorliegende Band hat eine weiter zurückreichende Entstehungsgeschichte. Schon während meiner langjährigen Tätigkeit in der regionalen amtlichen Statistik, in der Bevölkerungs-, dann in der Wirtschaftsstatistik, und in einer mit EU-Förderungen befassten Stelle beschäftigte mich die Frage der Wohlstandsmessung, zunächst mehr auf Basis demographischer, später auch regionalökonomischer Indikatoren. Besonders im Fall Letzterer war ich immer wieder mit dem Problem ihrer Verwendung im öffentlichen Diskurs als Wohlstandsmaße konfrontiert, obwohl sie für die Frage nach dem Wohlstand einer Bevölkerung ganz offensichtlich nur eingeschränkte Aussagekraft besitzen. Ganz abgesehen davon zeigte sich, dass der Regionalisierbarkeit von Gütern und Dienstleistungen in der Volkswirtschaftlichen Gesamtrechnung gewisse Grenzen gesetzt sind, die zu entsprechenden statistischen Verzerrungen beitragen. Diese waren und sind Expertinnen und Experten auf dem Gebiet der Wirtschaftsstatistik und der Regionalökonomie zwar wohlbekannt, doch resultieren aus der alltäglichen Verwendung dieser statistischen Indikatoren häufige Missdeutungen. Durch meine parallele Befassung mit der österreichischen und im Speziellen der Wiener Wirtschaftsgeschichte war ich aber auch mit historisch-kliometrischen Studien zur makroökonomischen Entwicklung der Habsburgermonarchie vertraut, die über die Verwendung von Proxy-Variablen[1] zu einer Schätzung der ökonomischen Performance der Monarchie im 18. und 19. Jahrhundert zu gelangen suchten und damit, ohne es eigentlich zu intendieren, auch »Wohlstandsgeschichte« geschrieben haben. Beide Stränge verbanden sich schließlich zu einem Beitrag in der Zeitschrift »Wirtschaft und Gesellschaft«, in dem ich das Problem der historischen Wohlstandsmessung in einer Festschrift für den amerikanischen Wirtschaftshistoriker David F. Good im größeren historischen Rahmen diskutiert habe.[2]

Einige Zeit nach dem Erscheinen dieses Beitrags ergab sich in einem Gespräch mit Michael Dippelreiter die Möglichkeit, eine Regionalstudie zur langfristigen Wohlstandsentwicklung in Österreich anzuregen. Die Idee wurde im wissenschaftlichen Beirat des Forschungsinstitutes für politisch-historische Studien »Dr.-Wilfried-Haslauer-Bibliothek« sehr wohlwollend aufgenommen. Daraufhin habe ich ein Konzept für eine mehrbändige Wohlstandsgeschichte der österreichischen Bundesländer vorgelegt, deren erster Band hiermit erscheint. Nach Rücksprache mit dem Beirat sind weitere Bände, die jeweils zwei österreichische Bundesländer zum Gegenstand

1 Variablen, die zur ersatzweisen Messung nicht oder nur eingeschränkt vorhandener Indikatoren in Regressionsmodellen Verwendung finden.

2 Weigl, Kliometrie in der Erweiterung.

haben, vorgesehen, und zwar für Steiermark/Kärnten, Oberösterreich/Salzburg und Tirol/Vorarlberg. Ein Burgenland-Band bleibt vorerst auf Grund der bis 1918/1921 bestehenden Zugehörigkeit zu Westungarn in der Planung ausgeklammert.

Der erste Band der Reihe befasst sich nicht von ungefähr mit Wien und Niederösterreich, also jenen heutigen Bundesländern, die seit dem ausgehenden 10. Jahrhundert als territoriale Einheit zu fassen und als Kernländer – eigentlich ein Kernland – zu bezeichnen sind. Aus mehreren Gründen wurde allerdings darauf verzichtet, den Betrachtungszeitraum der Reihe und dieses Bandes allzu sehr auszuweiten, da es vor dem Industriezeitalter doch im erheblichen Maß an historisch fassbaren Wohlstandsindikatoren mangelte. Der betrachtete Zeitraum spannt sich daher vom Vormärz bis in die Gegenwart. Dies soll allerdings nicht als Argument gegen Studien zur Wohlstandsentwicklung in Mittelalter und Früher Neuzeit verstanden werden, wenngleich solche wohl nur auf ein vergleichsweise eingeschränktes Daten- und Indikatorenset zurückgreifen können.

Wie bei jedem größeren Projekt gilt es Dank abzustatten. Besonders hervorzuheben ist, dass Herr Bundesminister a. D., Dr. Hannes Androsch, in großzügiger Weise Archivarbeiten im Niederösterreichischen Landesarchiv, Sonderauswertungen bei Statistik Austria und aus dem von Michael Pammer (Johannes-Kepler-Universität Linz) erstellten Datenset finanziell unterstützt und damit erst ermöglicht hat. Die erwähnten Archivrecherchen haben Rudolf Buchinger und Maximilian Martsch durchgeführt. Peter Mayerhofer vom Österreichischen Institut für Wirtschaftsforschung danke ich für die freundliche Zurverfügungstellung von Daten aus der Datenbank des Instituts. Alexander Hanika und Johannes Klotz von Statistik Austria waren in vielfältiger Weise bei der Beschaffung statistischer Daten hilfreich und Alexander Hanika im Besonderen stellte sein Know-how bei der Berechnung von Sterbetafeln zur Verfügung. Michael Pammer von der Johannes-Kepler-Universität in Linz hat mir zu einzelnen Aspekten der regionalen Einkommens- und Vermögensentwicklung wichtige Hinweise gegeben und darüber hinaus noch unpublizierte eigene Berechnungen zur Verfügung gestellt. Elisabeth Loinig hat die Niederösterreich im 19. Jahrhundert betreffenden Teile des Manuskripts kritisch durchgesehen und zahlreiche hilfreiche Anregungen gegeben. Ganz besonders möchte ich meinem langjährigen Freund Gerhard Meißl danken, der das gesamte Manuskript kritisch durchgesehen und zahlreiche Verbesserungsvorschläge eingebracht hat. Robert Kriechbaumer und dem wissenschaftlichen Beirat des Forschungsinstitutes »Haslauer-Bibliothek« in Salzburg danke ich für das große Interesse an dem Projekt und die Geduld, die mit seiner Vollendung aufgebracht wurde.

Einleitung

In der vorliegenden Studie geht es um die langfristige Wohlstandsentwicklung einer Region im Herzen Europas, die als Herzogtum Österreich, im Hochmittelalter noch unter Einschluss Oberösterreichs, als Erzherzogtum unter der Enns, als Kronland Niederösterreich und schließlich als die heutigen österreichischen Bundesländer Wien und Niederösterreich als territoriale Entität zurückreichend bis in das 10. Jahrhundert zu fassen ist. Nicht nur im Zeitalter der Industrialisierung, welches hier im Mittelpunkt des Erkenntnisinteresses stehen soll, handelte es sich um eine Kernregion der Habsburgermonarchie und der Republik Österreich. Als solche waren die Einwohner dieses Landes bzw. dieser Bundesländer mit den Wirkungen eines rasanten Industrialisierungsprozesses konfrontiert, der mit Vor- und Nachteilen für die Lebenserwartung, das körperliche Wohlbefinden, die Befriedigung von Grundbedürfnissen wie Ernährung, Wohnen und Arbeiten verbunden war, letztlich aber den Weg zu den Wohlstandsgesellschaften der zweiten Hälfte des 20. Jahrhunderts und des frühen 21. Jahrhunderts ebnete. In der ersten Hälfte des 20. Jahrhunderts sorgten allerdings die Folgen zweier Weltkriege, schwere Wirtschaftskrisen und zwei Diktaturen für entsprechende »exogene« Rückschläge mit teilweise langwierigen Folgen. Erst in der von den 1950er-Jahren bis in die Gegenwart reichenden Phase konnte die überwiegende Bevölkerungsmehrheit von einer durchschnittlich weit über das 60. Lebensjahr hinausreichenden Lebensspanne ausgehen und von Konsumbudgets, in denen Subsistenzsicherung nicht mehr im Vordergrund stand. Freilich entstanden durch den zuvor unbekannten Massenkonsum auch neue Herausforderungen für den individuellen Wohlstand, die mit den Schlagworten Konsumismus, Zivilisationskrankheiten, Drogenmissbrauch und Verkehrssicherheit hier nur kurz angedeutet werden sollen.

Die territoriale Entwicklung des ehemaligen Kronlandes Niederösterreich einschließlich seiner Hauptstadt Wien bereitet für einen Langzeitvergleich keine größeren Probleme. Zu beachten ist lediglich, dass im Jahr 1920 auf der Grundlage der Pariser Vororteverträge das zum ehemaligen Kronland Niederösterreich gehörige sogenannte »Weitraer bzw. Gmünder Gebiet« (13 Gemeinden im Quellgebiet der Leinsitz) einschließlich der Bahnhofsvorstadt der Stadt Gmünd (České Velenice) und das Stromgebiet der Thaya mit Feldsberg (Valtice) an die Tschechoslowakei abgetreten werden mussten. Beide Gebiete hatten zum Zeitpunkt der Abtretung je rund 11.000 Einwohner.[1] Abgesehen von diesem Gebietsstreifen im Norden Nieder-

1 Zwettler, Entwicklung, 401–403.

österreichs blieben die übrigen Grenzen im 19. und 20. Jahrhundert unverändert.[2] Dies betrifft aber nicht die innere Gliederung, für deren Entwicklung einige Vorbemerkungen erforderlich sind, weil die im Folgenden angeführten regionalen Indikatoren sich auf im Zeitablauf verändernde territoriale Einheiten beziehen. Das seit dem Spätmittelalter bestehende Erzherzogtum unter der Enns bzw. das spätere Kronland Niederösterreich umfasste vier historische Viertel, das Viertel unter dem Wienerwald (VUWW, Industrieviertel), das Viertel ober dem Wienerwald (VOWW, Mostviertel), das Viertel unter dem Manhartsberg (VUMB, Weinviertel) und das Viertel ober dem Manhartsberg (VOMB, Waldviertel). Davon gesondert liegt die Hauptstadt Wien etwa in der geographischen Mitte des Landes. Sie umfasste administrativ bis 1850 Stadt und Vorstädte, ab 1890 auch die Wiener Vororte südlich der Donau. Zudem kam es 1904/05 und 1910 zu Gebietserweiterungen Wiens über die Donau.[3] Ab dem 1.1.1922 wurden die Bundesländer Wien und Niederösterreich getrennt, die Wiener Stadtgrenzen jedoch beibehalten. Neuerliche Veränderungen brachte die NS-Herrschaft mit der Bildung von »Groß-Wien« im Oktober 1938. Die NS-Gebietserweiterung wurde zwar 1946 formal, ab 1.9.1954 de facto zu erheblichen Teilen rückgängig gemacht, doch verblieben einige kleinere Teile von Groß-Wien im Nordosten und Süden bei Wien, sodass eine Vergleichbarkeit nach den heutigen Grenzen erst ab diesem Zeitpunkt gegeben ist.[4] Innerhalb Niederösterreichs lösten politische Bezirke die alte Vierteleinteilung als gängige territoriale und administrative Gliederung ab, wobei es immer wieder zu Veränderungen der Bezirksgrenzen gekommen ist. Im Folgenden wird daher in der Regel auf die territorialen Einheiten in ihren jeweiligen zeitgenössischen Grenzen Bezug genommen. In manchen Fällen liegen auch Umrechnungen auf das (ungefähre) heutige Gebiet vor.

Warum »Wohlstand« und nicht wirtschaftliche oder demographische Entwicklung gesondert Gegenstand der Studie sind und warum die Betrachtung einer historischen Region für eine »Wohlstandsgeschichte« besonders reizvoll ist, soll im ersten Kapitel eingehender erläutert werden. Vorangestellt sei aber die Bemerkung, dass bei dieser Regionalstudie von einem breiten Wohlstandsbegriff ausgegangen wird, der sich nicht auf materiellen Wohlstand beschränkt. Dies entspricht zwar eher einem modernen Wohlstandsverständnis, doch gehe ich von der aus meiner Sicht legitimen Annahme aus, dass der Wunsch nach einem langen Leben – möglichst mit geringen gesundheitlichen Beeinträchtigungen – so etwas wie eine anthropologische Konstante darstellt.

---

2 Auf die frühere Grenze zur Steiermark ist hier nicht näher einzugehen. Vgl. dazu Gutkas, Geschichte, 86, 112 f.

3 Vgl. dazu Mayer, Gebietsänderungen.

4 Vgl. dazu Mayer, Territoriale Veränderungen.

1 Menschliche Entwicklung, Wohlstand, »Well-Being«

1.1 Regionaler Wohlstand

Auch wenn die zur Verfügung stehenden Quellen manche Fragen offenlassen, besteht in den historischen Sozialwissenschaften kein Zweifel, dass (Über-)Lebenschancen und materielle Lebensbedingungen in der vorindustriellen Welt höchst ungleich verteilt waren und dass sich daran auch in den ersten Phasen des Industriezeitalters nichts Wesentliches geändert hat. Dennoch führte die im späten 18. Jahrhundert zunächst als regionales Phänomen in England einsetzende Industrialisierung in zwei zentralen Punkten einen entscheidenden Wandel herbei. Zum einen ermöglichte die sogenannte »technophysio evolution« mittel- und langfristig einer absolut und relativ größer werdenden Zahl von Menschen das Entkommen aus einer im wahrsten Sinn des Wortes lebensbedrohenden Existenz am und unter dem Subsistenzniveau.[1]

Evolutionär war dieser Prozess insofern, als er spätestens seit der zweiten Hälfte des 20. Jahrhunderts auch globale Wirkung zeitigte. Beispielsweise nahm in diesem Zeitraum die durchschnittliche Lebenserwartung bei der Geburt in den wenig entwickelten Ländern und Regionen der Erde um rund 15 bis 20 Jahre und damit im doppelt so hohen Tempo wie in den westlichen Industrieländern zu, obwohl der Abstand, was den ökonomischen Output pro Kopf betrifft, unverändert bestehen blieb, ja sich zum Teil noch vergrößerte.[2] Zum anderen änderte sich der Verteilungsmechanismus von Lebenschancen. Sieht man von an Außenzonen der »zivilisierten« Welt lebenden Populationen einmal ab, bestimmte in vorindustriellen Gesellschaften im weitesten Sinn der »Stand«, in den eine Person hineingeboren wurde, vielfach ihren Lebensstandard und damit auch ihre (Über-)Lebenschancen. Das schloss sozialen Auf- und Abstieg zwar keineswegs völlig aus, doch änderte das am generellen Befund kaum etwas. Nur eine Minderheit verfügte über materiellen Wohlstand, der ein, was die Versorgung mit Gütern des täglichen Bedarfs betrifft, sorgloses Leben erlaubte. Auch in den entstehenden Klassengesellschaften in den sich industrialisierenden Ländern blieb das Ausmaß der Ungleichheit sehr hoch, wobei ständisches Geburtsrecht nunmehr durch den ungleichen Zugang zu Produktionsmitteln auf der Seite der Privilegierten ersetzt wurde. Doch mit Fortschreiten des Industrialisierungsprozesses erhöhte sich die Produktivität in allen wirtschaftlichen Sektoren derart, dass es einem immer größer werdenden Teil der Bevölkerungen der entwickelten Länder erlaubt war, ein Leben deutlich über dem Subsistenzniveau zu führen. Dazu kam als

1 Fogel, Escape from Hunger; Riley, Rising Life Expextancy, 1–6.

2 Maddison, World Economy: Millenial Perspective, 30, 264.

temporärer Sonderfaktor, dass das »Wirtschaftswunder« während der 30 Jahre des Wirtschaftsaufschwungs nach Ende des Zweiten Weltkrieges, den »Trente Glorieuses«, im Zusammenspiel mit egalisierenden Effekten der beiden Weltkriege und der Weltwirtschaftskrise der 1930er-Jahre und gemeinsam mit dem Aufbau von Sozialstaaten nach 1945 die Bildung einer breiten nivellierten Mittelschicht in den entwickelten Ländern beförderte und die Einkommens- und Vermögenskonzentration erheblich senkte.[3] Dies wirkte aber nur als Beschleunigung für einen schon zuvor begonnenen Verschiebungsprozess. Zumindest aus globaler Sicht bestimmten nicht mehr die Standes- oder Klassenzugehörigkeit die Lage jedes Individuums in der Einkommens- und Vermögenspyramide, sondern das Geburtsland, ja zum Teil sogar die Geburtsregion. Diese wurde nun zum zentralen Bestimmungsfaktor von ungleichen Lebenschancen. Am Beginn des 21. Jahrhunderts reichte etwa ein Jahreseinkommen von 18.500 US-Dollar, um zu den reichsten 5 Prozent der Erde zu gehören. Zum Vergleich: In Österreich verdienten im Jahr 2004 75 Prozent der Vollzeitbeschäftigten mehr als 28.875 US-Dollar.[4]

Wirtschaftshistorische Studien haben gezeigt, dass die Auseinanderentwicklung des »Westens« von den übrigen Teilen der Welt zwar in ausgeprägter Form ein Produkt des Industriezeitalters ist, regionale Entwicklungsmuster und Wohlstandsgefälle jedoch zum Teil historisch sehr weit zurückreichen. Diese »Pfadabhängigkeit« ist mittlerweile unbestritten und gehört zum fixen Vokabular der Wirtschaftswissenschaften. »Path dependency« bedeutet jedoch nicht, dass im historischen Verlauf fixe, eingefrorene Relationen zwischen »Zentrum« und »Peripherie« bestanden hätten. Vielmehr kam es immer wieder zum Aufstieg und Fall von Regionen,[5] und gerade das Schicksal des in dieser Studie im Vordergrund stehenden Ostösterreich im betrachteten Zeitraum von ca. 1850 bis in die Gegenwart bietet mit den Zäsuren von 1918, 1938 bis 1945 und 1989 für diese Aussage ein schlagendes Beispiel.

Nun waren unterschiedliche regionale Wohlstandsniveaus der vorindustriellen Gesellschaft keineswegs fremd. Politische, kulturelle und ökologische Bedingungen sorgten in Antike, Mittelalter und Früher Neuzeit auf vielfältige Weise für ausgeprägte Differentiale, doch lag diesen nicht die spezifische Logik einer kapitalistischen Weltwirtschaft zu Grunde. Erst deren Entstehung und Verbreitung ließ jene Kluft zwischen reichen und armen Regionen auf Basis eines sich immer mehr verschränkenden globalen Marktes entstehen, mit der wir seit geraumer Zeit konfron-

3 Piketty, Kapital im 21. Jahrhundert, 313–624.

4 Milanović, Haben und Nicht-Haben, 130–133, 177; eigene Berechnungen nach Statistik Austria, Jährliche Personeneinkommen von Vollzeitbeschäftigten 2004–2017 (https://www.statistik.at/web_de/statistiken/menschen_und_gesellschaft/soziales/personen-einkommen/jaehrliche_personen_einkommen/020055.html, Zugriff: 15.7.2019).

5 Polèse, The Wealth and Poverty of Regions.

tiert sind. Das Zusammenwachsen sorgte jedoch nicht nur für eine Verschärfung regionaler Ungleichheit, sondern auch zumindest im groben Durchschnitt für eine generelle Hebung von unterschiedlichen Wohlstandsniveaus. Um einen zentralen Indikator hervorzuheben: Auch in wenig begünstigten Erdteilen und Regionen ist beispielsweise die Lebenserwartung seit der Mitte des 20. Jahrhunderts beträchtlich gestiegen, in den wenig entwickelten Ländern allein im Zeitraum von 1950–1954 bis 2006 von rund 40 auf 65 Jahre.[6]

Hinter dieser nach und nach in weiten Teilen der Welt einsetzenden Hebung des Wohlstandsniveaus stand nicht etwa die Industrialisierung, denn eine solche fand in manchen Ländern der »Dritten« und »Vierten« Welt im engeren Sinn gar nicht statt, sondern ein Prozess, der mit dem Begriff »technophysio evolution« diskutiert wird. Dieses Konzept setzt am Ernährungszustand der überwiegenden Mehrheit einer Bevölkerung an. Dieser beeinflusst Körpergröße, Körpergewicht und den Gesundheitszustand. Eine Verbesserung des Ernährungszustands ermöglicht eine Erhöhung der Arbeitsproduktivität, die wiederum im Zusammenspiel mit verfügbaren Technologien den Pro-Kopf-Output an Gütern und Dienstleistungen steigert. Dieser Output bestimmt den Lebensstandard und seine Verteilung zusammen mit dem verfügbaren Kapital für Investitionen in Technologien. Der Lebensstandard einer Generation bestimmt nun auch über das generative Verhalten, die Einkommens- und Vermögensverteilung und den Ernährungszustand den der nachfolgenden Generation.[7] Keine Berücksichtigung in diesem Modell finden allerdings »exogene« Faktoren wie die Folgen epidemischer Erkrankungen, die mit dem Ernährungszustand einer Bevölkerung und dem technologischen Niveau einer Gesellschaft nicht oder nur wenig zu tun haben, und die deteriorierenden Effekte von Kriegen. Wie sich zeigen wird, sorgten diese für wiederkehrende Rückschläge der »technophysio evolution«, im Besonderen auch in der Geschichte der regionalen Wohlstandsentwicklung der hier im Mittelpunkt stehenden, die heutigen Bundesländer Wien und Niederösterreich umfassenden Zone.

Ohne Zweifel kam es in menschlichen Gesellschaften auch vor der Industriellen Revolution zu technologischen Fortschritten. Ein evolutionärer Prozess mit Bezug auf ökonomische und außerökonomische Wohlstandsfaktoren war damit jedoch noch nicht eingeläutet, weil die Abhängigkeit von klimatischen Bedingungen zu groß war und das Tempo des technologischen Wandels sich in vergleichsweise bescheidenen Grenzen hielt. Doch in den letzten drei Jahrhunderten erhöhte sich die menschliche Kontrolle über die Umwelt in einem Ausmaß, welches das physiologische Kapital dramatisch verbesserte und die menschliche Lebenserwartung ansteigen ließ.[8]

6 Münz, Reiterer, Weltbevölkerung, 131.

7 Floud, Fogel, Harris, Hong, Changing Body, 15–40.

8 Fogel, Costa, Theory, 49.

Technologischer und physiologischer Wandel wurden verlinkt. Die technologische Voraussetzung der »technophysio evolution« im Zeitraum von ca. 1700 bis 2000 bildete der Umstieg von sonnenenergiebasierten Ökonomien auf fossile Energieträger. Diese erlaubten in weit höherem Maß die Umwandlung von Energie in Form von Ernährung und Wärme in Arbeit zum Zweck des Wachsens, Überlebens (auch im Sinn der Stärkung der Immunabwehr) und der menschlichen materiellen und geistigen Weiterentwicklung. Dieser evolutionäre Prozess wurde von Menschen vorangetrieben, die damit bestimmte Wohlstandsziele verfolgten, primär wohl individuelle, doch verdichteten sich diese nach und nach zu einem gesamtgesellschaftlichen Ziel.

1.2 Vorstellungen von »Wohlstand« und Konzepte seiner Messung

Auch wenn die Vorstellungen von »Wohlstand« interkulturell sehr divergieren mögen, so kann doch – abgesehen von Ausnahmen in klimatischen Gunstregionen – davon ausgegangen werden, dass die überwiegende Bevölkerungsmehrheit in vorindustriellen Gesellschaften unter der prinzipiellen Knappheit lebenswichtiger Güter litt. Kein Zweifel kann wohl auch bestehen, dass die Überwindung dieses Zustandes vielen Menschen als wünschens- und erstrebenswert erschien. Wenn man die Verteilungsfrage einmal außer Acht lässt, war dazu ein gesamtwirtschaftliches Güter- und Leistungsvolumen erforderlich, welches rein quantitativ pro Kopf dieses Ziel überhaupt erst verwirklichbar erscheinen ließ. Nach den Erfahrungen der Geschichte der europäischen Industriegesellschaften dürfte dafür schätzungsweise etwa ein jährliches Pro-Kopf-Einkommen über 5000 international Geary-Khamis Dollar[9] von 1990 erforderlich gewesen sein, ein Niveau, welches in Österreich Mitte der 1950er-Jahre, in den USA vor dem Ersten Weltkrieg, in der Schweiz Mitte der 1920er-Jahre erreicht worden war.[10] Für den Betrachtungszeitraum dieser Studie von ca. 1850 bis zur Gegenwart bedeutet dies, dass über weite Strecken von einer Überflussgesellschaft keine Rede sein konnte. Noch um 1970 kam beispielsweise eine zeitgenössische Studie zu einem Anteil von 4,7 Prozent der Wiener Bevölkerung, die unter dem Mindeststandard lebten. Unter dem Mindeststandard zu leben, bedeutete auch noch um 1970 defizitäre Ernährung, wenngleich eher im qualitativen Sinn.[11] Im Übri-

9 Eine von der Weltbank berechnete, auf US-Dollar beruhende Vergleichswährung, welche die nationalen Kaufkraftparitäten berücksichtigt. Diese Kaufkraftparität ist die Anzahl an inländischen Währungseinheiten, die nötig ist, um im Inland die gleiche Menge an Gütern zu kaufen, welche in den USA für einen US-Dollar zu erwerben ist. Die gehandelten Güter müssen dabei identisch oder zumindest vergleichbar sein. https://de.wikipedia.org/wiki/Internationaler_Dollar (Zugriff: 16.8.2019).

10 Maddison, World Economy: Historical Statistics, 62 f., 88.

11 Kammer für Arbeiter und Angestellte, Armut in Wien, 24 f., 62.

gen führte im historischen Langzeitvergleich auch das Erreichen eines bestimmten Einkommensniveaus nicht notwendigerweise zu einem den biologischen Wohlstand integrierenden Niveau des »Well-Being«, denn die zusätzliche Kaufkraft wurde teilweise für den Konsum von Produkten verwendet, die wie Alkohol, Nikotin und der Überkonsum bestimmter Nahrungsmittel körperliche Schäden verursachen.[12]

Eine grundlegende Voraussetzung für eine »Wohlstandspolitik« im weiteren Sinn bildeten überhaupt erst verbreitete Vorstellungen von Wohlstand, die etwa in der mittelalterlichen und frühneuzeitlichen Welt bestenfalls rudimentär vorhanden waren. Entsprechend besaß das Wort Wohlstand bis in das 19. Jahrhundert eine doppelte Bedeutung, im Sinn von Verfügbarkeit von Gütern, aber auch im Sinn einer moralisch-ästhetischen Komponente, der Wohlanständigkeit.[13] Für den hier im Fokus stehenden Raum – Wien und Niederösterreich – kursierten Vorstellungen von »Wohlfahrt« in öffentlichen Diskursen seit der Mitte des 18. Jahrhunderts. Sie wurden von Vertretern der jüngeren »österreichischen« Kameralistik propagiert und popularisiert. Schon der Merkantilist Johann Heinrich Gottlob von Justi sah die staatliche Wirtschaftspolitik in ein weites Feld (»wohlfahrts«-)staatlichen Handelns eingebettet und eine solche als Grundvoraussetzung einer funktionierenden Ökonomie.[14] Von Justi war es auch, der dem Problemkreis der Lebenserwartung der Bevölkerung umfassende Beachtung schenkte und für sozialhygienische Maßnahmen zu deren Hebung plädierte.[15] Für den auf von Justi bis zu einem gewissen Grad aufbauenden Kameralisten Joseph von Sonnenfels bildeten Wirtschafts-, Sozial- und Gesundheitspolitik letztlich eine nicht zu trennende Einheit im Rahmen eines Systems staatlicher »Policey«. Praktische Bedeutung erlangte diese Position von Sonnenfels' im Zuge der Theresianischen Polizeireform. Ihm als dem Polizeireferenten der niederösterreichischen Regierung war es maßgeblich zu verdanken, dass die Reform des »Polizeiwesens« in den Erblanden nicht nach französischem Muster ablief. Vielmehr betonte von Sonnenfels die vorrangige Bedeutung der Wohlfahrts- gegenüber der Sicherheitspolizei. Als zentrale Aufgaben der Wohlfahrtspolizei verstand er im Wesentlichen präventive Maßnahmen, die der medizinischen Versorgung, der Versorgung mit Grundnahrungsmitteln und der Arbeitsmarktregulierung dienten und verschiedenste hygienische und wirtschaftspolitische Aktivitäten staatlicherseits mit einschlossen.[16] Letztlich dienten die »Policey« und auch wirtschaftspolitische Maßnahmen der Regierung im engeren Sinn dem Zweck der Hebung des Lebensstan-

12 Voth, Living standards, 274.

13 Kühschelm, Wohlstand im ausgehenden 19. Jahrhundert, 260.

14 Tribe, Strategies of economic order, 24.

15 Michel, Bevölkerungsgedanke, 20.

16 Karstens, Lehrer – Schriftsteller – Staatsreformer, 345–349; Osterloh, Joseph von Sonnenfels, 136–140.

dards auch mit dem Mittel der Verteilungspolitik. Nach von Sonnenfels' Überzeugung war es Aufgabe der Regierung, durch Staatsintervention in allen Bereichen der Wirtschaft das Gesamtvermögen allen Gruppen innerhalb einer Gesellschaft zukommen zu lassen. Zu starke Unterschiede im Lebensstandard einzelner Bevölkerungsgruppen – bei grundsätzlicher Wahrung der ständischen Gesellschaftsordnung – sollten seiner Ansicht nach vom Staat ausgeglichen werden.[17] Implizit war also bei von Sonnenfels und von Justi ein vermittelter Zusammenhang zwischen Ökonomie und »biologischem« Lebensstandard hergestellt. Von Sonnenfels wandelte das populationistische Problem der »Peuplirung« zum volkswirtschaftlichen Prinzip um. Steigende Bevölkerung führt zu steigender Nachfrage, jedoch nur dann zur kaufkräftigen Nachfrage, wenn ein Basiseinkommen durch den Staat garantiert wird. Bei Arbeitsunfähigkeit einzelner Untertanen, die allmählich als Staatsbürgerinnen und Staatsbürger wahrgenommen wurden, plädierte von Sonnenfels für ein Recht auf staatlichen Unterhalt.[18] Von solchen wohlfahrtsstaatlichen Maßnahmen konnte in der Praxis bis weit in das frühe 20. Jahrhundert jedoch noch kaum die Rede sein, aber der Gedanke des »sorgenden Staates« setzte sich doch in den Köpfen fest. Die Schriften der österreichischen Kameralisten blieben auch im Vormärz und darüber hinaus wirkmächtig. Sie fanden in der universitären Ausbildung Verwendung und beeinflussten, durch wirtschaftsliberale Gedanken der ökonomischen Klassiker wie Adam Smith und David Ricardo ergänzt, die Haltung der einflussreichen österreichischen Hochbürokratie. Nach 1848 sorgten Staatswissenschaftler wie der ab 1855 an der Universität Wien lehrende einflussreiche Lorenz von Stein und seine Schüler wie etwa Adolph Wagner, dass die Idee vom »Sozialstaat« im Zeitalter des Wirtschaftsliberalismus nicht unterging.[19] Für den hier näher betrachteten Zeitraum von der Mitte des 19. Jahrhunderts bis in die Gegenwart war es jedenfalls von Bedeutung, dass die Ideen des Josephinismus bis zur staatlichen Sozialpolitik der 1880er-Jahre, ja sogar bis zum »Roten Wien« der Zwischenkriegszeit als Projekt der Spätaufklärung wirkmächtig blieben.[20]

Der Einfluss des Wirtschaftsliberalismus sorgte freilich dafür, dass in den Diskursen der ersten Hälfte des 19. Jahrhunderts die noch von den Aufklärern propagierte »allgemeine Glückseligkeit« in den Hintergrund rückte und die auf den Besitz materieller Güter gestützte Wohlhabenheit, zum Teil in Verbindung mit Wohlanständigkeit, also bürgerlichen Vorstellungen von Moral und Sitte, das Verständnis von Wohlstand bestimmte. Nach Ansicht des Ökonomen Joseph Kudler, dessen Lehrbuch nach 1848 jenes von von Sonnenfels an den Universitäten ersetzte, führten

17 Kann, Kanzel und Katheder, 170.
18 Sommer, Kameralisten Tl. 2, 343 f., 349.
19 Brusatti, Entwicklung der Wirtschaftswissenschaften, 608–610.
20 Weidenholzer, Der sorgende Staat, 25 f.

Lohnerhöhungen über das Existenzminimum unter den Arbeitern nur zu Müßiggang und seien daher abzulehnen. Immerhin konzidierte auch Kudler, dass Steigerungen des Arbeitslohnes bei Arbeitern mit einem gewissen Bildungsniveau sinnvoll sein könnten, da sie die Gesundheit der Arbeiter erhöhen, die Mittel für die Bildung der Kinder diesen in die Hand geben und die Vorsorge für Zeiten der Arbeitslosigkeit ermöglichen würden. Von einer solchen (Spar-)Gesinnung war die überwiegende Mehrheit nach Ansicht Kudlers jedoch weit entfernt.[21] Auch diese konservative Position wirkte bis in die auf die Erwerbsbevölkerung fokussierte Sozialpolitik der Zweiten Republik nach. »Hand in Hand mit dem Ausbau der Sozialpolitik stieg keineswegs die Möglichkeit, eine Existenz außerhalb oder unabhängig von Arbeitsverhältnissen alimentiert zu bekommen.«[22] Es verwundert daher nicht weiter, dass sich in der zweiten Hälfte des 19. Jahrhunderts immer mehr an Wirtschaftskraft und Konsum orientierte Wohlstandsbegriffe durchsetzten.[23] Von da war es nicht mehr weit zu ersten Versuchen, eine Volkswirtschaftliche Gesamtrechnung zu berechnen, wie sie in Österreich-Ungarn von Friedrich von Fellner für 1911 bis 1913, allerdings ohne jedwede Regionalisierung – sieht man von der Aufgliederung in die beiden Reichshälften einmal ab –, erstellt wurde.[24]

Die Wirtschaftswissenschaften waren es nun, die lange Zeit die gängigsten Indikatoren des Wohlstands vorgaben. Bereits in Alfred Marshalls Hauptwerk »Principles of Economics« von 1890 wurde die Idee des Volkseinkommens in die Wirtschaftswissenschaften eingeführt, ohne sie allerdings zu spezifizieren. Nach Marshall ging es bei der Volkseinkommensberechnung jedenfalls um in Geld bewertbare Güter und Dienstleistungen.[25] Die Ökonomie war für Marshall die Wissenschaft vom Wohlstand, Wohlstand, der sich nach seiner Interpretation aus dem Konsum von in Geld bewerteten Gütern und Dienstleistungen ergibt.[26] Auf einen so engen Wohlstandsbegriff wollte einer der Gründerväter des Konzepts des Bruttonationalprodukts, der aus der Sowjetunion in die USA emigrierte Ökonom Simon Kuznets freilich nicht rekurrieren. Für Kuznets stand die menschliche Wohlfahrt auch im Sinn außerökonomischer Indikatoren im Mittelpunkt des Wirtschaftens. Demnach sollte das Volkseinkommen ein Indikator der »national economic welfare« sein und sich nicht nur an der produzierten Gütermenge orientieren.[27]

Die tatsächlich ersten Berechnungen des Bruttosozialprodukts in Großbritannien und den USA gingen jedoch nicht in diese Richtung. Im Jahr 1937 veröffentlichte

21 Sandgruber, Lebensstandard, 391–393.

22 Talos, Staatliche Sozialpolitik, 378.

23 Kühschelm, Wohlstand im ausgehenden 19. Jahrhundert, 260–262.

24 Fellner, Volkseinkommen, 485–625.

25 Marshall, Principles, 1.

26 Marshall, Principles, 47; Lepenies, Macht der einen Zahl, 44.

27 Coyle, GDP, 13 f.

Colin Clark die ersten aggregierten Werte für Einkommen, Ausgaben und Produktion zu laufenden und konstanten Preisen für das Vereinigte Königreich, auf deren Basis im Jahr 1941 die erste Volkswirtschaftliche Gesamtrechnung beruhte. Clark war es auch, der die ersten Schätzungen des Bruttonationalprodukts pro Kopf nach Kaufkraftparitäten für eine Reihe von Industriestaaten veröffentlichte, die internationale Vergleiche ermöglichten.[28]

Nun ist Wirtschaftswachstum aus mehreren Gründen kein präziser Indikator für Wohlstand. Wie bekanntlich jeder anspruchsvolleren Einführung in die Makroökonomie zu entnehmen ist, eignen sich Pro-Kopf-Größen für die Wohlstandsmessung nur sehr bedingt. So erhöht beispielsweise ein Autounfall auf Grund der anfallenden Reparaturkosten das Bruttonationalprodukt oder seine Weiterentwicklungen, das Bruttosozialprodukt und das Bruttoinlandsprodukt, obwohl ja eigentlich ein Schadensfall vorliegt, ganz abgesehen von dem daraus resultierenden allfälligen menschlichen Leid.[29] Auch ob Konsumwut, »conspicious consumption« und die hedonistische Tretmühle Wohlstand tatsächlich heben, ist zumindest diskutierbar.[30]

Gegen eine rein am wirtschaftlichen Output orientierte Betrachtungsweise des Wohlstandes, wie sie der Mainstream der neoklassischen Wirtschaftswissenschaftler seit dem ausgehenden 19. Jahrhundert vertrat, hatte sich in Österreich schon früh der Wirtschaftssoziologe Rudolf Goldscheid gewandt. Für ihn ging es um die langfristige Überlebensfähigkeit einer Gesellschaft, für die eine sozialbiologische Basis durch Zusammenführung von Sozialpolitik, Sozialhygiene und Sozialversicherung gelegt werden sollte.[31] Goldscheid übte beträchtlichen Einfluss auf das Wohlstandsverständnis von Sozial-Lamarckisten wie Julius Tandler aus, dessen Konzept einer Sozial- und Gesundheitsreform im »Roten Wien« weit über seinen engeren Wirkungskreis bis in die 1950er- und 1960er-Jahre wirkmächtig blieb.[32] Auch andere Reformökonomen und -soziologen vertraten Goldscheids Position[33], doch förderte nach Ende der NS-Herrschaft und des Wiederaufbaus die rasante Steigerung des Bruttoinlandsprodukt ab den 1950er-Jahren nicht unbedingt eine wohlfahrtsökonomische Gesamtsicht. Trotz aller Weiterentwicklungen der Volkswirtschaftlichen Gesamtrechnung etwa unter Einbeziehung von Schätzungen für »graue Märkte« blieb daher ein gewisses Unbehagen mit der Aussagekraft des Bruttoinlandsprodukts bestehen. Schon Simon Kuznets hatte den Vorschlag gemacht, die gängige Berechnung zu »bereinigen«, etwa durch Subtraktion der Militärausgaben, der Ausgaben für

28 Maddison, Contours of the World Economy, 287f.

29 Streissler, Streissler, Volkswirtschaftslehre, 177.

30 Coyle, GDP, 111f.

31 Witrisal, »Soziallamerckismus«, 108–154; Peukert, Rudolf Goldscheid, 19, 29.

32 Schwarz, Julius Tandler, 134, 162.

33 Mikl-Horke, Historische Soziologie, 550–553.

Werbung, spekulative Finanzprodukte u. Ä. m.[34] Solche bereinigten Bruttosozialproduktberechnungen ergaben zwar gewisse Abweichungen vom Standardprodukt, die berechneten Verläufe des Indikators fielen jedoch sehr ähnlich aus. William Nordhaus und James Tobin schlossen daraus Anfang der 1970er-Jahre, dass das Bruttosozialprodukt letztlich doch ein passables Maß des ökonomischen Wohlstandes sei.[35]

Doch das Unbehagen blieb. Vor allem in den letzten Jahrzehnten wurde eine ganze Reihe alternativer Indizes vorgeschlagen, die die Schwächen des Bruttoinlandsprodukts pro Kopf als Wohlstandsindikator überwinden helfen sollten. Zu ihnen zählten der Life Product Index, der Quality of Life Index, der Happy Planet Index, der Multidimensional Poverty Index und der Index of Sustainable Economic Welfare.[36] Größte Akzeptanz fand bis heute der Human Development Index (HDI). Dieser vom Ökonomen Amartya Sen im Auftrag der UNO zu Beginn der 1990er-Jahre erarbeitete und popularisierte Index vereinte neben ökonomischen (Bruttosozialprodukt pro Kopf) und sozialstatistischen (Analphabetenrate und Schulbesuch) auch eine demographische Komponente (Lebenserwartung bei der Geburt).[37] Nach und nach wurde er auch in wirtschaftshistorischen Arbeiten, manchmal auch in adaptierter Form, rezipiert.[38] Auch die Berechnung des HDI ergab eine positive Korrelation zwischen Pro-Kopf-Output und Lebensstandard, allerdings mit Einschränkungen.[39] Dies verweist einerseits darauf, dass das Niveau der wirtschaftlichen Outputs tatsächlich eine bestimmende Größe des gesamten Wohlstandes darstellt, andererseits aber auch auf mögliche Schwächen der Aussagekraft des HDI. Insbesondere der Bildungsstand ist im Langzeitvergleich nur schwer statistisch abbildbar, aber auch die Berechnung – häufig Schätzung – der regionalen Bruttowertschöpfung pro Kopf wirft vor der Etablierung des Systems der Volkswirtschaftlichen Gesamtrechnung viele Probleme auf. Anders sieht die Situation ab etwa 1960 bis 1970 aus. Ab diesem Zeitraum ist in Österreich wie in anderen entwickelten Industrieländern die Datenlage einigermaßen befriedigend, sodass Langzeitvergleiche auch auf regionaler Ebene sinnvoll erscheinen. Eine Berechnung eines adaptierten HDI auf regionaler Ebene, also ein »Regional Development Index«, liegt für den Zeitraum 1971 bis 2008 vor und belegt, dass der Index für regionale Langzeitvergleiche, was entwickelte Wohlstandsgesellschaften anlangt, aussagekräftige Resultate liefert.[40]

34 Kuznets, National Income, 37.

35 Coyle, GDP, 116.

36 Schrott, Human Development, 7.

37 Pamuk, van Zanden, Standards of living, 231; Crafts, Human Development Index; Leonard, Ljungberg, Population, 112; Millward, Baten, Population, 255–258; Barnes, Cummins, Schulze, Population, 400; Wagner, Entwicklung des Lebensstandards, 14–16.

38 Persson, Economic History of Europe, 217.

39 Coyle, GDP, 73 f.

40 Schrott, Human Development, 6–29.

Für einen weiter in die Vergangenheit zurückreichenden Vergleich fehlt es aber in Österreich zumindest auf regionaler Ebene teilweise an Daten. Abgesehen davon besteht eine Schwäche des Index ohnehin darin, dass er nur einzelne Dimensionen menschlicher Entwicklung erfasst, während andere ausgeklammert bleiben.[41]

Die Grenzen der Aussagekraft des HDI als Wohlstandsmaß verweisen auf den Umstand, dass es offensichtlich nicht möglich ist, mit einem Indikator allein alle wohlstandsrelevanten Faktoren zu fassen.[42] In rezenten vergleichenden Studien zum Wohlstand rückte man daher von der »Ein-Indikator-Idee« deutlich ab. Vielmehr wird neuerdings versucht, eine Vielzahl von Indikatoren zu berechnen und für sich sprechen zu lassen. Auf Ebene der OECD entstand so das Konzept des »Better Life Index«.[43] Dieser Index ist eigentlich kein Index, sondern ein Set an Wohlstandsindikatoren. In Österreich entwickelte Statistik Austria ein ähnliches Bündel von Indikatoren, die unter dem Begriff »Wie geht es Österreich« regelmäßig veröffentlicht werden. Diese betreffen materiellen Wohlstand (Bruttoinlandsprodukt real pro Kopf, Arbeitsproduktivität, Haushaltseinkommen, unbezahlte Produktion, Erwerbstätigkeit und Arbeitslosigkeit, Gender Pay Gap), Lebensqualität (Armutsgefährdung, physische Unsicherheit, objektive und subjektive Gesundheitsindikatoren, Wohnen) und die ökologische Situation.[44] Für den Langzeitvergleich ist das angeführte Indikatorenset aber nicht geeignet, da entsprechende Daten nur teilweise zur Verfügung stehen, ganz abgesehen davon, dass man über die Auswahl dieser Indikatoren selbst in entwickelten Wohlstandsgesellschaften trefflich streiten kann.

In dieser Studie wird daher versucht, die Entwicklung des Wohlstands unter starker Betonung von Überlebensstrategien und Existenzsicherung zu verfolgen, dies im Besonderen auch darum, weil von einer entwickelten Konsumgesellschaft um die Mitte des 19. Jahrhunderts und noch bis Mitte des 20. Jahrhunderts keine Rede sein konnte und Wohlstandsindikatoren, die viel mehr mit Subsistenz und Überleben zu tun hatten, von zentraler Bedeutung waren und im Übrigen immer noch sind. Schließlich ist bis in die Gegenwart eine hohe Lebenserwartung – bei allen physischen und psychischen Beeinträchtigungen, die ein hohes Lebensalter mit sich bringen mag – ein unbestrittener individueller und gesellschaftlicher Wert an sich. Wachsende Anteile der Sozialausgaben und darunter jener des Gesundheitswesens an öffentlichen Ausgaben sprechen diesbezüglich eine deutliche Sprache.[45] Die Bedeutung dieser Basisindikatoren wurde schon im dritten Viertel des 19. Jahrhunderts

41 Schrott, Human Development, 24; Pammer, Entwicklung und Ungleichheit, 20f.

42 Pammer, Entwicklung und Ungleichheit, 20.

43 http://www.oecdbetterlifeindex.org/ (Zugriff: 10.12.2018).

44 http://www.statistik.at/web_de/statistiken/wohlstand_und_fortschritt/wie_gehts_oesterreich/index.html#1_0 (Zugriff: 16.7.2019).

45 Kaelble, Sozialgeschichte Europas, 342.

von Zeitgenossen wie dem damals viel rezipierten deutschen bürgerlichen Ökonomen Wilhelm Roscher, dem man wohl kaum eine Nähe zum Marxismus nachsagen kann, betont. In seinem Lehrbuch der Volkswirtschaftslehre heißt es dazu 1875:

> Da es den Reichthum eines Volkes sehr ungenügend charakterisiren würde, wenn man den Tauschwerth seiner Vermögensbestandtheile zusammenrechnete, so empfehlen sich vorläufig, um den Gebrauchswerth des Volksvermögens wenigstens näherungsweise zu ermitteln, folgende Kennzeichen:
>
> A: Eine behagliche, menschenwürdige Lage auch der niederen Klassen, welche überall die große Mehrzahl bilden … Von einem solchen Zustande ist wiederum eine hohe durchschnittliche Lebensdauer des Volkes … ein gutes Merkmal …[46]

Es spricht demnach viel dafür, der Frage nach dem Wohlstand historischer Bevölkerungen mit einem Indikatorenset nachzugehen, Indikatoren, die mehr oder minder für den gesamten betrachteten Zeitraum zur Verfügung stehen. Die für die vorliegende Studie herangezogenen Indikatoren gliedern sich in sieben Bereiche:

Demographie:
rohe Geburten- und Sterberate, Unehelichenquote, altersspezifische Mortalitätsraten (Säuglingssterblichkeitsrate), Sterbetafeln, todesursachenspezifische Sterberaten, Krankenanstaltenstatistik, Ärzte- und Heilpersonaldichte.

Wirtschaft:
Agrarstatistik, Regionalprodukt, Arbeitslosenraten, sektorale Gliederung der Erwerbstätigen, Einkommenssteuer- und Vermögensstatistik, Preise/(Real-)Löhne, Konsumerhebungen.

Anthropometrische Indikatoren:
Körpergröße, Gewicht, Geburtsgewicht, Menarchealter.

Infrastruktur:
Wasserversorgung, Kanalisation, Gemeindeausgaben für Infrastruktur.

Wohnen:
Ausstattung der Wohnungen und Häuser, Wohndichte.

46 Roscher, System der Volkswirthschaft Bd. 1, 18.

Bildung:
Analphabetismus, Schul- und Universitätsstatistik, höchste abgeschlossene Ausbildung.

Ungleichheitsmasse:
Gini-Koeffizient, Dispersionskoeffizienten, Anteile der untersten und obersten Dezile (Quartile), absolutes Niveau der untersten Schicht.[47]

Diese Indikatorenauswahl entspricht einer »Kliometrie in der Erweiterung«, wie sie neuerdings in der »Cambridge Economic History of Modern Europe« zumindest in Ansätzen verwirklicht wurde. In dieser Wirtschaftsgeschichte Europas werden Lebenserwartung, HDI, sanitäre Situation und ökonomische Ungleichheit ausführlich behandelt[48], wenngleich nur in einem einzigen Beitrag die Körpergröße (1910–1950) als Indikator Berücksichtigung findet.[49]

Aus rezenten Studien geht jedenfalls hervor, dass es innerhalb der Gruppe der entwickelten Industrieländer erhebliche Unterschiede im »Well-Being« gibt, die sich aus dem gängigen Indikator Bruttoinlandsprodukt pro Kopf nicht erklären lassen. Am wohl eindrucksvollsten belegten dies Richard Wilkinson und Kate Pickett in ihrer Studie mit dem Titel: »The Spirit Level. Why More Equal Societies Almost Always Do Better«. Nach den Ergebnissen dieser Studie besteht zwischen Bruttoinlands- oder Bruttosozialprodukt pro Kopf und der Lebenserwartung nur zwischen Ländern mit großem wirtschaftlichem Gefälle ein eindeutiger linearer Zusammenhang. Ab einer durchschnittlichen Lebenswerwartung von etwa 77 Jahren und mehr besteht zwischen Bruttoinlandsprodukt pro Kopf und Lebenserwartung jedoch kein Zusammenhang mehr.[50] Innerhalb dieser Gruppe entscheidet besonders die Einkommens- und Vermögensverteilung über den Grad des Wohlstandes. Länder mit ausgeprägt flacher Einkommens- und Vermögensverteilung wie Japan und die skandinavischen Länder haben daher auch die höchste Lebenserwartung und die geringste Säuglingssterblichkeit.[51] Ähnliche Beobachtungen machten Sozialreformer fast zwei Jahrhunderte zuvor. Trotz erheblich gestiegenem Output des Produktionssektors ging es vielen Menschen »biologisch« schlechter als zuvor. Mit diesem

47 Absolute Ungleichheitsmaße sind vor allem darum von Bedeutung, weil Indikatoren wie der Gini-Koeffizient keine Aussage erlauben, inwieweit sich die untersten Einkommen am oder sogar unter dem Existenzminimum bewegten. Vgl. dazu Scheidel, Great Leveller, 12–14.

48 Pamuk, van Zanden, Standards of living, 217–234; Leonard, Ljungberg, Population and living standards, 107–129; Barnes, Cummins, Schulze, Population and living standards, 1945–2005, 390–420.

49 Millward, Baten, Population and living standards, 1914–1945, 232–263.

50 Gill, Lebenserwartung, 29.

51 Wilkinson, Pickett, Gleichheit ist Glück, 102.

»Early Industrial Growth Puzzle« beginnt auch unser Blick auf die Wohlstandsentwicklung in Wien und Niederösterreich in den letzten eineinhalb Jahrhunderten.

Innerhalb der chronologisch angeordneten Kapitel wurde im Sinn der zuvor angeführten Argumente folgende Gliederung gewählt:

Ausgangspunkt der Analyse bildet zunächst eine Schätzung und in der 2. Hälfte des 20. Jahrhunderts dann auch Berechnungen der regionalen Wertschöpfung, wie sie in der Volkswirtschaftlichen Gesamtrechnung definiert sind. Dieser Indikator liefert einen ersten Anhaltspunkt über das allgemeine durchschnittliche ökonomische Entwicklungsniveau. Als nächster Schritt werden Indikatoren der Mortalität herangezogen, besonders die Lebenserwartung in verschiedenen Altersstufen. Sie dokumentieren die »Überlebensverhältnisse« im Sinn der physischen Existenz. Für diese stellen die Nahrungsmittelversorgung, die hygienischen Verhältnisse, die Verbreitung von epidemischen und endemischen Infektionskrankheiten und der Stand der medizinischen Forschung die wichtigsten Einflussfaktoren dar. All diese Einflussfaktoren lassen sich bis zu einem gewissen Grad an anthropometrischen Indikatoren wie Körpergewicht, Größe und Geburtsgewicht ablesen, die den Ernährungszustand der Bevölkerung dokumentieren. Vom Ernährungszustand erfolgt der nächste Schritt zu einer Abschätzung der Reallöhne. Sie zeigen, inwieweit es weiten Teilen der Bevölkerung möglich war, sich einerseits ausreichend zu ernähren und andererseits über die Basisbedürfnisse hinaus Ausgaben zu tätigen. Spezifizieren lassen sich diese mittels Haushaltsrechnungen, die freilich bis auf wenige Ausnahmen nur für ausgewählte urbane Schichten zur Verfügung stehen, was bis zur Mitte des 20. Jahrhunderts eine Datenlücke darstellt. Da in vielen ländlichen Haushalten bis dahin von einem hohen Selbstversorgungsgrad auszugehen ist, dürfte dieses statistische Defizit aber nicht allzu sehr ins Gewicht fallen. Die Versorgung mit Leistungen der Gesundheitsverwaltung spiegelt sich in der Zahl des Gesundheitspersonals (Ärzte, Hebammen, Krankenanstalten). Während diese Indikatoren zumeist nur in Form von Durchschnittswerten zur Verfügung stehen, widmet sich schließlich der jeweils letzte Teil der Analyse des jeweiligen Abschnitts der Ungleichheit: ökonomischer Ungleichheit in Form von Einkommens- und Vermögensverteilung und sozialer Ungleichheit primär gemessen an den Indikatoren Mortalität, Illegitimität und Beschäftigung oder Arbeitslosigkeit. Das Gesundheitsbewusstsein wird über den Zugang zu Bildung und damit verbundener differentieller Morbidität und Mortalität abgefragt. Mit der zweiten Hälfte des 20. Jahrhunderts rückt der Besitz langlebiger Konsumgüter stärker in den Fokus. Selbstverständlich stehen die genannten Indikatoren nicht für alle Beobachtungszeiträume vollständig zur Verfügung, doch lassen sich über verwandte Kenngrößen grobe Aussagen auch für statistisch schlechter dokumentierte Epochen machen.

2 Ausgangsbedingungen I: Wachstum und fragile Stabilität (ca. 1830–1880)

2.1 Frühindustrielles Wirtschaftswachstum

Im ersten Kapitel ist bereits angeklungen, dass eine Geschichte regionalen Wohlstands nicht nur in globaler Perspektive Sinn ergibt. Vielmehr bestanden und bestehen auch innerhalb von historischen Großräumen, von Reichen und Nationalstaaten gravierende Unterschiede von Wohlstandsniveaus und deren Veränderungen. Ein grober Blick auf die Seuchen- und Kriegsgeschichte belehrt, dass auch der Einfluss »exogener« Faktoren regional sehr variieren konnte. Im Folgenden soll der Versuch einer regionalen Wohlstandsgeschichte am Beispiel der heutigen österreichischen Bundesländer Wien und Niederösterreich unternommen werden. Grundsätzlich könnte diese mit einiger Berechtigung im Hochmittelalter ansetzen, einer Zeit, in der sich dieser Raum als politische Entität herausbildete. Aber ganz abgesehen von den dafür zur Verfügung stehenden nur bruchstückhaft vorhandenen Daten ist eine Beschränkung des Betrachtungszeitraums auf die Zeit von etwa Mitte des 19. Jahrhunderts bis in die Gegenwart wohl vertretbar, weil es sich um jene Zeitspanne handelt, in der die »technophysio evolution« in diesem geografischen Raum ihre volle Wirkung entfaltete.

Wie bereits erwähnt ist ein gewisses Niveau des gesamtwirtschaftlichen Outputs eines Landes oder einer Region erforderlich, damit die überwiegende Bevölkerungsmehrheit ein Wohlstandsniveau deutlich über dem Existenzminimum erreicht. Ist dieses Niveau nicht gegeben, kann nur eine mehr oder minder kleine Oberschicht ohne temporäre oder auch dauernde existenzielle Bedrohungen leben. Oberflächlich betrachtet schienen um die Mitte des 19. Jahrhunderts im damaligen Erzherzogtum Österreich unter der Enns die Ausgangsbedingungen für das Erreichen eines solchen Output-Niveaus, welches deutlich über jenem der vorindustriellen Gesellschaft lag, nicht schlecht. Ein im Jahr 1857 erschienener Bericht der niederösterreichischen Handelskammer entwarf daher ein insgesamt recht positives Bild der wirtschaftlichen Gesamtlage, besonders was den Industrialisierungsprozess anlangt:

> Aus dieser kurzen, auf einer einfachen, vorurtheilsfreien Anschauung der Verhältnisse begründeten Darstellung geht hervor, daß die Industrie Nieder-Oesterreichs im großen Ganzen, einzelne Zweige ausgenommen, eine sehr befriedigende Stellung einnimmt, und daß ihr ferneres Gedeihen um so weniger ernstlich bedroht ist als die hier geäu-

ßerten Anträge und Wünsche [an das Handelsministerium, AW], wenigstens in der weit überwiegenden Mehrzahl nach, leicht zu erfüllen sind.[1]

Zumindest aus Sicht der Kammerfunktionäre war diese Einschätzung nicht unzutreffend. Schon im 18. Jahrhundert in mariatheresianischer und josephinischer Zeit hatte sich das Erzherzogtum unter der Enns unbestritten zu einem industriell-gewerblichen Kernland der Habsburgermonarchie entwickelt. Nach einer krisenhaften Phase nach Ende der Napoleonischen Kriege setzte sich der Aufschwung im Vormärz fort. Industrielle Leitbranche war die Baumwollspinnerei, in der zu fabrikmäßiger Massenproduktion übergegangen wurde. Die neuen Fabriken dieses Industriezweigs entstanden mit wenigen Ausnahmen im Viertel unter dem Wienerwald, wo kleinere eisfreie Flüsse und eine günstige Verkehrslage gute Standortvoraussetzungen boten.[2] Auch die Zahl größerer Betriebe in der Metallverarbeitung und im Maschinenbau nahm rasch zu, außerhalb Wiens die Eisengewerbe, während in Wien, besonders befördert durch den Eisenbahnbau, eine differenzierte Maschinenbauindustrie entstand. Äußerst dynamisch entwickelten sich in Wien auch die Seidenweberei und das Druckergewerbe. Zudem erhöhte sich die Zahl der Chemiebetriebe sowohl in Wien als auch »auf dem Land« deutlich.[3] Ein industrieller Take-off fand in den 1830er-Jahren statt. Im Vergleich der Jahre 1830 bis 1841 nahm die Zahl der Dampfmaschinen in der Industrie im Erzherzogtum einschließlich der Hauptstadt von 3 auf 56 (davon 38 in Wien und den Vorstädten) sprunghaft zu, hinkte in dieser Beziehung allerdings den steinkohlenreichen Ländern Böhmen und Mähren noch nach.[4] Zudem stellten im Wiener Gewerbe einige erfolgreiche Betriebe auf komplexe Wertschöpfungsstrukturen um, indem sie die Produktion an kleinere Stückmeister auslagerten und in Heimarbeit in Wien und auf dem Land verlegten, was mit einer Reorientierung von der Auftragsproduktion für Kunden zur modernen Warenproduktion für den Markt einherging.[5]

Nach einer zeitgenössischen Schätzung betrug der Wert der Produktion der in Wien angesiedelten »Fabriken« um 1830 rund 20 Millionen und 1841 etwa 46 Millionen Gulden CM[6], hatte sich also in rund einem Jahrzehnt mehr als verdoppelt. Unter Einschluss des Gewerbes belief sich der entsprechende Gesamtwert des Produktionssektors auf rund 60 Millionen. Ähnliche Steigerungen lassen sich zumindest für Teile des übrigen Erzherzogtums vermuten, dessen Süden einem ebenfalls sehr dynamischen Industriali-

1 Bericht der Handels- und Gewerbekammer 1854–1856, xvii.
2 Schwarz, Wiener Becken.
3 Meißl, Spannungsfeld, 104 f.; Tafeln zur Statistik 2 (1830); 14 (1841).
4 Chaloupek, Stadtwirtschaft, 228.
5 Meißl, Spannungsfeld, 106.
6 CM = Conventionsmünze. Zur Währungsgeschichte siehe die Angaben im Anhang.

sierungspfad folgte. Im Jahr 1841 wurde der Wert der Industrie- und Gewerbeproduktion des übrigen Landes auf 46,9 Millionen geschätzt. Das Erzherzogtum unter der Enns hatte damit einen Anteil von etwa der Hälfte an der Produktion des heutigen Österreich und einem Fünftel des Kaisertums Österreich ohne Ungarn.[7] Der regionale Schwerpunkt lag eindeutig in Wien und im südlichen Teil des Landes. Nach einer Gewerbezählung aus dem Jahr 1837 existierten in Wien 24.396 Gewerbeunternehmen, im Viertel unter dem Wiener Wald (VUWW) 10.962 und im Viertel Ober dem Wienerwald (VOWW) 9143. Etwa 57.000 gewerblich Beschäftigten in Wien standen rund 48.000 in den südlichen Landesvierteln Niederösterreichs gegenüber.[8]

Tabelle 1: Wert der Produktion in Wien, Niederösterreich, Österreich und der Habsburgermonarchie 1841 (in Millionen fl. CM)

Region bzw. Land	Industrie	Gewerbe	Gesamt	in %
Wien (Stadt und Vorstädte)	45,8	15,1	60,9	12,2
übriges Niederösterreich	35,9	11,0	46,9	9,4
Österreich	144,1	54,9	199,0	39,9
Kaisertum Österreich (ohne Ungarn)	373,7	125,5	499,2	100,0

Quelle: Tafeln zur Statistik 14 (1841); eigene Berechnungen

Die industrielle Dynamik setzte sich im dritten Viertel des 19. Jahrhunderts mit temporären Rückschlägen fort. Allein in Wien und seinen Vororten stieg die Zahl der in Industriebetrieben im Einsatz befindlichen Dampfmaschinen von 38 im Jahr 1841 auf 100 im Jahr 1851, 223 im Jahr 1862 und 719 im Jahr 1875. Besonders in der Metallverarbeitung und im Maschinenbau ließ dies die Produktivität enorm ansteigen. Der Wert der Produktion in der Metallindustrie wurde um 1870 in Wien auf 21 Millionen Gulden ÖW[9], auf dem flachen Land auf 25 Millionen geschätzt, im Maschinenbau im gesamten Kronland auf über 40 Millionen und in der Textilindustrie auf etwa 50 Millionen.[10] Die nach dem Börsenkrach von 1873 einsetzende Wirtschaftskrise sorgte allerdings für einen erheblichen Rückschlag, der etwa ein- bis eineinhalb Jahrzehnte anhielt.

Für das Bruttoinlandsprodukt liegen Berechnungen für das heutige Österreich von Anton Kausel vor, die sich für den Zeitraum von 1830 bis 1860 primär auf Schät-

7 Tafeln zur Statistik 14 (1841).
8 Niederösterreichisches Landesarchiv (NÖLA), Gewerbestatistik 1837, Summarien.
9 Österreichische Währung. Zur Erläuterung siehe den Anhang.
10 Chaloupek, Stadtwirtschaft, 307–309; Czaslawsky, Industrie, 311.

zungen der Industrieproduktion[11] und auf die Agrarstatistik stützen, ab 1870 ergänzt durch Ergebnisse der Volkszählungen. Da in dieser Datenbasis rasch wachsende Industriesektoren überrepräsentiert sind, dürften die Berechnungen von Kausel das Wirtschaftswachstum um Einiges überschätzen. Sie besitzen allerdings den Vorteil, dass sie auf einer Rückrechnung vom Jahr 1913 beruhen, für welches einigermaßen gesicherte Daten vorliegen.[12] Alternativ dazu haben für 1870 und 1880 David F. Good und Tongshu Ma Berechnungen auf Basis eines Regressionsmodells angestellt, welches ökonomische, demographische und soziale Variablen beinhaltet, und zwar den Logarithmus der rohen Sterberate, den Anteil des nichtagrarischen Sektors an der Erwerbsbevölkerung, die aufgegebenen Briefe pro Kopf, die Einschulungsquote und die Spareinlagen. Deren Schätzung wurde als Ausgangswert für eine Rückrechnung vor 1870 genommen. Ihnen wurde auch darum gegenüber einer neueren Berechnung von Max-Stephan Schulze[13] der Vorzug gegeben, weil sie sehr nahe an den Ergebnissen von Kausel liegen und eine Schätzung für die Republik Österreich beinhalten.[14]

Für das Erzherzogtum bzw. Kronland Niederösterreich lässt sich aufbauend auf diesen Berechnungen eine grobe Schätzung des Regionalprodukts für den Zeitraum von 1830 bis 1860 zu Preisen von 1913 mit folgender Methodik berechnen: Für die Zeit vor 1870 wurde die sektorale Gliederung der Erwerbstätigen im Kronland Niederösterreich mit jener in Österreich verglichen und daraus Korrekturfaktoren errechnet. Da die sektorale Gliederung des Bruttoinlandsprodukts und sektorale Wachstumsraten für ca. 1870 für Österreich vorliegen, konnte daraus eine grobe Schätzung für das Kronland Niederösterreich abgeleitet werden.[15] Sie geht von der Voraussetzung aus, dass sich die Unterschiede in der sektoralen Gliederung der Erwerbstätigen zwischen Niederösterreich und Österreich im Zeitraum von 1830 bis 1870 kaum verändert haben. Des Weiteren wird unterstellt, dass die Unterschiede in der sektoralen Struktur der Erwerbstätigen eins zu eins auf die sektorale Wertschöpfung als Korrekturfaktoren durchschlagen. Mit dieser Vorgangsweise ist vermutlich eine Unterschätzung des Vorsprungs von Wien und Niederösterreich gegenüber den übrigen Teilen des heutigen Österreichs verbunden, weil im Kronland Niederösterreich der Einsatz von Maschinen überproportional größer als im Durchschnitt des gesamten heutigen Staatsgebiets war. Für die im Frühindustrialisierungsprozess wichtige Textilindustrie, besonders die Baumwollspinnereien, ist das bereits für den Vormärz belegt und wird auch an den rasant ansteigenden Anteilen an den Exporten

11 Kausel, Österreichs Volkseinkommen, 691; Gross, Estimate, 80–101; Rudolph, Pattern, 3–43.

12 Sandgruber, Anfänge, 102–105.

13 Schulze, Regional Income.

14 Good, Economic Lag, 875; Good, Ma, New Estimates, 162.

15 Kausel, Österreichs Volkseinkommen, 694; K. k. statistische Central-Commission (Hg.), Bevölkerung und Viehstand 1869, Heft 2, 10–13.

sichtbar.[16] Zudem nahm die Bedeutung des Finanzplatzes Wien mit der Gründung großer Universalbanken in den 1850er- und 1860er-Jahren erheblich zu, was sich in der Zunahme der im Bank- und Versicherungswesen Beschäftigten mit Bezug auf die Wertschöpfung nicht adäquat abbildet. Die Wertschöpfung der Finanzdienstleister ist bekanntlich keine einfache lineare Funktion der Zahl der Beschäftigten, sondern hängt eng mit dem Spektrum der angebotenen Finanzdienstleistungen zusammen. Auf die regionalwirtschaftliche Bedeutung dieses Sektors für Wien und das Kronland Niederösterreich verweist etwa die Bilanzsumme der großen Institute, ganz abgesehen von den in Wien konzentrierten Privatbankiers und Großhändlern. Sie betrug im Jahr 1866, also noch vor der Spekulationsblase, bei den existierenden vier Wiener Großbanken stolze 284 Millionen Gulden ÖW.[17] Zum Vergleich: Das gesamte Erwerbsteueraufkommen, d.h. Gewerbesteueraufkommen in Österreich unter der Enns im Jahr 1862 betrug lediglich 6,04 Millionen Gulden ÖW.[18] Das reale Wachstum der Wertschöpfung in Industrie und Gewerbe und in den produktionsnahen Dienstleistungen im heutigen Österreich lag jedenfalls ab 1870 weit über jenem der Erwerbstätigen in diesem Sektor, was bis zu einem gewissen Grad sicher auch auf die Jahrzehnte davor zutraf.[19] Trotz dieser Einschränkungen liefert die in Tabelle 2 angeführte Schätzung wohl ein passables allgemeines Bild der regionalen Entwicklung des Outputs an Gütern und Dienstleistungen im Kronland Niederösterreich, wobei die errechneten Werte als Untergrenze anzusehen sind.

Tabelle 2: Schätzung des Bruttoinlands(regional)produkts pro Kopf im Kronland Niederösterreich und Österreich 1830–1880 (in K 1913)[a]

Jahr	Niederösterreich[b]	JVR[c]	Österreich	JVR[c]
1830	488		418	
1840	540	1,0	453	0,8
1850	608	1,2	494	0,9
1860	669	1,0	532	0,7
1870	708	0,6	556	0,4
1880	773	0,9	620	1,1
JVR[d] 1830/1880	0,9		0,8	

Quelle: Kausel, Österreichs Volkseinkommen, 694, 701; Good, Ma, New Estimates, 153f.; eigene Berechnungen
[a] In Kronen 1913.
[b] Kronland.

16 Otruba, Österreichs Industrie, 580f., 586.
17 Eigene Berechnungen nach Leonhardt, Compass 1868, 58, 64, 76, 80.
18 Tafeln zur Statistik NF 5, Tl. 2, 331.
19 Kausel, Österreichs Volkseinkommen, 699f.

[c] JVR = durchschnittliche jährliche Veränderungsrate im Jahrzehnt.
[d] JVR = durchschnittliche jährliche Veränderungsrate.

An der Position Wiens und Niederösterreichs innerhalb Österreichs hatte sich im Zeitraum von 1850 bis 1880, wie auch alternative Berechnungen für die Jahre 1870 und 1880, die sich auf Produktions- und Erwerbstätigendaten stützen, belegen, nur wenig verändert. Der Anteil des Kronlandes Niederösterreich am geschätzten Bruttoinlandsprodukt der österreichischen Alpenländer (einschließlich der Untersteiermark und Südtirols, ausschließlich des Burgenlandes) lag bei oder knapp über 50 Prozent. Mit Bezug auf die österreichische Reichshälfte (Cisleithanien) verringerte sich vermutlich der Anteil an der gesamten Wertschöpfung nicht unerheblich auf etwas mehr als ein Sechstel. Nimmt man die Produktion als Maßstab, hatte er um 1840 noch bei über 20 Prozent gelegen.[20]

Tabelle 3: Schätzung des Bruttoregionalprodukts im Kronland Niederösterreich, Österreich, Cisleithanien und Österreich-Ungarn 1870 und 1880 (in Millionen Gheary-Khamis $ 1990)

Kronland/Reichshälfte	1870	in %	1880	in %
Niederösterreich	5.132		5719	
heutiges Österreich	10.237	50	11.100	52
Cisleithanien	29.566	17	32.129	18
Österreich-Ungarn	44.478	12	48.682	12

Quelle: Schulze, Regional Income, 25; eigene Berechnungen

Nichtsdestotrotz kann kein Zweifel bestehen, dass der Industrialisierungsprozess langfristig betrachtet zu einer nicht unbeträchtlichen Steigerung des Outputs an Gütern und Dienstleistungen im Kronland Niederösterreich im Zeitraum von ca. 1830 bis 1880 geführt hat. Das reale Wirtschaftswachstum pro Kopf fiel mit 0,9 Prozent jährlich allerdings nicht unbedingt sehr hoch aus. Offensichtlich sorgten das rapide demographische Wachstum, aber auch die wiederkehrenden politischen und ökonomischen Krisen für eine »Wellblechkonjunktur«. In den 1830er- und 1840er-Jahren lösten sich kurzfristige Auf- und Abschwünge ab, ebenso in der »ersten Gründerzeit« von 1850 bis 1857/59. Die Jahre 1860 bis 1866 waren durch Abschwung und Stagnation geprägt, von 1867 bis 1873 folgte dann in der »Gründerzeit« ein echter Boom, dem erneut eine nun längere Rezession nach dem »großen Krach« von 1873

20 Eigene Berechnungen nach Schulze, Regional Income, 25.

folgte.[21] Innerhalb der Monarchie hatte sich temporär der Schwerpunkt der mechanisierten Großbetriebe in die böhmischen und mährischen Länder, die Standortvorteile aus den reichen Steinkohlevorkommen zogen, verlagert. Auch innerhalb des Kronlandes verlor der Wiener Raum temporär im Industrialisierungswettlauf. Im Jahr 1880 hatten die Großbetriebe Wiens und seiner Umgebung einen Anteil von 16 Prozent an der PS-Leistung des gesamten Kammerbezirks. Doch 1890 waren es schon wieder 29 Prozent.[22] In diesem Anstieg spiegelt sich der beginnende Aufstieg der Leichtindustrien.

Um 1870 bewegte sich im internationalen Vergleich das Pro-Kopf-Einkommen des Kronlandes Niederösterreich mit 2409,6 Geary-Khamis Dollar 1990 (laut Schätzung von Good/Ma) oder 2578,2 Geary-Khamis Dollar 1990 (laut Schätzung von Schulze) zwischen den nationalen Durchschnittswerten der Schweiz mit 2172 und Belgien und den Niederlanden mit jeweils 2640. Der entsprechende Durchschnittswert für Großbritannien lag allerdings mit 3263 erheblich darüber.[23] Nun ist der Vergleich der wirtschaftlichen Kernregion eines Landes, nämlich des Kronlandes Niederösterreich, mit anderen Ländern in ihrer Gesamtheit nur eingeschränkt aussagekräftig, und natürlich gab es auch in der Schweiz Landesteile, die über dem Pro-Kopf-Einkommen Niederösterreichs gelegen haben, doch weist dieser grobe Vergleich jedenfalls auf ein durchaus beachtliches Output-Niveau hin, nicht unbedingt auf ökonomische Rückständigkeit.

2.2 Lebenserwartung und Säuglingssterblichkeit

Ungeachtet der gesamtwirtschaftlichen Dynamik besonders im Produktionssektor hatte zumindest bis einschließlich der 1850er-Jahre die Erhöhung des volkswirtschaftlichen Outputs keinen erkennbaren positiven Einfluss auf den »biologischen Wohlstand« gemessen an der Lebenserwartung. Dies ist insofern bemerkenswert, als das Ausgangsniveau der Lebenserwartung in Wien und Niederösterreich wie in den österreichischen Alpenländern insgesamt auch im internationalen Vergleich ohnehin ausgesprochen niedrig war. Um 1830 betrug die Differenz zu Deutschland und den west- und nordeuropäischen Ländern etwa sechs bis zehn Jahre.[24] Allerdings sind präzisere Berechnungen der Lebenserwartung nur ab Vorliegen eines differenzierten Altersaufbaus der Bevölkerung möglich. Im Fall von Wien existieren die ersten zeitgenössischen Berechnungen, die jedoch auf Modellannahmen hinsichtlich des

21 Chaloupek, Stadtwirtschaft, 358–369; Matis, Österreichs Wirtschaft, 83–259.

22 Meißl, Industriearbeit, 184–186.

23 Schulze, Patterns of Growth, 324; Schulze, Regional Income, 26.

24 Dinges, Weigl, Gender gap similarities, 188.

Altersaufbaus der Bevölkerung unter Ausklammerung der Migration beruhen, für den Vormärz.[25] Erst für die Volkszählungen von 1856/57 lässt sich für Wien eine herkömmliche, wenngleich »abgekürzte« Sterbetafel errechnen. Darunter versteht man Sterbetafeln, in denen die Sterberaten mit Ausnahme des Säuglingsalters nur für mehrjährige Altersgruppen vorliegen. Daher muss innerhalb dieser Altersgruppen auf Verteilungsannahmen innerhalb dieser Altersgruppen zurückgegriffen werden, die aus der Empirie gewonnen wurden.[26] Dieses Verfahren beeinträchtigt die Genauigkeit der Berechnung aber nur wenig. Ein diesbezüglich wesentlich größeres Problem stellt die Existenz des seit 1784 bestehenden Wiener Gebär- und Findelhauses dar, weil einerseits in der Anstalt zahlreiche Kinder von außerhalb der damaligen Wiener Stadtgrenze lebenden Müttern zur Welt kamen und in der Anstalt oder bei Wiener Pflegeeltern verstarben, andererseits dort geborene Kinder zu niederösterreichischen Pflegeeltern gegeben wurden und dort im Säuglings- oder Kleinkindalter verstarben. Beispielsweise im Jahr 1888 war nur bei 38 Prozent der Findelkinder der letzte Wohnort der Mutter Wien, bei 31 Prozent »Niederösterreich«, allerdings einschließlich der Wiener Vororte. Dazu kamen noch 21 Prozent der Mütter aus anderen Teilen der Monarchie und 10 Prozent mit unbekanntem Wohnort.[27] Es fand also sowohl ein »Import« von Säuglingssterblichkeit als auch ein »Export« von Säuglings- und Kleinkindersterblichkeit statt. Zudem sind abseits der Vergabe von Findelkindern die regen Migrationsbewegungen jener Zeit mit zu bedenken, auch wenn Familien mit Säuglingen und Kleinkindern seltener gewandert sein mögen. Nichtsdestoweniger ermöglichen die vorliegenden Berechnungen eine grobe Bestimmung des Niveaus der Überlebensverhältnisse.

Nach den erwähnten zeitgenössischen Berechnungen des Statistikers Joseph Hain hatte die männliche Wiener Bevölkerung im Durchschnitt der Jahre 1830 bis 1838 eine erschreckend niedrige Lebenserwartung bei der Geburt von etwa 20 Jahren, die weibliche eine von 23 Jahren. Von 1839 bis 1847 könnte es zu einem geringfügigen Anstieg um etwa ein halbes Lebensjahr gekommen sein. Dem leichten Anstieg der Lebenserwartung bei der Geburt folgte von 1853 bis 1856 ein Rückschlag. Nun lag die Lebenserwartung bei der Geburt bei 18,5 bzw. 20 Jahren. Von diesen äußerst niedrigen Ausgangswerten stieg sie in den 1860er-Jahren erheblich an, doch blieb das Niveau im regionalen und internationalen Vergleich weiterhin ausgesprochen niedrig.[28] Nach Modellrechnungen für die gesamten Alpenländer, deren Lebenserwartung, wie Berechnungen für den Zeitraum ab 1869 zeigen, nahe beim nieder-

25 Hain, Handbuch der Statistik Bd. 1, 468.
26 Vgl. dazu Namboodiri, Suchindran, Life table techniques, 25 f.
27 Pawlowsky, Mutter ledig, 67.
28 Weigl, Demographischer Wandel, 165.

österreichischen Durchschnitt (ohne Wien) lag,[29] betrug die Differenz der durchschnittlichen Lebenserwartung bei der Geburt zwischen der Hauptstadt und dem Rest des Landes im Zeitraum von 1830 bis 1860 rund zehn Lebensjahre.

Tabelle 4: Lebenserwartung bei der Geburt in Wien (Stadt und Vorstädte) und Österreich 1830/38–1853/56

Periode	Wien		Österreich	
	männlich	weiblich	männlich	weiblich
1830–1838	19,8	23,0	30,2	32,7
1839–1847	20,7	23,4	30,3	33,1
1853–1856	18,5	20,2	30,4	32,7

Quelle: Ediev, Gisser, Reconstruction, Tabellenteil; Weigl, Demographischer Wandel, 165; eigene Berechnungen

Die Volkszählung des Jahres 1869 erlaubt erstmals einen genaueren Vergleich zwischen Wien im damaligen Stadtgebiet und dem übrigen Kronland. Er zeigt einen mittlerweile scheinbar weit geschrumpften Überlebensvorteil der niederösterreichischen Bevölkerung bei der Geburt auf 1,5 bis 2 Jahre. Dabei ist allerdings zu berücksichtigen, dass die überwiegend proletarische Bevölkerung der Wiener Vororte mit unzweifelhaft unterdurchschnittlicher Lebenserwartung zu Niederösterreich-Land gerechnet wurde und den entsprechenden Wert nach unten senkte.

Tabelle 5: Lebenserwartung nach Geschlecht und Alter in Wien und Niederösterreich 1868/1871

Alter	Wien		Gender Gap	Niederösterreich		Gender Gap
	männlich	weiblich		männlich	weiblich	
0	27,0	31,5	4,5	29,8	33,0	3,2
1	35,7	39,8	4,1	46,9	48,5	1,6
20	50,6	55,3	4,7	58,7	60,5	1,8
60	70,5	72,1	1,6	72,1	72,7	0,6

Quelle: K. k. statistische Central-Commission, Bevölkerung und Viehstand 1869, 3. Heft, 2–35; Statistisches Jahrbuch Wien 1869, 26, 30–39; 1870, 30f., 34–43; 1871, 28f., 32–41; 1872, 36f., 40–49; Gemeinde-Verwaltung Wien 1867–1870, 43, 47f.; 1871–1873, 31, 35f.; eigene Berechnungen unter Berücksichtigung der Säuglingssterbetafel

29 Findl, Mortalität und Lebenserwartung, 42, 45.

Das Hauptproblem bei der Interpretation der Sterbetafeln von 1869 stellen aber offensichtlich Zuordnung und mögliche Veränderungen der Säuglingssterblichkeit dar. Auf Grund der erwähnten statistischen Problematik der Säuglingssterbefälle spiegelt die Lebenserwartung bei der Geburt gar nicht die weiterhin bestehenden tatsächlichen Stadt-/Land-Mortalitätsdifferentiale wider. Das wird deutlich, wenn man die Lebenserwartung nach dem Erreichen des ersten Lebensjahres in den Blick nimmt. Demnach hatten Kleinkinder in Wien um 1870 weiterhin eine um zehn bis elf Jahre geringere Lebenserwartung als jene im übrigen Niederösterreich. Auch nach Erreichen des Erwachsenenalters bestand – besonders markant unter der männlichen Bevölkerung – ein klarer Überlebensvorteil der Niederösterreicherinnen und Niederösterreicher. Selbst im nach zeitgenössischen Verhältnissen hohen Alter von 60 und mehr Jahren war dieser Vorteil vorhanden, wenn auch für diese nach zeitgenössischen Vorstellungen »betagte« Altersgruppe in eher geringem Ausmaß.

Innerhalb des ersten Lebensjahres gab es in Wien und Niederösterreich recht unterschiedliche Überlebensverhältnisse. Zwar stieg um 1870 die Lebenserwartung von Neugeborenen mit jedem Lebensmonat deutlich an, der Anstieg fiel allerdings in Niederösterreich bei beiden Geschlechtern erheblich stärker aus. Während bei der Geburt der Überlebensvorteil der niederösterreichischen Säuglinge nur 1,5 bis 2 Jahre betrug, waren es nach einem halben Lebensjahr bereits sieben bis neun Jahre. Auf Grund der erheblichen statistischen Verzerrungen sollte das Ergebnis dieser Berechnung nicht überbewertet werden, doch weisen Befunde für die Stichjahre 1890 und 1910 mit bereits geringeren »Wanderungsbewegungen« von Säuglingen in eine ähnliche Richtung. Auf sie wird noch näher einzugehen sein.

Tabelle 6: Lebenserwartung während des ersten Lebensjahres in Wien und Niederösterreich 1868–1871

Alter	Wien		Niederösterreich	
	männlich	weiblich	männlich	weiblich
1. Monat	27,0	31,5	29,8	33,0
2.–6. Monat	30,0	34,2	35,3	37,6
7.–12. Monat	33,0	37,1	42,2	44,0

Quelle: K. k. statistische Central-Commission, Statistisches Jahrbuch Wien 1869–1872; Gemeinde-Verwaltung Wien 1867–1870, 1871–1873; eigene Berechnungen

Ein Vergleich mit der Lebenserwartung bei der Geburt in anderen europäischen Industrieländern weist auch noch um 1870 auf insgesamt ungünstige Überlebensbedingungen in Wien und Niederösterreich hin. In Ländern wie Deutschland, der Schweiz, Frankreich, Belgien, England und Wales lag die Lebenserwartung bei der

Geburt bei der männlichen Bevölkerung um 35 bis 40 Jahre, in den skandinavischen Ländern auch darüber, bei der weiblichen bei etwa 40 bis 45 Jahre.[30] Auch auf regionaler Ebene schnitten Wien und Niederösterreich nicht gut ab. Von den englischen Bezirken hatten nur Manchester und Liverpool eine ebenso niedrige oder noch geringere Lebenserwartung.[31] Unter den Großstädten lag die Lebenserwartung bei der Geburt in Wien im Zeitraum von ca. 1830 bis 1860 um rund zehn Jahre unter jener der schottischen Industriemetropole Glasgow, ebenso in den 1860er-Jahren im Vergleich zu vielen anderen britischen Großstädten. In etwa das Wiener Niveau wiesen zu dieser Zeit allerdings Liverpool, Manchester, aber auch die Hauptstädte Berlin und Stockholm auf.[32]

Im Rahmen des Anstiegs der Lebenserwartung bei der Geburt seit dem zweiten Drittel des 19. Jahrhunderts besaß die Säuglingssterblichkeit allein quantitativ große Bedeutung, da sie mit Ausnahme der höchsten Altersgruppen die mit Abstand höchste Sterblichkeit einer bestimmten Altersgruppe aufwies und die Überlebenswahrscheinlichkeit weit mehr bestimmte als etwa die Sterblichkeit in den Altersgruppen über 70 Jahre. Allein der lange Zeit hohe Anteil an der Gesamtmortalität – von etwa 1830 bis 1880 bewegte sich der Anteil der Säuglingssterbefälle im Kronland Niederösterreich zwischen 30 und 40 Prozent[33] – macht das deutlich.

Wie aus Graphik 1 deutlich abzulesen ist, war das Niveau der Säuglingssterblichkeit in Wien und Niederösterreich bis Mitte der 1870er-Jahre sehr hoch, auch wenn diese, wie noch zu zeigen sein wird, bis zu einem gewissen Grad überschätzt ist. Trotz sinkender Tendenz änderte sich am hohen Niveau der Säuglingssterblichkeit auch noch gegen Ende des 19. Jahrhunderts im internationalen Vergleich wenig. In Wien setzte allerdings schon im Vormärz ein Abwärtstrend ein, der durch die Vergabe von Findelkindern an nicht in Wien lebende Pflegeeltern allerdings vorsichtig zu bewerten ist. Ab den 1840er-Jahren wurde der Abwärtstrend zudem für etwa zwei Jahrzehnte unterbrochen, in den 1850er-Jahren kam es sogar zu einem leichten Anstieg. Erst in den 1860er-Jahren des 19. Jahrhunderts trat ein nun im Wesentlichen kontinuierlicher Rückgang der Säuglingssterblichkeit ein. Nun waren Werte um 200 im damaligen Stadtgebiet (Stadt und Vorstädte) erreicht, aber auch die nach dem heutigen Gebietsstand berechnete, die Vororte und das transdanubische Gebiet einschließende höhere Säuglingssterblichkeitsrate[34] sank im Lauf der 1870er-Jahre von 280 auf 240.[35]

30 Rothenbacher, European Population 1850–1945, 29;Dinges, Weigl, Gender gap similarities, 191.

31 Szreter, Mooney, Urbanization, 90.

32 Szreter, Mooney, Urbanization, 88, 96; Statistisches Landesamt Berlin; USK-Statistics Stockholm.

33 Eigene Berechnungen nach Bolognese-Leuchtenmüller, Bevölkerungsentwicklung Tl. 2, 90–92, 116–118.

34 Sterbefälle von unter 1-Jährigen eines Jahres bezogen auf 1000 Lebendgeborene dieses Jahres.

35 Weigl, Demographischer Wandel, 206f.

Graphik 1: Säuglingssterberate in Wien und Niederösterreich 1830–1890 (Gebietsstand bis 1890)

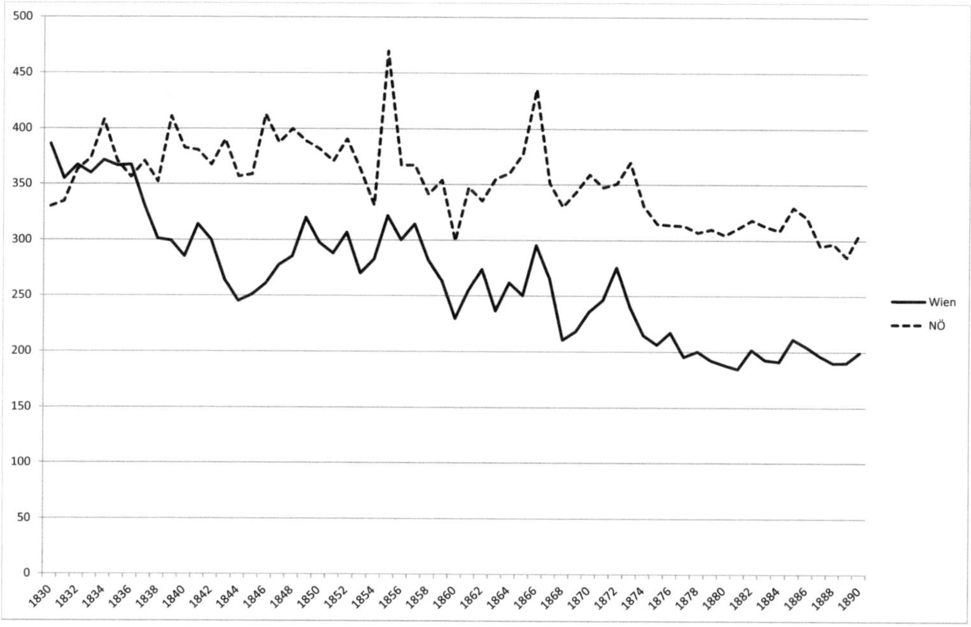

Quelle: Eigene Berechnungen nach Sedlaczek/Löwy, Wien, 12–15; Tafeln zur Statistik der Oesterreichischen Monarchie 3–21, NF 1–4; Statistik der Stadt Wien Heft 1–2; Schimmer, Mortalität und Vitalität, 20–27; Wiener Kommunal-Kalender und städtisches Jahrbuch 6 (1868), 237; Gemeinde Verwaltung 1867–1870, 43; 1871–1873, 43; Statistisches Jahrbuch Wien 1883–1890; Bolognese-Leuchtenmüller, Bevölkerungsentwicklung Tl. 2, 80–82, 116–118.

Tabelle 7: Säuglingssterblichkeitsrate in Wien, Niederösterreich und Österreich nach dem heutigen Gebietsstand 1871–1890

Land	1871/75	1876/80	1881/85	1886/90
Wien	280,1	240,9	241,5	234,5
Niederösterreich	335,3	306,5	315,9	304,0
Österreich	287,2	258,9	264,1	256,8

Quelle: Statistik Austria, Demographisches Jahrbuch 2006, 215

Die Entwicklung in Niederösterreich verlief sowohl nach den Grenzen vor und nach der zweiten Wiener Stadterweiterung von 1890 bis 1892 parallel zu jener in Wien. Spiegelbildlich war die Säuglingssterberate in Niederösterreich unter Einbeziehung der Wiener Vororte höher als im Vergleich zu den heutigen Grenzen des Bundeslandes.

Der Rückgang der Säuglingssterblichkeit in Wien betraf sowohl die Sterblichkeit während des ersten Lebensmonats als auch die postneonatale Sterblichkeit des 2. bis 12. Monats und ebenso die eheliche und uneheliche. Der Anteil der Sterblichkeit des ersten Lebensmonats an der gesamten Säuglingssterblichkeit lag, nimmt man die eheliche Säuglingssterblichkeit als Maßstab, im Durchschnitt der Jahre 1853 bis 1855 überhaupt nur bei etwas mehr als 30 Prozent.[36] Erst zu Beginn der 1880er-Jahre stieg der neonatale Anteil in Wien auf rund 40 Prozent an.[37] Für das gesamte Kronland bewegte er sich zu Beginn der 1860er-Jahre um 40 Prozent.[38] Diese Anteile entsprachen ganz den zeitgenössischen Verhältnissen, wie sie auch für andere Länder beobachtet wurden. Die dafür verantwortlichen Todesursachen waren zumeist »angeborene Lebensschwäche« und Geburtskomplikationen.[39] Erstere war nicht nur auf Frühgeburt, sondern auch auf das geringe Geburtsgewicht von Säuglingen infolge des mangelnden Ernährungszustands der Mütter zurückzuführen, das für Frauen der Wiener und niederösterreichischen Unterschicht dokumentiert ist.[40]

Tabelle 8: Säuglingssterberate in Wien 1853–1883

Periode	Gesamt	Neonatal	Postneonatal
1853/54	282	123	159
1855–1858	304	137	167
1869–1873	244	100	144
1874–1878	205	84	121
1879–1883	192	80	112

Quelle: Weigl, Demographischer Wandel, 206f.

Statistische Verzerrungen infolge der Abgabe von Säuglingen aus dem Wiener Gebär- und Findelhaus an niederösterreichische Pflegeeltern können das besonders hohe Niveau der Säuglingssterblichkeit in Niederösterreich aus mehreren Gründen nur teilweise erklären. Zum einen stammten die im Wiener Gebärhaus Geborenen im Zeitraum von etwa 1850 bis 1890 nur zu etwa 15 Prozent aus Wien in seinen

36 Eigene Berechnungen nach Statistik der Stadt Wien 1857, Heft 1 76f., 98f., 120f.

37 Eigene Berechnungen nach Gemeinde-Verwaltung Wien 1880–1882, 130f.

38 Eigene Berechnungen nach K. k. Statistische Central-Commission, Statistisches Handbuch Österreich 1861/62, 10f., 36f.; 1863, 20f.

39 Köck, Kytir, Münz, Risiko Säuglingstod, 16f.

40 Ward, Birth Weight and Standards of Living.

damaligen Grenzen, zum anderen suchten ja auch Niederösterreicherinnen, und zwar in deutlich größerer Zahl als Wienerinnen das Wiener Gebär- und Findelhaus auf, von denen einige ihre Kinder nach der Geburt durch den Tod verloren.[41] Um die tatsächlichen Relationen festzustellen, bietet sich ein Vergleich der ehelichen Säuglingssterblichkeit an, denn ehelich geborene Findelkinder gab es in kaum mehr als 1 Prozent der Fälle.[42] Tatsächlich war die eheliche Säuglingssterblichkeit in den 1850er-Jahren im damaligen Niederösterreich noch etwas niedriger als in Wien, die Relation zu Wien verschlechterte sich allerdings auch bei diesem Indikator, was allerdings an der überwiegend proletarischen Bevölkerung der Wiener Vororte gelegen haben mag, die statistisch bis zur Stadterweiterung Wiens von 1890 bis 1892 zu Niederösterreich gezählt wurden.

Tabelle 9: Eheliche Säuglingssterblichkeit nach Lebensdauer in Wien und Niederösterreich 1857/58 und 1868/69

1857/58	Wien	Niederösterreich
1. Monat	102,1	132,0
2.–12. Monat	225,4	160,4
Säuglingssterberate	327,5	292,4
1868/69	**Wien**	**Niederösterreich**
1. Monat	106,4	112,8
2.–12. Monat	166,5	168,4
Säuglingssterberate	272,9	281,2
Veränderung in %		
1. Monat	4,2	–14,5
2.–12. Monat	-26,1	5,0
Säuglingssterberate	–16,7	-3,8

Quelle: Statistik der Stadt Wien Heft 1, 114, 142f.; Heft 2, 102, 130f.; Tafeln zur Statistik NF 2 (1852–1854) 1. Heft; NF 4 (1858–1859); K. k. Statistische Central-Commission, Statistisches Jahrbuch 1869, 24, 26f.; 1870, 26, 30f.; Gemeinde-Verwaltung Wien 1867–1870, 38, 43; eigene Berechnungen

Insgesamt ist die Säuglingssterblichkeit in Wien und Niederösterreich im zweiten Drittel des 19. Jahrhunderts insofern nach oben verzerrt, als etwa 60 Prozent der abgegebenen Findelkinder aus Ländern außerhalb Österreichs unter der Enns stammten und die Sterblichkeit der Findelkinder allgemein sehr hoch war. Für den Zeitraum von 1847 bis 1872 lässt sich der Effekt des Gebär- und Findelhauses eini-

41 Pawlowsky, Mutter ledig, 238.
42 Pawlowsky, Mutter ledig, 69.

germaßen präzise abschätzen. Die folgende Berechnung beruht auf den bekannten Sterbefällen von unter 1-Jährigen des Findelhauses, dem Anteil der nicht aus dem Kronland Niederösterreich stammenden Mütter und der Sterblichkeit der Findelkinder in der Höhe von rund 90 Prozent. Die so errechnete und um die Gebär- und Findelhausgeburten und Säuglingssterbefälle aus anderen Kronländern bereinigte Säuglingssterberate ergibt eine Überschätzung der Säuglingssterblichkeit im gesamten Kronland von rund 10 bis 15 Prozent. Aber auch mit Berücksichtigung dieser Korrektur bewegte sich die Säuglingssterblichkeit bis in die 1870er-Jahre zwischen 25 und 35 Prozent, ein Wert, der im internationalen Vergleich als ausgesprochen hoch zu bezeichnen ist.

Graphik 2: Säuglingssterberate im Kronland Niederösterreich mit und ohne »Ortsfremde« 1847–1872

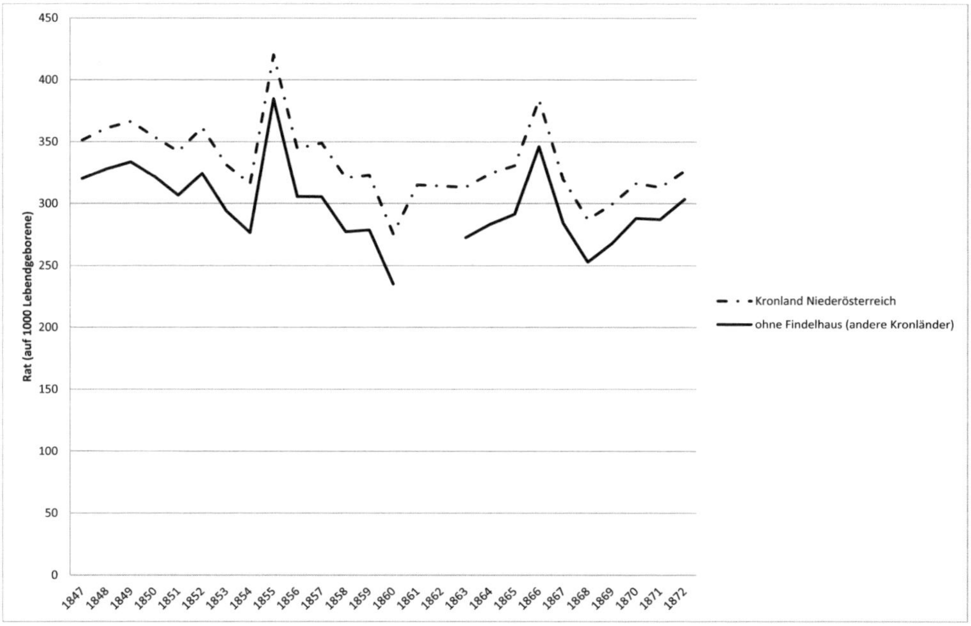

Quelle: Vgl. dazu Graphik 1 und Pawlowsky, Mutter ledig, 309; eigene Berechnungen

Die hohe Säuglingssterblichkeit in Wien und Niederösterreich kann als besonders aussagekräftiger Wohlstandsindikator in der Frühindustrialisierungsperiode bezeichnet werden. Sie spiegelt in ganz besonderer Weise den Zugang und Umgang einer Generation mit dem Werden und Aufwachsen der folgenden, also letztlich über die materiellen Bedingungen hinausgehend mentale Dispositionen. Das lässt sich auch statistisch fassen. Wie eine Regressionsanalyse von Körpergröße, Bruttosozialprodukt pro Kopf und Säuglingssterblichkeit anhand von 64 zeitgenössischen Untersuchungen aus dem späten 19. und frühen 20. Jahrhundert in west- und mitteleuropäischen Ländern ergab, waren 96 Prozent der Unterschiede der Körpergröße durch das Bruttosozialprodukt pro Kopf und die Säuglingssterblichkeit zu erklären.[43] Neben dem Niveau der wirtschaftlichen Entwicklung waren es also besonders die Überlebensbedingungen im Säuglingsalter, welche die physische Evolution im weiteren Leben entscheidend bestimmten.

Wie breit der Indikator »Säuglingssterblichkeit« verschiedene Aspekte von ökonomischem und biologischem Wohlstand abdeckt, wird schon durch die sie bestimmenden Faktoren deutlich. Es sind dies:

- der Verlauf der Schwangerschaft
- der Grad der Ausgesetztheit (Infektionsrisiko) und
- die Abwehrstärke der Neugeborenen gegenüber Krankheitserregern
- die Häufigkeit schwerwiegender Pflegemängel.[44]

Sieht man einmal von den besonders schlechten Überlebenschancen der Findelkinder ab, spielten für die Sterblichkeit in den ersten Lebenswochen solche Faktoren eine wichtige Rolle, die im Zusammenhang mit dem durchschnittlichen Gesundheitszustand der Mütter stehen. Für verbreitete eintönige und schlechte Ernährung der Schwangeren spricht das hohe Menarchealter heranwachsender Mädchen. Um die Mitte des 19. Jahrhunderts lag es in Wien durchschnittlich bei 15,5 Jahren, bei aus Ober- und Niederösterreich Zugewanderten jedoch bei 16,2 Jahren und damit auf einem ähnlichen Niveau wie bei Migrantinnen aus den böhmischen Ländern und aus Bayern.[45] Nach Berufen war es bei »Frauen der mittleren Bürgerklasse« mit 15,2 am niedrigsten, danach folgten Handarbeiterinnen mit 15,7. Das höchste Menarchealter wiesen Mägde und Taglöhnerinnen mit 16,3 Jahren auf. Dies verweist auf sehr ausgeprägte standes- und berufsspezifische Unterschiede des Ernährungszustands der heranwachsenden jungen Frauen. Insgesamt entsprach das Wiener und niederösterreichische Niveau den zeitgenössischen Untersuchungen vieler deutscher Regionen, während in Frankreich und England die entsprechenden Durchschnittswerte niedriger lagen.[46] Es gab aber zahlreiche »Ausreißer«, was besonders späte Menarche anlangt, durch die die Durchschnittswerte etwas verzerrend wirken. Nach

43 Floud, Heights of Europeans, 20.
44 Köck, Kytir, Münz, Säuglingstod, 29.
45 Szukits, Menstruation, 510–516.
46 Szukits, Menstruation, 517–519; Ehalt, Wandel des Termins der Geschlechtsreife, 159f., 162–165.

einer Quelle aus dem Vormärz trat die erste Menstruation bei Mädchen in Wien und den ländlichen Regionen Niederösterreichs im 14. oder 15. Lebensjahr ein.[47]

Ein ähnliches Bild verbreiteter Unterernährung unter der weiblichen Bevölkerung liefern Untersuchungen zum Geburtsgewicht der 3. Wiener Gebärklinik des Wiener Allgemeinen Krankenhauses der Jahre 1865 bis 1870, die vornehmlich von Frauen der Unterschicht frequentiert wurde. Dieses Geburtsgewicht, welches in erster Linie vom Ernährungszustand der Mütter bestimmt wird, lag deutlich unter jenem von vergleichbaren Kliniken in Dublin und Edinburgh, was die ungünstige Ernährungssituation dieser Schicht nachdrücklich bestätigt.[48]

Aber nicht nur um die pränatalen Lebensumstände der Mütter, auch um die Geburtshilfe stand es nicht zum Besten. Abgesehen von der Unkenntnis von Sepsis und Asepsis fehlte es vielfach an (semi)professioneller Hilfe bei Geburtskomplikationen. Die Zahl der Hebammen betrug im Jahr 1851 in Wien in seinen damaligen Grenzen 715, im übrigen Land unter der Enns 806. Im Jahr 1863 standen 1093 Hebammen in Wien 1125 im übrigen Land gegenüber, das Ganze bei einer mehr als doppelt so großen Bevölkerung »auf dem flachen Land«.[49] In der Folge ging die Zahl der Hebammen in Wien zurück, weil Spitalsgeburten an Bedeutung gewannen, während sie in Niederösterreich um rund 25 Prozent anstieg. Im Jahr 1888 betrug die Zahl der Hebammen in Wien 931, im übrigen Kronland 1412. Im Zeitraum von 1863 bis 1888 war die Bevölkerung in Wien und Niederösterreich um etwa 40 Prozent gestiegen.[50] Wie sich aus einer auf die Zeit vor 1900 Bezug nehmenden Statistik ergibt, waren vor allem die peripheren Bezirke des Waldviertels mit Hebammen schwer unterversorgt. In Zwettl, Gmünd und Pöggstall kam selbst zur Jahrhundertwende nur etwa jedes dritte Kind mit geburtshilflichem Beistand zur Welt.[51] Nun verfügten Hausärzte, Spitalsärzte und Hebammen vor den 1880er-Jahren nicht über wie immer geartete Kenntnisse der ja noch im Entstehen begriffenen Bakteriologie. Dank der Entdeckungen von Ignaz Semmelweis und dem Vordringen der Hygiene als Wissenschaft an den Universitäten entstand jedoch bei einem Teil der »Heilpersonen« etwa ab Mitte der 1860er-Jahre ein gewisses präbakteriologisches Bewusstsein für die Bedeutung der Reinlichkeit im Rahmen der Geburtshilfe. Außerdem verfügten sie über Routine im Umgang mit Geburtskomplikationen. Insofern konnte fehlende Geburtshilfe jedenfalls den Tod von Mutter und Kind mit sich bringen.[52]

---

47 Blumenbach, Neueste Landeskunde, 303.

48 Ward, Birth Weight and Economic Growth, 56, 116, 125.

49 Tafeln zur Statistik NF 1 (1849/51), Tl. 2, 8. Heft; K. k. statistische Central-Commission, Statistisches Jahrbuch 1863, 320.

50 K. k. statistische Central-Commission, Statistisches Handbuch 9 (1890), 17; Statistisches Jahrbuch Wien 6 (1888), 244; eigene Berechnungen.

51 Daimer, Geburten- und Sterblichkeitsverhältnisse, ii f.

52 Lesky, Wiener Medizinische Schule, 217–219.

Abgesehen von den ersten Lebenswochen der Säuglinge rückten im weiteren Lauf des ersten Lebensjahres andere Risikofaktoren in den Mittelpunkt. Zu diesen zählte neben dem epidemiologischen Umfeld die Ernährung der Säuglinge. Obwohl es an entsprechenden repräsentativen Untersuchungen mangelt, war die Stillhäufigkeit in den städtischen und ländlichen Unterschichthaushalten offensichtlich sehr gering, wozu die hohe Arbeitsbelastung der Mütter maßgeblich beitrug. Das erwies sich im wahrsten Sinn des Wortes für die Neugeborenen als fatal. Unter den gegebenen hygienischen Bedingungen besaß das Stillen auf Grund der spezifischen Eigenschaften der Muttermilch – hoher Anteil von Molkeneiweiß, Feinflockigkeit des Kasein, hoher Anteil an gesättigten Fettsäuren und Fermenten[53] – eine deutlich das Sterblichkeitsrisiko vermindernde Wirkung. Das lange Stillen der Säuglinge durch Proletarierinnen war jedoch auf Grund der Arbeitsbedingungen praktisch unmöglich. Auch in den unterbäuerlichen Schichten dürften die Verhältnisse sehr ähnlich gewesen sein, und selbst bei jenen, die dafür die Möglichkeit gehabt hätten, fehlte es häufig am entsprechenden Bewusstsein. Deshalb war der von bürgerlichen Medizinern betriebenen Stillpropaganda[54] kaum Erfolg beschieden. Die »künstliche« Säuglingsnahrung bestand meist aus Breien, die mit Trinkwasser schlechter Qualität angerührt wurden. Die Folge waren infektiöse oder aber auch nichtinfektiöse gastrointestinale Erkrankungen der Säuglinge, die zu Krämpfen und in weiterer Folge auch zum Tod führen konnten. Diese mit Bauchkrämpfen verbundenen Erkrankungen wurden als »Fraisen« bezeichnet, für die der Volksmund nicht von ungefähr 72 verschiedene Arten erdachte. Die dagegen in bäuerlichen und unterbäuerlichen Schichten angewandten Mittel zeugen von der Hilflosigkeit der betroffenen Eltern: Fraisenbriefe, Fraisenhäubchen, abergläubige Sprüche.[55] Unter den Wiener Findelkindern entfielen im Jahr 1857 12,7 Prozent und 1888 15,5 Prozent der Todesfälle auf die »Fraisen«, auf Erkrankungen des Verdauungsapparates 1857 weitere 37 Prozent und 1888 23 Prozent. Die Findelkinder wurden in der Regel nur einige wenige Tage gestillt und erhielten dann verschiedene Breie, Suppen und Brot.[56] Dies entsprach vermutlich in etwa der Ernährung vieler anderer Säuglinge abseits jener adeligen und bürgerlichen Schichten, die sich Ammen leisten konnten.

Eine besonders ökonomisch benachteiligte Gruppe waren ledige Mütter und ihre Kinder. Die Überlebensverhältnisse wurden durch die Verbreitung von Illegitimität insofern erheblich beeinflusst, als die Säuglingssterblichkeit der unehelich Geborenen traditionell deutlich über jener der ehelich Geborenen lag. So betrug beispielsweise im Durchschnitt der Jahre 1860 bis 1862 die eheliche Säuglingssterberate in

53 Stöckel, Säuglingssterblichkeit, 249 f.
54 Bednar, Kinder-Diätetik, 33; Escherich, Chrobak, Mahnwort.
55 Häusler, Land, 261 f.
56 Pawlowsky, Mutter ledig, 222 f., 232–235.

Österreich unter der Enns 282,7, die uneheliche 351,3, was einer Übersterblichkeit der unehelich Geborenen von rund 25 Prozent entsprach. Mitte der 1870er-Jahre erreichte diese Übersterblichkeit sogar rund 30 Prozent.[57] Von ähnlichen Differenzen ist auch in den Jahrzehnten davor auszugehen. Demnach förderte die Verbreitung von Illegitimität ein hohes Niveau der Säuglingssterblichkeit und genau diese Illegitimität erlebte in den ersten beiden Dritteln des 19. Jahrhunderts einen Höhepunkt. Während in Wien der Anteil der unehelich Geborenen im Durchschnitt der Jahre 1797 bis 1800 28 Prozent betragen hatte, erreichte er 1828 bis 1830 bereits 41 Prozent, stieg bis zur Mitte des 19. Jahrhunderts auf 49 Prozent und verharrte auf diesem hohen Niveau bis in die 1860er-Jahre. Erst danach sank er bis etwa 1890 auf 42 bis 43 Prozent.[58] In den restlichen Teilen des Kronlandes war der Anstieg zwar weit weniger dramatisch, aber auch in Niederösterreich-Land entfielen 1831 12 Prozent, 1843 15 Prozent und 1858 bereits 18 Prozent der Geburten auf ledige Mütter.[59] Das war nicht zuletzt aber nicht ausschließlich auf die Verbreitung von unehelichen Geburten unter der Bevölkerung der Wiener Vororte zurückzuführen. Im Jahr 1891 in den neuen Grenzen lag der Anteil der unehelich Geborenen in Niederösterreich immerhin auch bei 16 Prozent, in Wien zu diesem Zeitpunkt bei 35 Prozent.[60]

Nun kann die Verbreitung von Illegitimität historisch weiter zurückreichende Wurzeln haben, die in religiösen Bedingungen, traditionellen Werthaltungen und dem Erbrecht begründet liegen.[61] Solche Begründungen spielten für Wien und Niederösterreich im 19. Jahrhundert aber keine zentrale Rolle, denn vor dem Einsetzen entscheidender Veränderungen in der Arbeitsorganisation war die Illegitimität in Wien nicht sehr verbreitet. Noch um die Mitte des 18. Jahrhunderts erreichte die Unehelichenquote kaum 10 Prozent, in Niederösterreich war das noch bis ca. 1810 der Fall.[62] Eine mentalitätsgeschichtlich zu begründende allgemeine Akzeptanz von Illegitimität gab es also weder in der Haupt- und Residenzstadt noch in den niederösterreichischen Landesvierteln. Mit dem Boom protoindustrieller Produktionsformen im späten 18. Jahrhundert kann der Anstieg der Illegitimität auch nicht in Verbindung gebracht werden, denn diese beruhten auf familienwirtschaftlicher Arbeitsorganisa-

57 Eigene Berechnungen nach K. k. Statistische Central-Commission, Statistisches Handbuch Österreich 1861/62, 8–11, 34–37; 1863, 18–21; Presl, Säuglingssterblichkeit, 654.

58 Ehmer, Produktion und Reproduktion, 127; Weigl, Demographischer Wandel, 316.

59 Eigene Berechnungen nach Blumenbach, Neueste Landeskunde, 305 f.; Becher, Bevölkerungs-Verhältnisse, 151; Tafeln zur Statistik NF 4; Statistik der Stadt Wien 1857 Heft 2, 124 f.

60 Eigene Berechnungen nach K. k. statistische Central-Commission, Österreichisches Statistisches Handbuch 11 (1892), 24; Statistisches Jahrbuch Wien 9 (1891), 55.

61 Mitterauer, Ledige Mütter, 81–85.

62 Weigl, Frühneuzeitliches Bevölkerungswachstum, 118; Vaterländische Blätter für den österreichischen Kaiserstaat 1811, 481 f.

tion.[63] In weiterer Folge korrelierte zwar im Zug des Industrialisierungsprozesses die Verbreitung unehelicher Geburten mit dem Anteil der Bevölkerung, der im Produktionssektor tätig war, doch eine noch größere Rolle spielte der Großgrundbesitz. In jenen Bezirken, in denen die landwirtschaftlichen Güter eine überdurchschnittliche Größe aufwiesen und die daher eine erhebliche Anzahl von Dienstleuten beschäftigten, war der Anteil unehelicher Geburten ebenso hoch.[64] Demographisch handelte es sich dabei um eine durchaus gewichtige Berufsgruppe. So betrug im Jahr 1890 die Zahl der »Arbeiterinnen« in der Land- und Forstwirtschaft außerhalb Wiens etwa 172.000.[65] Besonders in den agrarischen Gunstlagen des Südostens und des Alpenvorlandes bildeten zahlreiche Mägde einen integralen Bestandteil bäuerlicher Haushalte. Das änderte allerdings wenig daran, dass illegitime Sexualbeziehungen mit den bäuerlichen Herren, aber auch mit anderen Angehörigen des Haushalts zum kaum hinterfragten »Berufsrisiko« der jungen Frauen zählten.[66] Auch in städtischen Haushalten war im 19. Jahrhundert weibliches Dienstpersonal sehr zahlreich anzutreffen. In der Großstadt Wien beförderte die Konzentration von Kapital und Vermögen neben einer breiten aristokratischen Schicht auch eine stark wachsende bürgerliche Ober- und Mittelschicht, in der die Beschäftigung von Köchinnen und Dienstmädchen ein Statussymbol darstellte und »zum guten Ton gehörte«. Im Jahr 1869 zählte man in Wien in seinen damaligen Stadtgrenzen 55.911 weibliche häusliche Bedienstete, weitere 11.075 in den Vororten. Zwei Jahrzehnte später waren es 86.486.[67] Im übrigen Niederösterreich ohne Wiener Vororte lässt sich die primär in städtischen Haushalten anzutreffende »Hausdienerschaft« im Jahr 1869 mit rund 55.000 beziffern.[68] Auch wenn uneheliche Geburt im Industrieproletariat nicht unbekannt war, kann also kein Zweifel bestehen, dass die rasche Zunahme der weiblichen Hausdienerschaft den Anstieg der Unehelichenquoten in erster Linie vorantrieb. Die Berufsverteilung der Mütter der Wiener Findelkinder, die dafür einige Repräsentativität beanspruchen kann, spricht eine eindeutige Sprache. Im Jahr 1857 waren mehr als die Hälfte der Mütter mit Berufsangabe Dienstbotinnen, ein Drittel Taglöhnerinnen oder Handarbeiterinnen, aber nur etwa 3 Prozent Fabrikarbeiterinnen.[69]

Unzweifelhaft resultierte der Anstieg der Unehelichquoten in Wien allerdings auch aus einem institutionellen Effekt. Mit dem Wiener Gebär- und Findelhaus war eine Institution ins Leben gerufen worden, die nach und nach auch die temporäre

63 Ehmer, Familienstruktur und Arbeitsorganisation.
64 Eigene Berechnungen nach Schimmer, Die unehelich Geborenen, 158.
65 K. k. statistische Central-Commission, Berufsstatistik 1890, 111.
66 Mitterauer, Ledige Mütter, 70.
67 Schimmer, Bevölkerung von Wien und seiner Umgebung, 102 f., 132 f.
68 Eigene Berechnungen nach K. k. statistische Central-Commission, Bevölkerung und Viehstand 1869, Heft 2, 5, 13; Schimmer, Bevölkerung von Wien und seiner Umgebung, 102 f.; 132 f.
69 Pawlowsky, Mutter ledig, 75.

Zuwanderung ortsfremder Mütter zum Zweck der »diskreten Geburt« anzog. Der hohe Anteil der Findelkinder an den unehelichen Geburten – im 19. Jahrhundert zwischen 60 und 80 Prozent[70] – sorgte also für einen aus der örtlichen sozioökonomischen Entwicklung nicht rein erklärbaren Anstieg der Unehelichenquoten. Im Kern handelte es sich aber nur um eine massive Verstärkung eines ohnehin bestehenden Trends, denn die Kurven der Zahl der unehelichen Geburten in Wien und die der Findelkinder verliefen praktisch parallel.[71] Letztlich spiegelt die massenhafte Abgabe von Säuglingen an das Wiener Findelhaus die prekäre wirtschaftliche und diskriminierende soziale Situation lediger Mütter wider und ist damit ein Abbild der Lebensverhältnisse der Unterschichten in Stadt und Land. Zumindest für diese Gruppe innerhalb der Bevölkerung des Kronlandes hatte der rasant gestiegene Output an Gütern und Dienstleistungen vor 1860 keinen nennenswerten positiven Effekt auf die Lebenserwartung gezeitigt.

Die geringe großstädtische Lebenserwartung beschränkte sich im Fall von Wien aber keineswegs nur auf das Säuglings- und Kinderalter. Im Durchschnitt der Jahre 1868 bis 1871 konnten 10-jährige Knaben in Wien mit einer ferneren Lebenserwartung von 37,7 Jahren, gleichaltrige Mädchen mit einer von 42,2 rechnen. Für Niederösterreich betrugen die entsprechenden Werte jedoch 46,7 und 48,2 Jahre. Zum Vergleich: In Frankreich lag die entsprechende fernere Lebenserwartung im Landesdurchschnitt von 1861 bis 1865 bei 48,7 und 48,8 Jahren, in Deutschland von 1871 bis 1881 bei 46,5 und 48,2 Jahren, in den Niederlanden von 1860 bis 1869 bei 46,7 und 47,4 Jahren.[72] Während demnach die Lebenserwartung der 10-Jährigen in Niederösterreich mit jener in westlichen Industrieländern durchaus vergleichbar war, traf das für Wien nicht zu. Es bestand ein beträchtliches Mortalitätsdifferential zwischen der Bevölkerung der Großstadt und dem restlichen Kronland.

Epidemiologisch war dafür in erster Linie die hohe Tuberkulosesterblichkeit in Wien verantwortlich. Wien zählte in den 1860er- und 1870er-Jahren und wohl auch schon in den Jahrzehnten davor zu den urbanen Zentren in Europa mit der höchsten Tuberkulosesterblichkeit. Auf 100.000 Einwohner kamen 800 bis 900 jährliche Todesfälle. Mit einem Anteil von 25 und mehr Prozent an allen Todesfällen war diese chronische Infektionskrankheit der große Killer.[73] Zwar ist auch für die niederösterreichischen Industriegebiete von hoher Tuberkulosesterblichkeit auszugehen, doch für das insgesamt noch agrarisch geprägte übrige Kronland traf das nicht zu. Im Durchschnitt

70 Bezogen auf die Gebärhausgeburten; bezogen auf die im Findelhaus aufgenommenen, nicht ausschließlich neugeborenen Kinder wäre er noch höher gewesen. Vgl. dazu Pawlowsky, Zechner, Gebär- und Findelhaus, Anhang Tabelle 5.

71 Pawlowsky, Mutter ledig, 57.

72 Rothenbacher, European Population 1850–1945, 254, 292, 510.

73 Junker, Schmidgruber, Wallner, Tuberkulose in Wien, 19; Grünberg, Assanierung, 150.

der Jahre 1870 bis 1874 betrug die Tuberkulosesterberate (auf 100.000 der Bevölkerung) in Wien 764, im übrigen Kronland in den damaligen Grenzen einschließlich der Wiener Vororte rund 450.[74] Da die soziale Ungleichheit vor dem Tod bei der Tuberkulose besonders ausgeprägt war[75], spricht das mit Bezug auf die Risikofaktoren Unterernährung und mangelhafte Hygiene für erhebliche Vorteile der Kinder, Jugendlichen und Erwachsenen in Niederösterreich gegenüber jenen im damaligen Wien. Auf diese Risikofaktoren ist nun nicht nur mit Blickrichtung Tuberkulose näher einzugehen.

2.3 Ernährung und Subsistenz

Vielen ausländischen Reisenden, die im Vormärz und in den Jahrzehnten danach die Habsburgermonarchie besuchten, wäre es einigermaßen seltsam vorgekommen, die Unterernährung der Bevölkerung in Wien und Niederösterreich für die niedrige Lebenserwartung verantwortlich zu machen. Wiener und Niederösterreicher standen international im Ruf, ausgesprochen gerne und viel zu essen. Das Klischee der Wienerinnen und Wiener als Volk von »Phäaken«, welches im späten 18. Jahrhundert vor allem norddeutsche Aufklärer verbreitet hatten, lebte im 19. Jahrhundert munter weiter. Aber auch die übrigen Bewohner des Kronlandes bekamen ihr Fett ab. »Niederösterreich ist nie als ein Land der Kostverächter geschildert worden. Eher hat man den alten Spottnamen ›Paschaller‹ darauf beziehen wollen, daß es im Lande allezeit österlich gute Speisen gäbe.«[76] Wenn die Ernährung der Bevölkerung in der Kritik stand, dann bezog sich diese auf das ungesunde Übermaß, nicht auf den Mangel. Doch abgesehen vom Einfluss von Epidemien steht ein solch niedriges Niveau der Lebenserwartung wie das oben geschilderte in historischen Populationen in der Regel mit einer schwierigen Ernährungssituation weiter Teile der Bevölkerung in Verbindung. Diese ist jedoch keineswegs einfach zu messen. Unterernährung korrelierte in der Regel mit geringem Einkommen, ungünstigen ökologischen Lebensbedingungen, mangelnder Hygiene, aber auch mit Unwissen. All diese Faktoren waren auch miteinander hoch korreliert. Es bestand also eine ausgeprägte Intersektionalität der Risikofaktoren. Auch die Beziehung zur Anfälligkeit für Infektionen war komplex. Diese konnte durch Unterernährung befördert werden, Infektionen konnten aber auch umgekehrt eine solche befördern.[77] Das Hauptproblem ist aber, dass repräsentative statistische Erhebungen über Ernährungsgewohnheiten in historischen Bevölkerungen nicht zur Verfügung stehen.

---

74 Eigene Berechnungen nach Bratassevic, Sterbefälle an Tuberculose, 347 f.; K. k. statistische Central-Commission, Bevölkerung und Viehstand 1869, Heft 1, 2–13.

75 Teleky, Soziale Pathologie der Tuberkulose, 123 f.

76 Schmidt, Volkskunde Bd. 1, 338.

77 Livi-Bacci, Population and nutrition, 34–39.

Eine Annäherung ist daher in erster Linie durch indirekte Rückschlüsse möglich. Nach dem vom sächsischen Statistiker Ernst Engel (1821–1896) formulierten ökonomischen »Gesetz« ist der Anteil der Nahrungsmittel an den Gesamtausgaben eines Haushalts verkehrt proportional zu dessen Einkommen. Ärmere Haushalte weisen demnach einen hohen Anteil an Ausgaben für Nahrungsmittel auf.[78] Ebenso muss davon ausgegangen werden, dass diese Nahrungsmittel, weil billig, häufig modernen Qualitätsstandards nicht entsprochen haben, sei es auf Grund der Verwendung minderwertiger Fette, sei es auf Grund ihrer Verderblichkeit. Das engelsche Gesetz wurde durch die Auswertung vieler Haushaltsrechnungen im Zeitverlauf empirisch nachdrücklich bestätigt.[79] Folgt man dieser Logik, dann ist kaum zu bezweifeln, dass Wiener Arbeiterhaushalte im zweiten Drittel des 19. Jahrhunderts im Durchschnitt arm waren und sich auch entsprechend ernähren mussten. Dies geht auch aus den Ergebnissen einer Erhebung der Arbeits- und Lohnverhältnisse im Produktionssektor aus dem Jahr 1870 hervor. Nach dieser Erhebung lag der Anteil der Nahrungsausgaben in einzelnen Gewerben und Industrien wie im Maschinenbau, in der Textilindustrie und bei den Buchdruckern sogar über 70 Prozent. Ähnlich lagen die Verhältnisse unter niederösterreichischen Industriearbeitern oder aber auch im produzierenden Gewerbe.[80] Wie Erhebungen in einzelnen Gewerbezweigen belegen, sollte sich daran auch bis Mitte der 1880er-Jahre weder in Wien noch im urbanen Niederösterreich etwas ändern.[81]

Tabelle 10: Verbrauchsausgaben Wiener Arbeiterhaushalte nach Verbrauchsgruppen ca. 1830 und 1870 (in %)

Ausgabenkategorie	ca. 1830	ca. 1870
Nahrungs- und Genussmittel	63	60
Kleidung/Wäsche	8	8
Wohnung	11	20
Heizung	11	5
Sonstige	7	8

Quelle: Sandgruber, Geld und Geldwert, 77

Nun bestanden zwischen (haupt)städtischen und (klein)bäuerlichen Haushalten hinsichtlich der Ernährungsgewohnheiten unzweifelhaft beträchtliche Unterschiede. Eine

78 Houthakker, Engel's Law, 143 f.

79 Pierenkemper, Haushalte, 43 f.

80 Niederösterreichische Handels- und Gewerbekammer, Arbeits- und Lohnverhältnisse; Mühlpeck, Sandgruber, Woitek, Index der Verbraucherpreise, Tabellenanhang, 131.

81 Handels- und Gewerbekammer, Statistischer Bericht über Industrie und Gewerbe 1885, lix.

zeitgenössische Schätzung des Lebensmittelverbrauchs der Wiener Handelskammer für die Zeit um 1860 gibt diese recht anschaulich wieder. »Das flache Land« ernährte sich im weit höheren Ausmaß als die Wiener Stadtbevölkerung von Kartoffeln, Kraut, Rüben und anderem Gemüse. Hingegen lag der Fleischkonsum auf weniger als der Hälfte des Wiener Niveaus. Besonders groß war der Unterschied beim Rindfleischkonsum. Ähnliches galt für die Genussmittel Kaffee und Zucker. Bier und Weinkonsum glichen sich vermutlich in der Praxis aus. Zwar trank man in Wien deutlich mehr Bier, doch übertraf der ländliche Weinkonsum jenen der Wiener wohl stärker als statistisch ausgewiesen, da in den Weinbauregionen Niederösterreichs von einem erheblichen Eigenkonsum und Verbrauch, der nicht über den Markt verhandelt wurde, auszugehen ist.[82]

Tabelle 11: Täglicher Konsum an Nahrungs- und Genussmitteln im Polizei-Rayon Wien und im übrigen Niederösterreich ca. 1860 (in kg)

Kategorie	Polizei-Rayon Wien	übriges Niederösterreich	Wien = 1
Brot, Mehl, Hülsenfrüchte	2,80	3,50	0,80
Kartoffeln	0,35	1,77	0,20
Kraut	0,35	1,16	0,30
Rüben	0,18	0,44	0,40
Sonstiges Gemüse	0,18	0,28	0,63
Obst	0,35	0,35	1,00
Zucker	0,35	0,05	6,67
Kaffee, Zichorie, Gewürze	0,05	0,02	3,00
Rindfleisch	1,40	0,27	5,23
Sonstiges Fleisch, Federvieh	0,53	0,33	1,60
Wild	0,04	0,06	0,63
Fische	0,04	0,06	0,63
Milch, Käse, Butter	0,26	0,23	1,14
Eier	0,14	0,09	1,60
Honig	0,01	0,005	0,50
Salz	0,09	0,12	0,71
Wein, Most (Seitel)	0,05	0,07	0,77
Bier (Seitel)	0,18	0,10	1,82
Spirituosen (Seitel)	0,002	0,002	1,00

Quelle: Handels- und Gewerbekammer in Wien, Statistik der Volkswirthschaft 1855–1866, 106–109; Hoffmann, Landwirtschaft, 252 f.; eigene Berechnungen

82 Sandgruber, Anfänge, 137.

Nun handelt es sich bei der angeführten Schätzung um Durchschnittswerte für die gesamte Bevölkerung des Wiener Raumes und Niederösterreichs. Auf Grund der Konzentration hoher Einkommen und Vermögen in Wien erscheint die Ernährungslage in Wien im Durchschnitt günstiger, als sie tatsächlich für breite Bevölkerungsschichten war. Ein Vergleich des Unterschichtenkonsums in Wien und auf dem flachen Land fiele unzweifelhaft nicht so günstig für die Ernährungslage des Wiener Proletariats aus, wie der hohe Anteil der Nahrungsmittel an den Gesamtausgaben in Wiener Arbeiterhaushalten indirekt belegt. Für die aber ebenfalls eher dürftige Ernährung auf dem Land spricht, dass nach ethnologischen Studien in den bäuerlichen und kleinbäuerlichen Haushalten in der Regel nur am Sonntag und zu den Feiertagen und selbst da nur zu Mittag Fleisch auf den Tisch kam.[83]

Schon in den ersten Jahrzehnten des 19. Jahrhunderts standen Essensluxus der Oberschichten und schmale Kost der Unterschichten – bei den Letzteren sporadisch unterbrochen durch Schlemmer- und Trinkexzesse – in der Realität nahe beieinander.[84] Doch diese, noch ein Signum der Biedermeierzeit, wurden seltener. Besonders im Zeitraum von Mitte der 1840er-Jahre bis Mitte der 1850er-Jahre kam es in Wien und den niederösterreichischen Industrievierteln zu schweren Versorgungsengpässen. Der Pro-Kopf-Verbrauch höherwertiger Lebensmittel sank beträchtlich. Rindfleisch, Eier, Wein, Bier wurden nun in geringen Mengen konsumiert und durch erhöhten Mehl- und Brotkonsum substituiert. In vielen Haushalten herrschte äußerste Sparsamkeit. Erst ab etwa Mitte der 1850er-Jahre nahm der Pro-Kopf-Konsum wieder zu.[85]

Wien galt im Allgemeinen auch im internationalen Vergleich als Stadt mit hohem Fleischkonsum – besonders Rindfleisch erfreute sich traditionell großer Beliebtheit. Das sprach eigentlich für günstige Überlebensverhältnisse, denn unter den Bedingungen hoher physischer Arbeitsbelastung, wie sie für viele Berufsgruppen kennzeichnend war, kam der konsumierten Menge an Proteinen eine erhebliche Bedeutung für den Nahrungsmittelbedarf zu. Hochwertige Proteine fördern die Bildung von Antikörpern und stärken damit das körpereigene Immunsystem. Insofern mochte der Fleischkonsum in Wien, der um 1830 bei durchschnittlich 128 kg pro Kopf und Jahr lag, für die »Volksgesundheit« durchaus von Vorteil gewesen sein. Doch in der Folge sackte der durchschnittliche Fleischkonsum im zweiten Drittel des 19. Jahrhunderts auf Werte unter oder um 90 kg ab. Der Rindfleischkonsum halbierte sich von rund 60 auf rund 30 kg.[86] Unter den Ärmsten bestand die Fleischnahrung in den

83 Schmidt, Volkskunde von Niederösterreich Bd. 1, 367f.

84 Häusler, Essen und Trinken, 217–241.

85 Sandgruber, Lebensstandard, 375–378, 381f.

86 Nagele, Uschmann, Wiener Fleischkonsum, 56f.

1840er-Jahren gar nur aus einer Rindsuppe am Sonntagstisch.[87] Schon in den krisenhaften 1840er- und 1850er-Jahren war der Schweinefleischkonsum allerdings nicht abgesunken, sondern annähernd konstant geblieben.[88] Von Mitte der 1870er-Jahre an kam es dann zu einem kontinuierlichen Anstieg. Ähnliches traf auf Fleisch- und Wurstwaren zu. Dennoch konsumierte die Wiener Bevölkerung in den alten Stadtgrenzen selbst um 1890 noch um ein Drittel mehr Rind- als Schweinefleisch.[89] Dazu trugen ohne Zweifel die Ober- und gehobenen Mittelschichten entscheidend bei.

Unter den Bedingungen einer Ökonomie, die für die überwiegende Mehrheit der Bevölkerung nach wie vor von knappen Ressourcen geprägt war, bildeten Kohlehydrate in Form von Brot und anderen Mehlprodukten den zentralen Bestandteil der Volksnahrung. Im krisenhaften zweiten Drittel des 19. Jahrhunderts erwies sich der reale Anstieg des Brotpreises daher als besonders fatal.[90] Der langfristige Rückgang des Brotverbrauchs wurde zunächst eigentlich nur in den ländlichen Zonen durch gesteigerten Kartoffelkonsum kompensiert. Um 1860 lag er nach zeitgenössischen Schätzungen in Wien bei etwa nur 13 kg jährlich, im übrigen Niederösterreich immerhin bei 65 kg.[91]

Für den Konsum von Mehl, Brot und Kartoffeln im ländlichen Niederösterreich liefern auch die Ernteerträge gewisse Hinweise. Deren zeitgenössische Berechnung ist allerdings für die 1850er- und 1860er-Jahre äußerst fragwürdig. Für die Jahrzehnte davor beruhen sie auf einer überschlagsmäßigen Ermittlung auf Basis des Franziszeischen Katasters, der in der Folge einfach fortgeschrieben wurde. Noch in den 1870er-Jahren ist die Qualität der Daten nicht allzu hoch einzuschätzen, doch vermitteln sie immerhin ein grobes Bild der Produktion von Getreide, Kartoffeln und anderen Agrarerzeugnissen.[92] Setzt man die Erträge in Bezug zur Bevölkerung Niederösterreichs außerhalb Wiens in den damaligen Grenzen, kommt man zu Pro-Kopf-Quoten, die die Ausfuhr (besonders nach Wien) und Einfuhr unberücksichtigt lassen. Diese Quoten sind also statistisch verzerrt. Da im ländlichen Raum jedoch von einem hohen Anteil von Hausverzehr ausgegangen werden kann, dürften die Quoten hinsichtlich der Gewichtung der Kohlehydrate und damit der Hauptnahrungsmittel durchaus aussagekräftig sein. Demnach gab es ab den 1850er-Jahren einen klaren Trend, Brot durch Kartoffeln als Grundnahrungsmittel zu ersetzen. Der gesamte Pro-Kopf-Konsum von Getreideprodukten und Kartoffeln scheint trotz

87 Ströbel, Ernährung, 70f.
88 Sandgruber, Lebensstandard, 377.
89 Nagele, Uschmann, Wiener Fleischkonsum, 58–60, 74f.
90 Sandgruber, Welt, 183.
91 Mühlpeck, Sandgruber, Woitek, Index, 130.
92 Bauer, Agrarstatistik, 7–14; Sandgruber, Österreichische Agrarstatistik, 51.

langsam steigender Erträge[93] im Zuge der Wirtschaftskrise nach dem großen Krach von 1873 wieder zurückgegangen zu sein, was auf Substitution hinweist.

Tabelle 12: Jährliche Ernteerträge pro Kopf im Kronland Niederösterreich 1830/50–1876/85 (in kg)

Agrarprodukt	1830/50	1869/75	1876–1885
Weizen	53,2	61,2	44,5
Roggen	216,1	123,6	82,5
Kartoffel	95,6	214,0	147,7
Gesamt	364,9	398,8	274,7

Quelle: Sandgruber, Österreichische Agrarstatistik, 162, 164, 169; eigene Berechnungen

Einen Brotersatz bot bis zu einem gewissen Grad das Bier. Es nahm spätestens seit den 1840er-Jahren eine dominante Rolle innerhalb des Alkoholkonsums der Wiener ein. Das Verhältnis zum Wein steigerte sich von 110 zu 43 Litern um die Mitte des 19. Jahrhunderts auf 165 zu 37 um 1870.[94] Im Wein- und Mostland Niederösterreich lagen die Gewichte etwas anders. Diesen Getränken kam im Vergleich zum hauptstädtischen Konsum größere Bedeutung zu, doch verweist die oben angeführte Schätzung für die Zeit um 1860, dass auch in Niederösterreich-Land der Weinkonsum bereits unter jenem des Bieres lag. Auf Basis der in der Verzehrungssteuer ausgewiesenen versteuerten Mengen lässt sich ein Wert von 69 Litern pro Kopf und Jahr als Untergrenze errechnen.[95] In dieser Berechnung nicht inkludiert ist der Warenverkehr zwischen Kronländern, da die Verzehrsteuer außerhalb Wiens primär bei den Produzenten erhoben wurde. Daher ist der Bierkonsum in Niederösterreich ohne Wien in seinen damaligen Stadtgrenzen insgesamt als merklich höher einzuschätzen als der berechnete Wert. Da die größten Brauereien Niederösterreichs allesamt im Einzugsbereich von Wien und seinen Vororten lagen, ist anzunehmen, dass der Bierkonsum in den Wiener Vororten merklich höher als im Rest von Niederösterreich war, was auch mit der sozialen Demographie der Vororte zu begründen ist. Für das ungefähre heutige niederösterreichische Gebiet, also ohne die Wiener Vororte, mag ein Wert von ca. 70 Litern also durchaus zugetroffen haben. In den 1870er-Jahren ging der Bierkonsum in Wien und Niederösterreich (einschließlich der Wiener Vororte) erheblich nach oben. Überraschenderweise sank er jedoch laut Verzehrsteuerstatis-

93 Bauer, Agrarstatistik, 15.

94 Albrecht, Martsch, Wiener Alkoholkonsum , 91.

95 Eigene Berechnungen nach Rechnungs-Departement des k. k. Finanzministeriums, Verzehrungssteuer 1860; K. k. Ministerium des Inneren, Bevölkerung und Viehstand 1857.

tik zu Beginn der 1890er-Jahre, was für Wien durch die Einbeziehung der ärmeren Bevölkerung der Vororte erklärbar, für das restliche Kronland jedoch nicht unbedingt plausibel erscheint. Der Wegfall des Wiener Linienwalls[96] als Verzehrsteuergrenze könnte für eine Untererfassung des Konsums verantwortlich sein, ebenso die nun zunehmende Zufuhr aus den böhmischen und mährischen Brauereien.

Tabelle 13: Jährlicher Bierkonsum pro Kopf (in Litern)[a] im Vergleich 1860–1892

Land/Stadt	1860	1868	1876	1892[d]
Wien[b]	128,0	165,0	184,0	145,0
Niederösterreich	68,9	74,8	96,4	90,2
Oberösterreich	83,4	60,1	100,2	122,1
dar. Linz	115,1			
Böhmen	53,3	58,7	91,5	109,7
dar. Prag[c]	145,3		183,6	201,4

Quelle: Rechnungs-Departement des k. k. Finanzministeriums, Verzehrungssteuer 1860, 1868, 1876, 1892; Albrecht, Martsch, Wiener Alkoholkonsum, 91; eigene Berechnungen

[a] Bevölkerung auf Basis der Volkszählungen 1857, 1869, 1880 und 1890.

[b] Die Verzehrungssteuerdaten für innerhalb der Linien erzeugtes Bier weisen starke Abweichungen von der Erzeugungsmenge der im Stadtgebiet ansässigen Brauereien auf. Dadurch erscheinen die von der Steuer dokumentierten Zahlen anhand des Quellenmaterials für Wien als nicht nachvollziehbar. Die von Albrecht und Martsch präsentierten Zahlen zum Pro-Kopf-Konsum basieren auf Produktionsstatistiken der städtischen Brauereien und erscheinen durch ihre Transparenz plausibler. Des Weiteren werden in den Detailaufzeichnungen der Wiener Verzehrungssteuer keine Angaben über die Menge des innerhalb der Linien besteuerten Bieres für den hier behandelten Zeitraum gemacht.

[c] Die Einfuhr wurde basierend auf den Daten von 1860 mit 1/3 der städtischen Produktion veranschlagt.

[d] Stadtgebiet nach der Stadterweiterung von 1890 bis 1892.

Der hohe Nahrungsmittelanteil an den Haushaltsausgaben korrelierte mit der minderen Qualität vieler von den urbanen Unterschichten konsumierter Grundnahrungsmittel. Eine 1869 abgehaltene Approvisionierungs-Enquete machte diese zum Thema. Besonders bei nicht haltbaren Milchprodukten war die städtische Bevölkerung benachteiligt. Noch im Vormärz versorgte sich die Wiener Bevölkerung eher sporadisch bei im Umland befindlichen Milchmeiereien mit Milch. Weil Milch vergleichsweise teuer war, wurde sie »gestreckt« und mit verschiedenen Zusätzen verfälscht. Immerhin wurde um 1870 rund ein Drittel der in Wien verkauften Milch bereits per Eisenbahn befördert, was die Versorgung verbesserte. Ab den 1880er-Jahren wurde Milch nach Wien ganz überwiegend mit der Bahn zugeliefert und war daher vergleichsweise frischer als die mit Fuhrwerken herangebrachte.[97] Der Trans-

96 Der Wall wurde 1704 aus fortifikatorischen Gründen errichtet und trennte die Wiener Vorstädte von den Vororten.

97 K. k. Handelsministerium, Enquete; Sandgruber, Anfänge, 179.

port mit Kühlwaggons schritt aber nur langsam voran. Die ländliche Bevölkerung besaß bei der Versorgung mit Milchprodukten daher lange Zeit einen eindeutigen Vorteil. Nach der zitierten zeitgenössischen Schätzung des Lebensmittelverbrauchs der Wiener Handelskammer lag der Konsum von Butter und Käse um 1860 in Niederösterreich außerhalb Wiens zwar unter dem Wiener Niveau,[98] doch betraf das die vergleichsweise besser lagerfähigen Milchprodukte. Frischmilch war mit Sicherheit in den ländlichen Regionen viel eher verfügbar und qualitativ besser, wie auch eine Enquete von 1869 belegt. Um 1880 stellte sich der regionale Verbrauch folgendermaßen dar:

Tabelle 14: Jährlicher Verbrauch von Milch- und Milchprodukten pro Kopf im Kronland Niederösterreich um 1880 (in Litern)

Schicht	Städtisch	ländlich
Oberschicht	160	240
Mittelschicht	150	180
Unterschicht	120	180

Quelle: Rinder-Racen 2/2 zit. nach Sandgruber, Anfänge, 177

Insgesamt vermitteln die versammelten Konsumdaten für den Zeitraum von ca. 1830 bis 1890 nicht den Eindruck einer entscheidenden Verbesserung der Versorgung mit Grundnahrungsmitteln in Wien und Niederösterreich. Eine 1877 veröffentlichte Studie betonte daher wohl auch nicht zu Unrecht die defizitäre Versorgung der Bevölkerung mit Kohlehydraten und Proteinen. Lediglich beim Fett konstatierte der Autor ein nach zeitgenössischen medizinischen Erkenntnissen mehr als ausreichendes Quantum.

> Wenn sich schon in der inneren Stadt Wien, wo doch eine reiche und sich sogar vielfach luxuriös nährende Bevölkerung wohnt, ein derartiges Deficit von nothwendigen Albuminaten [Eiweißverbindungen: AW] in der durchschnittlichen täglichen Ernährung zeigt, welches Mißverhältnis wird sich erst für die Gesamtbevölkerung Oesterreichs herausstellen![99]

Die mangelhafte Volksernährung schlug sich im Körperwachstum nieder, welches freilich auch durch die vorherrschenden Infektionskrankheiten mitbestimmt wurde. Wie es um die unterschiedliche Körpergröße der Landesbewohner bestellt war, spe-

98 Mühlpeck, Sandgruber, Woitek, Index, 130.
99 Gohren, Versuch, 18.

zifizierte ein Landeskundler bereits im Vormärz. Demnach waren die Bewohner des Gebirges etwas größer, die Land- und Waldbauern größer als die Menschen in den Weinbaugebieten. Auch in den Gebirgsgegenden der Traisen waren die Menschen auf Grund der Armut und der »elenden« Kost kleinwüchsig, »mehr viereckig als schlank«, ebenso die Marchfeldbauern und die Bewohner der Neustädter Heide.[100] Selbst das in den 1880er-Jahren erschienene schönfärberische »Kronprinzenwerk« hatte an der »physischen Beschaffenheit« der niederösterreichischen Bevölkerung Einiges auszusetzen:

> Im Ganzen genommen läßt sich wohl der niederösterreichische Menschenschlag als ein gesunder und kräftiger bezeichnen, der sich, wie allenthalben, mit der Mehrzahl der Individuen um ein mittleres Maß der Höhe des Körpers von 61 bis 64 Wiener Zoll, ungefähr 160 bis 166 Centimeter, gruppirt, gelegentlich aber auch größere Gruppen von Individuen mit einem ansehnlicheren Körpermaße begreift. Wien und das Viertel unter dem Manhartsberge mit dem Marchfelde stellen die meisten Leute großen Schlages, nämlich 226 unter 1000, gegen 136 im Viertel ober und unter dem Wienerwalde und nur 118 im Waldviertel. Von 1000 untersuchten Stellungspflichtigen waren 1871 im Wiener Bezirk mit Einschluß des Marchfeldes nur 64 Mann untermäßig, nämlich weniger als 59 Zoll = 1,554 Meter hoch, dagegen in den beiden Vierteln ober und unter dem Wienerwalde und im Waldviertel sogar 190 Mann.
>
> Leider aber muß unter Einem constatirt werden, daß die Lebensprosperität nicht gleichen Schritt hält mit dem Höhenwachsthum, denn gerade in jenen Bezirken, wo die meisten Leute hohen Schlages zur Stellung kommen, ist auch die Zahl der wegen körperlicher Gebrechen zurückgestellten die allergrößte, und partizipiren bei diesen bedenklichen Ziffern gerade Wien und seine Vororte am meisten.[101]

Reihenuntersuchungen für 21- und 22-jährige Soldaten in Niederösterreich mit einschließendem Militärbezirk Wien bestätigen, dass die durchschnittliche Körpergröße der Niederösterreicher und Wiener nicht nur nicht allzu hoch war, sondern sich sogar in den ersten beiden Dritteln des 19. Jahrhunderts von 164 auf 160 cm statistisch signifikant verringerte. Erst gegen Ende des 19. Jahrhunderts wurden wieder durchschnittliche Körpergrößen von der Mitte des 18. Jahrhunderts erreicht.[102]

Besonders nachteilig musste sich die Mangelernährung bei Heranwachsenden auswirken. Am schlimmsten stand es um Kinder von Fabrikarbeitern, die nicht nur schlecht ernährt, sondern auch körperlich schwer belastet wurden. Die josephinischen Kinderschutzbestimmungen wurden praktisch nicht beachtet. Erst 1842 be-

---

100 Blumenbach, Neueste Landeskunde, 299, 301 f.
101 Weißenhofer, Langer, Charakteristik und physische Beschaffenheit, 188.
102 Komlos, Ernährung und wirtschaftliche Entwicklung, 266.

schränkte ein Hofkanzleidekret die maximale Arbeitszeit für 9- bis 12-Jährige auf zehn Stunden, bei 12- bis 16-Jährigen auf zwölf Stunden.[103] Das Essen in einem Fabrikwaisenhaus im VUWW bestand beispielsweise offiziell aus 11 bis 12 Lot Brot (etwa 200 g) zum Frühstück, Suppe, Gemüse und Rindfleisch zu Mittag, Brot zur Jause und Suppe, Gemüse und Brot abends.[104] Ob das den tatsächlichen Verhältnissen entsprach, kann angesichts zeitgenössischer Berichte über die schweren Schädigungen durch Kinderarbeit bezweifelt werden. Auch die Gewerbeordnung von 1859 brachte nur eine scheinbare Besserung, denn nun wurde die tägliche Arbeitszeit für unter 14-Jährige zwar gesetzlich mit zehn Stunden limitiert, doch fehlte eine Behörde, die die Gewerbeaufsicht konsequent betrieben hätte.[105] Erst 1885 wurde Kinderarbeit verboten und die Maximalarbeitszeit für 12- bis 14-jährige Jugendliche mit acht Stunden gesetzlich festgelegt.[106] Gewerbeinspektoren sorgten zumindest in den größeren Fabriken für eine gewisse Überwachung dieses Verbots. Besonders in der bäuerlichen Praxis blieb sie jedoch zumindest saisonal üblich, wie die Praxis der »Sommerbefreiungen« und »Schulbesuchserleichterungen« belegt, die bis in die Zwischenkriegszeit verbreitet waren.[107]

2.4 Entwicklung der Realeinkommen (ca. 1830–1880)

Von der eingangs geschilderten zentralen Position Wiens und Niederösterreichs im Rahmen der Industrialisierung der Habsburgermonarchie im zweiten Drittel des 19. Jahrhunderts und den damit verbundenen Steigerungen der regionalen Wertschöpfung profitierte die überwiegende Mehrzahl der Bevölkerung lange Zeit kaum. Die Realeinkommen stagnierten. Entgegen verbreiteten Klischees und Zuschreibungen lebte ein erheblicher Teil der Bevölkerung nicht weit vom Existenzminimum entfernt. Schon im frühen 19. Jahrhundert lebten beispielsweise Wiener Bauarbeiter sowohl in Edelmetalläquivalenten ausgedrückt als auch, was die Realeinkommen bezogen auf einem »respektablen«, standesgemäßen Warenkorb betrifft, am Existenzminimum.[108] Demnach reichte der durchschnittliche Taglohn bei einer Annahme von 250 Arbeitstagen im Jahr schon im gesamten 18. Jahrhundert nicht völlig für die Befriedigung der Basisbedürfnisse aus. Die Wiener Bauarbeiter befanden sich damit in guter Gesellschaft anderer mittel- und südeuropäischer Städte, während in

103 Otruba, Österreichs Industrie und Arbeiterschaft, 594.
104 Otruba, Geschichte der Frauen- und Kinderarbeit, 175.
105 Mises, Fabrikgesetzgebung, 253–256, 269 f.
106 Firnberg, Otruba, Rutschka, Die wirtschaftliche und soziale Entwicklung 5, 202.
107 Weigl, Schul(Alltags-)Geschichte, 52 f.
108 Allen, British Industrial Revolution, 34, 39; Allen, Great Divergence, 411–447.

westeuropäischen Städten wie Antwerpen, Amsterdam oder London bedeutend höhere (Real-)Löhne gezahlt wurden.[109] Was die Einkommen der übrigen städtischen Unterschichten in Niederösterreich anlangt, ist von ähnlichen Verhältnissen auszugehen. Der hohe Anteil der Ausgaben für Nahrungsmittel an den Haushaltsbudgets ist dafür ein aussagekräftiger Beleg. Hinsichtlich der Konsequenzen von niedrigen Realeinkommen für die (Mangel-)Ernährung bestanden aber offensichtlich gravierende Unterschiede zwischen Stadt und Land. Bei der Ernährung der ländlichen Unterschichten ist der Grad der Selbstversorgung und des nichtmarktmäßigen Handels innerhalb dörflicher Gemeinschaften zu berücksichtigen, wenngleich schwer abzuschätzen. Unzweifelhaft war er aber nicht unbedeutend.

Die von Tomas Cvrzek errechneten »welfare ratios«[110] auf Basis von Haushaltsbudgets einer Taglöhnerfamilie mit zwei Kindern zeigen für den Vormärz keine Realeinkommensgewinne für Wien und Niederösterreich, hingegen ab Mitte der 1850er-Jahre langsames aber stetiges Wachstum. Dieses splittete sich aber zunehmend zu Gunsten der Metropole auf. Spätestens ab den 1880er-Jahren bewegten sich die Einkommenskurven in der Hauptstadt und im übrigen Kronland auseinander. Während in Wien die Haushaltseinkommen der Taglöhnerfamilien nach dieser Berechnung kräftig anstiegen, stagnierten sie in Niederösterreich. Die Datengrundlage der »welfare ratios« ist allerdings nicht unproblematisch. Sie beruht auf amtlichen Angaben zum »niedrigsten Taglohn« in Stadt und Land und auf einem Haushaltwarenkorb, wie er Mitte des 19. Jahrhunderts in Unterschichtenfamilien verbreitet war.[111] Diese Angaben sind nicht immer konsistent[112], dürften aber grosso modo für Wien und Niederösterreich in groben Zügen ein zutreffendes Bild liefern. Zu berücksichtigen ist bei der Interpretation dieses Indikators, dass neben den Taglöhnern auch ihre Ehefrauen und vielfach ihre Kinder zum Haushaltseinkommen beitrugen. Und auch die Annahme von 250 Arbeitstagen könnte für das Industriezeitalter zu niedrig gegriffen sein. Sonst wäre nämlich das Überleben der Familien im zweiten Drittel des 19. Jahrhunderts kaum möglich gewesen.

---

109 Floud, Fogel, Harris, Hong, Changing Body, 260 f.

110 Die »welfare ratios« für eine vierköpfige Familie errechnen sich nach der Formel (Taglohn*250)/(jährliche Lebenshaltungskosten*3). Die Konsumausgaben der Kinder werden mit 0,5 einer erwachsenen Person angenommen. Das Einkommen der Ehefrauen und Kinder bleibt dabei unberücksichtigt.

111 Cvrcek, Wages, Prices and Living Standards, 11, 22, 24.

112 Sandgruber, Anfänge, 113.

Graphik 3: »Welfare ratios« für Wien und (übriges) Niederösterreich 1827/30–1887/90 (vierjährige Durchschnitte)

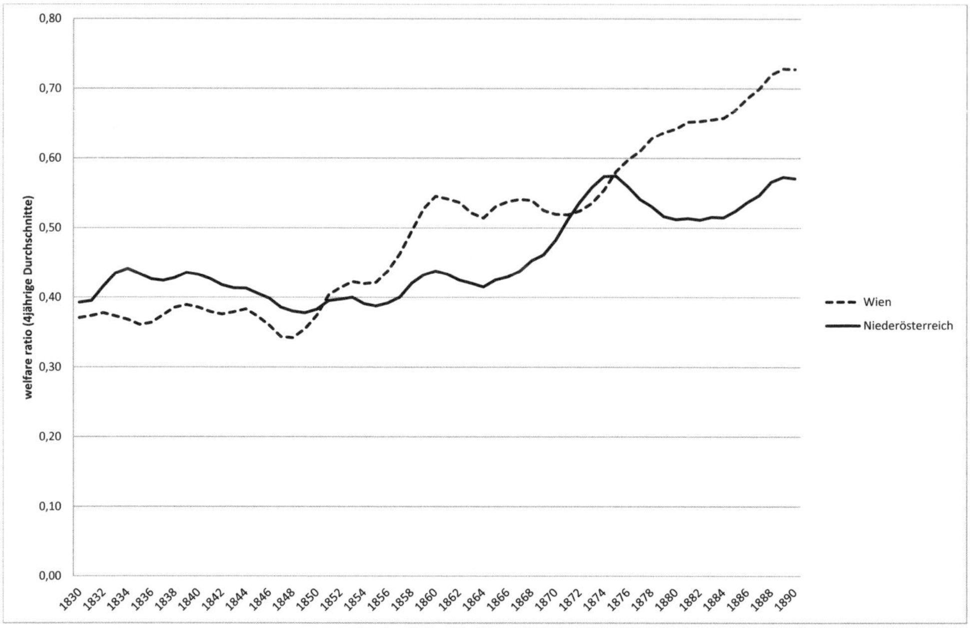

Quelle: Cvrzek, Supplementary materials; eigene Berechnungen

Eine gewisse Bestätigung finden die Berechnungen von Cvrzek durch jene von Roman Sandgruber, der Taglohnäquivalente für Wien in Kilogramm Brot und Fleisch berechnet hat. Auch diese weisen nach einem Anstieg vom späten 18. Jahrhundert bis in die 1830er-Jahre einen Rückgang in den 1840er- und 1850er-Jahren aus. Noch in der ersten Hälfte der 1860er-Jahre sanken etwa die Durchschnittswochenlöhne in der niederösterreichischen Baumwollindustrie von 3 auf 1,8 Gulden drastisch.[113] Erst in der zweiten Hälfte der 1860er-Jahre kam es wieder zu einem allgemeinen Anstieg. Während des Gründerzeitbooms machten die Reallöhne allerdings einen großen Sprung nach oben, dem allerdings Einkommensverluste nach dem »Großen Krach« von 1873 folgten.[114]

113 Flanner, Anfänge, 6.

114 Sandgruber, Anfänge, 122–124.

Tabelle 15: Taglohn in Nahrungsmitteläquivalenten 1830–1880

Zeitraum	Wiener Taglöhner		Industriearbeiter[a]
	in kg Brot	in kg Fleisch	in kg Brot
1791–1800	4,1	1,4	3,50
1821–1830	5,6	1,8	
1831–1840	5,5	1,6	5,95
1841–1850	4,8	1,4	
1851–1860	3,9	1,4	
1861–1870	4,5	1,5	6,25
1871–1880	5,0	1,8	

Quelle: Sandgruber, Geld und Geldwert, 69, 76; eigene Berechnungen
[a] Ungelernt. Wochenlohn/6.

Nun können Zeitreihen zu Taglöhner- und Bauarbeiterlöhnen belastbare Daten zu den Masseneinkommen nicht ersetzen. Solche liegen jedoch erst ab den 1890er-Jahren vor.[115] Immerhin lassen sich das Gewicht und die Repräsentativität von Unterschichthaushalten für die Gesamtbevölkerung Wiens und Niederösterreichs im betrachteten Zeitraum für den Vormärz anhand einer Einteilung der Erwerbsbevölkerung nach Standeskriterien grob beurteilen. Für das Jahr 1869 liefern dann die Ergebnisse der Berufszählung der ersten modernen Volkszählung brauchbare Daten über die Struktur der Erwerbsbevölkerung.

Tabelle 16: Heimatberechtigte erwachsene männliche Bevölkerung nach Beruf/Stand in Wien (Stadt und Vorstädte) und Niederösterreich 1846

Beruf/Stand	Wien[a]	in %	übriges Niederösterreich	in %
Geistliche	720	0,6	1729	0,7
Adelige	3242	2,8	1038	0,4
Beamte und Honoratioren	6023	5,3	2684	1,0
Gewerbsleute und Künstler	16.421	14,4	6305	2,4
Bauern	0	0,0	61.199	23,2
Sonstige	87.656	76,8	190.902	72,4
Gesamt	114.062	100,0	263.857	100,0

Quelle: Tafeln zur Statistik 18/19 (1845/46), Tl. 1; eigene Berechnungen
[a] Stadt und Vorstädte.

115 Vgl. dazu Mesch, Arbeiterexistenz.

Demnach dürften im Vormärz rund 70 bis 75 Prozent der heimatberechtigten Bevölkerung den städtischen und ländlichen Unterschichten zuzurechnen gewesen sein. Bei den in dieser Statistik ausgeklammerten Nichtheimatberechtigten, unter ihnen viele Migranten, war der entsprechende Unterschichtenanteil eher noch höher. Das gilt natürlich auch für die erwerbstätige weibliche Bevölkerung. Der Ausländeranteil lag zu diesem Zeitpunkt unter 2 Prozent und ist in diesem Zusammenhang vernachlässigbar.[116] Etwa 25 Jahre später hatte sich an diesen Anteilen nichts Gravierendes verändert. Wohl sank der Anteil der Unterschichten in Wien und im übrigen Niederösterreich nach der Berufszählung von 1869 knapp unter 70 Prozent, doch mag das auch an den präziseren Zuordnungen der ersten modernen Volkszählung gelegen haben, während die Erhebung von 1846 auf einer bloßen Konskription alten Stils beruhte. Auch lebte wohl ein Teil der hier der Mittelschicht zugerechneten Selbstständigen und der bäuerlichen Eigentümer eher prekär und, was seine Einkommensverhältnisse anlangt, auf proletarischem Niveau.

Tabelle 17: Bevölkerung nach Beruf/Stand in Wien und Niederösterreich 1869

Beruf/Stand	Wien[a]	übriges Niederösterreich[a]
Stabile Dienstleute	1799	221.882
Taglöhner	918	86.836
Arbeiter	186.158	214.689
Diener	75.926	72.582
Hebammen, Sanitätspersonal	1760	1466
Pächter	100	783
Unterschicht	266.661	598.238
Gesamt	393.925	867.123
darunter Hausbesitzer u. Rentiers	30.866	49.330
Anteil Unterschicht in %	67,7	69,0

Quelle: K. k. statistische Central-Commission, Bevölkerung und Viehstand 1869, Heft 2, 2 f., 12 f.; eigene Berechnungen

[a] Gebietsstand zum Zeitpunkt der Zählung.

Innerhalb der Unterschichten bestand unzweifelhaft eine recht ausgeprägte Einkommenshierarchie. Zwischen Taglöhnereinkommen und jenen von »Arbeitern« gab es aber keine fixen Relationen. Diese schwankten sicherlich zwischen den einzelnen Branchen. Nach einer Erhebung der Niederösterreichischen Handelskammer

116 Im Jahr 1846 23.597 von einer Gesamtbevölkerung des Erzherzogtums unter der Enns von 1.494.399. Vgl. dazu Tafeln zur Statistik 18/19 (1845/46), Tl. 1.

aus dem Jahr 1869 verdienten beispielsweise in der Ziegelproduktion Taglöhner 80 Kreuzer bis 1 Gulden täglich, Taglöhnerinnen 45–50 Kreuzer, Ziegelschläger und Brenner jedoch 1,5–2,5 Gulden. Taglöhner in der Maschinenindustrie bekamen durchschnittlich rund 1 Gulden täglich, Heizer und Maschinenwärter 1,33 Gulden. In den größeren Eisen- und Stahlwerken bewegte sich der Taglohn bei etwa 1,6 Gulden bei Männern und 55 Kreuzern bei Frauen, während nicht näher spezifizierte Metallarbeiter, also keine Facharbeiter, unter 1 Gulden erhielten. In der Kunstwollproduktion kamen Taglöhner auf 70 Kreuzer, Spinner auf rund 1,10 Gulden.[117] Arbeiter erhielten demnach einen rund 30 bis 50 Prozent höheren Lohn als Taglöhner.

Dem realen Wirtschaftswachstum standen jedenfalls bis Mitte der 1850er-Jahre keine entsprechenden Realeinkommensgewinne der überwiegenden Mehrheit der Bevölkerung gegenüber. Erst danach stiegen diese besonders ab der Gründerzeit an, und zwar überproportional in Wien gegenüber dem übrigen Niederösterreich, welches zuvor hinsichtlich der »welfare ratios« geringe Vorteile gehabt hatte.

Die angeführten Löhne sind noch nach unten zu korrigieren, wenn man saisonale und konjunkturelle Arbeitslosigkeit mitberücksichtigt, von der die Industriearbeiterschaft und Arbeiterinnen und Arbeiter des produzierenden Gewerbes sicherlich überproportional betroffen waren. Besser stand es diesbezüglich im Kleinhandwerk und -handel und in der Landwirtschaft, zumindest was die Knechte und Mägde anlangt. Landwirtschaftliche Arbeiter in den agrarischen Großbetrieben hingegen litten ebenso unter wiederkehrender saisonaler Arbeitslosigkeit.

Und doch ist das Bild von Einkommen und Konsum in der Frühindustrialisierung nicht grau in grau zu malen. Einen gewissen Hinweis auf eine Realeinkommensentwicklung der Unterschichten, die vom Existenzminimum wegführte, bilden die Konsumausgaben für »Vergnügungen«. Die erwähnte Erhebung der Niederösterreichischen Handelskammer gibt dazu einige interessante Hinweise, zumindest was die städtischen Verhältnisse anlangt. Das Komitee der Manufakturarbeiter in Webereien in Wien und der näheren Umgebung schätzte die jährlichen Konsumausgaben eines einzelnen Arbeiters auf 437 Gulden 45 Kreuzer ÖW, davon 52 Gulden, also mehr als 10 Prozent, auf »Vergnügungen«.[118] Diese mochten sehr bescheiden sein und in erster Linie aus Gasthaus- und Praterbesuchen bestanden haben, denn das Konsumzeitalter stand in seinen Anfängen. Noch konnte von Massenkonsum, von »Freizeit« im modernen Sinn keine Rede sein. Aber das Vorbild der »leisure class« ließ kaum jemanden kalt. Freilich vielen schien es noch ein sehr fernes Ziel.

---

117 Niederösterreichische Handels- und Gewerbekammer, Arbeits- und Lohnverhältnisse, 7, 16–18, 50f., 105.

118 Niederösterreichische Handels- und Gewerbekammer, Arbeits- und Lohnverhältnisse, 113.

2.5 Ungleichheit in der frühindustriellen Gesellschaft

Bisher wurde die Wohlstandsentwicklung durch allgemeine Durchschnitte, die von den Unterschichten als quantitativ dominierender Teilpopulation bestimmt werden, und der Realeinkommensentwicklung dieser Bevölkerungsmehrheit diskutiert. Lebenserwartung, Einkommen, Vermögen und auch andere wohlstandsrelevante Faktoren waren jedoch in der frühindustriellen Gesellschaft wie auch anderswo in Europa höchst ungleich verteilt.

Was die Überlebensverhältnisse anlangt, ist differentielle Morbidität und Mortalität in dieser Periode quantitativ schwer zu fassen. Einzelne, wenngleich eher krude zeitgenössische statistische Vergleiche für Wien in seinen damaligen Grenzen verweisen aber darauf, dass die diesbezüglichen Unterschiede sehr ausgeprägt gewesen sein müssen. So erbrachte eine Untersuchung aus dem Jahr 1862 zwischen den Berufsgruppen deutlich divergierende Anteile der Todesursache »Altersschwäche«. Eine solche Todesursache wurde zu dieser Zeit nahezu ausschließlich bei Personen im Alter von 60 und mehr Jahren diagnostiziert, also bei einer Altersgruppe, die nach damaligen Verhältnissen ein hohes Alter erreicht hatte.[119] Nun starben nach diesen Berechnungen unter 100 Hausbesitzern und Lehrern 17, unter 100 Ärzten 20 Personen an Altersschwäche, jedoch nur 7 Prozent der Kaufleute.[120] Was den Anteil der Tuberkulosesterbefälle an allen Sterbefällen einer Berufsgruppe anlangt, der als Indikator für eine verkürzte Lebenszeit gelten kann,[121] lag dieser unter Schneidern bei 56, Tischlern und Fabrikarbeiterinnen bei 54, Schlossern und Schuhmachern bei 50, Drechslern und Fabrikarbeitern bei 48, Bandmachern und Handarbeiterinnen bei 46, Schmieden und Zeugmachern bei 45, jedoch bei Bäckern bei 21, bei Kutschern bei 23, Maurern bei 33, Kellnern und Wäscherinnen bei 36 Prozent.[122] Personen, die Dienstleistungsberufe ausübten, dürften also gegenüber jenen, die in der Fabrik oder im produzierenden Gewerbe tätig waren, ein geringeres Risiko, an Tuberkulose zu sterben, aufgewiesen haben. Zu berücksichtigen ist allerdings, dass die Zuordnung zur Todesursache »Tuberkulose« im vorbakteriologischen Zeitalter unzweifelhaft mit Ungenauigkeiten verbunden war, was allerdings auch für viele andere Todesursachen zutrifft.

---

119 Otruba, Lebenserwartung, 218.

120 Glatter, Beiträge zur ärztlichen Topographie, 53.

121 Wie am Beispiel von England und Wales gezeigt werden konnte, waren im Zeitraum von ca. 1850–1890 die altersspezifischen Tuberkulosesterberaten von Säuglingen und Kleinkindern und jene im Erwachsenenalter zwischen 20 und 45 Jahren mit Abstand am höchsten. Vgl. dazu Lancaster, Expectations of Life, 86f. In Wien bestand um 1900 abgesehen vom Kindesalter die höchste Tuberkulosesterblichkeit in der Altersgruppe der etwa 40- bis 60-Jährigen. Vgl. dazu Junker, Zur tuberkulösen Durchseuchung, 503.

122 Glatter, Beiträge zur ärztlichen Topographie, 54.

Aus der Berechnung der rohen Sterberaten nach Landesvierteln lässt sich erschließen, dass die Sterblichkeit in den städtischen und industrialisierten Teilen des Kronlandes höher war als in den ruralen Zonen, was bis zu einem gewissen Grad den Vergleich der Industriearbeiterschaft zu den bäuerlichen und unterbäuerlichen Schichten widerspiegelt. In der ersten Hälfte des 19. Jahrhunderts waren die Sterberaten innerhalb Niederösterreichs im Most- und Waldviertel deutlich niedriger als in den östlichen Landesteilen, wobei sich die Überlebensverhältnisse im Vergleich zum ausgehenden 18. Jahrhundert auch in den erstgenannten Vierteln verschlechterten, was durchaus mit der einsetzenden Pauperisierung durch Industrialisierung in Verbindung zu bringen ist.

Tabelle 18: Sterberaten nach Landesvierteln 1785–1870

Stadt/Viertel	1785/95	1830/46	1866/75
Wien (Stadt + Vorstädte)	61,2[a]	43,1	33,5
übriges Erzherzogtum unter der Enns	27,6	33,3	32,6
VUWW	32,3	39,2	
VOWW	23,7	29,8	
VUMB	29,3	33,2	
VOMB	25,0	29,1	

Quelle: Klein, Geburten und Sterbefälle, 183; Bolognese-Leuchtenmüller, Bevölkerungsentwicklung Tl. 2, 90–92; Sedlaczek, Löwy, Wien, 12–15; eigene Berechnungen

[a] Einfluss der sehr hohen Sterblichkeit von Säuglingen im Gebär- und Findelhaus.

Ab 1869 ist auch ein kleinräumigerer Vergleich der Sterberaten nach politischen Bezirken möglich. Am regionalen Muster hatte sich bis dahin wenig verändert. Wien und Wiener Vorortbezirke wie Sechshaus wiesen weiterhin hohe Sterberaten über 30 auf. Besonders hoch war die Sterblichkeit auch in den Bezirken Bruck an der Leitha, Korneuburg und St. Pölten, aber auch in der Stadt Waidhofen an der Ybbs. In weiten Teilen des Wald- und Weinviertels lagen die regionalen Sterberaten hingegen unter 30 auf 1000 Einwohner. Bis in die frühen 1880er-Jahre änderte sich an diesem regionalen Muster wenig. Allerdings nahm die relative Streuung der Sterberaten, gemessen in Form des Variationskoeffizienten[123], doch beträchtlich ab, weil in Bezirken mit relativ niedrigeren Raten diese anstiegen, während sie in den Bezirken mit den höchsten Raten tendenziell fielen. Zu berücksichtigen ist bei der Interpretation dieser Sterberaten allerdings, dass die Sterbefälle nicht am Wohn-, sondern am Sterbeort gezählt wurden, wodurch die Sterblichkeit in Städten mit größeren Krankenanstalten überschätzt, während sie in deren Einzugsbereich unterschätzt wird. Auf den Einfluss von Findelkindern und (saisonaler) Wanderung wurde bereits hingewiesen. Um die Dimension

123 Standardabweichung/Mittelwert.

der ortsfremden Sterbefälle abschätzen zu können, seien die Zahlen aus der Krankenanstaltenstatistik aus dem Jahr 1880 angeführt. In diesem Jahr lag die Zahl der in Krankenanstalten verstorbenen Personen in allen Wiener Krankenanstalten bei 5900. Größere Spitäler außerhalb Wiens abgesehen von Penzing und Sechshaus bestanden in Wiener Neustadt mit dem Allgemeinen Krankenhaus, in dem 123 Patienten verstarben, in Korneuburg mit 113 Sterbefällen und in St. Pölten mit 115 Sterbefällen.[124] Man kann davon ausgehen, dass nur ein kleinerer Teil dieser Todesfälle auf Spitalinsassen entfiel, die nicht aus dem jeweiligen politischen Bezirk stammten.

Tabelle 19: Sterberaten nach politischem Bezirk 1869, 1881/82

Bezirk	1869	1881/82
Wien	31,8	29,7
Wiener-Neustadt-Stadt	28,7	32,0
Waidhofen an der Ybbs	40,9	36,2
Amstetten	27,8	28,9
Baden	30,4	31,1
Bruck an der Leitha	36,5	34,2
Gross-Enzersdorf	29,2	32,3
Hernals	29,8	30,6
Horn	29,0	27,5
Korneuburg	32,9	32,4
Krems	29,8	31,1
Lilienfeld	23,4	26,3
Mistelbach	26,4	28,2
Neunkirchen	24,8	25,9
Oberhollabrunn	29,8	29,7
St. Pölten	32,3	32,4
Scheibbs	27,4	27,9
Sechshaus	33,2	34,8
Waidhofen-Umgebung	28,9	31,4
Wiener-Neustadt-Umgebung	25,9	29,3
Zwettl	28,6	29,5
Kronland Niederösterreich	30,4	30,5
Variationskoeffizient	0,128	0,086
Variationskoeffizient (ohne Wien)	0,131	0,088

Quelle: Schimmer, Bewegung der Bevölkerung 1869, 74, 84 f.; 1881/82, xxi; eigene Berechnungen

124 K. k. Direction der administrativen Statistik, Statistik des Sanitätswesens 1880, 2–5.

Die geringere Streuung der regionalen Sterberaten verweist bei insgesamt beträchtlicher Zunahme der Lebenserwartung auf eine Annäherung der sozialen Ungleichheit vor dem Tod der einzelnen Berufsgruppen und Gesellschaftsschichten in den letzten Jahrzehnten des 19. Jahrhunderts, die ja auch beim bloßen Vergleich von Wien und Niederösterreich indirekt zu erkennen war. Eine Präzisierung der Unterschiede in Lebensjahren ist jedoch auf Grund fehlender berufs- und schichtspezifischer Daten nicht möglich.

Die Verbreitung von Illegitimität spielte für die regional differentielle Mortalität besonders von Säuglingen und Kleinkindern im Zeitalter der Frühindustrialisierung eine große Rolle. Im Durchschnitt der Jahre 1840 bis 1843 erreichte der Anteil der unehelich Geborenen im Viertel unter und ober dem Wienerwald 17 bis 20 Prozent, in den nördlichen, agrarisch geprägten Landesteilen lag er jedoch unter 10 Prozent.[125] Um 1870 hatte sich am regionalen Verbreitungsmuster kaum etwas verändert. Im Durchschnitt der Jahre 1870 bis 1874 lag die Unehelichenquote in Wien bei 40 Prozent, in Wiener Vorortbezirken wie Hernals und Sechshaus zwischen 20 und 25 Prozent, ebenso in den niederösterreichischen Industriegebieten. Besonders hoch war sie im Bezirk Lilienfeld mit 34 Prozent. In den nördlichen Landesteilen war Illegitimität nach wie vor deutlich seltener.[126]

Unter den unehelich Geborenen hatten Findelkinder die geringsten Überlebenschancen. Im Jahr 1857 starben 77,5 Prozent der im Wiener Gebär- und Findelhaus aufgenommenen Kinder und selbst 1888 noch mehr als ein Drittel.[127] Wie schlecht die Pflege- und Lebensbedingungen der Findelkinder bei den Pflegeeltern in Wien gewesen sein müssen, illustriert die Tatsache, dass die Mortalität der Säuglinge bei Wiener »Pflegeparteien« signifikant höher als außerhalb Wiens war. 1857 überlebten bei Wiener Pflegeparteien 12,4 Prozent der Kinder, in Niederösterreich jedoch 29,4 Prozent.[128] Die Wohnorte der Pflegeeltern waren innerhalb Niederösterreichs, wie noch zu zeigen sein wird, sehr ungleich verteilt. Insofern kam hier ein weiterer Einflussfaktor ins Spiel, der regionale Ungleichheit begünstigte.

Eine andere Ungleichheitsdimension war jene der Einkommen und Vermögen. Wie nicht anders zu erwarten waren Einkommen und Vermögen in Wien und Niederösterreich wie auch in den anderen Alpen- und Donauländern der Monarchie im Vormärz höchst ungleich verteilt. Folgt man den kritischen Kommentaren von Zeitgenossen aus dem Exil, nahm die Ungleichheit zwischen reich und arm in den

---

125 Becher, Bevölkerungs-Verhältnisse, 151; eigene Berechnungen.

126 Schimmer, Die unehelich Geborenen, 168.

127 Pawlowsky, Zechner, Gebär- und Findelhaus, 428. Tatsächlich war die Mortalität jedoch noch höher, da die verstorbenen Findelkinder im Bezug zu manchmal mehrfach während des Jahres aufgenommenen Kindern gesetzt werden. Pawlowsky, Kinderfürsorge, 229.

128 Pawlowsky, Zechner, Gebär- und Findelhaus, 405, 456f.

1840er-Jahren weiter zu.[129] Eine immer wieder zitierte Schätzung eines informierten Zeitgenossen ging Mitte der 1850er-Jahre davon aus, dass es in Wien über 1000 Familien gab, die über mehr als 30.000 Gulden CM Jahreseinkommen verfügten, die absolute Spitze lebte sogar im Durchschnitt von etwa 50.000 Gulden. Dem standen Familieneinkommen von Handwerksgehilfen, Arbeitern und kleinen Beamten von lediglich 400 bis 500 Gulden gegenüber. Es gab allerdings auch spezialisierte »Gewerbegehilfen« die bis zu 700, in manchen Fällen auch noch rund ein Drittel mehr verdienten.[130] Aus einer um 1870 durchgeführten Erhebung der Niederösterreichischen Handels- und Gewerbekammer lassen sich auch eklatante Einkommensunterschiede zwischen Fach- und Hilfsarbeitern belegen. So bewegten sich in den Maschinenfabriken Wiens die Durchschnittswochenlöhne zwischen 18 und 20 Gulden ÖW, während »Handlanger und Taglöhner« 5 bis 7 Gulden ÖW verdienten. Ein Vergleich einer großen Wiener Fabrik mit einem in Niederösterreich ansässigen Unternehmen belegt diesbezüglich, sowohl was den Durchschnittslohn als auch die Streuung der Arbeiterlöhne anlangt, keinen großen regionalen Unterschied.[131] Dieser Befund lässt sich im Großen und Ganzen verallgemeinern. Die Lohnunterschiede innerhalb der einzelnen Industrie- und Gewerbezweige zwischen Facharbeitern und Spezialisten und der überwiegenden Mehrheit der Arbeiter waren wesentlich ausgeprägter als zwischen der Hauptstadt und dem übrigen Kronland, wenn es sich um Industriegebiete handelte. Erheblich waren die Differentiale jedoch zwischen den Geschlechtern. Arbeiterinnen verdienten selten mehr als die Hälfte des Einkommens ihrer männlichen Arbeitsgenossen.

Tabelle 20: Wochenverdienste in Gulden in Wien und Niederösterreich um 1870

Gewerbe	Wien	Niederösterreich
Nägel-, Schrauben- und Nietenfabriken		
Werkführer	10–15	11–23
Schlosser, Dreher, Tischler	9–12	5–10
Fabrikarbeiter	6–10,50	1,80–7
Knaben	3–5	1,80–3
Nadler		
Arbeiter	5–9	3,60–8
Arbeiterinnen	3–4	3–4
Knaben	2–3	1,50–2,40
Mädchen	2–2,50	1,50–2,10

129 Sandgruber, Lebensstandard, 373.

130 Schwarzer, Geld und Gut, 151, 156f.

131 Niederösterreichische Handels- und Gewerbekammer, Arbeits- und Lohnverhältnisse, 7f.

Gewerbe	Wien	Niederösterreich
Zündwarenfabrikation		
Arbeiter	5–10	6–9
Arbeiterinnen	5–6	2–4
Knaben	3–3,50	1,20–2
Weberei		
Webergesellen	5–7	3–7,50
Webearbeiterinnen	3–5	3–7,50
Spulerinnen	2–3	2,50–4,50
Tischlerei		
Tischlergehilfen	8–18	2–5
Baugewerbe		
Maurer	4,40–5,60	3,20–5,20
Taglöhnerinnen	2,20–2,40	2–3,20

Quelle: Niederösterreichische Handelskammer, Arbeits- und Lohnverhältnisse, 33f., 35f., 67, 110, 117, 170, 186, 190; eigene Berechnungen

Ein vollständiges Bild der Lohndifferentiale liefern die angeführten Wochenverdienste zwar nicht, da über das Ausmaß der täglichen Arbeitszeit und Perioden temporärer Arbeitslosigkeit während des Jahres kaum Vergleiche vorliegen. Es ist allerdings davon auszugehen, dass die Besserverdiener und höher qualifizierten Arbeiter nicht längere, sondern wahrscheinlich sogar kürzere tägliche Arbeitszeiten hatten und auch seltener von Kündigungen bedroht waren. Insofern fielen die Unterschiede, was die Jahreseinkommen anlangt, eher noch größer aus, als dies ein Vergleich der Wochenlöhne zeigt.

Eine recht anschauliche Schilderung für das Auskommen der Beschäftigten in den Kleingewerben »am flachen Land« liefert die zitierte Erhebung der Niederösterreichischen Handelskammer. Demnach erreichten die ledigen Arbeiter durchschnittliche Wochenlöhne von 5,10 bis 5,50 Gulden ÖW. Zur Bestreitung der Minimalauslagen wurde ein regelmäßiger wöchentlicher Erwerb von 4,81 Gulden ÖW für einen ledigen Arbeiter errechnet, für eine Arbeiterfamilie von 6,83 Gulden. Daraus ergab sich die unbedingte Notwendigkeit für Frauen- und teilweise auch noch für Kinderarbeit. Angesichts dieser knappen Familienbudgets führten temporäre Phasen der Arbeitslosigkeit, seien sie durch Konjunktur- und Absatzschwankungen, seien sie durch längere Erkrankungen bedingt, zu massiven existentiellen Bedrohungen. Das nötigte häufig zum Wechsel der Branche in der Nichtsaison, wie auch der Bericht der Handelskammer vermerkt:

Der Betrieb der meisten Kleingewerbe ist kein continuirlicher während des ganzen Jahres; es sind deshalb auch die meisten Arbeiter nur während einer kleineren oder größeren Zahl von Monaten in einem Gewerbe beschäftigt, und veranlasst, während der übrigen Zeit zu einem anderen Erwerbszweige überzugehen.

So kommt es vor, dass die nur im Sommer beschäftigten Arbeiter im Baugewerbe im Winter weben, die Arbeiter der verschiedensten Gewerbszweige, wie Schneider, Schuster, Weber u. s. w., im Sommer den Feld- und anderen Taglohnarbeiten sich zuwenden.[132]

Tabelle 21: Verteilung der Erwerbsteuer nach Steuerinspektoratsbezirken 1862

Gewerbe	Verhältnis durchschnittliche Steuerleistung/niedrigste Steuerleistung (= 1)				
Steuerbezirk	Wien	Wiener Neustadt	St. Pölten	Korneuburg	Krems
Industrial-Gewerbe					
Klein-Uhrmacher	3,9	3,0	2,4	2,2	1,2
Apotheker	31,5	13,4	3,5	7,4	4,1
Leimsieder	1,5	3,5	1,0	1,4	1,1
Fleischselcher	6,3	7,5	3,8	3,3	2,6
Leinen- und Baumwollweber	7,7	2,6	1,1	1,5	2,6
Schuhmacher	2,2	1,6	1,8	2,2	2,3
Drechsler	2,8	3,3	1,8	2,0	2,4
Baumeister	21,5	10,9	1,0	2,7	7,6
Commerzial-Gewerbe					
Rauchfangkehrer	10,9	8,4	4,0	1,6	5,8
Eisenhändler	2,1	10,7	9,5	14,7	9,3
Kaffeesieder	17,1	6,3	6,6	6,2	2,7
Tandler	3,6	5,0	2,2	3,3	2,5
Notare	1,5	6,3	1,8	2,8	2,3
Vermischtwarenhändler	2,2	15,7	9,8	6,2	14,0

Quelle: Die steuerpflichtigen Gewerbe 1862 I, 4, 12, 45, 53, 58, 79, 98, 120, 125; II, 18f., 22, 48, 82, 96, 118

Selbstverständlich bestanden auch unter der großen Zahl der selbstständigen Gewerbetreibenden erhebliche Einkommensunterschiede zwischen den Gewerben und innerhalb derselben. Zur Messung dieser Ungleichheit liefert die Erwerbsteuerstatistik gewisse Hinweise. Diese Steuer wurde zwar von den Steuerbehörden nicht nach den tatsächlich belegten Gewinnen in den Betrieben bemessen, sondern nach

132 Niederösterreichische Handels- und Gewerbekammer, Arbeits- und Lohnverhältnisse, 215.

Tarifklassen und eigenen Erhebungen, doch kann davon ausgegangen werden, dass ihre Höhe mit diesen einigermaßen positiv korreliert war. Allerdings unterlag ihre Bemessung auch lokalen Einflüssen und Traditionen, denen sich die Steuerbehörden nicht ganz entziehen konnten.[133] Dennoch dürfte das Verhältnis des durchschnittlichen Steuerertrags zum niedrigsten einen ganz passablen Indikator für Einkommensungleichheit von Gewerbeinhabern oder -inhaberinnen innerhalb eines bestimmten Gewerbes abgeben. Dieses spiegelt natürlich auch die unterschiedlichen Betriebsgrößen wider. Nach diesem für ausgewählte Gewerbe nach der Gewerbezählung von 1862 berechneten Indikator wiesen in der Regel die Wiener Gewerbe höhere Ungleichheit auf als die der Steuerbezirke Wiener Neustadt, St. Pölten, Korneuburg und Krems. Dies traf aber keineswegs durchgängig zu. So gab es auch Gewerbe wie die Leimsieder, Fleischselcher oder Eisenhändler, in denen die Einkommensverteilung in Wien offensichtlich flacher war als in den übrigen Teilen des Kronlandes.

Was die Einkommensungleichheit in der Landwirtschaft anlangt, so standen natürlich die Großgrundbesitzer an der Spitze der Einkommenspyramide. Selbst unter den ehemaligen Grundherren gab es jedoch eine weite Spanne, was den Besitzstand anlangt. Dieser schwankte in den 1850er-Jahren zwischen rund 31.000 und 5,75 Hektar, bei einer Gesamtfläche des niederösterreichischen Großgrundbesitzes von rund 581.000 Hektar. Der Kleingrundbesitz gliederte sich in Ganz-, Dreiviertel-, Halb-, Viertel- und Achtellehen, die nach dem im Grundbuch eingetragenen unteilbaren »Hausgründen« folgende Dimensionen hatten:

Tabelle 22: Größe und Wert des Kleingrundbesitzes in Niederösterreich ca. 1855

Lehen	Größe in Hektar	Wert in fl ÖW
Ganzlehen	27,6–58,1	4467–8015
Dreiviertellehen	39,7–58,1	
Halblehen	15,0–28,2	2190–3825
Viertellehen	7,5–10,9	872–1918
Achtellehen	1,7–5,2	306–918

Quelle: Handels- und Gewerbekammer in Wien, Statistik der Volkswirthschaft 1855–1866, Bd. 1, 6f.

Über die Einkommensunterschiede der bäuerlichen Familien ist damit aber noch nichts gesagt, da ja die Erträge je nach Lagen erheblich differierten. Der Wert der Lehen, der mit dem Einkommen korrelierte, bewegte sich in den einzelnen Lehenskategorien von einer Untergrenze bis etwa zum doppelten Wert, insgesamt zwischen 300 und 8000 Gulden ÖW, was für sehr ausgeprägte Einkommensdifferenzen allein

133 Von Lesigang, Erwerbsteuer, 412–415.

innerhalb des bäuerlichen Besitzes spricht. Die Zahl der bäuerlichen Grundbesitzer, »die selbst Hand anlegen«, betrug in dieser Zeit etwa 116.000. Diesen standen nach zeitgenössischen Schätzungen etwa 160.000 »Hilfsarbeiter« und über 600.000 andere Personen – Familienmitglieder, Dienstleute –, die von der Landwirtschaft lebten, gegenüber. Nach der Berufszählung im Rahmen der Volkszählung 1869 lässt sich das Verhältnis der einzelnen Kategorien präziser fassen.

Tabelle 23: Berufstätige in der Land- und Forstwirtschaft in Niederösterreich[a] 1869

Kategorie	abs.	in %
Eigentümer	134.227	30,1
Pächter	782	0,2
Beamte	1780	0,4
stabile Dienstleute	221.942	49,8
Taglöhner	86.836	19,5
Gesamt	445.567	100,0

Quelle: K. k. Statistische Central-Commission, Bevölkerung und Viehstand 1869. Heft 2, 3, 11; eigene Berechnungen
[a] Ohne Wien.

Aber selbst innerhalb der unterbäuerlichen Schichten gab es nicht unerhebliche Einkommensunterschiede. Der Taglohn der landwirtschaftlichen Hilfsarbeiter schwankte zwischen 36 Kreuzern und 1,25 Gulden ÖW, was bei einem Arbeitsjahr mit 250 bezahlten Arbeitstagen einer Spannweite von 90 bis 312,5 Gulden entsprach. Akkordarbeiter im Großgrundbesitz verdienten 20 bis 30 Prozent mehr. Knechte erhielten 40 bis 60 Gulden ÖW Jahreslohn und Kost, Quartier und ein Kleidungsstück, Mägde 25 bis 30 Gulden ÖW mit ebensolchen Zugaben.[134] Weibliche Arbeitskräfte waren also nicht nur in der Industrie, sondern auch in der Landwirtschaft hinsichtlich der Entlohnung klar benachteiligt.

Aus der eklatanten Einkommensungleichheit resultierte eine äußerst schiefe Vermögensverteilung. Nach Berechnungen von Michael Pammer auf Basis einer repräsentativen Stichprobe von Verlassenschaftsakten bewegte sich der zwischen 0 und 1 definierte Gini-Koeffizient[135] in Wien von den 1830er-Jahren bis um 1880 konstant auf dem sehr hohen Niveau von 0,91–0,97. Im Gegensatz dazu war die Vermögen-

134 Handels- und Gewerbekammer für Wien, Statistik der Volkswirthschaft 1855–1866, Bd. 1, 11.

135 Der Gini-Koeffizient ist ein Maß der relativen Ungleichheit, welches auf den Abständen aller Merkmalsausprägungen einer bestimmten Verteilung (z. B. Einkommen, Vermögen) beruht. Sind alle Merkmalsausprägungen gleich, ist der Wert des Koeffizienten 0, sind einige Merkmalsausprägung sehr hoch, alle anderen sehr niedrig, ist der Wert nahe bei 1.

sungleichheit in Niederösterreich ohne Wien im Vormärz um etwa ein Drittel geringer, stieg jedoch in der Folge kontinuierlich an. Der Gini-Koeffizient betrug um 1880 bereits 0,87 und war damit nicht mehr allzu weit vom Wiener Niveau entfernt. Das spricht für erhebliche Konzentrationsprozesse im niederösterreichischen Produktionssektor, aber auch in der Landwirtschaft. Besonders ausgeprägt war die Vermögensungleichheit in Wien schon im Vormärz. Ein möglicher Grund dafür könnte in den Wirkungen von Hyperinflation und Staatsbankrott von 1811 zu suchen sein, die Immobilienbesitzer und Unternehmer begünstigten, während die Besitzer reiner Geldvermögen massiv an Vermögen verloren.[136] Allerdings zeigen die Berechnungen Pammers, dass um die Mitte des Jahrhunderts eine leichte Abschwächung der Vermögensungleichheit in Wien zu verzeichnen war. Die Vermögensungleichheit in Wien und Niederösterreich beruhte im Übrigen fast ausschließlich auf Vermögensunterschieden zwischen den verschiedenen Standes- und Berufsgruppen. Innerhalb der Gruppen schwankten die Vermögen vergleichsweise gering. Die Vermögenshierarchie war zudem auch sehr stabil. Lediglich die Position der Handwerker verschlechterte sich.[137]

Tabelle 24: Gini-Koeffizient der Vermögensverteilung in Wien und Niederösterreich 1830–1880

Periode	Wien	Niederösterreich[a]
um 1830	0,967	0,600
um 1840	0,928	0,635
um 1850	0,912	0,725
um 1860	0,956	0,744
um 1870	0,951	0,774
um 1880	0,969	0,866

Quelle: Pammer, Distribution of income and wealth
[a] Ohne Wien.

Unter Herausrechnung bestimmter Berufsgruppen zeigt sich ein ähnliches Bild. Auch die Unterschiede der Vermögenskonzentration zwischen Wiener und niederösterreichischen Unternehmern waren gering. Lediglich während der Gründerzeitspekulationsblase um und nach 1870 fiel die Konzentration der hohen Vermögen in Wien noch deutlicher als im übrigen Kronland Niederösterreich aus. Die absolut größten Vermögen konzentrierten sich aber jedenfalls auf Wien. Die dünne Ober-

136 Pammer, Entwicklung, 216.
137 Pammer, Entwicklung, 211.

schicht der Gulden-Millionäre umfasste in der zweiten Hälfte des 19. Jahrhunderts ungefähr ein halbes Promille der Selbstständigen in Wien.[138]

In enger Verbindung mit der Position in der Einkommens- und Vermögenspyramide stand die klassen- und schichtspezifische Kost. So trat gemäß der hohen Bedeutung der Nahrungsmittelausgaben für das Haushaltsbudget neben der quantitativen eine zunehmende qualitative Spaltung der Fleischesskultur zwischen Adel und Großbürgertum auf der einen und Kleinbürgertum und Arbeiterschaft auf der anderen Seite akzentuierter in Erscheinung. In der Oberschicht, wenn sie nicht auf französische Küche setzte, gehörten Tafelspitz, Kalbschnitzel und Lungenbraten zum selbstverständlichen Bestandteil der Ernährung. In den proletarischen Wiener Vororten wurden in den Gasthäusern vor den Linien die billigen Rindfleischstücke wie z. B. das Bruckfleisch, ein kleines Gulasch und nicht zuletzt Innereien bevorzugt konsumiert, wenn nicht überhaupt auf Schweinefleisch oder Würste ausgewichen wurde.[139] Der besondere Fleischhunger der Wienerinnen und Wiener blieb freilich kein Signum der »Backhendelzeit«, die man mit dem Biedermeier assoziiert. Auch Wiener Taglöhner ernährten sich nach zeitgenössischen Beobachtungen ab den 1880er-Jahren nicht nur von »Cerealien«, sondern auch von billigen Fleischsorten.[140] In den ländlich geprägten Teilen Niederösterreichs ist davon auszugehen, dass die bäuerliche Bevölkerung ihren Fleischkonsum Großteils aus eigenen Beständen deckte, wenn auch natürlich ein erheblicher Teil des Schlachtviehs in den urbanen Zentren verkauft wurde. Von einer hohen positiven Korrelation zwischen dem Fleischkonsum und dem Viehbestand pro 1000 Einwohner ist daher wohl auszugehen. Nach den Viehzählungen von 1857 und 1869 gehörten die Bezirke Mank, Ottenschlag, Allensteig, St. Peter in der Au, Zwettl, Gaming, Marchegg, Scheibbs, Kirchberg an der Pielach, Amstetten und Haag zu jenen mit der höchsten Dichte an Großvieheinheiten pro Kopf.[141] Was den Viehbestand pro 1000 Einwohner anlangt, zählten im Jahr 1869 beim Rindfleischkonsum die Bezirke des Mostviertels Amstetten, St. Pölten, Lilienfeld, Scheibbs, aber auch die Waldviertler Bezirke Horn, Waidhofen an der Thaya und Zwettl zu den Gunstregionen. Beim Schweinefleisch ragte besonders das Mostviertel heraus. Schaffleisch wurde wenig gegessen. Die Wiener Vorortbezirke wurden natürlich primär durch Zufuhr, besonders aus Ungarn, versorgt. In den stark industrialisierten Bezirken Baden und Wiener Neustadt-Umgebung galt Ähnliches, doch war auf Grund der Transportkosten der Fleischkonsum in diesen Teilen Niederösterreichs wohl auch niedriger als in den Wiener Vororten.

---

138 Pammer, Entwicklung, 209; Pammer, Umfang und Verteilung, 63.

139 Danielczyk, Zeitalter, 93–96.

140 Gemeinderath, Wien 1848–1888, Bd. 1, 532.

141 Bauer, Agrarstatistik, 24.

Tabelle 25: Viehbestand pro 1000 Einwohner in niederösterreichischen Bezirkshauptmannschaften 1869

Bezirkshauptmannschaft	Rindvieh	Schafe	Schweine
Amstetten	713,9	166,4	553,9
Baden	170,4	33,1	54,1
Bruck a. d. Leitha	216,8	223,5	73,5
Gross-Enzersdorf	385,9	804,1	136,0
Hernals	82,2	25,5	47,7
Horn	491,0	931,0	260,5
Korneuburg	254,2	395,4	223,8
Krems	395,2	123,6	234,9
Lilienfeld	636,3	282,8	211,1
Mistelbach	301,5	616,7	205,9
Neunkirchen	444,5	286,8	190,8
Oberhollabrunn	225,8	378,7	166,4
St. Pölten	492,0	125,8	418,4
Scheibbs	852,4	342,2	731,0
Sechshaus	54,9	0,9	13,8
Waidhofen an der Thaya	564,1	198,1	62,0
Wiener-Neustadt-Umgebung	329,8	205,9	86,0
Zwettl	918,0	208,5	186,6

Quelle: K. k. Statistische Centralkommission (Hg.), Bevölkerung und Viehstand 1869. Heft 1, 2–13; Heft 4, 2–4

Besonders benachteiligt, was den Fleischkonsum anlangt, waren die peripheren ruralen Zonen Niederösterreichs, in denen Subsistenzwirtschaft vorherrschte. Die eintönige Ernährung eines »Waldbauern« im VOMB wurde noch gegen Ende des 19. Jahrhunderts etwa so geschildert: »den ganzen Sommer hindurch lebt er fast nur von Mehlspeisen, Fleisch kommt nur im Winter auf seinen Tisch, wenn ein Schwein geschlachtet wurde, welches dann als ›schwarzes Fleisch‹ (Geselchtes) Tag für Tag gegessen wird.«[142]

Was die Produktion von Brotgetreide anlangt, waren das Wiener Becken, das Marchfeld, das Alpenvorland und Waldviertel begünstigte Zonen.[143] Die Werte der Agrarstatistik für die 1850er- und 1860er-Jahre sind zwar hinsichtlich der Absolutgrößen als Minimum anzusehen[144], für die Anteile der Hauptgetreidearten und die regionale Streuung der Ertragszahlen dürften sie aber einigermaßen verlässliche

142 Schober, Die Deutschen in Nieder- und Ober-Oesterreich, 367.
143 Bauer, Agrarstatistik, 43 f.
144 Sandgruber, Agrarstatistik, 50 f.

Aussagen ermöglichen. Kleinräumig entsprachen die Daten einzelner Bezirke aber mit Sicherheit nicht immer der Realität.[145]

Tabelle 26: Bodenproduktion pro Kopf nach Landesvierteln im Durchschnitt der Jahre 1855, 1860 und 1864 (in kg)

Kreis	Weizen	Roggen
VUMB	106,1	190,4
VOMB	28,7	197,1
VUWW	12,8	57,9
VOWW	52,2	119,7
Gesamt	33,5	95,0

Quelle: Handels- und Gewerbekammer in Wien, Statistik der Volkswirthschaft 1855–1866, Bd. 1; K. k. Ministerium des Inneren, Bevölkerung und Viehstand 1857; eigene Berechnungen

Immerhin belegen auch die kleinräumigen Flächenerträge der angeführten Stichjahre, dass neben den Industriezonen besonders die peripheren Zonen im VUWW und VOWW zu den agrarischen Ungunstlagen zählten.[146] Für die Mitte der 1870er-Jahre lässt sich auf Basis einer verbesserten Erntestatistik das Bild noch etwas erweitern. Demnach sorgte der nunmehr bereits sehr verbreitete Kartoffelanbau in den beim Getreideanbau benachteiligten Teilen des Landes für eine wichtige Substitution. Im Berggebiet des Wienerwaldes zählten auch Hülsenfrüchte und Kraut wohl nicht nur im Anbau, sondern auch beim täglichen Mittags- und Abendtisch zu den Grundnahrungsmitteln.

Tabelle 27: Ernteergebnisse für Regionen Niederösterreichs pro Hektar 1874 (in Hektolitern)

Region	Weizen	Roggen	Hülsenfrüchte	Kartoffel	Kraut/Stück	Wein
Alpengebiet	4,5	4,9	4,3	42,1	1615,9	3,9
Berggebiet des Wienerwaldes	5,7	5,4	5,5	41,5	3722,1	5,1
Berggebiet des Manhart	4,9	5,2	3,8	49,1	1691,9	7,2
Hügelland	6,1	5,4	3,6	50,2	1695,3	8,6
Wiener Becken	5,9	5,2	2,7	46,5	2071,7	5,5

Quelle: K. k. Ackerbau-Ministerium, Statistisches Jahrbuch 1874. Heft 1, 1. Lfg.; eigene Berechnungen

145 Bauer, Agrarstatistik, 8.
146 Handels- und Gewerbekammer in Wien, Statistik der Volkswirthschaft 1855–1866, Bd. 1; eigene Berechnungen.

Alpengebiet: Aspang, Gaming, Gloggnitz, Gutenstein, Kirchschlag, Lilienfeld, Neunkirchen, Waidhofen a. d. Ybbs
Berggebiet des Wienerwaldes: Baden, Hainfeld, Kirchberg a. d. Pielach, Klosterneuburg, Korneuburg, Mödling, Neulengbach, Pottenstein, Purkersdorf, Scheibbs, St. Peter
Berggebiet des Manhart: Allentsteig, Dobersberg, Geras, Gerungs, Gföhl, Horn, Krems, Langenlois, Litschau, Mautern, Melk, Ottenschlag, Persenbeug, Pöggstall, Raabs, Schrems, Spitz, Waidhofen a. d. Thaya, Weitra, Zwettl
Hügelland: Amstetten, Atzenbrugg, Eggenburg, Haag, Haugsdorf, Herzogenburg, Kirchberg a. Wagram, Laa, Mank, Oberhollabrunn, Ravelsbach, Retz, St. Pölten, Stockerau, Tulln, Ybbs Wiener Becken: Bruck a. d. Leitha, Ebreichsdorf, Feldsberg, Gross-Enzersdorf, Hainburg, Hernals, Hietzing, Marchegg, Matzen, Mistelbach, Schwechat, Sechshaus, Wiener-Neustadt, Wolkersdorf, Zistersdorf

Keiner weiteren Betonung bedarf es, dass die gehobenen Einkommens- und Vermögensschichten keine Probleme hinsichtlich ausreichender und qualitativ hochwertiger Ernährung kannten. Auch an standesgemäßer Bekleidung und Ausstattung der Wohnungen fehlte es unzweifelhaft nicht. Mit Bezug auf »Well-Being« hatte jedoch auch die Wohlstandsentwicklung der Reichen und des gehobenen Mittelstandes zwei Schwachpunkte, auf die noch zu sprechen kommen sein wird: die Hygiene und die Trinkwasserversorgung.

2.6 Das »Early Industrial Growth Puzzle«: Wohlstandsentwicklung (ca. 1830–1880/90)

Zusammenfassend lässt sich feststellen, dass im Zeitraum von etwa 1830 bis 1890 im langfristigen Durchschnitt Wien und Niederösterreich als Zentral- und Kernraum der Habsburgermonarchie ein erhebliches, wenn auch nicht sehr hohes reales Wirtschaftswachstum zu verzeichnen hatten, welchem bis Mitte und Ende der 1850er-Jahre kein Wachstum der Realeinkommen gegenüberstand. Was die Überlebensverhältnisse anlangt, kam es in dieser Phase zu einer Stagnation, in Wien sogar zu einem Rückgang der ohnehin niedrigen Lebenserwartung. Erst in den 1860er-Jahren korrelierten Wirtschaftswachstum und Lebenserwartung positiv, insgesamt blieb das Wohlstandsniveau im Sinn des biologischen »Well-Beings« jedoch im internationalen Vergleich recht bescheiden, mit Bezug auf die Überlebenschancen von Säuglingen kann sogar von einem prekären Zustand gesprochen werden.

Der geringe durchschnittliche Wohlstand in der Phase der Frühindustrialisierung trotz dynamischer Industrialisierung war freilich kein Spezifikum des Erzherzogtums unter der Enns. In vielen jungen Industrieländern trat ein scheinbares Paradoxon, das sogenannte Early Industrial Growth Puzzle, auf. Trotz rascher Steigerung des industriellen Outputs, trotz rasanter technologischer Entwicklung ging es einem erheblichen Teil der Bevölkerung nicht unbedingt besser, manchen sogar eindeutig schlechter. Rein ökonomisch betrachtet lassen sich dafür eine ganze Reihe von Gründen anführen:

- Der Einkommensumverteilungseffekt: Wie Thomas Piketty gezeigt hat, fördert Wirtschaftswachstum ökonomische Ungleichheit, weil die Kapitalrendite in der Regel im langjährigen Durchschnitt über der gesamtwirtschaftlichen Wachstumsrate der Realwirtschaft liegt. Im Besonderen gilt das für das 19. Jahrhundert.
- Der Effekt relativer Preise: Während der Frühindustrialisierung stiegen die Preise für Nahrungsmittel stärker an als für Gewerbe- und Industrieprodukte. Dieses Problem war für die Oberschichten allerdings wesentlich geringer als für die Unterschichten, da sie ohne zu hungern beim Essen sparen konnten.
- Der Effekt der Einkommensvariabilität: Während der Frühindustrialisierung kam es zu starken Konjunkturschwankungen, die sich aus der Dynamik der Entwicklung neuer Technologien, aber auch aus dem raschen Wechsel von Moden ergaben. Die daraus resultierende konjunkturelle Arbeitslosigkeit betraf überproportional ungelernte Arbeiterinnen und Arbeiter, während Fachkräfte oder »Angestellte« zumeist ihre Jobs behielten, weil sie schwerer zu ersetzen waren.
- Der Effekt der Marktintegration: Im Zuge des Industrialisierungsprozesses entstanden nationale und internationale Märkte. Dadurch nahmen die Zahl der Selbstversorger ab und die Länge der Transportwege zu. Es fehlte aber zunächst noch an Transporttechnologien (Dampfschiff, Eisenbahn), die die Versorgung im überregionalen Handel erst ermöglichen.
- Der Bevölkerungswachstumseffekt: Durch das anhaltende Bevölkerungswachstum mussten auch schlechtere Böden in der Landwirtschaft bewirtschaftet werden, was die Durchschnittserträge senkte.
- Der Urbanisierungseffekt: Durch die zunächst hohen Transportkosten nahm die Spanne zwischen den Preisen für Nahrungsmittel im ländlichen Raum und in den urbanen Zentren erheblich zu. Das hatte für den Ernährungszustand der Mehrheit der städtischen Bevölkerung entsprechende negative Konsequenzen.
- Der Industrialisierungseffekt: Durch die Abwanderung vom Land in die Stadt und von der Landwirtschaft in die Industrie verschoben sich die entsprechenden Bevölkerungsrelationen. Eine relativ kleinere Anzahl von in der Landwirtschaft tätigen Personen musste eine größere Zahl von im Produktions- und Dienstleistungssektor Tätigen ernähren.
- Der Arbeitsintensivierungseffekt: In den Industriebetrieben wurde deutlich länger gearbeitet als im vorindustriellen Gewerbe und auch eine größere Zahl von Familien- und Haushaltsmitgliedern in den Arbeitsprozess miteinbezogen. Frauen- und Kinderarbeit erhöhten zwar das Haushaltseinkommen, aber auch den familiären Kalorienbedarf.

- Der Effekt epidemiologischer Umstände: Durch die erhöhte Bevölkerungsdichte stieg die Verbreitung von (chronischen) Infektionskrankheiten mit negativen Konsequenzen für den Gesundheitszustand der Bevölkerung in den Industriezentren.[147]

Angesichts dieser Effekte eröffnet sich die Frage, warum Arbeitsmigrantinnen und -migranten überhaupt in die Städte und Industrieagglomerationen zogen, wenn diese Entscheidung nach einem Wohlstandskalkül, ganz zu schweigen von den Sterblichkeitsverhältnissen, zumindest bedenklich war. Rein ökonomisch betrachtet handelte es sich um einen Prozess des Abwägens von Lohnprämien versus ökologischen und demographischen Defiziten.[148] Tatsächlich lagen die Industriearbeiter- und Industriearbeiterinnenlöhne deutlich über jenen der Knechte, Mägde und der Taglöhner in der Landwirtschaft, soweit diese nicht ohnehin zum Teil in »Kost und Quartier« abgegolten wurden. Aber abgesehen davon, dass es auch in der Arbeiterschaft nicht nur Industrialisierungsverlierer gab[149], stellte sich offensichtlich mangels Alternativen diese Frage für viele gar nicht. Das demographische Wachstum der Landbevölkerung zwang zur Landflucht, ob die Betroffenen es wollten oder nicht, denn es fehlte zunehmend an Beschäftigungsmöglichkeiten in den landwirtschaftlichen Betrieben. Die Bevölkerungsgeschichte einiger ruraler Teile Niederösterreichs im 19. Jahrhundert bildet diesbezüglich keine Ausnahme.

Dennoch, besonders der Effekt der epidemiologischen Umstände in den Industriestädten und der Effekt der Marktintegration sowie der Urbanisierungseffekt führten zu temporär sehr nachteiligen Wirkungen auf das »Well-Being« (groß)städtischer Populationen. Für das zweite Drittel des 19. Jahrhunderts kann daher auch noch mehr als zuvor von einem »urban penalty« gesprochen werden. Er stand in untrennbarer Verbindung mit dem Seuchengeschehen.

147 Komlos, Modernes ökonomisches Wachstum, 165–197.
148 Williamson, Industrial Revolution; Williamson, Coping with city growth, 250–260.
149 Griffin, A short history, 144–161.

3 Ausgangsbedingungen II: Seuchenjahre und sanitäre Not

3.1 Vor dem epidemiologischen Übergang

Im 19. und in der ersten Hälfte des 20. Jahrhunderts kam es in den Industrieländern zu einer grundlegenden Veränderung des Todesursachenspektrums, die mit einem säkularen Anstieg der Lebenserwartung verbunden war. Diese Veränderung wird auch als epidemiologischer Übergang bezeichnet. Während dieses Übergangs wird ein »Zeitalter der Seuchen« von einer transitorischen Phase abgelöst, in der chronische Infektionskrankheiten eine wichtige Rolle spielen. In der dritten und letzten Phase dominieren schließlich degenerative Erkrankungen des Herz-Kreislauf-Systems und Krebs. Folgt man diesem von Abel Omran entwickelten deskriptiven dreistufigen Modell des epidemiologischen Übergangs dann lässt sich anhand der Indikatoren a) Niveau und Trend der Sterberate, b) Variationskoeffizient der Sterberate und c) Lebenserwartung[1] feststellen, dass sich Wien und das übrige Kronland Niederösterreich um die Mitte des 19. Jahrhunderts eindeutig noch in der vortransitorischen Phase des Übergangs befanden. Allein ein Blick auf das Niveau der Sterberaten belegt dies eindrücklich. Die rohen Sterberaten lagen durchweg über 30, also auf einem Niveau, welches sich noch nicht wesentlich von jenem des 18. Jahrhunderts unterschied. Beispielsweise hatte im Durchschnitt der Jahre 1785 bis 1795 die Sterberate in Wien einschließlich der Vorstädte 49,6, in Niederösterreich 34,4 betragen.[2] Nun war die Wiener Sterberate durch die Existenz des 1784 gegründeten Gebär- und Findelhaus durch die hohe Säuglingssterblichkeit in dieser Institution unzweifelhaft »künstlich« erhöht, doch kann an dem allgemein hohen Niveau der Sterblichkeit in Wien auch abseits des Säuglingsalters kein Zweifel bestehen. Abgesehen vom unterschiedlichen Niveau entsprach der Verlauf der Kinder- durchaus jenem der Jugendlichen- und Erwachsenensterblichkeit.[3] Für das übrige Erzherzogtum lag ohnehin keine statistische Verzerrung im Ausmaß von Wien vor, vielleicht eine geringfügige Unterschätzung der Sterblichkeit durch die rohe Sterberate[4] wegen der Sterblichkeit von niederösterreichischen Säuglingen und Müttern in der Wiener Anstalt. Insofern spiegelt die Sterberate in groben Zügen das transitorische Geschehen wider. Erst seit Mitte der 1870er-Jahre ging der Trend der Sterberaten eindeutig nach unten, wenngleich das Niveau im internationalen Vergleich noch immer beträchtlich hoch blieb.

---

1 Spree, Rückzug des Todes, 13.

2 Klein, Geburten- und Sterbefälle, 183.

3 Weigl, Transition vor der Transition?, 83 f.

4 Sterbefälle bezogen auf 1000 der Bevölkerung.

Graphik 4: Rohe Sterberate in Wien und Niederösterreich (Gebietsstand bis 1890) 1819–1890

Quelle: Bolognese-Leuchtenmüller, Bevölkerungsentwicklung Tl. 2, 3, 90, 92; Sedlaczek/Löwy, Wien, 12–15; Österreichische Akademie der Wissenschaften, Historisches Ortslexikon, Niederösterreich Tl. 1, 2 f.; Wien, 2–5; eigene Berechnungen

Wohl war in den ersten drei Vierteln des 19. Jahrhunderts die Zeit schwerer Pestepidemien längst vorbei, doch sorgten wiederkehrende Blattern-, Typhus- und Choleraepidemien weiterhin für ein Auf und Ab der jährlichen Sterberaten, wie sich statistisch auch durch den Variationskoeffizienten der jährlichen rohen Sterberaten zeigen lässt. Die Situation war in Niederösterreich außerhalb Wiens allerdings bis 1873, dem letzten großen »Seuchenjahr«, und auch danach bis etwa 1890 etwas günstiger als in Wien.

Tabelle 28: Variationskoeffizient der Sterberaten in Wien (Stadt und Vorstädte) und Niederösterreich 1820–1890

Zeitraum	Wien	Niederösterreich
1820–1873	0,129	0,109
1874–1890	0,072	0,052

Quelle: Bolognese-Leuchtenmüller, Bevölkerungsentwicklung, 90– 92, 116–118; Sedlaczek/Löwy, Wien, 12–15; Weigl, Demographischer Wandel, 364–366; eigene Berechnungen

Mit Abstand die höchsten Sterberaten innerhalb des Erzherzogtums bzw. späteren Kronlands wies bis zur Mitte des 19. Jahrhunderts nicht von ungefähr die Hauptstadt auf. In den 1840er- und 1850er-Jahren ging die ohnehin niedrige Lebenserwartung in Wien sogar noch zurück. Der Rückgang der Lebenserwartung in Wien und in anderen Großstädten um die Mitte des 19. Jahrhunderts hatte seine Wurzeln in dem sogenannten »high potential model«[5] von Großstädten vor der Hochindustrialisierung. Vormoderne (Groß-)Städte galten nicht ganz zu Unrecht als »große Friedhöfe«[6], weil die hygienischen Verhältnisse, das Zusammenleben in den engen Häusern, Straßen und Gassen die Übertragung von Infektionskrankheiten, besonders von Epidemien, im Vergleich zu den Kleinstädten und dem flachen Land ausgesprochen begünstigten. Dazu kam der ständige Zustrom ländlicher Unterschichten in die rasch wachsenden Großstädte, der sich im Zeitalter der Frühindustrialisierung verstärkte. Sozioökonomische und mikrobiologische Effekte sorgten für einen fatalen Mix, der das Leben in den Großstädten im wahrsten Sinn des Wortes lebensgefährlich machte. Die Folge war eine noch weiter aufgehende Schere der Lebenserwartung zwischen Großstadt und Land im zweiten Drittel des 19. Jahrhunderts. Dieses Phänomen wird auch als »urban penalty« bezeichnet.[7] Epidemiologisch beruhte der Überlebensnachteil in den Städten in erster Linie auf den fatalen Wirkungen von Seuchen wie den Pocken (Blattern), dem Typhus und der Cholera und chronischen Infektionen wie der Tuberkulose, da ja das enge Zusammenleben in den dicht bevölkerten Kernstädten die Übertragung von Infektionen besonders begünstigte. Damit soll nicht gesagt werden, dass die urbane Bevölkerung nicht auch an zahlreichen nichtinfektiösen Krankheiten litt und an ihnen sterben konnte, aber die Rolle der Infektionskrankheiten war doch lange Zeit eine Besondere.

3.2 Die »Ausrottung« der Pocken (Blattern) und ihre Wiederkehr

Nach den Wirren der Napoleonischen Kriege, in deren Folge eine schwere, von den kämpfenden Truppen eingeschleppte Typhusepidemie im Jahr 1809 Wien und Niederösterreich heimgesucht hatte, schien es zunächst, als ob die Lebensbedrohung der Bevölkerung durch den Ausbruch schwerer Epidemien deutlich abnehmen würde. Dazu trug auch der medizinische Fortschritt nicht unmaßgeblich bei. Noch in der zweiten Hälfte des 18. Jahrhunderts hatten Pocken- oder, wie sie auch bezeichnet wurden, Blatternepidemien für zahlreiche Opfer unter der Bevölkerung gesorgt,

---

5 Landers, Death and the metropolis, 90.
6 Cipolla, Before the Industrial Revolution, 165.
7 Kearns, Biology, class and the urban penalty, 12–30.

auch wenn die Opferzahlen weit unter jenen von Pestepidemien lagen.[8] Die Pocken sind eine Viruserkrankung, die von Mensch zu Mensch übertragen wird. Daher traten Epidemien oder aber auch ihre endemische Verbreitung besonders in größeren Städten mit entsprechend hoher Bevölkerungsdichte auf. Doch mit der Entdeckung und Einführung der Kuhpockenimpfung ging die Pockensterblichkeit in weiten Teilen Europas nach 1800 rasch sehr deutlich zurück.[9] Für die Übernahme dieser Innovation nahmen Wien und Niederösterreich auf dem europäischen Kontinent durchaus eine gewisse Vorreiterrolle ein. Die vom englischen Arzt Edward Jenner im Jahr 1798 bekannt gemachte Kuhpockenimpfung wurde schon ein Jahr später in Wien erprobt.[10] Am 10. Dezember 1800 fand im niederösterreichischen Brunn am Gebirge die erste öffentliche Schutzimpfung statt.[11] Doch damit war es natürlich nicht getan. Es galt, die Pockenimpfung beim Volk bekannt zu machen, die Verbreitung der Schutzimpfung durchzusetzen.[12] Dazu griff die niederösterreichische Regierung auf die Instrumente der »medizinischen Polizey« zurück. Für die Bezirksärzte wurde die Überwachung der Pockenimpfung geradezu zur Hauptaufgabe.[13] Mit finanziellen Anreizen sollte in kurzer Zeit eine hohe Impfdichte erreicht werden. Als diese Maßnahme nicht ausreichte, folgte auf das »Zuckerbrot« die »Peitsche«. Es erging die Anordnung, Listen all jener Familienoberhäupter anzulegen, die die Impfung verweigerten. Eltern, die Blatternerkrankungen ihrer Kinder verheimlichten, mussten mit Geldstrafen rechnen und wurden öffentlich angeprangert.[14] Schließlich wurde 1836 eine eigene Impfverordnung erlassen.[15] Nach Ankündigung in der Sonntagspredigt durch den örtlichen Pfarrer hatte der Bezirksarzt einmal jährlich alle Häuser zu besuchen und dabei die Kinder zu untersuchen. Für jeden gemeldeten Pockenkrankheitsfall waren von den Eltern drei Gulden Strafe zu zahlen. Für an Pocken Verstorbene durften beim Begräbnis keine Kirchenglocken geläutet werden. Nichtgeimpfte erhielten sogar kein kirchliches Begräbnis.[16] Mit diesen Maßnahmen gelang es dennoch nicht, eine flächendeckende Impfdichte zu erreichen und den Widerstand besonders der städtischen und ländlichen Unterschichten gegen die Impfung völlig zu brechen. Noch 1871 beklagte das Wiener Stadtphysikat in seinem Jahresbericht den Mangel an Vertrauen in die protektive Wirkung der Impfung, die Halbherzigkeit der Behörden bei der Umsetzung und den passiven Widerstand der

8 Vgl. dazu für Wien Weigl, Demographischer Wandel, 231–233.
9 Mercer, Infections, 58–76.
10 Lesky, Wiener medizinische Schule, 28–30.
11 Stagl, Sattmann, Herr der Würmer, 58.
12 Schönbauer, 150 Jahre Blatternimpfung, 309.
13 Rumpler, Chance für Mitteleuropa, 243 f.
14 Pammer, Beichtzettel, 14–19; Pawlowsky, Zechner, Wiener Gebär- und Findelhaus, 335.
15 Schönbauer, 150 Jahre, 309.
16 Rumpler, Chance für Mitteleuropa, 243 f.

die öffentliche Impfung durchführenden Ärzte und Helfer mit dem Argument, dass es an einer obligatorischen gesetzlichen Impfpflicht mangele.[17] Immerhin sank in der ersten Hälfte des 19. Jahrhunderts wohl in erster Linie durch die Verbreitung der Impfungen die Zahl der Pockentoten substanziell. In Wien, wo im Jahr 1800 noch 3296 Personen einer schweren Epidemie zum Opfer gefallen waren,[18] zählte man in Stadt und Vorstädten etwa im Zeitraum von 1828 bis 1832 bei einer Gesamtzahl von 14.000–17.000 Sterbefällen nur rund 200–350 Pockensterbefälle jährlich, in den übrigen Teilen des Erzherzogtums waren Pockensterbefälle sogar noch seltener anzutreffen.[19] Die 1830er-, 1840er- und 1850er-Jahre waren von ähnlichen Sterblichkeitsverhältnissen geprägt. Doch der Erfolg der Sanitätsbehörden war nicht endgültig. In den 1860er-Jahren begann sich die Situation wieder zu verschlechtern. Im Jahr 1862 erlagen im gesamten Kronland rund 860 Personen einer Epidemie, von 1866 bis 1869 jeweils 300 bis 600. Endgültig erwies die vom deutsch-französischen Kriegsschauplatz eingeschleppte Pockenpandemie von 1871/72,[20] dass die bisherige Impfpraxis der Behörden für eine effiziente Seuchenbekämpfung nicht ausreichte. Die Epidemie kostete 1871/72 rund 5000 Personen in Wien und etwa 8000 außerhalb der Hauptstadt in ihren damaligen Grenzen das Leben.[21]

Auch nach Abebben der Pandemie blieb die Pocken-/Blatternsterblichkeit in Wien und Niederösterreich in den 1870er- und vereinzelt auch noch in den 1880er-Jahren vergleichsweise hoch, doch zeigte sich eine allmähliche Abwärtstendenz. Dies lag an der stärkeren staatlichen Überwachung der Impfungen in den Schulen. Nach der Pandemie von 1871/72 wurde der Impfzwang in den Schulen weitestgehend durchgesetzt. Gegen Ende des 19. Jahrhunderts waren in Niederösterreich nur noch 1,5–2 Prozent der Schulkinder, in Wien etwa 1 Prozent nicht geimpft.[22] Unter den Erwachsenen gelang es jedoch nicht völlig, die mentalen Widerstände gegen die Impfung zu überwinden. Ein genereller Impfzwang wurde im Gegensatz zu Deutschland nie durchgesetzt. Noch in der zweiten Hälfte der 1870er- und zu Beginn der 1880er-Jahre betrug die Pockensterberate in Wien ein Vielfaches des Berliner Niveaus.[23] Der Zugriff auf die Schulkinder erwies sich aber als gesundheitspolitisch sehr wirkungsvoll. Um die Jahrhundertwende und danach war die Pockensterblichkeit im gesamten Kronland zur Quantité négligable geworden.

17 Killion, Nightmare, 100.

18 Sedlaczek, Löwy, Wien, 28 Anm. 101.

19 Blumenbach, Neueste Landeskunde Bd. 1, 310f.; Sedlaczek, Löwy, Wien, 14.

20 Hopkins, Greatest Killer, 89–91.

21 Eigene Berechnungen nach Presl, Gesundheitspflege, 386; Jahres-Bericht Wiener Stadtfysikat 1866, 111; 1867, 139; 1868, 197; 1869, 186; 1870, 177; 1871, Tabelle XIII; 1872, Tabelle XIV; 1873, Tabelle XIX.

22 Netolitzky, Landes-Sanitäts-Bericht 1898–1900, 74f.

23 Killion, Nightmare, 98, 100, 107.

Graphik 5: Blattern- und Cholerasterblichkeit in Wien (Stadt und Vorstädte) auf 100.000 der Bevölkerung 1830–1890

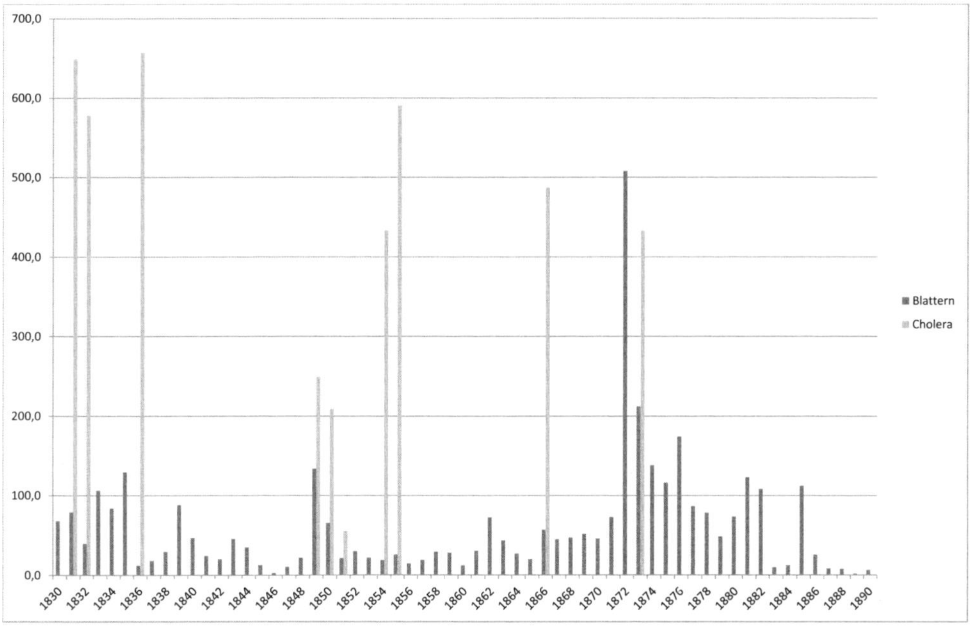

Quelle: Tafeln zur Statistik der Oesterreichischen Monarchie 1–21, NF 1–2 (1828–1854); Statistik der Stadt Wien Heft 1, Wien 1857, 120f., 142f.; Heft 2, 108f., 130f.; Wiener Kommunal-Kalender und städtisches Jahrbuch 2 (1864), 227; 3 (1865), 191; 4 (1866), 168; 5 (1867), 188; 6 (1868), 237; Gemeinde Verwaltung 1867–1870, 31; 1871–1873, 43; Statistisches Jahrbuch Wien 1883–1913; 1890, 26; K. k. Statistische Zentralkommission, Österreichisches Statistisches Handbuch 1860–1892; Österreichische Akademie der Wissenschaften, Historisches Ortslexikon, Niederösterreich Tl. 1, 2f.; Wien, 2–5; eigene Berechnungen

3.3 Cholera: die Lehrmeisterin der (Städte-)Hygiene

Trugen die Pocken-/Blatternepidemien zu einem stärkeren medikalisierenden Zugriff der Sanitätsbehörden auf den Einzelnen bei, so waren die Wirkungen einer anderen epidemischen Infektionskrankheit auf die Gesundheitspolitik im weiteren Sinn in vielfacher Hinsicht noch viel gravierender. Die Cholera wurde zur »Lehrmeisterin der öffentlichen Hygiene«. Das lag nicht unbedingt daran, dass die Opferzahlen, wie sich am Beispiel Wiens zeigen lässt, weitaus höher als bei Pocken-, Typhus- oder anderen vergleichbaren Epidemien gewesen wären, aber die Neuartigkeit der bis 1830 in Europa kaum bekannten Krankheit und der plötzliche Krankheitsverlauf, der innerhalb weniger Tage zum Tod führte, bedeuteten einen schweren Schock für die betroffene Bevölkerung. Nicht zuletzt waren die politischen Eliten, die ihren Anspruch auf die Regierung der städtischen und ländlichen Unterschichten durch ihre Hilflosigkeit bei der Seuchenabwehr nicht nur in der Habsburgermonarchie gefährdet sahen, alarmiert.[24]

Der Schock der ersten Choleraepidemien traf keineswegs nur Wien und die größeren Städte Niederösterreichs. Ganz im Gegenteil trat die Cholera außerhalb Wiens im Vergleich zu den anderen großen Epidemien noch markanter hervor, die Sterberaten auf 100.000 der Bevölkerung waren bei einigen Epidemien regional noch höher als in der Hauptstadt.

Graphik 6: Blattern-, Cholera- und sonstige Epidemiesterblichkeit in Niederösterreich auf 100.000 der Bevölkerung 1830–1890

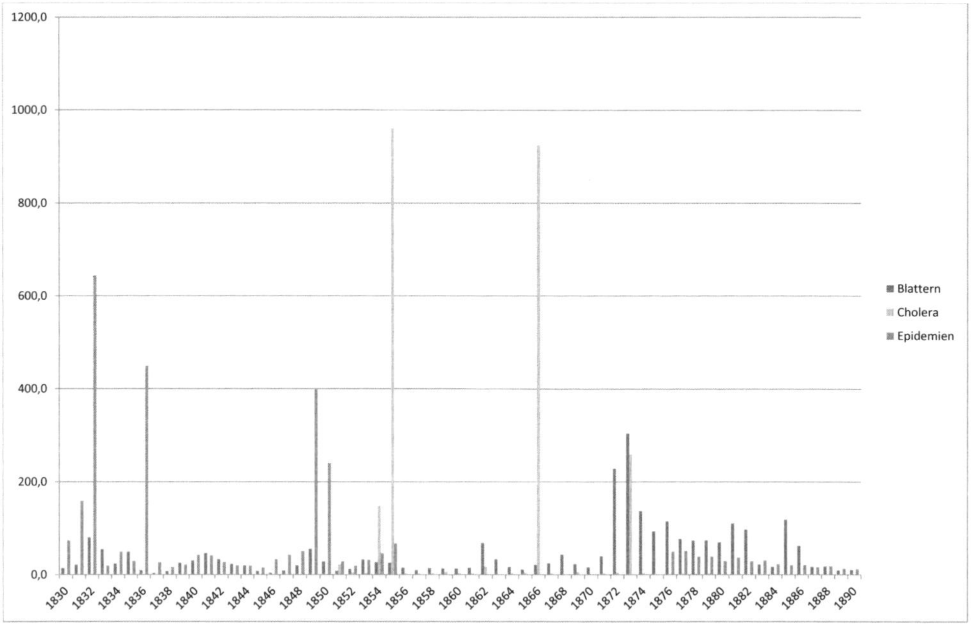

Quellen: wie Graphik 5

Die am indischen Subkontinent schon seit Jahrhunderten endemische »Cholera asiatica« hatte ab Anfang des 19. Jahrhunderts durch den Ausbau der weltweiten Handelsbeziehungen begonnen, sich pandemisch zu verbreiten. Nachdem zunächst vor allem Russland betroffen gewesen war, sorgten Truppenbewegungen im Zuge des polnischen Aufstands im Jahr 1830 für die ersten Choleraepidemien in Mitteleuropa

24 Baldwin, Contagion and the State, 41–83.

und schließlich auch in anderen Teilen des Kontinents. Im August 1831 erreichte die Seuche das Erzherzogtum unter der Enns. Die Versuche der Behörden, die Cholera aufzuhalten, orientierten sich an den herkömmlichen Methoden der Pestabwehr. Im Frühjahr 1831 wurde zunächst nur für Reisende aus Galizien eine »Kontumazanstalt«, eine Art Internierungslager, in Wien zwischen den Taborbrücken eingerichtet. Die »Anstalt« wurde später auch für Reisende aus Ungarn herangezogen. Am 20. Juli 1831, nach der Fertigstellung eines Kordons und einer Kontumazanstalt in March an der Leitha, versuchten die Behörden, den Abschirmungsring noch dichter zu ziehen, und verschärften diese Maßnahme am 11. August durch die Verhängung der Todesstrafe für die illegale Überschreitung des Kordons. An Cholerakordons an der östlichen Grenze des Erzherzogtums unter der Enns mussten Reisende nachweisen, dass sie aus nicht verseuchten Gebieten kamen. Fälschungen von Pässen waren mit schweren Strafen belegt. Aber die traditionellen Mittel der Seuchenabwehr griffen im Fall der Cholera nicht. Schon am 19. September 1831 wurden die Zwangs- und Absperrmaßnahmen einschließlich der Sperre betroffener Häuser aufgehoben. Wenig später wurden alle Sanitätskordons und die in Richtung Ungarn eingerichteten Kontumazanstalten aufgelöst. Die Verbreitung des Erregers ließ sich durch herkömmliche Methoden der »medizinischen Polizey« nicht stoppen.[25]

Die Zahl der jährlichen Opfer der in den folgenden vier Jahrzehnten regelmäßig die Habsburgermonarchie und auch immer wieder Wien und Niederösterreich heimsuchenden Choleraepidemien bewegte sich in der Dimension von einigen Tausend. Im Zuge der Epidemie von 1831 fielen in Wien 2188 Personen der Seuche zum Opfer, bei der Folgeepidemie waren es 1970. Die Sterberaten auf 100.000 der Bevölkerung betrugen 670 und 600.[26] Außerhalb Wiens war die Betroffenheit sehr ungleich auf die Landesviertel verteilt. 1831 waren im VUWW 929 Todesfälle zu beklagen, im VUMB 546 Tote. Hingegen gab es im peripheren Mostviertel nur vier und im Waldviertel nur zwei Choleratote. Die todesursachenspezifische Sterberate lag im Industrieviertel bei 365, im Weinviertel bei 206. 1832 verlagerte sich das Seuchengeschehen bei der Folgeepidemie außerhalb Wiens in das Weinviertel. Im Weinviertel starben 2825 Personen, im Industrieviertel 1050, im Waldviertel 127. Die Sterberaten betrugen im VUMB 1230, im VUWW 413.[27] 1832 war demnach die Cholerasterblichkeit im Weinviertel höher als im dicht besiedelten Wien und seinen Vorstädten.

Wie sich anhand der Folgeepidemien zeigen sollte, lag ein einfaches geographisches Verbreitungsmuster der Cholera, welches eine konzentrierte Sperrung be-

25 Weigl, Cholera, 6 f.; Triml, Cholera-Epidemie, 65–67, 94.
26 Drasche, Darstellung, Tabelle XI.
27 Knolz, Darstellung der Brechruhr-Epidemie, 154, 341; Weigl, Zwischenspurt, 475; eigene Berechnungen.

stimmter Außengrenzen nahegelegt hätte, nicht vor. Die Haupteinfallstore der Cholera in die Habsburgermonarchie waren:

- Galizien an der Grenze zu Russisch-Polen, Wolhynien, Podolien,
- Ostungarn und die Bukowina mit der Grenze zu Moldau und Walachei (Rumänien),
- Südungarn (Syrmien, Batschka, Banat) mit der Grenze zu Serbien,
- die Hafenstädte Triest und Fiume (Rijeka) mit Übertragung über Schiffe aus Asien und Ägypten.[28]

Aber selbst diesbezüglich gab es Ausnahmen. Die Epidemie von 1854/55 wurde aus dem Westen, aus Bayern, eingeschleppt.[29] Die Seuche folgte häufig den Flussläufen – so bei der ersten Epidemie den an der Leitha und Donau gelegenen Orten des östlichen VUWW –[30], wurde aber auch durch Truppenbewegungen verbreitet, so 1831/32, 1848/49 und 1866.[31] Den Ausbruch der letzten großen Epidemie von 1873 begünstigte der Zustrom der zahlreichen Besucher der Wiener Weltausstellung.

Auch wenn die Cholera aus verschiedenen Himmelsrichtungen ihre tödliche Spur zog, so war doch bald klar, dass manche Landstriche sehr stark, andere wenig bis gar nicht betroffen sein konnten. Wie sehr die Einschleppungswege für die Übertragung der Cholera eine Rolle spielten, zeigte sich auch an den folgenden schweren Choleraepidemien der Jahre 1836, 1849/50, 1854/55 und 1866. So waren die temporären Bevölkerungsrückgänge im Zeitraum von 1846 bis 1869 in den Bezirken Hollabrunn und Mistelbach auf unzählige Choleratote zurückzuführen.[32] Eine regional aufgeschlüsselte Sterblichkeit nach Landesvierteln der Choleraepidemie von 1866 weist das Weinviertel, wie auch schon 1832, als mit Abstand am stärksten betroffener Landesteil aus. Dabei erwiesen sich im Jahr 1866 die vom Kriegsschauplatz in Böhmen zurückströmenden Truppen als wichtigster Überträger. In Bezirksämtern wie Stockerau (Sterberate auf 100.000: 5730,0) und Mistelbach (Sterberate: 4050,9) erreichte die todesursachenspezifische Sterberate sogar sehr hohe Werte. Hingegen waren beispielsweise Retz oder Litschau nicht stärker betroffen als Wien oder das Industrieviertel.[33] Die mit Abstand niedrigsten Sterberaten verzeichneten erneut die westlichen Landesteile.

---

28 Krebs, Verbreitung der Cholera, 57.
29 Drasche, Darstellung, Tabelle XI.
30 Knolz, Darstellung der Brechruhr-Epidemie, 132.
31 Krebs, Verbreitung der Cholera, 59f.
32 Krebs, Verbreitung der Cholera, 6–28; Klein, Bevölkerungs- und Häuserzahlen, 297.
33 Eigene Berechnungen nach Summarische Rapports-Tabelle 1866, NÖLA, NÖ Reg Präs-Akten 1866 P12 ad 3325 Zl.4426.

Tabelle 29: Cholera- und sonstige Epidemiesterblichkeit nach Landesvierteln 1866

Stadt	Sterberate (auf 100.000)	
Landesviertel	Cholera	Epidemien
Wien	512,1	20,2
VUWW	604,8	31,1
VOWW	115,3	41,9
VUMB	3041,2	122,3
VOMB	263,2	27,8

Quelle: K. k. statistische Central-Commission, Mittheilungen aus dem Gebiete der Statistik 15/3 (1868), 86–88; eigene Berechnungen

3.4 Wasserversorgung und Kanalisation

Charakteristischerweise wird die Verbreitung der Cholera durch unzureichende sanitäre Verhältnisse befördert, besonders durch mangelnden Zugang zu sauberem Trinkwasser. Das Vibrio cholerae, der bakterielle Krankheitserreger der Cholera, entwickelt sich bei feuchtwarmen Temperaturen bevorzugt in stehenden Gewässern oder Brackwasser. Der Erreger kann in rohen Nahrungsmitteln relativ lange überleben. Die Infektion des Menschen erfolgt immer über den Mund, sei es durch den Genuss infizierter Lebensmittel, die Berührung von verseuchten Gegenständen, vor allem aber durch den Genuss von Trinkwasser aus Wasserleitungen oder Brunnen, in denen die Erreger über die Ausscheidungen Infizierter, die nicht unbedingt immer erkranken müssen, gelangen.[34]

Für die Choleraverbreitung kam demnach der Bevölkerungsdichte besondere Bedeutung zu. Insofern erwies sich das rasche demographische Wachstum in Wien und Niederösterreich ab den 1820er-Jahren als durchaus problematisch. Besonders stießen die lokalen Ver- und Entsorgungssysteme zunehmend an ihre Grenzen, was ökologische Belastungen erhöhte. Noch um 1830 bezog die überwiegende Mehrheit der Bevölkerung im Erzherzogtum unter der Enns – in ländlichen Zonen fast ausschließlich – ihr Trinkwasser aus Hausbrunnen, manchmal auch aus Ortsbächen. Die Ergiebigkeit der Hausbrunnen nahm durch die Versiegelung städtischer Böden ab und das Brunnenwasser wurde durch nahe gelegene Senkgruben, deren Aufnahmefähigkeit durch das Bevölkerungswachstum nicht mehr ausreichte, häufig verunreinigt. Das Gleiche galt in noch höherem Maß für die Bäche, die auch durch Abwässer verschiedenster Art, auch aus Gewerbe und Industrie, zunehmend zu Kloaken ver-

34 Winkle, Geißeln der Menschheit, 153.

kamen. Besonders traf das natürlich auf Wien und die größeren Städte Niederösterreichs zu. Wie sehr selbst in Wien die Bevölkerung vom Trinkwasser der Hausbrunnen abhängig war, erhellen zeitgenössische Untersuchungen. Nach einer Erhebung des Wiener Stadtbauamtes bestanden in Wien um 1860 im damaligen Stadtgebiet rund 10.000 Brunnen, die vornehmlich für die Versorgung mit Trinkwasser genutzt wurden. Von einer ähnlichen Zahl ist für Stadt und Vorstädte auch in den Jahrzehnten zuvor auszugehen.[35] Um 1870 erbrachte eine Untersuchung von 400 Wiener Hausbrunnen, dass kein einziger Brunnen die erforderliche Trinkwasserqualität aufwies und besonders die Verbreitung des Typhuserregers dadurch begünstigt wurde.[36] Auch wenn dieser Befund aus dem vorbakteriologischen Zeitalter stammt, deutet das auf eine sehr bedenkliche Wasserqualität der Hausbrunnen hin. Dennoch waren viele Wiener Hausbesitzer von der Trinkwasserqualität ihrer Hausbrunnen überzeugt. Sie mussten in weiterer Folge vielfach zur Zuleitung des Hochquellenwassers aus der ersten Wiener Hochquellenwasserleitung geradezu gezwungen werden.[37]

Neben den Hausbrunnen stützte sich die Wiener Wasserversorgung bis in die 1830er-Jahre auf eine Reihe von Quellwasserleitungen, deren mit Abstand ergiebigste die 1804 fertiggestellte Albertinische Wasserleitung mit einer Kapazität von rund 4000 Hektoliter pro Tag war. Sie versorgte vor allem die Gewerbebezirke Mariahilf und Neubau. Daneben spielte auch die Siebenbrunner Hofwasserleitung, die vor allem die Hofburg und andere öffentliche Gebäude der Inneren Stadt, aber auch Teile Margaretens versorgte und etwa 2000 Hektoliter pro Tag lieferte, eine wichtige Rolle.[38] Die Wasserqualität dieser Wasserleitungen war vielfach so schlecht, dass die Bevölkerung Brunnenwasser bevorzugte.[39] Insgesamt betrug die Kapazität der älteren Quellwasserleitungen täglich 4500–5600 Hektoliter.[40] Von einer ausreichenden Wasserversorgung konnte nicht nur keine Rede sein, sondern das rasante Bevölkerungswachstum erhöhte Jahr für Jahr noch die Wassernot. Ein nicht unerheblicher Teil der Einwohner war sogar auf Wasser angewiesen, welches »Wassermänner« und »Wasserweiber« in Bottichen verkauften. Wohlhabende, die auf das öfter lauwarme und auch hygienisch nicht unbedenkliche Wasser verzichteten, bedienten sich ihrer Hausdienerschaft, um das benötigte Nass aus manchmal durchaus weit entfernten öffentlichen Bassins heranzuschaffen.[41]

35 Stadler, Wasserversorgung, 26; Meißl, Hochquellenleitungen, 158; Sandgruber, Ökonomie und Politik, 584.
36 Koblizek, Süssenbek, »Wasser in jedwedes Bürger Haus«, 50.
37 Meißl, Gebirgswasser, 198.
38 Donner, Dich zu erquicken, 13, 24, 32.
39 Koblizek, Lauwarm und trübe, 189 f.
40 Kortz, Wasserversorgung, 1.
41 Birkner, Die bedrohte Stadt, 103; Koblizek, Süssenbek, Trinkwasserversorgung, 221 f.

Tabelle 30: Bevölkerung pro km² nach politischen Bezirken 1830–1890 (heutiger Gebietsstand)

Bezirk	1830	1851	1869	1890
Wien	916,7	1328,7	2172,9	3449,1
Krems an der Donau (Stadt)	179,0	199,1	349,2	358,4
Sankt Pölten (Stadt)	78,7	85,6	133,3	176,8
Waidhofen an der Ybbs (Stadt)	57,5	63,4	60,5	65,9
Wiener Neustadt (Stadt)	152,9	211,0	338,2	410,7
Amstetten	44,3	44,9	49,3	54,3
Baden	48,6	60,5	75,7	100,4
Bruck an der Leitha	57,8	60,1	65,8	69,9
Gänserndorf	39,7	41,0	42,8	51,7
Gmünd	56,7	55,3	60,6	62,3
Hollabrunn	72,6	73,7	71,0	76,8
Horn	44,0	43,3	46,0	49,1
Korneuburg	56,6	57,2	67,6	77,3
Krems (Land)	57,5	58,9	61,3	62,2
Lilienfeld	16,9	19,5	22,7	25,3
Melk	47,6	48,2	55,5	59,0
Mistelbach	59,6	63,9	60,7	68,9
Mödling	68,6	81,2	104,4	159,8
Neunkirchen	31,4	36,2	48,3	58,8
Sankt Pölten (Land)	46,6	48,1	54,0	57,9
Scheibbs	26,6	27,4	29,3	30,5
Tulln	59,8	64,3	66,4	69,0
Waidhofen an der Thaya	53,8	57,0	59,9	59,7
Wiener Neustadt (Land)	34,7	39,9	47,6	52,6
Wien-Umgebung	54,6	56,6	79,1	107,5
Zwettl	39,8	40,0	43,1	44,2

Quelle: Österreichische Akademie der Wissenschaften, Historisches Ortslexikon, Wien, 2; Niederösterreich Tl. 1–4; Statistik Austria, Volkszählung 2001, Wohnbevölkerung nach Gemeinden; eigene Berechnungen

Die naheliegende Lösung für die Verbesserung der sanitären Situation bildete der Bau von größeren Wasserleitungen und Kanalisationsanlagen. Doch beides war kostspielig und die Bereitschaft, entsprechende Investitionen zu tätigen, gering. Doch die Cholera, welche das Leben von Reichen und Armen bedrohte, förderte ein gewisses Umdenken. Erwartungsgemäß stand dabei die Haupt- und Residenzstadt im Mittelpunkt. Der im Jahr 1836 in Angriff genommene Bau und die von 1841 bis 1846 erfolgte Inbetriebnahme der Kaiser-Ferdinands-Wasserleitung in Wien lösten das sanitäre Problem jedoch in keiner Weise. Die Wasserleitung nahm ihren Ausgang vom rechten Ufer des Donaukanals, aus dessen Grundwasserstrom das Wasser entnommen wurde. Schon ihre Kapazität erwies sich jedoch als unzulänglich.[42] Ursprünglich erfolgte die Verteilung über öffentliche Auslaufbrunnen, nach und nach wurde auch die Zuleitung in einzelne Häuser erlaubt. Doch rasch waren Kapazitätsgrenzen erreicht. Auch der Bau eines zusätzlichen Saugkanals und die Erweiterung des Rohrnetzes genügten nicht, um den ständig steigenden Wasserbedarf der Bevölkerung einigermaßen zu decken. Ab den 1850er-Jahren wurde zusätzlich durch Schotter filtriertes Donauwasser eingespeist. Obwohl die Förderung durch Erweiterung der Anlage im Jahr 1859 auf ca. 100.000 Hektoliter pro Tag gesteigert werden konnte, versorgte diese Wasserleitung zu Beginn der 1860er-Jahre lediglich nicht einmal 10 Prozent der Privathäuser im damaligen Stadtgebiet und 264 öffentliche Brunnen. Als größtes Problem erwies sich jedoch die Wasserqualität: War schon das Grundwasser des Donaukanals, welches in die Wasserleitung eingespeist wurde, nicht unbedenklich, wurde in weiterer Folge noch filtriertes Donauwasser hinzugefügt. Zudem kletterten die Wassertemperaturen im Sommer in den Rohrleitungen auf bis zu 20 Grad Celsius.[43] Flächendeckend versorgte die Ferdinands-Wasserleitung ohnehin nur die Bewohner des 6.–8. Bezirks, die Wasserversorgung großer Teile des 1. und 9. Bezirks und der Bezirke 2 und 3 beruhte weiterhin auf Hausbrunnen.[44]

Nicht viel besser stand es um das Wiener Kanalsystem. Dieses beruhte im Wesentlichen auf der Ableitung des Großteils der Exkremente und des Abfalls in die Ortsbäche und den Wienfluss. Daneben bestanden Senkgruben. Immerhin waren um 1830 in Stadt und Vorstädten 85 Prozent der Häuser an das Kanalisationssystem angeschlossen. Mittlerweile fielen 420 Tonnen menschlicher Exkremente täglich an, die entsorgt werden mussten, 1873 bereits doppelt so viele.[45] Im 18. Jahrhundert gab es in der ummauerten Stadt ein System von Kanälen, die in den Stadtgraben, dazu noch vier Sammelkanäle, die in den Donaukanal mündeten.[46] Doch schon unter Maria Theresia forderten Experten den Bau von Hauptkanälen, die die unzulängliche Kanalisation entlasten sollten. Das Projekt wurde jedoch immer wieder aufgeschoben. Angesichts der herannahenden Choleragefahr wurde aber dann doch noch knapp vor Ausbruch der ersten Choleraepidemie mit dem Bau von »Hauptunratskanälen« begonnen und schließlich bis 1842 ein Kanalisationsnetz über Stadt und Vorstädte gezogen. Zentraler Bestandteil war der »Hauptunratskanal« am rechten Wienflussufer,

42 Birkner, Die bedrohte Stadt, 103–116; Stadler, Wasserversorgung, 51.
43 Donner, Dich zu erquicken, 34–36.
44 Meißl, Hochquellenleitungen, 161.
45 Gierlinger [u. a.], Feeding and cleaning the city, 229, 234.
46 Meißl, Hochquellenleitungen, 158.

erbaut zwischen 1831 und 1834, und jener am linken Ufer, erbaut zwischen 1836 und 1839. Beide Kanäle wurden nicht von ungefähr auch als »Cholerakanäle« benannt. Diese Kanäle schlossen die Vorstädte mehr oder minder vollständig an das Kanalnetz an und bedienten sich des abgeleiteten Wassers des Wienflusses zur Spülung. Doch damit war das Entsorgungsproblem nicht wirklich gelöst. Eine besondere Schwachstelle des Entsorgungssystems stellte die Anbindung der nur etwa 60 cm breiten und 80 cm hohen Hauskanäle dar. Diese wurden lediglich durch Regenwasser gespült, liefen bei heftigen Regenfällen über und trockneten im Sommer aus. Zu allem Überdruss waren die aus Ziegel hergestellten »Fäkalableitungskanäle« häufig undicht, ebenso die in vielen Fällen aus Holz hergestellten »Abtrittsröhren« in den Häusern und Höfen, ganz zu schweigen von den zahlreichen nicht auszementierten oder undichten Senkgruben. Da sich die Abtritte in unmittelbarer Nähe der Hausbrunnen befanden, gelangte über die Ausscheidungen von Cholera-, Ruhr- oder Typhuskranken der Erreger in das Trinkwasser. Auch war das Fassungsvermögen selbst der Cholerakanäle begrenzt. Bei Hochwasser wurde das Abwasser der Kanäle, die in den rechten Donauarm mündeten, in das Kanalsystem zurückgepresst.[47] Erst in den 1860er-Jahren sorgten der Bau einer Kanalisation für das damalige Stadterweiterungsgebiet, die Einwölbung des Ottakringerbachs und des linken Cholerakanals für etwas größere Investitionen in das Kanalsystem.[48] Ab 1873 begann man auch, die Kanalrohre aus Beton zu fertigen und ab 1875 für die Kanalsohle Steinzeugklinker zu verwenden, was das Sickerproblem nach und nach entschärfte.[49] Das betraf jedoch nicht die unzementierten, überfüllten Senkgruben, deren Zahl in den 1870er-Jahren sogar noch zunahm.[50]

Eine entscheidende Wende in der Wiener »Assanierungsfrage« brachte der Beschluss und Bau der ersten Wiener Hochquellenwasserleitung in den Jahren 1869 bis 1873. Mit ihrer Inbetriebnahme trat eine rasche Verbesserung der sanitären Verhältnisse innerhalb des damaligen Stadtgebiets ein. Diese reine Gravitationswasserleitung, die Wasser von ausgezeichneter Qualität aus den Alpen nach Wien lieferte, versorgte über ein Reservoir am Rosenhügel und drei tiefer liegende, in der damaligen Vorortezone liegende Reservoirs auf der Schmelz, am Wienerberg und am Laaerberg schon nach wenigen Jahren zwei Drittel des alten Stadtgebietes. Es bedurfte dazu aber auch finanzieller Anreize für die Hausbesitzer und Zwangsmaßnahmen im Fall grober sanitärer Übelstände. Wasserkapazitätsengpässe bremsten zudem temporär den beschleunigten Ausbau des innerstädtischen Rohrnetzes. Erst Zukäufe von Quellgebieten im Höllental und Naßwald und entsprechende Verhand-

47 Weigl, Cholera, 15–17.
48 Kohl, Entwässerung, 195.
49 Meißl, Hochquellenleitungen, 168; Gierlinger [u. a.], Feeding and cleaning the city, 231.
50 Killion, Nightmare, 47.

lungen mit den dortigen Gemeinden schufen die Voraussetzung für ausreichende Trinkwasserzufuhr in die weiterhin rasch wachsende Großstadt. Immerhin, nach der Stadterweiterung von 1890 wurde um 1900 eine Anschlussquote von rund 85 Prozent erreicht.[51] Sie sorgte auch dafür, dass dem Kanalisationssystem nun genügend Wasser zur Durchspülung in der heißeren Jahreszeit zur Verfügung stand.

Um die Trinkwasserversorgung und die Kanalisation im übrigen Kronland Niederösterreich stand es prinzipiell nicht viel besser, doch war die Bevölkerungsdichte in den Städten und insbesondere in den kleineren Gemeinden wesentlich geringer. Dadurch hielt sich die Verschmutzung der Hausbrunnen und – falls vorhanden – alter hölzerner Rohrwasserleitungen in gewissen Grenzen. Die Verseuchung der Hausbrunnen nahm mit der erhöhten Bevölkerungsdichte aber auch in den niederösterreichischen Städten und auf dem flachen Land zu, was die Notwendigkeit zu Investitionen erhöhte. Einige Beispiele können das illustrieren. In Mödling bestand bis 1864 eine hölzerne Rohrleitung, die ein System von Teichen und Wasserentnahmestellen verband. Ab 1864 versorgte die mit gusseisernen Rohren versehene, neu errichtete »Kronprinz-Rudolf-Wasserleitung« den ältesten Teil des Stadtgebiets mit Wasser aus den Quellen des Prißnitztals. Angesichts des Stadtwachstums blieb die Trinkwasserversorgung jedoch völlig ungenügend, wie ein Gutachten aus dem Jahr 1894 feststellte. Erst der bis 1904 fertiggestellte Bau einer Wasserleitung, die Wasser aus Senkbrunnen in Moosbrunn zuleitete, verbesserte die Situation, doch sorgten Rohrbrüche für zahlreiche Störungen. Erst als 1926/27 ein Vertrag mit der Stadt Wien über die Zuleitung von Hochquellenwasser aus der Wiener Leitung geschlossen wurde, konnte die Wasserversorgung als zufriedenstellend bezeichnet werden.[52]

Auch in der Kurstadt Baden bei Wien war die sanitäre Lage nicht viel besser. Baden wurde bis etwa 1880 vor allem aus Hausbrunnen mit Wasser versorgt, welche nicht nur durch Senk- und Sickergruben, sondern auch durch Schwefelwasser belastet waren. 1833 wurde am Badener Hauptplatz ein Auslaufbrunnen geschaffen, der von einer wenig ergiebigen Quelle gespeist wurde. 1881 wurde mit der Gemeinde Wien ein Vertrag geschlossen, der eine Teilversorgung aus der Ersten Wiener Hochquellenwasserleitung erlauben sollte. Die »Abzweigung« versorgte zehn öffentliche Brunnen, aber an eine Einleitung in die Häuser war nicht zu denken.[53] Erst nach der Jahrhundertwende sorgte der Bau einer Wasserleitung aus einem Tiefbrunnen in Ebenfurth dafür, dass die Grundversorgung auf Basis von Hausbrunnen aufgegeben werden konnte.[54]

Aber nicht nur im Gebiet südlich von Wien gab es Wassernöte. In der Stadt Retz im wasserarmen Weinviertel zwang die Knappheit an Wasser im Jahr 1885 zur Erneue-

51 Grünberg, Assanierung, 170; Meißl, Hochquellenleitungen, 163–166.
52 Stadler, Das industrielle Erbe, 484.
53 Baden bei Wien, Geschichte des Wasserwerks.
54 Maurer, Baden; Hofer, Wasserleitung und Kanalisierung.

rung der alten hölzernen Wasserleitung. Die mit gusseisernen Rohren ausgestattete, nur 1,5 km lange Leitung hatte einen Wasserauslauf am Hauptplatz, der Auftrieb war jedoch viel zu gering, um Häuseranschlüsse vorzusehen. Schon 1908 trat erneut große Wasserknappheit auf.[55] Die Trinkwasserversorgung blieb auch in anderen Städten bis zur Jahrhundertwende prekär. In St. Pölten waren noch um 1900 die Brunnen mit Wasser ungenügender Qualität versehen, in Krems war die Versorgung mit Trinkwasser aus dem Alauntal bis Ende des 19. Jahrhunderts nicht viel besser.[56] Zentrale Trinkwasserleitungen, die mehr oder minder das gesamte Stadtgebiet versorgten, wurden in der Regel erst nach 1900, häufig erst in der Zwischenkriegszeit und teilweise sogar erst in der Zweiten Republik errichtet. Immerhin, in zahlreichen ländlichen Gemeinden, in denen der Finanzierungsaufwand geringer war, weil die Zuleitung aus nahe gelegenen Quellen erfolgte, sorgten staatliche Baukostenzuschüsse seit den 1890er-Jahren für einen diesbezüglichen Bauboom. Es muss allerdings betont werden, dass mit dem Bau dieser Trinkwasserleitungen nicht unbedingt immer Quellwasser hoher Qualität zugeleitet wurde.

Tabelle 31: Trinkwasserleitungen in niederösterreichischen Städten ca. 1850–1970

Stadt	Wasserleitungsbauten vor 1914	Zentrale Wasserleitungen	Kommentar
Allensteig	Keine	1939/40	vom Truppenübungsplatz
Amstetten	1900	1928/29	Tiefbohrbrunnen und elektrisches Pumpwerk
Baden	1833, 1888	1901–1903	1881: Anschluss an 1. Wiener Hochquellenwasserleitung
Bad Vöslau	Keine	1932	Wasserleitung für die Triestingtaler und Südbahngemeinden
Berndorf	1908/09	1908/09	Wasserleitung in den Niederfeldgründen
Bruck an der Leitha	1904	1904	
Deutsch-Wagram	Keine	1938	
Drosendorf-Zissersdorf	ältere Wasserleitungen	1932/33	
Dürnstein	1904	1904	1638: Wasserleitung aus dem Pfaffental für das Chorherrenstift
Ebenfurth	Keine	1963	
Eggenburg	1907	1907	Seit dem 13. Jahrhundert Wasser aus der Urtlbachquelle
Gänserndorf	Keine	1957/66	
Geras	1907	1907	

55 Resch, Retzer Heimatbuch Bd. 2, 471–473.

56 Österreichische Akademie der Wissenschaften, Städte Niederösterreichs. Tl. 2, 165; Tl. 3, 53.

Stadt	Wasserleitungsbauten vor 1914	Zentrale Wasserleitungen	Kommentar
Gloggnitz	1900	1900	Hochquellenwasserleitung
Gmünd	1908	1908	
Groß-Enzersdorf	Keine	1930, 1984	1930: für innerstädtischen Bereich
Groß-Gerungs	1903	1903	
Groß-Siegharts	1897/1902	1960	1897–1902: kleine private Wasserleitung
Haag	1880	1880	Erweiterung 1901
Hainburg an der Donau	1804/1887	1804, 1887	aus dem Brunnenstubental, 1887/88 aus dem Teichtal
Hainfeld	1902	1902	
Hardegg	Keine	1974	1959: Privatwasserleitung
Heidenreichstein	Keine	1939	
Herzogenburg	Keine	1954, 1963	
Hollabrunn	1913/14	1913/14	erweitert 1963
Horn	1882, 1904	1882, 1904	erweitert 1925/26, 1966, 1970
Klosterneuburg	1313	1927	1313: stiftliche Wasserleitung
Korneuburg	Keine	1951, 1955	
Krems/Stein	1521	1521	1898: Eröffnung eines Pumpwerkes, 1924/25 Umgestaltung
Laa an der Thaya	1885/86	1970	1970: Anschluss an eine Ringwasserleitung
Langenlois	1908	1908	
Lilienfeld	1901	1901	
Litschau	1843	1926, 1961	
Maissau	1901	1961	1901: Wasserleitung vom Kaiserbrunnen
Marchegg	aus Breitensee	1954	
Mautern	1909/10	1909/10	
Melk	1469, 1906/1910	1469, 1906–1910	stiftseigene Wasserleitungen 1906–1910: Ortswasserleitung
Mistelbach	1892	1892	
Mödling	1864, 1904	1864, 1904	Wasserleitung aus dem Prießnitztal, Hauptwasserleitung aus Moosbrunn, ab 1926/27 auch aus 1. Wiener Hochquellenwasserleitung
Neunkirchen	1895	1895	aus 1. Wiener Hochquellenwasserleitung
Pöchlarn	Keine	1959–1961	
Poysdorf	Keine	1960–1966	1683/84: kleine Wasserleitung der Kapuziner
Pulkau	?	1969/70	
Purkersdorf	Keine	Keine	
Raabs an der Thaya	Keine	1952	
Retz	1885	1928/29	

Stadt	Wasserleitungs-bauten vor 1914	Zentrale Wasser-leitungen	Kommentar
St. Pölten	Keine	1927	Grundwasserleitung
St. Valentin	Keine	ca. 1940	
Scheibbs	1898	1948	1948: Anschluss an 2. Wiener Hochquellen-wasserleitung
Schrattenthal	Keine	1970	ab 19. Jh. Wasserleitung in das Schloss
Schrems	1848, 1911	1954, 1978	ab 1848 Wasserleitung in Holzrohren zum Hauptplatz
Schwechat	1892	1928	1928: Anschluss an Wiener Hochquellenwas-serleitung
Stockerau	Keine	1927	
Ternitz	Keine	1939	in Rohrbach Wasserentnahme aus 1. Wiener Hochquellenwasserleitung
Traiskirchen	Keine	1931	
Traismauer	?	1969–1979	1969–1979: Ausbau der Wasserleitung
Tulln	Keine	1962–1966	
Waidhofen an der Thaya	1896/97	1896/97	1817–1819: Holzrohrleitung
Waidhofen an der Ybbs	ca. 1850	ca 1850	1894–1900 neu errichtet
Weitra	1853, 1886, 1896	1955–1960	Wasserleitung aus Nebelsteingebiet
Wiener Neustadt	1909	1909	Tiefquellenwasserleitung
Wieselburg an der Erlauf	Keine	1928/29	
Wilhelmsburg	1908	1954	Göblasbrucker Wasserleitung
Wolkersdorf	Keine	1959/60	
Ybbs an der Donau	1879	1914	
Zistersdorf	1611/12	1945, 1966	1611/12: Wasserleitung vom Föhrenwald
Zwettl	vor 1850	1908	1892: Kaiser-Franz-Josef-Wasserleitung im Viehgraben, 1963–1967: Wasserversorgungs-anlage Kamptal-Waldbrücke

Quelle: Österreichische Akademie der Wissenschaften, Die Städte Niederösterreichs. Tl. 1–3, Wien 1976–1988

Im Kronland Niederösterreich mit Ausnahme von Wien fand also in den 1870er- und 1880er-Jahren keine »sanitary revolution« statt, dazu waren die infrastrukturellen Verbesserungen im Bereich der Ver- und Entsorgung noch zu bescheiden. Dass auch in Wien noch keineswegs von einer Vollversorgung mit hochqualitativem (Trink-) Wasser die Rede sein konnte, vermittelt ein Bericht aus dem Jahr 1895. Demnach betrug der durchschnittliche Pro-Kopf-Verbrauch in Häusern, in denen das Hochquellenwasser in die Wohnungen eingeleitet worden war, 20 bis 25 Liter, dort, wo es pro Stockwerk zur Verfügung stand, 15 bis 17 Liter und in Häusern, in denen es nur zu ebener Erde Ausläufe gab, etwa 12 Liter.[57] Vom sanitären Standpunkt bedenklich war auch die Tatsache, dass in nicht wenigen Häusern zu wenige Toiletten für die Bewohner zur Verfügung standen und auch bei Neubauten in den 1870er-Jahren diesem Aspekt wenig Beachtung geschenkt wurde.[58]

3.5 Regionale Seuchenmuster

Nach dem Ausbruch der ersten Choleraepidemie war die Beunruhigung besonders in den bürgerlichen Schichten groß, denn nicht Einkommen und Vermögen und der damit verbundene Ernährungszustand entschieden bei den ersten Choleraepidemien, welche Bevölkerungsschichten von der Seuche besonders betroffen waren, sondern naturräumliche Faktoren – die Lage der Wohn- und Arbeitsstätten an Gewässern und Handelswegen – und die Qualität der Trinkwasserversorgung. In Wien bestanden bei den Choleraepidemien der 1830er-Jahre deutlich Mortalitätsunterschiede zwischen jenem Teil der Bevölkerung, der in niedrig gelegenen donau- oder wienflussnahen exponierten Vierteln lebte, die häufig Überschwemmungen ausgesetzt waren, und höher gelegenen Teilen der Stadt sowie in Stadtvierteln, die sich abseits der verschmutzten Ortsbäche befanden. Erst bei den folgenden Epidemien trat langsam eine stärkere Konzentration der Choleramortalität auf die städtischen Elendsviertel auf. Der Einfluss der Fluss- und Kanalnähe blieb aber bestehen. So traten während der Epidemie von 1854/55 eben in der Zone der Vorstädte Wieden und Margareten, die am Wienfluss lagen, gehäuft Cholerasterbefälle auf. Aber selbst in der überwiegend von wohlhabender Bevölkerung bewohnten Inneren Stadt bedeutete eine Wohnlage in Nähe des Donaukanals ein erhöhtes Sterblichkeitsrisiko.[59]

Morbidität und Mortalität der Epidemie von 1831/32 zeigten in Wien ein besonders ungewöhnliches Bild. Während Beamte, Honoratioren und bürgerliche Gewerbetreibende hohe Sterberaten aufwiesen, fanden sich bei Gesellen, Dienstboten und Fabrikarbeitern unterdurchschnittliche Werte. Auch bei der zweiten, darauffolgenden Epidemie im Sommer 1832 änderte sich daran wenig. Selbst bei der Choleraepidemie des Jahres 1855 bestand kein ausgeprägter linearer Zusammenhang zwischen der Choleramortalität und der stadträumlichen Sozialstruktur. Die entsprechenden Korrelationskoeffizienten belegen lediglich einen nennenswerten negativen Zusammenhang zwischen dem Anteil der »Fabrikanten und Gewerbsleute« an der einheimischen Bevölkerung und der Choleramortalität in Stadt und Vorstädten, hingegen

57 Drenning, Die I. Wiener Hochquellenwasserleitung, 20.

58 Killion, Nightmare, 57–59.

59 Wiener Stadt- und Landesarchiv (WStLA), Kartographische Sammlung, Pläne und Karten: Sammelbestand, P1: 1127 (Häuser, in denen Menschen an Cholera verstarben).

keinen solchen Zusammenhang mit dem Anteil der Beamten, Taglöhner oder Haus- und Rentenbesitzer oder aber auch dem Migrantenanteil.[60] Offensichtlich konnten überraschend auftretende neue Seuchen die Relationen sozialer Ungleichheit vor dem Tod temporär deutlich verschieben.

Ganz ähnlich sah die Situation in Niederösterreich aus. Zwar wies ein zeitgenössischer Bericht auf eine überproportionale Betroffenheit ärmerer städtischer und ländlicher Bevölkerungsschichten hin, doch bestand diese keineswegs durchgängig. Anlässlich des Ausbruchs der Seuche 1831/32 konstatierte der niederösterreichische Regierungsrat und Sanitätsreferent Joseph Johann Knolz (1791–1862), Professor für Pathologie und Pharmakologie an der Wiener Universität[61], mit einer gewissen Verwunderung:

> In einigen Ortschaften ergaben sich jedoch in Beziehung dieser Gefährlichkeit auffallende Ausnahmen; während nämlich besser lebende, vermögliche, gut gepflegte Menschen als schnelles Opfer der Krankheit fielen, widerstanden arme, aller Pflege entbehrende, schwächliche und entkräftete Personen den heftigsten Anfällen.[62]

Zu diesem Befund passt eine Beobachtung zu den Todesopfern der Choleraepidemie in Zistersdorf im Jahr 1855, nach der fast keine Familie, ob reich oder arm, verschont blieb.[63]

Im Allgemeinen überwog auf dem flachen Land der Einfluss der geographischen Lage. Most- und Waldviertel blieben bei allen Choleraepidemien weitgehend verschont. Noch deutlicher fiel der Lagefaktor im Jahr 1873 aus. Die Choleraepidemie während der Weltausstellung 1873 betraf vor allem Wien.[64] In Niederösterreich divergierte die Betroffenheit regional in sehr hohem Maß. Dies geht etwa aus einem Bericht der Bezirkshauptmannschaft Hollabrunn vom 3. September 1873 hervor, in dem über die Fälle von Choleraerkrankungen im Sanitätsbezirk Oberhollabrunn im Vormonat berichtet wird. Nach diesem Bericht traten nur ein bis zwei Fälle in Enzersdorf im Thale, Oberhollabrunn, Weierburg, Dietersdorf und Zellendorf auf. In Altenmarkt im Tale waren es hingegen vier. Hauptbetroffen war jedoch Schöngrabern, eine Gemeinde, die im Jahr 1869 laut Volkszählung 805 Einwohner zählte[65]:

60 Weigl, Demographischer Wandel, 174.
61 Zu Knolz vgl. Wurzbach, Biographisches Lexikon 11, 168f.
62 Knolz, Darstellung der Brechruhr-Epidemie, 168.
63 Schmid, Choleraepidemien, 31.
64 Krebs, Verbreitung der Cholera, 28.
65 Österreichische Akademie der Wissenschaften, Historisches Ortslexikon, Niederösterreich Tl. 2, 5.

> In der Gemeinde Schöngrabern sind im Verlaufe des Monats August 11 Erkrankungen in Behause [?] vorgekommen u. zwar in 3 Häusern sechs Personen starben u. zwar 3 männliche 3 weibliche im Alter von 27–66 Jahren. Die Krankheit wurde durch eine Dienstmagd, welche aus Wien gekommen war, eingeschleppt.[66]

Aus dem Bericht geht also klar hervor, wie sehr durch Übertragung von Mensch zu Mensch punktuell Choleraherde entstehen konnten, und das mit beträchtlicher Letalität. In Schöngrabern starben letztlich im August 1873 insgesamt acht von 13 Erkrankten, in Altenmarkt zwei von vier.[67] Zum Vergleich: Während der Wiener Choleraepidemie von 1873 betrug die Letalität bei den in Spitälern Versorgten – jene der in Privathäusern Erkrankten wurde nicht voll erfasst – durchaus vergleichbare 55 Prozent.[68]

Vor dem Aufstieg der Bakteriologie verfügten Mediziner und Sanitätsbehörden über kein gesichertes Wissen, was die Übertragungswege von Cholera, Typhus, Ruhr oder Pocken anlangt. Anhänger der »Contagiösität« und der »Miasmentheorie« standen sich antagonistisch gegenüber. Angesichts der fehlenden Wirkung von Quarantänemaßnahmen verschaffte die Cholera der sogenannten Miasmenlehre einigen Einfluss. Nach der von dem prominenten Münchner Hygieniker Max von Pettenkofer (1818–1901) in den 1860er-Jahren entwickelten Theorie verbreitete sich die Cholera vornehmlich durch eine oberhalb des Grundwassers gelegene Schicht, die ein durch Bodenverseuchung entstehendes Miasma an die Luft abgibt. Obwohl Pettenkofer damit natürlich falsch lag, wiesen der von ihm propagierte Bau zentraler Wasserleitungen und seine Betonung der privaten Hygiene in gewisser Weise in die richtige Richtung. Nicht zu Unrecht wurde daher die Cholera als »große Lehrmeisterin« der wissenschaftlichen Hygiene bezeichnet.[69]

Allerdings sorgte die Betonung der angeblich verursachenden Bodendämpfe dafür, dass der Qualität des zugeleiteten Trinkwassers nicht allzu große Aufmerksamkeit zugewandt wurde – mit fatalen Konsequenzen. Die ausbleibenden Erfolge der sanitären Maßnahmen der Zeit von ca. 1830 bis 1870 eröffneten jedoch auch »Contagionisten« die Chance, bestimmte Maßnahmen durchsetzen zu können. Die Wiener Gesundheitsbehörden setzten ab den 1860er-Jahren verstärkt auf chemische Desinfektionsmittel. Seit der Epidemie von 1866 und bereits im Vorfeld der großen Choleraepidemie des Jahres 1873 forcierten sie die Desinfektion öffentlicher WC-Anlagen und Kanäle mit roher Karbolsäure, schwefelsaurem Kalk und Eisenvitriol.[70]

---

66 NÖLA, NÖ Statth., I-Akten, K 2091a, Fasz. 3/1873, ad 229, Zl.26.555; Zl.26.597.

67 NÖLA, NÖ Statth., I-Akten, K 2091a, Fasz. 3/1873, ad 229, Zl.26.597.

68 Jahresbericht des Stadtfysikates 1873, 64.

69 Witzler, Großstadt, 42.

70 Payer, Stadthygiene, 18f.

Dank dieser etwa in der Inneren Stadt ziemlich lückenlos durchgeführten Maßnahme blieb die Wirkung der letzten schweren Choleraepidemie in Wien deutlich hinter der in anderen Teilen der Monarchie, nicht jedoch im Vergleich zum übrigen Niederösterreich, zurück. Sie konzentrierte sich innerhalb der Stadt – anders als bei den früheren Epidemien – vor allem auf sanitär bedenkliche Elendsviertel.[71] Vor dem Aufstieg der Bakteriologie in den 1880er-Jahren blieb der Choleraerreger und damit auch der Mechanismus der infektiösen Übertragung aber weiterhin unbekannt. Die Unsicherheit bei der Cholerabekämpfung und die Wirkmächtigkeit der Miasmentheorie äußerten sich unter anderem darin, dass noch bei der Wiener Epidemie von 1873 ein Fragebogen zur Erhebung von Cholerafällen zum Einsatz kam, in dem die Beschaffenheit und der Feuchtigkeitsgehalt des Bodens in den betroffenen Häusern und Stadtvierteln erfragt wurden.[72]

Auch das Problembewusstsein für die Bedeutung von sanitären Investitionen unter den städtischen Eliten war keineswegs flächendeckend vorhanden. Nach einer vor 1900 durchgeführten privaten Erhebung fand die Bedeutung der Ver- und Entsorgung bei zwei Dritteln der Stadtregierungen Nieder- und Oberösterreichs unter Ausschluss von Wien eine »gleichgültige«, bei 20 Prozent sogar eine eindeutig ablehnende Bewertung.[73] Eine diesbezügliche Ausnahme bildete ab den 1860er-Jahren Wien. Aber auch in der Haupt- und Residenzstadt verlief die Entscheidungsfindung keineswegs glatt und reibungslos. Der Bau einer großen Trinkwasserleitung wurde ab 1862 im Gemeinderat heftig diskutiert. Dem Geologen und Politiker Eduard Suess (1831–1914) und dem späteren Bürgermeister Cajetan Felder (1814–1894) gelang es schließlich, im Gemeinderat eine Mehrheit von der Notwendigkeit des Baus zu überzeugen.[74] Kein Geringerer als Bürgermeister Andreas Zelinka (1802–1868) hatte sich heftig gegen den Beschluss des Großprojekts gewehrt. »Den Rahmen des Gewöhnlichen übersteigenden Projekten von Haus aus abgeneigt, erschien ihm die Herleitung von Quellen aus einer Entfernung von dreizehn Meilen, während gleichzeitig die unerschöpfliche Donau neben der Stadt vorüberfließt, als eine Geistesverirrung«, wie Felder in seinen Lebenserinnerungen schildert.[75]

Entscheidend für die außergewöhnliche Hebung der Wiener Trinkwasserqualität war jedoch nicht der bloße Bau einer großen, für die Versorgung quantitativ ausreichenden Wasserleitung, sondern die Herleitung von Hochquellenwasser aus dem Rax-Schneeberg-Schneealpenmassiv von höchster Qualität. Eine unmittelbare

71 Gemeinde-Verwaltung Wien 1871–1873, 534.

72 Amtsbericht des Stadtfysikates über die Choleraepidemie 1873, Fragebogen Punkt XIV.

73 Rella, Assanirung der Städte, 11.

74 Vgl. WStLA, Gemeinderat, B6/1: Protokoll der 490. Sitzung des Gemeinderathes der k. k. Reichshaupt- und Residenzstadt Wien, 19.6.1866.

75 Felder, Erinnerungen, 318.

Folge der Inbetriebnahme der Hochquellenwasserleitung war das völlige Ausbleiben schwerer Choleraepidemien nach 1873. Schon Mitte der 1880er-Jahre hatte die Cholera ihren Schrecken bereits derart verloren, dass man sich in Karikaturen über die Choleraangst auf Reisen lustig machte.[76]

Aber auch Niederösterreich erlebte nach 1873 keine schwere Choleraepidemie mehr, und dafür konnte die bessere Versorgung mit Trinkwasser wie gezeigt kaum verantwortlich sein. Insgesamt verbesserte sich aber wohl die Seuchenprävention, ab den 1880er-Jahren auch gestützt auf bakteriologische Erkenntnisse. Schon seit September 1871 wurden in Wien die Aborte wöchentlich mit Eisensulfat desinfiziert, ab 1873 auch Kanäle.[77] Im Jahr 1884 wurde für alle Kronländer ein Choleraregulativ ausgearbeitet und wenig später erlassen, das unter anderem im Fall des Ausbruchs einer Epidemie die Desinfektion mit einer 5-prozentigen Karbollösung, die Auskalkung infizierter Wohnungen und die Reinigung der Toiletten mit roher Karbolsäure vorsah.[78] In Wien war schon 1882 die Prophylaxe beim Auftreten von Typhus, Dysenterie und Cholera normiert und dabei verpflichtend festgelegt worden, dass Familien, in denen derartige Krankheitsfälle auftraten, die Benützung gesonderter Aborte zuzuweisen und die Hausaborte täglich von Amtswegen unter Aufsicht von Sanitätsaufsehern zu desinfizieren seien.[79] Ob dies immer strikt eingehalten wurde, ist zu bezweifeln. Immerhin trugen diese Maßnahmen vermutlich doch dazu bei, dass eine kleinere Choleraepidemie im Jahr 1886 in Wien kaum mehr Opfer forderte, hingegen im übrigen Kronland die Opferzahlen nicht ganz vernachlässigbar waren.[80] Die Zahl der Choleratoten betrug im Zeitraum von 1875 bis 1890 im übrigen Kronland Niederösterreich insgesamt immerhin noch 200, im Vergleich dazu in Wien lediglich 2.[81] Eines besseren Beweises des Erfolgs der Wiener Assanierungsmaßnahmen bedurfte es wohl kaum.

Neben der Cholera wurde der Einfluss der Trinkwasserversorgung auf das Seuchengeschehen auch beim Typhus besonders deutlich. Unter dem Begriff »Typhus« wurden bis 1880 eigentlich zwei Krankheiten, die ähnliche Krankheitssymptome aufweisen, nämlich Typhus und Fleckfieber (Flecktyphus), verstanden und statistisch erfasst. Fleckfieber, eine von Läusen übertragene Krankheit, trat in Summe wesentlich seltener auf als die in regelmäßigen Abständen zu beobachtenden Typhusepidemien, die auch endemischen Charakter annehmen konnten. Typhus wird ähn-

76 Weigl, Cholera, 20.

77 Killion, Nightmare, 104.

78 Cholera-Instruction verfaßt über Veranlassung des k. k. Ministeriums des Innern durch den obersten Sanitätsrath (Ministerial-Erlaß v. 5.8.1886 Zl.14067).

79 Kammerer, Bilanz, 6.

80 Lesky, Wiener medizinische Schule, 292.

81 Eigene Berechnungen nach K. k. Statistische Zentralkommission, Österreichisches Statistisches Handbuch 1877–1892; Grünberg, Assanierung, 178.

lich wie die Cholera in der Regel von infizierten Menschen auch noch lange nach ihrer Genesung durch Ausscheidung von Krankheitserregern über den Stuhl mittels des Bakteriums Salmonella enterica übertragen, das auf diesem Weg ins Wasser und damit auch in Lebensmittel gelangt. Seine Verbreitung begünstigt also vor allem infiltriertes Trinkwasser. Daneben spielen unhygienische Wohnverhältnisse und der Konsum verseuchter Nahrungsmittel bei der Übertragung eine Rolle.[82] Typhus grassierte daher im 19. Jahrhundert besonders in städtischen Elendsvierteln, war aber auch in ländlichen Zonen weitverbreitet. So vermeldeten die Sanitätsbehörden beispielsweise im Jahr 1867 Typhusfälle aus Brunn am Gebirge und Fischau, 1871 aus Stockerau.[83]

Große Typhusepidemien erlebte Wien Mitte der 1850er- und Anfang der 1870er-Jahre, in einer Phase, in der auch deutsche Großstädte besonders hohe Typhusmortalitätsraten aufwiesen.[84] Eine besonders schwere Epidemie brach 1871 aus. Verursacht wurde sie vermutlich durch Überschwemmungen der Donau im Februar, durch die stromnahe Teile des 2., 3. und 9. Bezirks überflutet wurden, was zur Verseuchung von Brunnen beitrug. Generell zeigte sich ein Zusammenhang zwischen den Typhussterbefällen und dem Wasserstand der Donau.[85]

Die Inbetriebnahme der ersten Wiener Hochquellenwasserleitung hatte einen unmittelbar nachweisbaren Effekt auf die Typhussterblichkeit. Die Sterblichkeit fiel von 120 auf 100.000 Einwohner im Jahr 1869 auf 21 im Jahr 1880 und schließlich auf 4 im Jahr 1890 drastisch.[86] Die Typhussterblichkeit war allerdings bereits in den 1860er-Jahren rückläufig gewesen. Im Durchschnitt der 1840er-Jahre betrug die Sterblichkeit auf 100.000 Einwohner 289, der 1850er-Jahre 221 und der 1860er-Jahre 112.[87] Dennoch kann am sterblichkeitssenkenden Einfluss der Hochquellenwasserleitung kein Zweifel bestehen. Ein ähnlich eindeutiger Effekt zeigte sich im niederösterreichischen Gloggnitz etwa 25 Jahre später. Die Herstellung einer Leitung aus zwei Quellen am Hartberg sorgte für das fast gänzliche Verschwinden des zuvor dort endemischen Typhus.[88] Die Inbetriebnahme der ersten Wiener

---

82 Winkle, Geißeln der Menschheit, 340; Levine, Sztein, Pasetti, Salmonella enterica, 12.

83 NÖLA, NÖ Statth, I-Akten, K 2077, Fasz. 1/1867, PN 6.810; K 2087, Fasz. 5/1871, ad 65, PN 9.401, Bericht vom 04.04.1871.

84 Grünberg, Assanierung, 176.

85 Jahresbericht Stadtfysikat 1871, 167.

86 Weigl, Demographischer Wandel, 188.

87 Eigene Berechnungen nach Sedlaczek/Löwy, Wien, 12–15; Tafeln zur Statistik der Oesterreichischen Monarchie 1–21, NF 1–2 (1828–1854); Statistik der Stadt Wien 1857, Heft 1, 120f., 142f.; Heft 2, 108f., 130f.; Wiener Kommunal-Kalender und städtisches Jahrbuch 2 (1864), 227; 3 (1865), 191; 4 (1866), 168; 5 (1867), 188; 6 (1868), 237; Gemeinde Verwaltung 1867–1870, 31; 1871–1873, 43; Statistisches Jahrbuch Wien 1883–1890; Weigl, Demographischer Wandel, 364–366.

88 Netolitzky, Landes-Sanitäts-Bericht 1898–1900, 180.

Hochquellenwasserleitung und ähnlicher Quellwasserleitungen erwies sich für den Rückgang der Typhussterblichkeit also als wichtiger, wenngleich keineswegs allein ausschlaggebender Faktor.

Graphik 7: Typhussterberate in Wien und Niederösterreich auf 100.000 der Bevölkerung 1876–1890

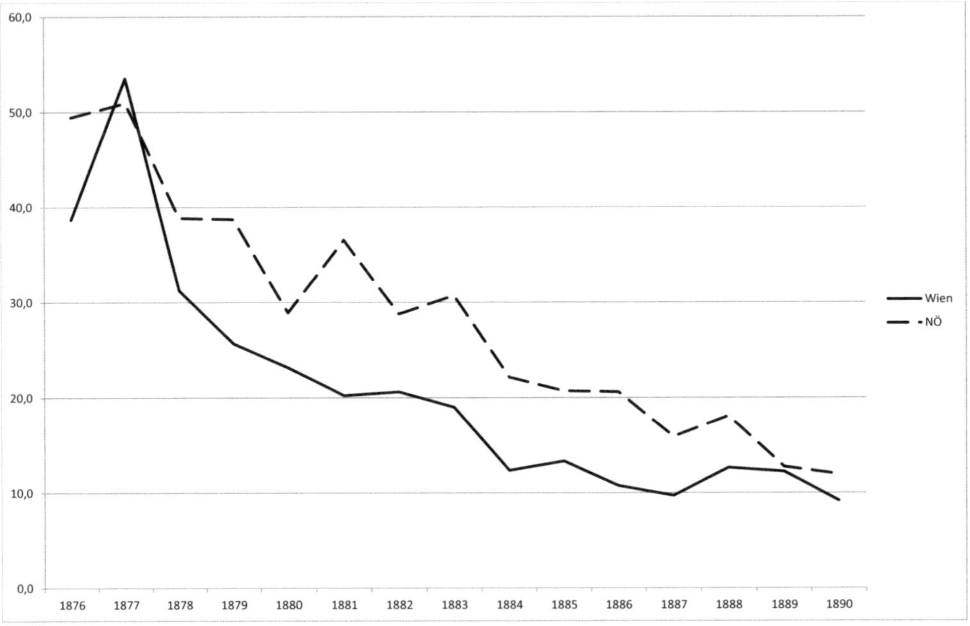

Quelle: Die Gemeinde-Verwaltung der Stadt Wien 1874–1882; Statistisches Jahrbuch Wien 1883–1890; K. k. Statistische Zentralkommission, Österreichisches Statistisches Handbuch 1877–1892; Weigl, Demographischer Wandel, 55; eigene Berechnungen

Dass die sanitären Maßnahmen der 1870er-Jahre nicht überbewertet werden dürfen, zeigt ein Vergleich der Typhussterblichkeit in Wien und Niederösterreich in diesem Jahrzehnt. Zwar sank die Typhussterblichkeit in Wien nach 1873 deutlich unter den niederösterreichischen Wert, doch näherten sich in den 1880er-Jahren die beiden Raten bei stark sinkender Tendenz auf niedrigem Niveau wieder an. Insgesamt nahm jedoch die Bedrohung durch Epidemien erheblich ab und damit verlor die geographische Lage für das Sterblichkeitsmuster ebenfalls an Bedeutung. Es kam zu einer substanziellen Reduzierung der relativen regionalen Streuung der Sterblichkeit. Der Variationskoeffizient der Sterberaten nach politischen Bezirken sank allein von 1869 bis zu Beginn der 1880er-Jahre um rund 25 bis 30 Prozent, und zwar sowohl mit als auch ohne Berücksichtigung Wiens in seinen damaligen Stadtgrenzen.[89]

Die Wirkung der schweren Cholera-, Typhus- und Blatternepidemien auf das Hygienebewusstsein der Ober- und der bürgerlichen Mittelschicht begann sich seit den 1860er- und 1870er-Jahren in einer verschärften sozialen Ungleichheit vor dem Tod auch bei der Mortalität epidemischer Infektionskrankheiten bemerkbar zu machen. Bei den Epidemien von 1866 und 1873 starben in Wien an der Cholera zunehmend nur noch Personen aus unterprivilegierten Schichten, die in Stadtteilen mit schlechter Trinkwasserversorgung und Abwasserbeseitigung unter häufig katastrophalen hygienischen Bedingungen leben mussten. Tatsächlich forderte die letzte große Choleraepidemie in Wien im Jahr 1873 beispielsweise in der Inneren Stadt mit einer überwiegend ökonomisch besser gestellten Bevölkerung nur noch ganz wenige Todesopfer.[90] Insofern spiegelt der Verlauf der Cholerasterblichkeit zeitlich stark variierende biologische Wohlstandsniveaus in der Epoche der Frühindustrialisierung. Im zweiten Drittel des 19. Jahrhunderts verbreitete sich die Seuche in Europa durch die rasant gestiegene weltwirtschaftliche Verflechtung und die voranschreitende Urbanisierung und das generelle Bevölkerungswachstum. Dieses setzte die Ver- und Entsorgungssysteme in Stadt und Land unter Druck. Die sanitären Missstände im Vormärz und den folgenden Jahrzehnten sorgten dafür, dass viele Bevölkerungsschichten vom Seuchengeschehen betroffen waren. Lediglich manche Einwohner peripherer Zonen blieben verschont. Nicht zuletzt auf Grund ihrer Bedrohung wurde die Cholera die Triebfeder der ersten sanitären Reformen, in deren Folge sie immer ausschließlicher die sozial Schwächsten traf, ehe sie durch eine technologische Revolution, die der Bakteriologie, letztlich aus dem Krankheitsspektrum der Industrieländer fast völlig verschwand.

Relativ unklar bleibt bei dieser Betrachtung der Einfluss der Realeinkommensentwicklung und damit der Ernährung. Während bei der Cholera und wohl auch beim Typhus der Ernährungszustand der Erkrankten für das Überleben eine Rolle spielt, ist der Zusammenhang beim Fleckfieber und den Pocken nicht vorhanden.[91] Typhus galt schon vor dem industriellen Zeitalter vor allem als Krankheit der Unterschichten. Wenn nun die Verbesserung der Trinkwasserversorgung und der Kanalisation in den 1850er- und 1860er-Jahren keinen Einfluss auf den Rückgang der Typhussterblichkeit gehabt haben kann, deutet das auf eine gewisse Verbesserung der Ernährungsverhältnisse in Wien und Niederösterreich bereits in den Gründerzeitjahren, denn gut ernährte Typhuskranke hatten bessere Überlebenschancen. Diese Annahme ist insofern nicht ganz unplausibel, als die Realeinkommen im Zeitraum

89 Vgl. dazu Tabelle 19.

90 Drasche, Darstellung der Cholera-Epidemie, Tabelle VIII.

91 Livi-Bacci, Population and nutrition, 38.

von 1867 bis 1873 im industriell-gewerblichen Bereich beträchtlich anstiegen, während die ländliche Bevölkerung unter anderem von der »Wunderernte« 1867 – die zwar primär in Ungarn eingebracht wurde – und den nachfolgenden sehr guten Ernten profitierte. Getreidepreise und Grundpreise stiegen, was die Konsumkraft der ländlichen Bevölkerung recht deutlich erhöht haben dürfte.[92] Auf Grund der methodischen Schwächen der Agrarstatistik der 1850er- und 1860er-Jahre ist ein Vergleich der landwirtschaftlichen Produktion in Niederösterreich für diesen Zeitraum allerdings problematisch. Ein Vergleich der Ertragsdurchschnitte der Jahre 1855, 1860 und 1864 mit den vom K. k. Ackerbauministerium ermittelten Werten erbrachte immerhin eine Verdoppelung bei den meisten Nutzpflanzen, was sicherlich nicht der Realität entsprach.[93] Ein beträchtlicher Anstieg der Ernten dürfte aber auch in Niederösterreich zu verzeichnen gewesen sein.

3.6 Die Bedeutung des Seuchenzeitalters für die Wohlstandsgeschichte

Im Zeitraum von etwa 1830 bis 1880 überlappen sich im Kronland Niederösterreich Frühindustrialisierung und Seuchengeschichte. Wechselseitige Bezüge sind leicht herzustellen. Der Zug in die industriellen Zentren beförderte dort besonders die sanitäre Not, ließ die Ver- und Entsorgungssysteme nahezu kollabieren und verschärfte die Massenarmut wie eine besondere Exponiertheit gegenüber dem Seuchentod. Und doch erscheint es sinnvoll, die industriell-technologische Entwicklung von der Bevölkerungsgeschichte bis zu einem gewissen Grad zu trennen. Die spezifischen Faktoren, die die Verbreitung von epidemischen Infektionskrankheiten wie der Cholera, den Pocken und dem Typhus wie auch anderer »waterborne diseases« beförderten, deckten sich keineswegs eins zu eins mit Mustern sozioökonomischer Ungleichheit. So gesehen konnte eine Mostviertler Bauernfamilie diese Dezennien im Sinne eines biologischen »Well-Beings« eher überleben als Angehörige der Wiener Oberschicht in einem von Cholera betroffenen, nahe dem Donaukanal gelegenen Wohnhaus im Wiener Stadtzentrum. Natürlich blieb die Gefährlichkeit der Epidemien den betroffenen Ober- und Mittelschichten nicht verborgen, und die Möglichkeit zur Flucht oder Abkapselung von der Umwelt schuf für den wohlhabenderen Teil der Bevölkerung einen Überlebensvorteil, den die um das tägliche Überleben kämpfenden urbanen Unterschichten in diesem Maß nie hatten. Und tatsächlich verschwand die soziale Ungleichheit vor dem Tod nun keineswegs, sondern gewann nach und nach wieder mehr und mehr Gewicht. Aber solange die eigentlichen bakte-

92 Matis, Österreichs Wirtschaft, 156–158.
93 Bauer, Agrarstatistik, 8.

riologischen Ursachen der Verbreitung von Epidemien im Dunkeln blieben, tappten auch die Vermögenden und die Gebildeten bis zu einem gewissen Grad im Dunkeln. Insofern hatte das Zeitalter der Seuchen auch egalitäre Züge.

Diese egalitären Züge gingen in den 1870er- und 1880er-Jahren nicht völlig verloren. Den aufgeklärten Angehörigen der Ober- und Mittelschicht, ganz abgesehen von der kleinen Gruppe der Philanthropen und gesellschaftlichen Reformer, wurde bewusst, dass die sanitären Defizite nicht ein isoliert zu lösendes Problem darstellten, ihre Bekämpfung im eigenen Interesse Investitionen in die Infrastruktur, in die Seuchenprophylaxe und in Impfprogramme erforderte, von denen natürlich auch die »Medikalisierten« profitierten. So begann sich die Wohlstandsverteilung zumindest im biologischen Sinn zu wandeln, rückte das »Well-Being« einer Bevölkerungsmehrheit mit planbarer Lebenszeit, ohne Angst vor Hunger und mit einer Grundausstattung von »basic goods« etwas näher. Noch war dazu freilich ein weiter Weg zurückzulegen.

4 Von der Industriellen Revolution zum »organisierten Kapitalismus«

4.1 Wirtschaftswachstum in der Hochindustrialisierung (1890–1913)

Die Phase des Übergangs zur Hochindustrialisierung in Österreich-Ungarn hat bis in rezente Studien eine sehr unterschiedliche Bewertung gefunden. In der klassischen Arbeit von Alexander Gerschenkron aus den 1970er-Jahren war diese durch einen »economic spurt that failed« gekennzeichnet.[1] Diese Ansicht wurde von Anton Kausel und David F. Good in der Folge deutlich infrage gestellt. Zu einer neuerlichen Revision kam rezent Max-Stephan Schulze. Seine Berechnungen ergaben für die Spätphase der Habsburgermonarchie ein durchschnittliches reales Wirtschaftswachstum pro Kopf im Zeitraum von 1870 bis 1913 von 1,05 Prozent, welches nach Schulze für industrielle »Nachzügler« zu niedrig ausgefallen wäre. Es entsprach gerade jenem der »first industrial nation« Großbritannien, während die Mehrzahl der übrigen europäischen Länder Wachstumsraten um 1,5 Prozent erreichte.[2] Nun handelte es sich im Fall des Kronlandes Niederösterreich nicht um einen industriellen Nachzügler, der noch dazu seine sehr dominante wirtschaftliche Position innerhalb der Monarchie mit gewissen Rückschlägen letztlich bewahrte und sogar ausbaute. Der Anteil Niederösterreichs und Wiens an der Wertschöpfung der Alpenländer stieg von etwa 50 Prozent um 1870 auf 56 Prozent um 1910 und selbst mit Bezug auf die gesamte Monarchie nahm er um etwa einen Prozentpunkt zu. Innerhalb Cisleithaniens gingen allerdings Anteile an die böhmischen Länder mit ihren boomenden Industriezentren verloren.

Wie immer man nun das Tempo des Wirtschaftswachstums der Donaumonarchie beurteilen mag, so stimmen die Berechnungen, soweit sie auf Produktions- und Beschäftigungsstatistiken und nicht wie bei David Good auf einem Regressionsmodel mit auch nicht aus der Wirtschaftsstatistik stammenden Proxy-Variablen beruhen, darin überein, dass es seit den 1890er-Jahren nach einer Phase der Depression zu einer Beschleunigung des Wirtschaftswachstums kam. Nach übereinstimmenden Resultaten von Max-Stephan Schulze und Anton Kausel lag die reale Wachstumsrate pro Kopf in der österreichischen Reichshälfte im Zeitraum von 1895 bis 1913 etwa bei 1,5 Prozent jährlich, was zumindest nach Schulze einer Verdoppelung

1 Gerschenkron, Economic Spurt.

2 Schulze, Patterns of Growth, 324.

des Wachstums gegenüber der Periode von 1870 bis 1895 entsprach.[3] Ein solches Wachstumsniveau beschränkte sich im Kronland Niederösterreich allerdings auf die 1890er-Jahre. Nach der Jahrhundertwende trat eine Abflachung ein, was angesichts des relativ hohen Ausgangsniveaus nicht besonders verwundert.

Tabelle 32: Schätzung des Bruttoregionalprodukts im Kronland Niederösterreich, Österreich, Cisleithanien und Österreich-Ungarn 1910 (in Millionen Gheary-Khamis $ 1990)

Kronland/Reichshälfte	abs.	Niederösterreich in %
Niederösterreich	11.808	
Alpenländer	21.103	56,0
Cisleithanien	60.858	19,4
Österreich-Ungarn	95.046	12,4

Quelle: Schulze, Regional Income, 25; eigene Berechnungen

Tabelle 33: Reales Wachstum der Bruttowertschöpfung pro Kopf im Kronland Niederösterreich und in Österreich-Ungarn (in Millionen Gheary-Khamis $ 1990) 1880–1910

Jahr	Niederösterreich	VR	Österreich-Ungarn	VR
1880	2453,9		1285,0	
1890	2656,8	0,80	1464,0	1,31
1900	3071,0	1,46	1652,7	1,22
1910	3343,3	0,85	1921,7	1,52
1880–1910		1,04		1,35
VR = durchschnittliche jährliche Veränderungsrate				

Quelle: Schulze, Regional Income, 26; eigene Berechnungen

Für die Frage der Wohlstandsentwicklung ist jedoch nicht nur das Wachstumsniveau zu beachten, sondern auch der sektorale Strukturwandel und die Veränderungen innerhalb des Produktionssektors, und diese waren beträchtlich. In Niederösterreich (ohne Wien) nahm die Landflucht immer größere Dimensionen an. Während 1890 noch 60 Prozent der Erwerbstätigen in der Land- und Forstwirtschaft beschäftigt waren, sank dieser Anteil bis 1910 auf 52 Prozent. »Gewinner« war nicht so sehr die Sachgüterproduktion, obwohl auch deren Anteil von 26 auf 29 Prozent stieg,

3 Schulze, Patterns of growth, 317.

sondern der Dienstleistungssektor mit einem Anstieg von 14 auf 19 Prozent.[4] Auch in der Hauptstadt kam es zu einem allerdings noch geringfügigen Tertiärisierungsprozess. Der Anteil der im Produktionssektor Erwerbstätigen ging von 48,5 auf 47,1 Prozent zurück – und dies, obwohl der Industriebezirk Floridsdorf 1904/05 eingemeindet wurde – während der Anteil des Dienstleistungssektors von 50,3 auf 52,0 Prozent stieg.[5] Den Arbeitsmarkt in Wien und dem niederösterreichischen Industrieviertel prägten nun aber vor allem der Aufstieg industrieller Großbetriebe und jener der Leichtindustrien, allen voran der Wiener Elektroindustrie. Technologische Fortschritte ermöglichten den Bau von elektrischen Kraftzentralen, welche die Nachfrage nach elektrischen Motoren, Apparaten und Beleuchtungskörpern antrieb. Zudem zählten mit den Eisenbahngesellschaften und den nach 1900 kommunalisierten und elektrifizierten Straßenbahnen große Verkehrsunternehmen zu den Großkunden der Elektroindustrie, die sich räumlich auf Wien und die größeren Städte konzentrierte. Einen weiteren Standortvorteil für Wien verschaffte das Angebot an hoch qualifizierten Fachkräften, das dank der Gymnasien, Fachschulen und Universitäten gegeben war und sich vergrößerte. Der Vormarsch der Großindustrie zeigte sich aber nicht nur in Wien, sondern in allen Industriegebieten des Kronlandes. Allein im Zeitraum von 1890 bis 1902 verdoppelte sich die Zahl großer, unfallversicherter Betriebe im gesamten Kronland, sowohl was die Investitionsgüterproduktion als auch die Konsumgüterproduktion anlangt.[6] Nach der Jahrhundertwende nahmen in niederösterreichischen Städten wie St. Pölten und Wiener Neustadt wie auch in Wien neue Industriezweige wie die Auto- und die Flugzeugindustrie ihren Aufschwung. Neugründungen in den beiden niederösterreichischen Industriestädten betrafen auch die Erzeugung von Radiatoren, Wasserturbinen und Kunstseide.[7] Am Vorabend des Ersten Weltkrieges wies auch die niederösterreichische Industrie außerhalb Wiens eine breite Diversifizierung, ein großes Spektrum an Betriebstypen und zahlreiche Wachstumsbranchen auf.[8]

Wie sich das Gewicht »moderner« Industrie- und Dienstleistungsbetriebe, die Dampf-, Elektro- und andere Motoren in Betrieb hatten, innerhalb des Kronlandes und Cisleithaniens im Allgemeinen darstellte, kann aus den Ergebnissen der Gewerblichen Betriebszählung von 1902 ersehen werden. Demnach betrug die Leistung der in Wiener Betrieben eingesetzten Motoren etwa 10 Prozent der gesamten österreichischen Reichshälfte, jene im übrigen Niederösterreich etwa 7 Prozent. Dieser Unterschied vergrößerte sich. Bis in die Jahre vor Ausbruch des Ersten Welt-

4 Komlosy, Niederösterreich, 221.
5 Banik-Schweitzer, Bestimmung der Rolle, 58 f.
6 Meißl, Im Spannungsfeld, 133–143.
7 Gutkas, Geschichte, 473 f.
8 Komlosy, Niederösterreich, 228.

krieges wies der Wiener Produktionssektor eine deutlich höhere Dynamik auf als der niederösterreichische. Im Zeitraum von 1902 bis 1913 beispielsweise betrug die Zunahme fabrikmäßiger Betriebe in Wien 73 Prozent, im übrigen Kronland 36 Prozent, in ganz Cisleithanien 42,5 Prozent.[9]

Tabelle 34: Gewerbebetriebe[a] mit Angabe von Motoren in Wien, Niederösterreich und Cisleithanien 1902

Kategorie	Wien	in %	Niederösterreich	in %	Cisleithanien
Betriebe	2286	4,3	4222	7,9	53.673
Personal	117.568	10,0	92.419	7,9	1.170.784
PS	175.200	9,8	120.685	6,8	1.787.867

Quelle: K. k. Statistische Zentralkommission, Gewerbliche Betriebszählung 1902, Reichsübersichten, 94, Niederösterreich, 16; eigene Berechnungen
[a] Einschließlich der zum Zeitpunkt der Zählung außer Betrieb befindlichen.

Im Dienstleistungssektor trieb besonders der Finanzsektor, allen voran die Wiener Großbanken, ein enormes Wachstum voran. Die Gesamtzahl der Erwerbstätigen des Geld-, Kredit- und Versicherungswesens in Wien, welche 1890 noch lediglich kaum 8000 betragen hatte, stieg bis nahezu 20.000 im Jahr 1910 an.[10] Vor dem Ersten Weltkrieg kontrollierten die 12 größten Wiener Banken zwei Drittel des gesamten Bank-Aktienkapitals der Monarchie.[11] Ihr Einflussbereich erstreckte sich auf weite Teile der Großindustrie. Neugründungen von Aktiengesellschaften und Kapitalerhöhungen erfolgten vielfach nur über die Wiener Großbanken, im Zeitraum von 1907 bis 1913 traf das auf fast 60 Prozent aller Industriegründungen in der gesamten Monarchie zu.[12]

Nach den Berechnungen von Max-Stephan Schulze sorgten Konjunkturdellen nach der Jahrhundertwende allerdings dafür, dass das Kronland Niederösterreich nur im Zeitraum von 1890 bis 1900 jene realen Wachstumsraten erreichte, die in Kontinentaleuropa zu verzeichnen waren. Vergleicht man Niederösterreich als industrielles Kernland jedoch mit Großbritannien, dann entsprach die Wachstumsdynamik mit Ausnahme der Wirtschaftskrise der 1870er-Jahre durchaus dem gesättigten Wachstum einer »alten« Industriezone. Wie bereits angeführt stellt sich zudem mit Bezug auf Wien die Frage, ob die regionale Bruttowertschöpfung durch die von Schulze gewählte Methode gerade für die Phase von 1890 bis 1913 nicht erheb-

9 Meißl, Im Spannungsfeld, 146.
10 Sedlaczek, Ergebnisse Volkszählung 1890; Schiff, Berufsverhältnisse, 45.
11 Natmeßnig, Britische Finanzinteressen, 94.
12 Stiefel, »Die österreichischen Banken«, 24.

lich unterschätzt wird, denn für den Dienstleistungssektor ging in seine Berechnungen lediglich die Zahl der Berufstätigen laut den Berufszählungen ein.[13] Mit Bezug auf die persönlichen Dienstleistungen ist das zwar nicht weiter problematisch, mit Bezug auf den Finanzsektor und die großen in Wien ansässigen Verkehrsbetriebe jedoch sehr wohl. Mit Blick auf Berechnungen des Wirtschaftswachstums vor der Etablierung der Volkswirtschaftlichen Gesamtrechnung verdient daher auch die von David F. Good und Tongshu Ma vorgenommene Schätzung für die letzten Jahrzehnte der Habsburgermonarchie einiges Interesse. Good und Ma errechneten die regionale Wertschöpfung als eine Funktion einer Anzahl mit Wirtschaftswachstum hochkorrelierter Indikatoren, wie dem Logarithmus der rohen Sterberate, dem Anteil des nicht agrarischen Sektors an der Gesamtzahl der Erwerbstätigen, den aufgegebenen Briefen pro Kopf der Bevölkerung, dem Schulbesuch und den Spareinlagen. Auf Grund mehrfacher Revisionen des ökonometrischen Modells ergaben sich abweichende Schätzungen des Wachstumsniveaus, die jedoch durchweg deutlich über jenen von Schulze liegen.[14]

Tabelle 35: Regionales Wachstum der Bruttowertschöpfung pro Kopf (in Millionen Gheary-Khamis $ 1990) nach dem Proxy-Modell von Good und Ma 1880–1910

Jahr	Niederösterreich	VR	Österreich-Ungarn	VR
1880	2560,2		1453,1	
1890	2855,4	1,10	1651,8	1,29
1900	3495,3	2,04	1925,5	1,55
1910	3780,6	0,79	2164,2	1,18
1880–1910		1,31		1,34
VR = durchschnittliche jährliche Veränderungsrate				

Quelle: Schulze, Regional Income, 26; eigene Berechnungen

Abgesehen vom Wachstumsniveau ähnelt der von Good und Ma berechnete Konjunkturverlauf durchaus jenem von Schulze. Die geschätzten realen Wachstumsraten beim Proxy-Modell sind jedoch deutlich höher. Dafür kann zum einen die angeführte sehr wahrscheinliche Unterschätzung der Wertschöpfung und des Wachstums der produktionsnahen Finanzdienstleistungen und des Verkehrssektors verantwortlich sein. Zum anderen verändert wohl auch die Einbeziehung nichtökonomischer Wohlstandsindikatoren, wie sie von Good und Ma vorgenommen wurde, das Bild, bemerkenswerterweise zu Gunsten des Kronlandes Niederösterreich.

13 Schulze, Regional Income, 5.

14 Good, Economic Lag, 875; Good, Ma, New Estimates, 162.

Zusammenfassend lässt sich festhalten, dass das Kronland Niederösterreich ab den 1890er-Jahren ein stetiges reales Wirtschaftswachstum in der Höhe von mindestens 1 Prozent bis maximal 1,5 Prozent zu verzeichnen hatte, welches für ein entwickeltes Industrieland dem europäischen Trend entsprach, davon jedoch vielleicht eher nach unten hin leicht abwich. Die für die Wohlstandsgeschichte Wiens und Niederösterreichs entscheidende Frage ist jedoch nicht der Wachstumsvergleich mit anderen Regionen, sondern, inwieweit das regionale Wachstum in einem Maß auf das durchschnittliche Niveau des Lebensstandards und des biologischen Wohlstands Einfluss nahm, dass die generell eher tristen Lebensverhältnisse, wie sie im zweiten Drittel des 19. Jahrhunderts für die Mehrheit der Bevölkerung vorherrschten, überwunden wurden. Im Sinn einer auf das »Well-Being« fokussierten Betrachtung interessiert im Besonderen das sich nun allmählich abzeichnende »Wohlstandspolster« oberhalb des Subsistenzniveaus.

4.2 Demographischer und epidemiologischer Übergang

Ab etwa Mitte der 1870er-Jahre war in ganz Europa ein säkularer Rückgang der Sterberaten zu beobachten.[15] Dieser Beginn des sogenannten »Demographischen Übergangs« setzte eine Dynamik in Gang, in deren Folge in einem halben Jahrhundert Geburten- und Sterberaten auf ein posttransitorisches Niveau fielen, welches bis in die Gegenwart zu beobachten ist. Anhand der Zeitreihe der Sterberaten in Wien und Niederösterreich vor der zweiten Wiener Stadterweiterung wird erkennbar, dass der Beginn dieses Übergangs in Wien und Niederösterreich in ihren damaligen Grenzen in die zweite Hälfte der 1870er-Jahre fiel, also nicht ganz zufällig in die Zeit unmittelbar nach der letzten großen Choleraepidemie von 1873.

Nun sind rohe Sterberaten nur ein sehr grober Indikator für die Entwicklung der Mortalität im betrachteten Zeitraum, der noch dazu durch Sterbefälle von Säuglingen von nicht aus Wien oder Niederösterreich stammenden Müttern im Wiener Gebär- und Findelhaus oder bei Wiener oder niederösterreichischen Pflegeeltern verstorbenen verzerrt ist. Zudem ist zu beachten, dass sich die berechneten Raten auf das alte Wiener Stadtgebiet beziehen und daher Sterbefälle in den Wiener Vororten Niederösterreich zugeordnet wurden. Am rückläufigen Trend der Sterberaten im letzten Viertel des 19. und am Beginn des 20. Jahrhunderts ist jedoch nicht zu zweifeln, wie auch Rückrechnungen des Österreichischen Statistischen Zentralamtes für das heutige Gebiet der Bundesländer Wien und Niederösterreich bestätigen.

15 Chesnai, Demographic Transition, 54f.

Graphik 8: Sterberaten in Wien (Stadt und Vorstädte) und Niederösterreich 1819–1890

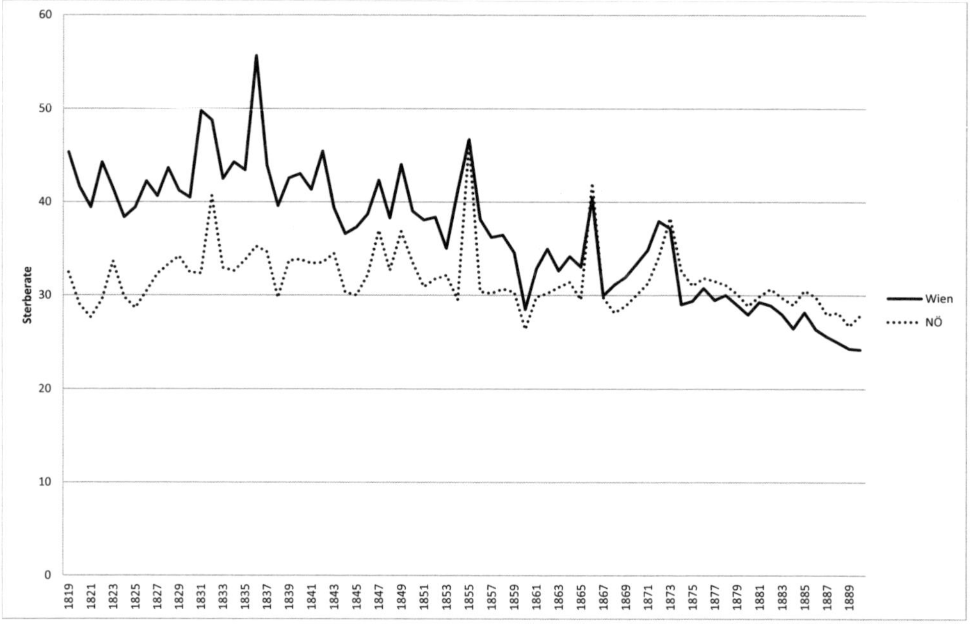

Quelle: Bolognese-Leuchtenmüller, Bevölkerungsentwicklung, Tl. 2, 80, 82, 90, 92; Sedlaczek/Löwy, Wien, 12–15 Österreichische Akademie der Wissenschaften, Historisches Ortslexikon, Niederösterreich Tl. 1, 2 f.; Wien, 2–5; eigene Berechnungen

Tabelle 36: Rohe Sterberaten in Wien, Niederösterreich und Österreich 1871/75–1911/13

Periode	Wien	Niederösterreich	Österreich
1871/75	33,8	33,4	31,0
1876/80	29,8	30,8	28,8
1881/85	28,5	30,4	28,1
1886/90	25,6	28,9	26,8
1891/95	23,9	26,8	25,5
1896/1900	21,0	24,1	23,3
1901/05	19,4	22,5	21,9
1906/10	17,5	21,0	20,3
1911/13	15,8	19,2	18,8

Quelle: Statistik Austria, Demographisches Jahrbuch 2006, 186

Für die frühen 1890er-Jahre lassen sich für das nunmehr erweiterte Wiener Stadtgebiet und das übrige Kronland Niederösterreich Sterbetafeln errechnen, die zeigen, inwieweit der Rückgang der Sterberaten sich in einer Zunahme der Lebenserwartung bereits niedergeschlagen hatte. Nach diesen Berechnungen war die Lebenserwartung bei der Geburt im Vergleich zur Zeit um 1870 in Wien trotz der Eingemeindung der überwiegend proletarischen Bevölkerung der Wiener Vororte, bei der von einer unterdurchschnittlichen Lebenserwartung auszugehen ist, bereits deutlich gestiegen, und zwar auf 33,6 Jahre bei der männlichen und 36,4 bei der weiblichen Bevölkerung. Der Zuwachs an »gewonnenen Jahren« betrug demnach 5 bis 6,5 Jahre. Am nunmehr verkleinerten übrigen Niederösterreich, das territorial bereits weitgehend dem heutigen Bundesland Niederösterreich entsprach, bewegte sich der Zuwachs bei 4 bis 5 Jahren. Die Lebenserwartung in »Groß-Wien« war um 1890 zwar immer noch rund ein halbes bis ein Jahr geringer als jene in Niederösterreich, doch der Unterschied hatte sich verkleinert. Dies galt auch für die aussagekräftigere Lebenserwartung ab dem zweiten Lebensjahr. Diese lag jedoch in Niederösterreich noch immer mit etwa 6,5 Jahren bei der männlichen und 4,5 Jahren bei der weiblichen Bevölkerung über den Wiener Werten. Auch nach Erreichen des Erwachsenenalters lebten vor allem Niederösterreicher um diese Zeit signifikant länger als Wiener. Bei den Frauen im Alter von 20 und mehr Jahren war der Unterschied allerdings schon auf unter ein Lebensjahr geschmolzen.

Tabelle 37: Lebenserwartung in Wien und Niederösterreich nach Geschlecht und Alter 1891/92

Alter	Wien		Gender Gap	Niederösterreich		Gender Gap
	männlich	weiblich		männlich	weiblich	
0	33,6	36,4	2,8	34,8	37,00	2,2
1	44,2	46,0	1,8	50,6	50,60	0,0
20	57,4	60,3	2,9	60,8	61,03	0,3
60	72,3	73,3	1,0	73,0	73,30	0,4

Quelle: K. k. Statistische Centralkommission, Bewegung der Bevölkerung 1891, 66f., 78f., 90f., 102f.; 1892, 55, 66f., 78f., 90f., 102f.; Ergebnisse der Volkszählung 1890 Bd. 1/3, 26f.; Statistisches Jahrbuch Wien 1892, 34f.; eigene Berechnungen

Bis 1910 kam es zu einem weiteren besonders kräftigen Anstieg der Lebenserwartung um 10 Lebensjahre im Vergleich zu 1890 und zu einer weiteren Annäherung der Lebenserwartung bei der Geburt zwischen Wien und Niederösterreich. Diese erreichte bei der männlichen Bevölkerung Wiens und Niederösterreichs nahezu das gleiche Niveau. Weibliche Säuglinge hatten um 1910 in Wien sogar eine höhere Lebenserwartung als ihre niederösterreichischen Altersgenossinnen.

Die Angleichung der Lebenserwartung bei der Geburt zwischen Wien und Niederösterreich war allerdings geringer, als diese Zahlen suggerieren. Nach Berechnungen von Michael Pammer auf Basis der Volkszählung von 1910 erbrachte ein Vergleich der bis sechs Jahre alten Bevölkerung mit der Geburtenbilanz der Jahrgänge 1905 bis 1910 einen Wanderungsverlust dieser Altersgruppe in Wien von 15 Prozent. Dem stand ein Wanderungsgewinn von Niederösterreich von insgesamt 8 Prozent gegenüber.[16] In welchem Ausmaß davon unter Einjährige betroffen waren, lässt sich nicht genau ermitteln. Viele in der Wiener Gebäranstalt Geborene wurden aber weiterhin wenige Tage nach der Geburt Pflegeeltern »auf dem Lande« übergeben, was die Säuglingssterblichkeit in zahlreichen niederösterreichischen Bezirken auch noch um 1900 beträchtlich erhöhte.[17]

Wie immer man nun die »Wanderungsbewegungen« der Säuglinge einordnet, sei es durch Geburt ortsfremder Mütter in Wien, durch Vergabe von Pflegekindern an niederösterreichische Pflegeeltern oder durch bloße Arbeitsmigration der Eltern, so spiegeln die Säuglingssterbetafeln doch auch unterschiedliche Überlebenschancen im ersten Lebensjahr zwischen Großstadt und Land wider, denn sie berücksichtigen die gesamte fernere Lebenserwartung, also auch nach Ende des Säuglingsalters. Wie die Säuglingssterbetafel für die frühen 1890er-Jahre belegt, sorgten die urbanen Lebensverhältnisse dafür, dass die Lebenserwartung bei der Geburt zwar vergleichsweise wenig unter jener in Niederösterreich lag, im Lauf des ersten Lebensjahres diese Relation sich jedoch für Wiener Säuglinge verschlechterte. Waren es bei der Geburt noch 0,6 bis 1,2 Jahre geringerer Lebenserwartung, betrug die Differenz im 2. Lebensmonat bereits 2–3 Jahre, im 4. bis 6. Monat 3–4 Jahre und im 7. bis 9. Monat 4–5 Jahre.

Tabelle 38: Lebenserwartung von Säuglingen in Wien und Niederösterreich 1891/92

Alter	Wien		Niederösterreich	
	männlich	weiblich	männlich	Weiblich
1. Monat	33,6	36,4	34,8	37,0
2. Monat	36,7	39,0	39,7	40,9
3. Monat	37,8	40,0	41,4	42,4
4.–6. Monat	38,9	40,9	43,0	43,7
7.–9. Monat	40,7	42,6	46,1	46,4
10.–12. Monat	42,0	43,9	48,0	48,2

Quelle: K. k. Statistische Zentralkommission, Bewegung der Bevölkerung 1891, 1892, 30, 54f.; eigene Berechnungen

16 Unpublizierte Berechnungen von Michael Pammer.

17 Presl, Säuglingssterblichkeit, 674.

Rund zwei Jahrzehnte später hatte sich an diesem Muster der Lebenserwartung innerhalb des ersten Lebensjahres kaum etwas verändert. Zwar war die Lebenserwartung bei der Geburt bei in Wien geborenen Knaben nahezu gleich, bei Mädchen sogar höher als in Niederösterreich. Im Lauf des ersten Lebensjahres ging dieser Vorteil jedoch wieder verloren, zumindest bei den männlichen Säuglingen. Hingegen besaßen Mädchen auch noch nach einem halben Lebensjahr in Wien eine höhere Lebenserwartung als in Niederösterreich. Erst in der zweiten Hälfte des ersten Lebensjahres änderte sich diese Relation.

Tabelle 39: Lebenserwartung von Säuglingen in Wien und Niederösterreich 1909/1912

Alter	Wien		Niederösterreich	
	männlich	weiblich	männlich	Weiblich
1. Monat	43,8	48,4	44,0	47,1
2. Monat	46,9	51,1	48,0	50,3
3. Monat	47,9	51,9	49,4	51,4
4.–6. Monat	49,3	53,2	50,6	52,4
7.–9. Monat	50,7	54,5	53,0	54,6
10.–12. Monat	51,5	55,3	54,5	56,0

Quelle: Statistisches Jahrbuch Wien 1909–1911, 108; 1912, 58, 108; K. k. Statistische Zentralkommission, Bewegung der Bevölkerung 1908/09, 108, 166; 1910, 42, 191; 1911, 8, 78; 1912, 8, 86; eigene Berechnungen

Für weiterhin deutlich günstigere Überlebensverhältnisse in Niederösterreich im Vergleich zu Wien spricht die Lebenserwartung ab dem Kleinkindalter. Nach Ende des Säuglingsalters hatten niederösterreichische Knaben auch noch um 1910 eine um dreieinhalb Jahre höhere Lebenserwartung als Wiener. Bei den Mädchen betrug der Unterschied etwas über ein Jahr. Nach Erreichen des Erwachsenenalters hatten Niederösterreicher nach wie vor eine etwa drei Jahre höhere Lebenserwartung, während bei der weiblichen Bevölkerung kein Unterschied mehr bestand. Selbst bei den 60- und Mehr-Jährigen bestand ein solcher Vorteil bei der männlichen Bevölkerung. Insgesamt ist also von einer Annäherung der Überlebensverhältnisse in Wien und Niederösterreich in den letzten Jahrzehnten vor Ausbruch des Ersten Weltkrieges auszugehen. Ein nicht unbeträchtlicher Überlebensvorteil der niederösterreichischen männlichen Bevölkerung blieb allerdings bestehen. Gleichzeitig ging die Schere der Lebenserwartung zwischen weiblicher und männlicher Bevölkerung weiter auseinander. Jedenfalls wies das Tempo des Anstiegs der Lebenserwartung in Wien und Niederösterreich auf eine beträchtliche Verbesserung der Überlebensverhältnisse in beiden territorialen Einheiten, wie sie sich ja bereits grob im Rückgang der rohen Sterberaten abgebildet hatte.

Tabelle 40: Lebenserwartung in Wien und Niederösterreich nach Geschlecht und Alter 1908/11

Alter	Wien		Gender Gap	Niederösterreich		Gender Gap
	männlich	weiblich		männlich	weiblich	
0	43,8	48,4	4,6	44,0	47,1	3,1
1	53,0	56,9	3,8	56,6	58,1	1,5
20	59,7	64,4	4,6	62,5	64,4	1,9
60	72,5	74,5	2,1	73,3	74,6	1,2

Quelle: K. k. Statistische Zentralkommission, Bewegung der Bevölkerung 1908/09, 166; 1910, 191; 1911, 78; 1912, 86; Ergebnisse der Volkszählung 1910 Bd. 1/3, 4f.; Statistisches Jahrbuch Wien 1909, 75; 1910, 75; 1911, 75, 1912, 75, 903f.; eigene Berechnungen

Bei allen angeführten statistischen Verzerrungen – die jedoch nur im regionalen Vergleich der Hauptstadt mit dem übrigen Kronland von größerer Bedeutung sind – erwies sich der Rückgang der Säuglingssterblichkeit als wichtiger, wenngleich keineswegs einziger Motor des rasanten Anstiegs der Lebenserwartung. Tatsächlich fiel die Säuglings- und Kindersterblichkeit nach 1900 in allen Teilen Europas sehr markant und nachhaltig.[18] Auch in der Habsburgermonarchie sank die Säuglings- und Kindersterblichkeit rasant, doch blieb sie im internationalen Vergleich ausgesprochen hoch.[19] Noch am Vorabend des Ersten Weltkrieges starben etwa 20 Prozent der Säuglinge im ersten Lebensjahr, ein Wert, der in Europa lediglich vom zaristischen Russland deutlich übertroffen wurde. Selbst im Gebiet des heutigen Österreich lag der Wert bei hohen 18 Prozent.[20] Wie Rückrechnungen des Österreichischen Statistischen Zentralamtes nach dem heutigen Gebietsstand zeigen, kam es in Wien und Niederösterreich zu einem kontinuierlichen Rückgang der Säuglingssterblichkeit eigentlich erst ab den 1890er-Jahren. Gegenüber dem österreichischen Durchschnitt verbesserte sich die Situation in Wien erheblich. Während im Durchschnitt der Jahre 1871 bis 1875 28–29 Prozent der Neugeborenen während des ersten Lebensjahres starben, waren es 1911 bis 1913 15 Prozent in Wien und 18 Prozent im österreichischen Durchschnitt, in Niederösterreich allerdings immer noch 20 Prozent.

18 Vallin, Mortality in Europe, 50–52; Rollet, Infant Mortality, 38.

19 Chesnais, Demographic Transition, 62 f.

20 Statistik Austria, Demographisches Jahrbuch 2006, 215; Pirquet, Geburtenhäufigkeit, 11.

Tabelle 41: Säuglingssterblichkeitsrate in Wien, Niederösterreich und Österreich 1871–75–1911–13[a]

Periode	Wien	Niederösterreich	Österreich
1871/75[b]	280,1	335,3	287,2
1876/80[b]	240,9	306,5	258,9
1881/85[b]	241,5	315,9	264,1
1886/90[b]	234,5	304,0	256,8
1891/95[b]	217,8	288,0	245,5
1896/1900	189,7	261,0	224,3
1901/05	173,4	240,8	211,5
1906/10	165,7	221,5	197,4
1911/13	151,1	202,9	183,8

Quelle: Statistik Austria, Demographisches Jahrbuch 2006, 215
[a] Nach dem Sterbeort des Kindes.
[b] Ohne Burgenland.

Die Veränderungen der Säuglingssterblichkeit in den Jahrzehnten vor Ausbruch des Ersten Weltkrieges verdienen besondere Beachtung, denn es war die Bekämpfung der Säuglingssterblichkeit, auf die sich erste sozialpolitische Offensiven im modernen Sinn besonders fokussierten. Nach der Jahrhundertwende zielte die sanitäre Reform nicht nur in Österreich besonders auf »Mutter und Kind«.[21] Die Erkenntnisse der Bakteriologie versprachen gerade im Bereich der Säuglings- und Kindersterblichkeit ein deutliches Verbesserungspotenzial. In diesem Zusammenhang war es von nicht unerheblicher Bedeutung, dass die Sozialmedizin sich als wissenschaftliches Fach etablierte. Ludwig Teleky (1872–1957) wurde 1909 der erste Ordinarius dieses Faches an der Universität Wien. Mediziner erlangten nun überhaupt eine weit über die engen Grenzen ihrer Disziplin hinausreichende sozialpolitische Deutungsmacht.[22] Deshalb war es kaum zufällig, dass Kaiser Franz Joseph I. die Feierlichkeiten anlässlich seines 50-jährigen Regierungsjubiläums in Anlehnung an das »Jahrhundert des Kindes« unter das Motto »Für das Kind« stellte und einen eigenen Spendenfonds einrichten ließ. Der Fonds sollte Kinderspitäler und Kinderprogramme in der ganzen Monarchie fördern. Dazu wurde ein Zentrum für Kinderschutz und Jugendwohlfahrt als Dachorganisation aller regionalen Zweige dieses Fonds eingerichtet. Im Wesentlichen konzentrierten sich die Aktivitäten jedoch auf Wien.[23]

21 Rollet, Infant Mortality, 42 f.

22 Wolf, Das »gesunde Arbeiterkind«, 17–19.

23 Healy, Vienna, 216f.

Ein Vergleich der alpinen und außeralpinen Zonen in den österreichischen Alpenländern macht deutlich, dass die nach wie vor ungünstige Position Niederösterreichs nicht allein auf den Export von Säuglingssterblichkeit aus Wien zurückzuführen war. Der Anteil der Findelhausaufnahmen an allen Wiener Geburten sank von etwa 25 Prozent im alten Stadtgebiet und 15 Prozent nach der zweiten Wiener Stadterweiterung bis 1910 auf 10 Prozent. 1909 wurde das letzte Findelkind in der Anstalt aufgenommen, diese 1910 geschlossen und vom Niederösterreichischen Landes-Zentralkinderheim abgelöst. Auch im Landes-Zentralkinderheim setzte sich der rückläufige Trend der Aufnahmezahlen fort.[24] Nicht zu übersehen ist auch, dass nunmehr eine Spitalsgeburt auf Grund der Kenntnis von Sepsis und Asepsis Müttern und Kindern höhere Überlebenschancen bot, während sie im 19. Jahrhundert große Risiken in sich barg. Insofern bedeutete der Anteil von rund 20 Prozent der Entbindungen, die in den Jahren vor Ausbruch des Ersten Weltkrieges in Wien in Gebäranstalten stattfanden, zunehmend einen Vorteil gegenüber der üblichen »Hebammengeburt« in den ruralen Zonen Niederösterreichs.[25] Im Vergleich mit den alpinen Zonen hatte Niederösterreich jedoch auch Nachteile bei der Trinkwasserqualität und der Versorgung mit Frischmilch, wie das regionale Muster der Säuglingssterblichkeit zeigt.[26]

Für die vergleichsweise günstige Situation Wiener Säuglinge unmittelbar bei und nach der Geburt könnte prinzipiell der Gesundheitszustand der Mutter verantwortlich gewesen sein. Eine Studie über das Geburtsgewicht von Neugeborenen einer überwiegend von Frauen der Unterschicht frequentierten Wiener Geburtsklinik verweist allerdings darauf, dass sich der Ernährungszustand der Mütter unter dieser Gruppe im Zeitraum von 1865 bis 1914 kaum veränderte und dass Mütter mit niederösterreichischer Herkunft in diesem Sample besser ernährt gewesen sein dürften als Wienerinnen.[27] Für keine wesentliche Verbesserung des Ernährungszustandes von Wiener Müttern in den zwei Jahrzehnten vor Ausbruch des Ersten Weltkrieges spricht auch die Sterblichkeit der Säuglinge in der ersten Lebenswoche, die von 1895 bis 1914 bei ehelich Geborenen konstant blieb, bei unehelich Geborenen sogar anstieg.[28]

Für den allgemeinen Rückgang der Säuglingssterblichkeit in Wien und Niederösterreich war demnach der Rückgang der Sterblichkeit nach der ersten Lebenswoche entscheidend. Um und nach 1900 besaßen Infektionskrankheiten mit einem Anteil von 40 Prozent immer noch eine große Bedeutung für die Säuglingssterblichkeit. Dabei handelte es sich nunmehr aber kaum mehr um epidemisch auftretende Krankheiten. Vielmehr forderten Infekte des Magen-Darm-Traktes und der Atmungsorgane weiter-

24 Pawlowsky, Mutter ledig, 278, 291 f.
25 Olegnik, Historisch-statistische Übersichten Tl. 1, 101.
26 Köck, Kytir, Münz, Risiko »Säuglingstod«, 21 f., 26.
27 Ward, Birth Weight, 222–225.
28 Peller, Säuglingssterblichkeit nach dem Kriege, 800.

hin zahlreiche Todesopfer unter den Säuglingen. Beispielsweise entfielen in Wien im Jahr 1912 von 5922 verstorbenen Säuglingen 231 auf Tuberkulose und 327 auf epidemische Infektionskrankheiten (zusammen 9 %), aber 1474 (25 %) auf Erkrankungen der Atmungsorgane und 1567 (26 %) auf Krankheiten der Verdauungsorgane. 1642 Todesfälle (28 %) waren auf frühkindliche Erkrankungen (»Lebensschwäche«) zurückzuführen.[29] Infekte und nichtinfektiöse Erkrankungen des Magen-Darm-Traktes korrelierten mit der Art der Säuglingsernährung – Bruststillung versus Breie und Kuhmilch – und Erkrankungen der Atemwege besonders mit den Wohnbedingungen. Geht man davon aus, dass Bruststillung in den urbanen Unterschichten seltener und kürzer praktiziert wurde als vor allem im ruralen Niederösterreich, und berücksichtigt die beengten Wohnverhältnisse des Wiener Proletariats, dann lagen in diesen Einflussfaktoren vor allem für Wiener Knaben benachteiligende Effekte, was ihre insgesamt nach wie vor geringere Lebenserwartung anlangt. Art und Qualität der Säuglingsnahrung hingen natürlich gerade in der Großstadt massiv vom Einkommensniveau der Eltern der Neugeborenen ab. Reiche Eltern konnten sich Ammen und pasteurisierte Milch problemlos leisten, ärmere Schichten mussten auf Breie zurückgreifen. Quantitativ greifbar werden diese Effekte im innerstädtischen sozialräumlichen Muster der Säuglingssterblichkeit. Im Durchschnitt der Jahre 1900 bis 1902 lag diese in proletarischen Bezirken um 23 Prozent, in Favoriten sogar bei 26 Prozent, in bürgerlichen Bezirken hingegen bei rund 13–14 Prozent, im 1. Bezirk gar nur bei 8 Prozent.[30]

Für die Erklärung des in den Jahrzehnten vor Ausbruch des Ersten Weltkrieges zwar schwindenden, aber weiterhin bestehenden Überlebensvorteils der Einjährigen und Älteren in Niederösterreich gegenüber Wien liefert eine Analyse der Tuberkulosesterblichkeit wertvolle Einblicke. Die nicht erst seit dem Industriezeitalter verbreitete Tuberkulose ist eine bakterielle chronische Infektionskrankheit. Sie war im 19. und frühen 20. Jahrhundert in Europa wohl ubiquitär verbreitet. Infektionen mit Tuberkulose werden von Menschen mit intaktem Immunsystem leicht überwunden, und die durch Primäreffekt entstandenen Herde (Tuberkel) werden abgekapselt und verkalken. Der Körper bildet Antikörper, die eine weitere Infektion verhindern. Ist das Immunsystem jedoch geschwächt, kann es zu einer »offenen« Tuberkulose kommen. Die Erreger verbreiten sich über die Lymphbahnen oder das Blut und befallen Organe, besonders die Lunge. Das löst einen chronischen Krankheitsverlauf aus, der häufig erst nach jahre- und jahrzehntelangem Leiden zum Tod führt. Über Tröpfcheninfektion wird der Erreger Mycobacterium tuberculosis von Mensch zu Mensch verbreitet. Wesentlich seltener ist die Übertragung durch das Mycobacterium bovis über infizierte Kühe und die Kuhmilch.[31]

29 Statistisches Jahrbuch der Stadt Wien 30 (1912), 92–97.
30 Popp, Schutz der Mutter, 11.
31 Winkle, Geißeln, 83 f.

Die Tuberkulosesterblichkeit kann als besonders guter Wohlstandsindikator gelten, da sie maßgeblich von Faktoren wie Ernährungszustand, Wohnverhältnissen und ökologischen Belastungen am Arbeitsplatz abhängt. Die Einflussgrößen scheinen sich bereits im letzten Viertel des 19. Jahrhunderts in Wien soweit verändert zu haben, dass dies auf die Tuberkulose-Mortalität durchschlug. Noch um 1840 hatte die Sterblichkeit an Lungenerkrankungen, die weitgehend von der Lungentuberkulose bestimmt wurde, etwa 800 bis 900 auf 100.000 Einwohner betragen.[32] Ein solches Sterblichkeitsniveau bestand auch noch gegen Ende der 1860er-Jahre. Doch dann sank im Zeitraum von 1870 bis 1900 die Tbc-Sterberate auf 100.000 der Bevölkerung von etwa 900 auf 450 bis 500. In der Folge setzte sich der Rückgang bis zum Vorabend des Ersten Weltkrieges auf einen Wert von rund 300 beschleunigt fort.[33] Da in diesem Zeitraum die Tuberkulosesterblichkeit einen Anteil von konstant einem Viertel an der Wiener Gesamtmortalität hatte, war das für deren Rückgang von ganz erheblicher Bedeutung.

Im teilweise ja noch erheblich rural geprägten Niederösterreich lag das Ausgangsniveau der Tuberkulosesterblichkeit um etwa 1870 deutlich unter jenem Wiens, was sich allein aus der wesentlich geringeren Bevölkerungsdichte schlüssig erklären lässt. Im letzten Viertel des 19. Jahrhunderts ging wie in Wien die Tuberkulosesterblichkeit in Niederösterreich zurück, doch verlief der Rückgang weniger spektakulär. Nach zeitgenössischen Berechnungen stellte sich der Vergleich folgendermaßen dar:

Tabelle 42: Tuberkulosesterblichkeit in Wien und Niederösterreich auf 100.000 der Bevölkerung 1870/74–1895/96

Land/Stadt	1870/74	1885/89	1895/96	1870/74–1895/96
Kronland Niederösterreich	547	567	425	–22,4
Wien	764	581	477	–37,6
Niederösterreich	447	561	366	–18,1
Wiener Neustadt		593	476	

Quelle: Bratassevic, Sterbefälle an Tuberculose, 347 f.; eigene Berechnungen

In der ersten Hälfte der 1870er-Jahre lag die Tuberkulosesterblichkeit in Wien um 71 Prozent über der im übrigen Niederösterreich. In den späten 1880er-Jahren rückten die Raten zwar nahe zusammen, doch lag das ganz offensichtlich zum Teil an der hohen Tbc-Sterblichkeit der Bevölkerung der Wiener Vororte, zum Teil allerdings auch jener in den niederösterreichischen Industriestädten wie beispielsweise Wiener Neustadt. Um die Mitte der 1890er-Jahre betrug die Übersterblichkeit im neuen

32 Eigene Berechnungen nach Schmidl, Eine Woche, 70–74, 76.

33 Grünberg, Assanierung Wiens, 151; Dietrich-Daum, Sozialgeschichte, 126.

erweiterten Stadtgebiet 30 Prozent. Das spricht für eine gewisse Verbesserung der Wiener Situation mit Bezug auf die Tuberkulose, doch blieb zum übrigen Niederösterreich ein beträchtliches Differential bestehen.

Nach der Jahrhundertwende, als die statistische Zuordnung der Tuberkulose dank der sich nun verbreitenden Erkenntnisse der Bakteriologie deutlich präziser wurde und daher die Datenqualität hoch einzuschätzen ist, setzten sich die bestehenden Trends fort. Der anhaltende Rückgang der Tuberkulosesterblichkeit in Wien verlief neuerlich doppelt so schnell wie in Niederösterreich, was nunmehr das Differential auf 7 Prozent zusammenschrumpfen ließ.

Tabelle 43: Tuberkulosesterblichkeit in Wien und Niederösterreich auf 100.000 der Bevölkerung 1900–1910

Land/Stadt	1900	1904	1910	1900/10
Niederösterreich	330	290	280	–15,2
Wien	430	370	300	–30,2

Quelle: Dietrich-Daum, Sozialgeschichte, 126

Der »urban penalty« mit Bezug auf die Tuberkulosesterblichkeit verschwand, da nach wie vor bestehende Nachteile der höheren Bevölkerungsdichte in den Städten offensichtlich durch Fortschritte der öffentlichen und privaten Hygiene fast aufgewogen wurden. Auch durch Isolation von Kranken scheint sich das Risiko einer Übertragung des Bazillus von Mensch zu Mensch in hoher Dosis reduziert zu haben.[34] Um 1910 bestand jedenfalls zwischen Urbanisierung und Tbc-Sterblichkeit kein statistischer Zusammenhang mehr.[35]

4.3 Ernährung zwischen Tradition und qualitativem Fortschritt

Die letzten Jahrzehnte vor Ausbruch des Ersten Weltkrieges brachten erhebliche Fortschritte, was die Qualität der angebotenen Massennahrungsmittel anlangt. Neue Produktions-, Kühl- und Konservierungstechniken und Verbesserungen des Transports von Nahrungsmitteln sorgten für einen beträchtlichen Aufschwung der Nahrungsmittelindustrie. Auch der Zusammenschluss von Produzenten etwa in Milchgenossenschaften verbesserte die Organisation und förderte den Vertrieb. Im Fall des Milchkonsums in Wien treten die genannten Entwicklungen besonders deutlich

34 Mercer, Infections, 130.

35 Dietrich-Daum, Sozialgeschichte, 131.

hervor. Schon um 1870 wurde ein Drittel der in Wien verkauften Milch per Eisenbahn zugeliefert.[36] Das erbrachte zwar eine Verkürzung der Zulieferzeit, doch erst die Pasteurisierung der Milch und der Einsatz von Kühlwaggons sorgten für eine starke Zunahme des Milchkonsums. Seit den 1880er-Jahren wurden in Wien Großmolkereien gegründet. Die Versorgung erfolgte nun mehr und mehr durch niederösterreichische Lieferanten und die Zulieferung mittels Eisenbahn.[37] Die Folge war ein Milchtrinkboom. Im Jahr 1910 konsumierte jeder Wiener und jede Wienerin 163 Liter Milch im Jahr, um 1870 waren es dagegen nicht einmal 76 Liter gewesen. Nunmehr wurden davon 82 Prozent mit der Bahn zugeführt.[38] Auch in der Arbeiterschaft war der Milchkonsum hoch, und zwar bedeutend höher als in Deutschland. In Kilokalorien (kcal) ausgedrückt übertraf er sogar den Fleischverbrauch.[39] In den an den großen Bahnlinien liegenden niederösterreichischen Industriegebieten kann von einer ähnlichen Versorgungssituation ausgegangen werden. In ländlichen Zonen stellte die Versorgung mit Frischmilch ohnehin kein Problem dar.

Trotz solcher und anderer Verbesserungen der Nahrungsmittelqualität lag auch in den Jahren vor Ausbruch des Ersten Weltkrieges der Anteil der Ausgaben für Nahrungsmittel in Arbeiterhaushalten – exklusive Genussmittel spielten unter dieser Bevölkerungsschicht für die Konsumausgaben kaum eine Rolle – nach wie vor fast bei 60 Prozent. Solch hohe Anteile sprechen für eine vergleichsweise weiterhin eher bescheidene Kost in den Wiener Unterschichten – zumindest im Alltag.

Tabelle 44: Verbrauchsausgaben Wiener Arbeiterhaushalte nach Verbrauchsgruppen ca. 1870, 1912/14 (in %)

Ausgabenkategorie	ca. 1870	1912/14
Nahrungs- und Genussmittel	60	59
Kleidung/Wäsche	8	9
Wohnung	20	14
Heizung	5	4
Sonstige	8	13

Quelle: Sandgruber, Geld und Geldwert, 77

Für Niederösterreich ist die Datenlage bezüglich Konsumerhebungen sehr dürftig, doch vermittelt zumindest eine 1885 durchgeführte Befragung bei den Genossen-

36 K. k. Handelsministerium, Enquete.
37 Kaiser, Milchversorgung, 60–75.
38 Sandgruber, Anfänge, 179.
39 Peller, Ernährungsverhältnisse 1912/14, 115.

schaften ein sehr ähnliches Bild. Geht man nach diesen Angaben, dann waren ledige Arbeiter in Baden, Neunkirchen, Ybbsitz, Waidhofen an der Ybbs und Zwettl gezwungen, über 60 Prozent ihres Lohnes für Nahrungsmittel auszugeben. In Arbeiterfamilien lag der entsprechende Anteil ebenso hoch. Die Verteilung der Haushaltsausgaben in Wien und niederösterreichischen Städten und größeren Orten unterschied sich also diesbezüglich nicht.

Tabelle 45: Anteil der Nahrungsmittelausgaben in Arbeiterhaushalten in Wien und Niederösterreich 1885 (in %)

Genossenschaft	Ort	ledige Arbeiter	Familie mit 3 Personen	Familie mit 5 Personen
Gürtler	Wien	70	58	56
Tischler	Wien	62	55	57
Vergolder	Wien	57	53	51
Drechsler	Wien	63	52	50
Tapezierer	Wien	51	53	51
Dachdecker	Wien	70	65	66
Schmiede	Ybbsitz	66	66	63
Schlosser	Baden	61	62	64
Kleidermacher	Neunkirchen	64		
Bekleidung	Zwettl	63		
Schuhmacher	Baden	56	54	53
Baugewerbe	Waidhofen/Y.	67	58	61

Quelle: Handels- und Gewerbekammer, Statistischer Bericht über Industrie und Gewerbe 1885, lix; eigene Berechnungen

Was die Ernährung der ländlichen Bevölkerung angeht, legen die steigenden Ernteerträge indirekt eine quantitative Verbesserung nahe. Nach wichtigen Grundnahrungsmitteln stellte sich die Situation wie folgt dar:

Tabelle 46: Ernteerträge in kg pro Kopf[a] in Niederösterreich 1876/85–1904/13

Produkt	1876/85	1904/13	Veränderung in %
Weizen	88,8	86,1	–3,1
Roggen	164,9	220,5	33,7
Kartoffel	295,2	433,2	46,7
Zuckerrüben	30,4	181,2	495,2

Quelle: Sandgruber, Agrarstatistik, 163 f., 169 f.; Statistik Austria, Statistisches Jahrbuch 2011, 40; eigene Berechnungen
[a] Ernteerträge im Kronland bezogen auf die Bevölkerung in Niederösterreich in den heutigen Landesgrenzen 1880 und 1910.

Sieht man also von gewissen tendenziell abnehmenden Schwächen der Agrarstatistik einmal ab, dann dürfte der Konsum von Brot (mit Ausnahme des »gehobenen« Weizengebäcks), Kartoffeln und Zucker in den Haushalten bäuerlicher Produzenten wohl nicht unbeträchtlich zugenommen haben. Für die Brotgetreide wurde dies auch für ein Sample sehr unterschiedlicher niederösterreichischer Bezirke nachgewiesen, sodass von einer weitgehend flächendeckenden Verbesserung auszugehen ist.[40]

Inwieweit die Ernährung der städtischen und ländlichen Unterschichten rein quantitativ ausreichend war, lässt sich am Beispiel einer 1912 bis 1914 durchgeführten Konsumerhebung abschätzen. Nach dieser Erhebung betrug der durchschnittliche Kalorienverbrauch in Wiener Arbeiterfamilien vor Ausbruch des Ersten Weltkrieges rund 2850 kcal pro erwachsenen Mann. Nach der Familiengröße reichte der Pro-Kopf-Konsum von rund 2660 kcal bei größeren Familien bis zu 3400 bei Ehepaaren ohne Kinder.[41] Nach modernen Standards hätte für eine männliche Person im Alter zwischen 20 und 25 Jahren bei einem Gewicht von 68 kg und einer moderaten körperlichen Aktivität der tägliche Energiebedarf bei 3105 kcal gelegen, bei Ausübung eines schweren manuellen Berufes wohl zumindest bei 3700 kcal.[42] Demnach wiesen nur die kinderlosen Arbeiterfamilien einen ausreichenden Nahrungsmittelkonsum auf. Im europäischen Vergleich ging es Wiener Arbeiterfamilien allerdings kaum schlechter als ihren Pendants in Deutschland oder auf den britischen Inseln. So lag nach Erhebungen in schottischen Städten im Zeitraum von 1900 bis 1912 der durchschnittliche Pro-Kopf-Verbrauch in der Regel unter 2700 kcal.[43] Dies erklärt teilweise auch das sich hartnäckig haltende Klischee des Wiener »Phäaken«.

Trotz dieser Defizite war die Bevölkerung Wiens, wie ein Vergleich auf Basis der zugelieferten Nahrungsmittelmengen zeigt, um 1910 quantitativ eindeutig besser ernährt als um 1860. Dafür sorgte vor allem der steigende Kartoffel-, Zucker- und Milchverbrauch. So wurde im Vergleichszeitraum schätzungsweise durchschnittlich 31 Prozent mehr Brot, Mehl, Hülsenfrüchte und Reis, 213 Prozent mehr Kartoffeln, 42 Prozent mehr Obst und 24 Prozent mehr Zucker und fast das Zwanzigfache an Milch, Butter und Fett verbraucht.[44]

Dass es sich dabei um kein reines Wiener Phänomen gehandelt haben kann, belegen auch einige anthropometrische Befunde. Die durchschnittliche Größe von Rekruten des Wiener Militärterritorialbezirkes stieg von den Geburtsjahrgängen der 1870er-Jahre zu jenen des ersten und zweiten Jahrzehnts des 20. Jahrhunderts von

40 Bauer, Agrarstatistik, 14–16.

41 Peller, Ernährungsverhältnisse 1925, 206f.

42 FAO, WHO, UNU, Energy requirements.

43 Oddy, Paradox, 51.

44 Mühlpeck, Sandgruber, Woitek, Index, 657; Weigl, Einfluss geänderter Ernährungsgewohnheiten, 144f.

167 cm auf 169 bis 170 cm an. Eine solche Durchschnittsgröße erwachsener Männer ist auch durch eine Stichprobenerhebung aus dem Jahr 1983 für die damalige österreichische Bevölkerung der Geburtsjahrgänge etwas vor und nach der Jahrhundertwende belegt. Da sich nach dieser Erhebung die österreichische Bevölkerung in Beziehung auf die Körpergröße nach Bundesländern nur wenig unterschied, dürften die österreichischen Durchschnittswerte in etwa auch für Wien und Niederösterreich zugetroffen haben. Das kann als Bestätigung der aus zeitgenössischen Rekrutendaten gewonnenen Niveaus und Trends gewertet werden[45], auch wenn zwischen der Jahrhundertwende und 1983 bis dahin eingetretene Todesfälle dieser Geburtskohorten und Wanderungsbewegungen die Vergleichbarkeit dieser Daten einschränken.

Zusammenfassend lässt sich feststellen, dass ein positiver Einfluss der Ernährung auf den ab den 1860er-Jahren beobachteten Anstieg der Lebenserwartung ab dem ausgehenden 19. Jahrhundert sowohl bei der Wiener als auch bei der niederösterreichischen Bevölkerung nicht ganz unwahrscheinlich ist, zumal das Ausgangsniveau der Lebenserwartung im internationalen Vergleich niedrig war. Eine vergleichende Studie belegt, dass der Anstieg der Lebenserwartung in den Industrieländern gegen Ende des 19. Jahrhunderts mit dem durchschnittlichen Kalorienverbrauch pro Kopf hoch korreliert hat.[46] Insofern weist der Anstieg der Lebenserwartung auf eine verbesserte Ernährungssituation hin. Dies gilt auch für den Rückgang der Tuberkulosesterblichkeit. Der gestiegene Fleisch-, Zucker-, Milch- und Kartoffelkonsum ist in seiner Wirkung auf den biologischen Lebensstandard jedoch von einem größeren Gesundheitsbewusstsein breiter Bevölkerungsschichten, welches die Ausgaben für Wohnen, Hygiene und die Ernährungsgewohnheiten gemeinsam beeinflusste[47], schwer zu trennen. Auf diesen Bewusstseinswandel, der den Übergang von der ersten in die zweite Phase der »sanitary revolution« charakterisiert, ist nun näher einzugehen.

4.4 Die »sanitary revolution«

In den letzten Jahrzehnten vor Ausbruch des Ersten Weltkrieges erlebte die »Städtehygiene« einen großen Aufschwung. Die Erkenntnisse der Bakteriologie verschafften Medizinern, Städteplanern und Ingenieuren eine bisher nicht gekannte Deutungsmacht, die diese im Reformdiskurs auch zu nutzen wussten. In der medizinischen Forschung sorgte die Annäherung von Hygienikern und Bakteriologen dafür, dass

45 Komlos, Ernährung und wirtschaftliche Entwicklung, 266; Österreichisches Statistisches Zentralamt, Gesundheitszustand, 192.

46 Floud, Fogel, Harris, Hong, Changing Body, 163 f.

47 De Vries, Industrious Revolution, 191.

über die Sinnhaftigkeit von Investitionen in die Kanalisation und Wasserversorgung kaum mehr Zweifel geäußert werden konnten, auch wenn es eigentlich noch nicht gelungen war, wissenschaftlich abgesicherte Kriterien zur Trinkwasserqualität zu entwickeln.[48] Dieses Expertenwissen beeinflusste mehr und mehr politische Entscheidungsträger in den Kommunen. Auch in Wien und den niederösterreichischen Industriestädten profitierten Ingenieure und Städtetechniker vom politischen Willen, große Assanierungsvorhaben voranzutreiben und zu vollenden. Aber nicht nur für die Vertreter der Städte, sondern auch auf Länderebene wurden Infrastrukturbauten zum großen Thema. Im Jahr 1891 beschlossen der niederösterreichische Landtag und in weiterer Folge auch das k. k. Ackerbauministerium einzelnen Gemeinden, Zuschüsse für den Bau von Wasserleitungen zu gewähren. Auch das k. k. Ministerium des Inneren schloss sich dem in einzelnen Fällen mit dem Ziel der Verbesserung der sanitären Verhältnisse an.[49] In Wien trug eine Initiative des österreichischen Ingenieur- und Architektenvereins dazu bei, dass der Bau einer zweiten Hochquellenwasserleitung vom Wiener Gemeinderat im Jahr 1900 beschlossen wurde. Tatsächlich war der Reformbedarf trotz Inbetriebnahme der Ersten Hochquellenwasserleitung in der Hauptstadt immer noch erheblich. Selbst im alten Stadtgebiet bestanden am Stadtrand Versorgungsdefizite. Mitte der 1880er-Jahre war im damaligen 2. Bezirk ein Drittel der Häuser noch nicht an die Hochquellenwasserleitung angeschlossen und auch im 3. und 9. Bezirk waren viele kleine, ältere Häuser noch unversorgt. Im 5. und 10. Bezirk existierte noch eine größere Zahl von Senkgruben.[50] Als dann die Wiener Stadterweiterung von 1890 zum Anschluss der ehemaligen Vororte an das Wiener Wasser- und Kanalisationsnetz nötigte, wurde klar, dass nur der Bau einer zweiten Hochquellenwasserleitung den steigenden Bedarf der rasch wachsenden Metropole decken konnte. Erweiterungen der Ersten Hochquellenwasserleitung reichten dazu nicht aus. Um 1900 standen den 1,6 Millionen Einwohnern Wiens im Winter täglich ca. 40, im Sommer ca. 70 Liter Wasser zur Verfügung. Der tatsächliche Bedarf wurde jedoch auf 110 bzw. 140 Liter geschätzt. Bis zur Inbetriebnahme der zweiten Hochquellenwasserleitung im Jahr 1910 stagnierte der tägliche Pro-Kopf-Verbrauch nolens volens dann auch, was angesichts des weiteren Bevölkerungsanstiegs ohnehin nur durch Ausschöpfung aller Kapazitäten möglich war.[51] Mit der Inbetriebnahme der zweiten Hochquellenwasserleitung im Jahr 1910 war das Versorgungsproblem im Prinzip zwar rein quantitativ, was die zugeführten Wassermengen betrifft, gelöst,[52] doch gelang es zunächst nicht, den hohen Ausstattungs-

48 Hardy, Ärzte, 372.

49 Gerabek, Gewässer, 116.

50 Meißl, Hochquellenleitungen, 169f.

51 Caltana, Wien, 63–65; Drenning, I. Wiener Hochquellenwasserleitung, 24.

52 Meißl, Hochquellenleitungen, 176f.

grad im alten Stadtgebiet, der über 90 Prozent gelegen hatte, zu erreichen. Nach der Stadterweiterung von 1890 lag dieser bis in die Zeit nach dem Zweiten Weltkrieg bei rund 85 Prozent. Gering oder nicht versorgte Gebiete verblieben an allen Stadträndern, aber auch die tief gelegenen Zonen jenseits des Donaukanals, besonders im 1900 gegründeten 20. Bezirk. Schlecht stand es auch um die Trinkwasserversorgung im 11. Bezirk, dessen Bewohner noch um die Jahrhundertwende in erster Linie durch Auslaufbrunnen und Wasserwagen Hochquellenwasser erhielten.[53]

Für die Assanierung von Wien stellte der Bau der beiden Hochquellenwasserleitungen die zentrale Voraussetzung für eine umfassende Hygienisierung der städtischen Bevölkerung und des städtischen Lebens dar. Die sanitäre Ausstattung der Häuser konnte nun deutlich verbessert, die Straßenreinigung intensiviert und eine effektive Schwemmkanalisation in großen Teilen des Stadtgebiets etabliert werden.[54] Die Länge der Hauskanäle, die bei einer Bevölkerung im erweiterten Stadtgebiet einschließlich von Floridsdorf von rund 1,1 Millionen im Jahr 1880 528.357 km betragen hatte, betrug für die Zwei-Millionen-Metropole im Jahr 1908 1.298.329 km. Damit erstreckte sie sich nahezu lückenlos über das gesamte Stadtgebiet. Ab den 1880er-Jahren wurden die Kanäle ausschließlich aus Beton hergestellt, was nach und nach das Problem der Infiltration des Bodens mit undichten aus Ziegeln hergestellten Kanälen reduzierte. Zum Zweck der Kanalspülung wurden an einzelnen höher gelegenen Stellen Kanalspülkammern eingebaut. Die bauliche Vollendung des rechten und linken Hauptsammelkanals in den Jahren 1893 und 1906 vervollständigte das integrierte Entsorgungssystem. Zudem waren die verbauten eingemeindeten Teile von Floridsdorf und Kaisermühlen praktisch vollständig kanalisiert. Lediglich im Gebiet der unteren Donaustadt und im Südosten zur Liesing zu bestanden noch kleinere Lücken. Mit diesen Ausnahmen, die auch locker bebaute Teile im Osten Wiens betrafen, war die Versorgungsdichte sehr hoch.[55]

In den größeren niederösterreichischen Städten finanzierten die Gemeinden ebenso wie in Wien den Bau neuer Wasserleitungen in der Regel selbst, so in Baden 1902, in Wiener Neustadt 1911, in Mödling 1902 und in Amstetten 1895. Die sanitäre Revolution in den nicht allzu finanzkräftigen niederösterreichischen Städten schritt daher nur relativ langsam voran. Insgesamt größere Wirkung dürften Zuschüsse des Kronlandes für Wasserleitungsbauten in kleineren Gemeinden erzeugt haben. In 160 ländlichen Gemeinden Niederösterreichs wurden im Zeitraum von 1892 bis 1917 zentrale Wasserversorgungsanlagen, in anderen zumindest Brunnen oder Wasserbehälter errichtet.[56] Es handelte sich dabei primär um Quellwasserlei-

53 Müller, Wien 1888–2001, 116, 122; Meißl, Hochquellenleitungen, 173.
54 Mattl, »Assanierung« Wiens, 59.
55 Voit, Entwässerung, 140–147; Müller, Wien 1888–2001, 125.
56 Gerabek, Gewässer, 116.

tungen aus nahe gelegenen Quellen mit natürlichem Gefälle, was die Baudurchführung erleichterte und verbilligte.[57] Problemzonen der Trinkwasserversorgung blieben die Südbahngemeinden, das wasserarme Wein- und Teile des Waldviertels.

Dass besonders die hohe Wiener Trinkwasserqualität von erheblicher Bedeutung für die Verbesserung der Überlebensverhältnisse war, erwies sich nicht mehr nur mit Bezug auf die »waterborne diseases«, sondern generell für all jene Lebensbereiche, in denen Hygiene eine wichtige Rolle spielte. Besonders galt das für die Wohnverhältnisse. Um die Jahrhundertwende konnte es geradezu als Faustregel gelten, dass mit steigender Bevölkerungszahl einer Gemeinde die Tbc-Mortalität zunahm.[58] Für Wien traf das im letzten Viertel des 19. Jahrhunderts nicht mehr zu. Die Metropole wuchs zwar demographisch rasant, aber die Tuberkulosesterblichkeit ging zurück und dies, wiewohl die Wohnungsversorgung letztlich prekär blieb und sich mit Bezug auf die Wohndichte nur leicht verbesserte. Im Jahr 1900 korrelierte die Lungen-Tbc-Mortalitätsrate nach Wiener Bezirken mit der Zahl der Einwohner pro Wohnungsbestandteil mit einem Korrelationskoeffizienten von 0,95 außerordentlich stark, im ersten Jahrzehnt des 20. Jahrhunderts schwächte sich der Zusammenhang ein wenig ab, blieb jedoch sehr ausgeprägt. Relativiert wird der Einfluss der sinkenden Wohndichte durch die Tatsache, dass zwar das Wohnen mit familienfremden Personen abnahm, jedoch die Wohnungsbelegung sogar noch leicht zunahm.[59]

Tabelle 47: Korrelationskoeffizient von Lungen-Tbc-Mortalitätsrate mit Wohndichte und Einkommen in Wien 1900/01–1910/11

Jahr	Lungen-Tbc-Mortalitätsrate	
	Jährliches Einkommen bis 1500 Kronen	Wohndichte[a]
1900/01	0,931	0,948
1910/11	0,937	0,865

Quelle: Weigl, Demographischer Wandel, 249
[a] Einwohner pro »Wohnungsbestandteil«.

Daraus geht klar hervor, dass wohl die Versorgung mit Hochquellenwasser eine Verbesserung der privaten Hygiene, trotz der weiter bestehenden Enge der Wohnungen, in den Wiener Haushalten befördert haben muss. So wird auch verständlich, warum der Rückgang der Tuberkulosesterblichkeit in Niederösterreich nur im halb so schnellen Tempo wie in Wien verlief, denn die Assanierung in den niederöster-

57 Gruber, Wasserversorgungsanlagen, 211 f.
58 Teleky, Sterblichkeit an Tuberkulose, 160.
59 Dietrich-Daum, Sozialgeschichte, 164 f.

reichischen Städten und Gemeinden schritt insgesamt doch langsamer voran. Im Landes-Sanitäts-Bericht für die Jahre 1898 bis 1900 hieß es dazu eher ernüchternd:

> Auf dem Lande stößt die Tätigkeit einzelner Gemeinden bei der Wasserbeschaffung wegen der oft ungünstigen geologischen und Terrainverhältnisse häufig auf solche Schwierigkeiten, daß der beste Wille lahm gelegt wird. Die geringen Erfolge in den einzelnen Bezirken dürfen daher keineswegs als Maßstab für die Bestrebungen der Gemeinden angesehen werden.[60]

Immerhin entstanden einige Hochquellen- und Tiefbrunnenwasserleitungen, die qualitativ hochwertiges Trinkwasser zuführten, so in Krems, Klein-Pöchlarn und Gloggnitz. Aber nicht immer trugen die Neubauten zu einer Verbesserung der Trinkwasserqualität bei. In Zwettl sorgte gerade die Inbetriebnahme einer neuen Wasserleitung mit mangelhafter Wasserqualität für den Ausbruch einer Typhusepidemie im Jahr 1897.[61]

Allerdings stand es um die Jahrhundertwende auch im erweiterten Stadtgebiet von Wien mit der Wasserversorgung nicht überall zum Besten. Die allerdings schon recht niedrige Typhussterberate betrug beispielsweise im Jahr 1900 7,3 Sterbefälle auf 100.000 Einwohner. Sie war damit nur geringfügig niedriger als jene Niederösterreichs mit 8,6 Sterbefällen. Im Jahr 1910 war sie in Wien auf 3,9, im übrigen Niederösterreich auf 5,4 gesunken.[62] Für die Gesamtsterblichkeit spielte die Typhussterblichkeit zwar keine relevante Rolle mehr, doch verwies sie auf immer noch bestehende sanitäre Defizite, denn gerade beim Typhus handelte es sich um eine »Schmutzkrankheit« par excellence. Insgesamt lässt sich aber auch aus diesen statistischen Kennzahlen ablesen, dass über das Trinkwasser verbreitete Erkrankungen im gesamten Kronland eine schwindende Rolle spielten. Zur Verbesserung der privaten Hygiene auf breiter regionaler Ebene mag auch beigetragen haben, dass die relativen Preise von Reinigungsmitteln, wie etwa Seife, im Vergleich zu Grundnahrungsmitteln im letzten Viertel des 19. und zu Beginn des 20. Jahrhunderts deutlich sanken.[63]

Für den Erfolg der zweiten Phase der »sanitären Revolution«, für die die Verbesserung der privaten Hygiene kennzeichnend wurde, war aber nicht nur das »Angebot« an öffentlicher Ver- und Entsorgung entscheidend. Vielmehr ging es darum, die Inhalte der von Ärzten, Sanitätsdirektionen und Ingenieuren getragenen Hygienebewegung an die Bevölkerung zu vermitteln. Insofern kam der Ende der

60 Netolitzky, Landes-Sanitäts-Bericht 1898–1900, 178 f.
61 Netolitzky, Landes-Sanitäts-Bericht 1898–1900, 177–181.
62 Eigene Berechungen nach K. k. statistische Central-Commission, Bewegung der Bevölkerung 1900, 112; 1910, 110.
63 Eigene Berechnungen nach Mühlpeck, Sandgruber, Woitek, Index, 149, 155, 167.

1860er-Jahre implementierten Reform des Bildungs-, besonders des Pflichtschulwesens, große Bedeutung zu. An und für sich war das Pflichtschulwesen im Kronland Niederösterreich schon im Vormärz vergleichsweise sehr entwickelt. Im Jahr 1828 besuchten beispielsweise bereits 96 Prozent der Kinder im Schulalter Schulen.[64] Durch die erhebliche Zuwanderung aus weniger entwickelten Teilen der Monarchie blieben jedoch die Defizite in grundlegenden Kulturtechniken bei Teilpopulationen erheblich. Erst die Reformen in der liberalen Ära sollten diese allmählich beseitigen helfen. Tatsächlich gelang es im letzten Drittel des 19. Jahrhunderts rasch, krasse Formen der Unbildung wie Analphabetismus zurückzudrängen. Um 1890 trat dieser lediglich bei den über 60-Jährigen noch häufiger auf, 1910 war er zumindest in Wien bereits ein auf eine kleinere Minderheit in den höheren Altersgruppen beschränktes Bildungsdefizit.

Tabelle 48: Analphabetismus[a] nach Altersgruppen im Kronland Niederösterreich 1890 und in Wien 1910 (in %)

Altersgruppe	Kronland 1890	Wien 1910
11–20	1,8	0,7
21–30	3,4	1,4
31–40	5,1	1,6
41–50	6,3	3,1
51–60	8,8	5,4
61–70	11,7	5,8
71–80[b]	15,8	8,2
81–90	21,7	
91 und mehr	44,9	
Gesamt (11+)	4,8	2,0

Quelle: K. k. statistische Centralkommission, Volkszählung 1890. Heft 1, 178f., 182f.; Statistisches Jahrbuch Wien 1912, 918; eigene Berechnungen

[a] Unkenntnis von Lesen und Schreiben.

[b] 1910: 71 und mehr Jahre.

Insgesamt kann im letzten Drittel des 19. und im frühen 20. Jahrhundert durchaus von einer sprungartigen Verbesserung des Bildungsstandes der Bevölkerung ausgegangen werden. Wien und Niederösterreich brauchten in dieser Beziehung den Vergleich mit den entwickelten westeuropäischen Ländern ohnehin nicht zu scheuen. Besonders ab Mitte der 1890er-Jahre war die Dynamik der »Bildungsrevolution« beeindruckend, wie auch die Hochschulstatistik exemplarisch vermittelt.

64 Firnberg, Otruba, Soziale Herkunft, 33.

Im Kronland Niederösterreich kamen 1879/80 auf 1000 19- bis 22-Jährige 5,23 inskribierte Studenten, 1909/10 waren es 13,12.[65] Damit stand nicht nur eine Schicht gut gebildeter Experten zur Verfügung, die unter anderem in der Verwaltung und Gesundheitspolitik tätig waren und sich allmählich auch sozialpolitisch zu Wort meldeten, sondern es trat auch im Sinn der »sanitary revolution« eine Vorbildwirkung für das von der Arbeiterbewegung propagierte Modell der »ordentlichen Arbeiterfamilie« ein. Diese »respectable working class familiy« sollte sich nach dem Willen der Sozialreformer an den Hygienestandards des modernen städtischen Bürgertums orientieren.

4.5 Die Entwicklung der Realeinkommen (ca. 1890–1910)

Bis etwa 1870 hatte der gestiegene gesamtwirtschaftliche Output pro Kopf keinen wesentlichen positiven Effekt auf die Entwicklung der Realeinkommen. Doch das begann sich am Übergang zum Zeitalter der Hochindustrialisierung zu ändern, und zwar nicht nur für jenen kleinen Teil der Arbeitnehmer, die als »Privatbeamte« (Angestellte) oder qualifizierte Facharbeiter über eine privilegierte Stellung innerhalb ihrer Klasse verfügten sondern auch für die Masseneinkommen.

Ab den 1890er-Jahren steht mit den Angaben der Unfallversicherungsanstalten eine breitere Datenbasis zur Verfügung, die für eine große Gruppe von Arbeitnehmerinnen und Arbeitnehmer Aussagen zur Entwicklung der Realeinkommen bis an den Vorabend des Ersten Weltkrieges erlaubt. Sie dokumentieren die für die Bemessungsgrundlage herangezogenen Effektivlöhne der Unfallversicherungsstatistik in Industrie und Gewerbe, ab 1895 auch einschließlich von Beschäftigten in Transport-, Straßenreinigungs- und Theaterunternehmungen. Löhne über 2400 Kronen wurden dabei zwar nicht berücksichtigt, spielten aber de facto für die Durchschnittsverdienste kaum eine Rolle.[66]

Die Lohnentwicklung stellt sich nach Berechnungen von Michael Mesch wie folgt dar[67]:

65 Cohen, Education, 58–60, 78f.

66 Mesch, Arbeiterexistenz, 6–12.

67 Mesch, Arbeiterexistenz, 182.

Graphik 9: Lohnindizes der Arbeiterlöhne im Kronland Niederösterreich 1891–1913

Quelle: Mesch, Arbeiterexistenz, 182

Demnach stiegen die Reallöhne in der Arbeiterschaft in den 1890er-Jahren deutlich an, stagnierten jedoch in der Folge, wobei Rückschläge nach der Jahrhundertwende und um 1910/11 jeweils lediglich kompensiert werden konnten.[68] Die nominellen Lohnzuwächse der Jahre 1905 bis 1913 entsprachen praktisch nur dem Anstieg der Lebenshaltungskosten.

Ein ergänzendes Bild liefern die Berechnungen auf Basis der Löhne von Taglöhnern. Unter ihnen kam es in Wien und Niederösterreich von 1880 bis etwa 1903 zu Einkommensgewinnen, in Wien deutlich ausgeprägter als im übrigen Kronland. Eine Wiener Taglöhnerfamilie mit zwei Kindern konnte nunmehr bei einem Arbeitsjahr von rund 250 Tagen fast vom Einkommen des Familienvaters ihre Basisbedürfnisse befriedigen, in Niederösterreich war das noch nicht der Fall. Auf dem flachen Land bestanden jedoch zahlreiche Möglichkeiten der Eigenproduktion, die sich in der Großstadt erst rudimentär in Form der Schrebergartenbewegung entwickelte. Im Gegensatz zu den Lohnangaben aus der Unfallversicherungsstatistik beziehen die berechneten »welfare ratios« also die Perspektive eines Haushalts mit

68 Mesch, Arbeiterexistenz, 181.

ein, auch wenn etwaige Einkommen von Ehefrauen und Kindern nicht in die Schätzung eingehen.

Graphik 10: »Welfare ratios« für Wien und (übriges) Niederösterreich 1888/91–1907/1910 (vierjährige Durchschnitte)

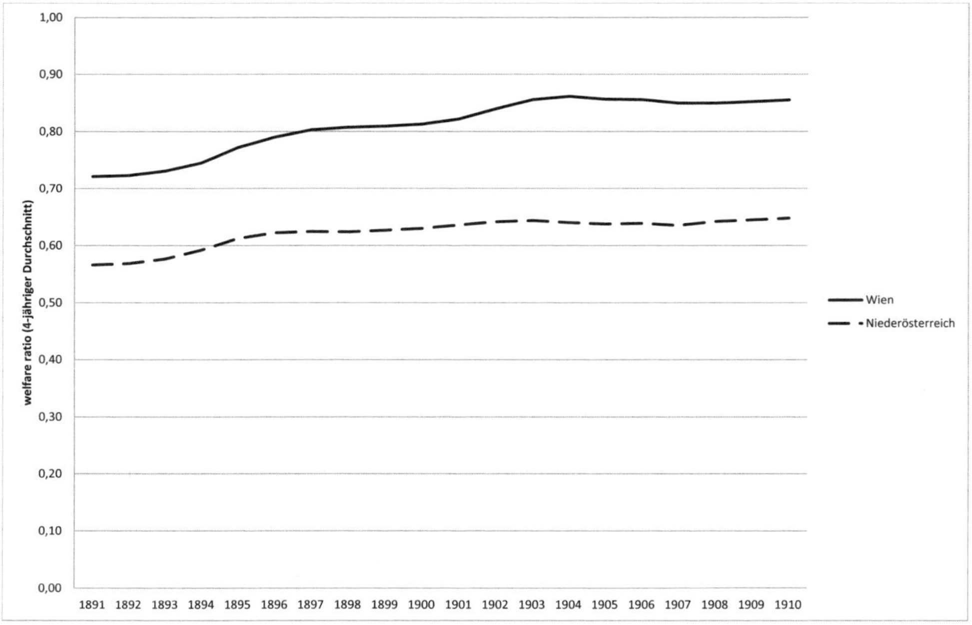

Quelle: Cvrzek, Supplementary materials; eigene Berechnungen

Einen Vergleich der Löhne der städtischen Taglöhner mit jenen von in der Landwirtschaft beschäftigten Knechten, Mägden, Landarbeitern und Landarbeiterinnen ermöglicht eine zeitgenössische Erhebung für das Jahr 1893. Demnach verdienten gut bezahlte Knechte und Landarbeiter in der Erntezeit bis zu 4 Kronen ohne Kost und damit doppelt so viel wie die städtischen Taglöhner. Die niedrigsten Männerlöhne ohne Kost lagen allerdings im Extremfall lediglich bei 35 Kreuzern bzw. 70 Hellern, während der durchschnittliche Taglohn in den niederösterreichischen Städten 2,04 Kronen betrug. Ganz ähnlich in der Forstwirtschaft: Unter den niederösterreichischen Holzfällern lagen die niedrigsten Löhne um 1890 bei 55 Kreuzern bzw. 1,10 Kronen.[69]

69 Cvrzek, Wages, Prices and Living Standards, 19; Cvrzek, Supplementary materials.

Tabelle 49: Taglohn in der niederösterreichischen Landwirtschaft 1893 (in Kreuzern)

Jahreszeit	Bestellungsarbeiten		Erntearbeiten		übrige Zeit des Jahres	
Geschlecht	niedrigster	höchster	niedrigster	höchster	Niedrigster	höchster
Männer mit Kost	30–50	50–90	40–60	70–140	25–40	50–70
Männer ohne Kost	55–90	100–180	60–100	130–200	35–80	100–120
Frauen mit Kost	15–30	40–70	20–40	50–80	15–25	40–60
Frauen ohne Kost	40–60	80–120	50–60	100–140	20–50	80–100
Kinder mit Kost	15–20	30–40	15–30	40–60	12–30	25–40
Kinder ohne Kost	20–40	50–70	25–50	60–80	20–40	50–60

Quelle: Inama-Sternegg, Landwirthschaftliche Arbeiter, 351 f.

Etwa zweieinhalb Jahrzehnte später um 1914 bewegten sich die Löhne der Landarbeiter ohne Verpflegung im Sommer zwischen 1,60 und 2 Kronen pro Tag, im Winter zwischen 1,20 und 1,60 Kronen. Mit Verpflegung betrugen die entsprechenden Werte im Sommer 48–60 Heller, im Winter 36–48 Heller.[70] Nimmt man die niedrigsten Männerlöhne in der Landwirtschaft als Maßstab, dann entsprach das einem nominellen Anstieg von rund 1 Krone auf 1,40 Kronen, real um etwa 16 Prozent. Das war deutlich weniger als im Fall der Arbeiterlöhne im Kronland Niederösterreich, die im Vergleichszeitraum um 33 Prozent gestiegen waren.[71] Die Realeinkommensgewinne in der Landwirtschaft hinkten also jenen der »Industriearbeiter« erheblich nach. Eine Folge dieser Lohndifferentiale zwischen Stadt und Land war, dass auch in bäuerlichen Betrieben neben den Knechten und Mägden nicht wenige sich als Taglöhner verdingten, weil sie sich dadurch nur kurzfristig an den Arbeitgeber banden und im Fall einer freien Arbeitsstelle in der städtischen Industrie rasch wechseln konnten.[72] Der Lohnvorteil der Städte war auch ein wesentlicher Grund, warum die Landflucht in den agrarisch geprägten Teilen Niederösterreichs anhielt und dadurch das Bevölkerungswachstum dort trotz hoher Geburtenüberschüsse auch im Vergleich mit anderen heutigen Bundesländern gebremst ausfiel.[73]

70 Kautsky, Löhne und Gehälter, 128.

71 Eigene Berechnungen nach Inama-Sternegg, Landwirthschaftliche Arbeiter, 351 f.; Kautsky, Löhne und Gehälter, 128; Mesch, Arbeiterexistenz, 182; Österreichisches Statistisches Zentralamt, Indizes zur Wertsicherung, 33.

72 Schullern-Schrattenhofen, Lohnarbeit, 28 f.

73 Weigl, Niederösterreichs Bevölkerung, 78 f.

4.6 Ungleichheit im Zeitalter der Hochindustrialisierung

Seit den 1890er-Jahren ließ der Industrialisierungsprozess wohl kaum mehr einen Landesteil des Kronlandes Niederösterreich unberührt, wie wohl »Niederösterreich-Land« den Charakter eines Agrarlandes grosso modo weiter beibehielt. Angesichts fehlender regionalökonomischer Daten zum gesamten Output an Gütern und Dienstleistungen lassen sich regionale Ungleichgewichte, was die Outputgrößen anlangt, nur ungefähr fassen. Am industriellen Kerngebiet in und um Wien und im südlich von Wien gelegenen Industrieband entlang der Südbahn und einigen Seitentälern änderte sich wenig. St. Pölten und das Traisental erlebten einen großen industriellen Aufschwung, während die niederösterreichische Eisenwurzen in die Krise geriet. Die Textilregion des Oberen Waldviertels bestand zwar weiter, bildete jedoch nur noch eine verlängerte Werkbank der Textilunternehmen im Raum Wien.[74] Industrielle Großbetriebe siedelten sich vor allem in den Bezirken Baden, Mödling, Neunkirchen, Bruck an der Leitha und in Wiener Neustadt-Stadt an. Um 1902 lag dort die Zahl der Beschäftigten pro Produktionsbetrieb sogar höher als in Wien, sieht man vom 1904/05 eingemeindeten Floridsdorf ab, welches diesbezüglich alle anderen Bezirke übertraf. Im Wald- und Weinviertel herrschten auch in der Industrie und im produzierenden Gewerbe weiterhin kleinbetriebliche Strukturen vor.[75] Den agrarischen Gunstlagen im Marchfeld und im Alpenvorland standen die peripheren Alpengebiete und agrarisch geprägte Teile des Wald- und Weinviertels gegenüber. Bezüglich der Überlebensverhältnisse relativierten sich regionale Ungleichgewichte insofern, als ein Höhepunkt der Arbeitskräftemobilität die Wanderungsbeziehungen zwischen Zentren und Peripherieräumen weiter verdichtete. Ein häufiges Hin und Her auf der Suche nach Arbeit war die Folge. Zeitgenossen sprachen von »modernen Nomaden«. Um 1890 lebten rund 155.000 geborene Niederösterreicherinnen und Niederösterreicher in Wien und rund 55.000 geborene Wienerinnen und Wiener in Niederösterreich. Bis 1910 stiegen die entsprechenden Zahlen auf 225.000 und 100.000. Die Migrantinnen und Migranten nach Wien stammten praktisch aus allen Teilen Niederösterreichs, die Abwanderer aus Wien gingen überwiegend in die Industriezonen Niederösterreichs, was auf den großen Einfluss des Industrialisierungsprozesses auf die Wanderungsverflechtungen hinweist.[76]

Dem gesteigerten Bevölkerungsaustausch entsprach eine Nivellierung der Sterblichkeit. In den letzten beiden Jahrzehnten der Habsburgermonarchie glichen sich die regionalen rohen Sterberaten nach politischen Bezirken immer mehr an. Der Variationskoeffizient der Sterberate der 5- und Mehrjährigen betrug 1910/11 lediglich 0,106,

---

74 Komlosy, Niederösterreich, 228 f.

75 Eigene Berechnungen nach Statistisches Bureau der Niederösterreichischen Handels- und Gewerbekammer, Ergebnisse der Gewerblichen Betriebszählung 1902, 313–325.

76 Weigl, Eine dauerhafte Beziehung, 207 f.

jener der ehelichen Säuglingssterberate 0,099.[77] Da beide Sterberaten vom Export und Import von Säuglings- und Kleinkindersterblichkeit nicht oder nur unwesentlich betroffen waren, kann die Annäherung der Sterberaten als statistisch weitgehend gesichert gelten und auch als Hinweis dafür gesehen werden, dass vom allgemeinen Anstieg der Lebenserwartung große Teile der Bevölkerung profitierten. Regionale Verzerrungen blieben allerdings durch die Zählung der Sterbefälle nach dem Sterbe- und nicht nach dem letzten Wohnort weiterhin bestehen. So lag die Sterberate ohne Berücksichtigung der Ortsfremden – in diesem Fall definiert als Personen, die in einer Stadt gebären oder sterben, ohne sonst mit deren Bevölkerung in Beziehung zu stehen – in Städten wie Wiener Neustadt, St. Pölten, Mödling, Klosterneuburg, Baden und Waidhofen/Ybbs, aber auch im industrialisierten Bezirk Neunkirchen ganz erheblich unter der gesamten Sterberate, und zwar etwa in Wiener Neustadt bei 15,8 gegenüber 20,4, in St. Pölten 18,7 gegenüber 27,4, in Waidhofen/Ybbs 17,2 gegenüber 24,0. Die Verzerrung, die sich durch die Existenz städtischer Kranken- und Gebäranstalten als potenzielle Sterbeorte Ortsfremder ergab, war also nach wie vor nicht unerheblich.[78]

Im Gegensatz zu den schrumpfenden regionalen Mortalitätsdifferentialen blieben jene innerhalb regionaler Teilpopulationen ganz beträchtlich. Die Berechnung berufsspezifischer Sterberaten für Erwerbstätige in Wien für die Zeit um 1910 erbrachte etwa Werte um 15 auf 1000 der jeweiligen Berufsgruppe in der Metall- und Maschinenindustrie gegenüber 26–27 in der Nahrungsmittelindustrie, im Gast- und im Baugewerbe. Die Sterblichkeit der Altersgruppe der 51- bis 60-jährigen Mitglieder genossenschaftlicher Krankenkassen in Wien im Zeitraum von 1892 bis 1902 liefert ein ähnliches Bild. Während Buchbinder, Gürtler und Hutmacher eine Rate von ca. 20 aufwiesen, kamen Bäcker, Schlosser, Kleidermacher, Schlosser und Zimmermaler auf Werte knapp über 30, Lithographen sogar auf 57.[79] Es ist anzunehmen, dass ähnliche Mortalitätsdifferentiale auch bei den Arbeiterinnen und Arbeitern in Industrie und Gewerbe der niederösterreichischen Industriegebiete herrschten.

Trotz dieser ausgeprägten berufsspezifischen Unterschiede sorgte der strukturelle Wandel der Arbeitswelt für insgesamt wohl geringere schwere gesundheitliche Belastungen durch das Berufsleben. So nahm die Zahl der tödlichen Arbeitsunfälle in versicherungspflichtigen Gewerbebetrieben im Gewerbeinspektorenbezirk »Wien«, der Niederösterreich mit einschloss, von 5,34 auf 10.000 Versicherte im Jahr 1891 auf 3,31 im Jahr 1911 doch merklich ab.[80] Dazu trat die Wirkung der Arbeiterschutz-

77 K. k. statistische Zentralkommission, Bewegung der Bevölkerung 1910, 42, 78, 84f., 96; 1911, 8, 28, 36f.; Ergebnisse der Volkszählung 1910, Heft 3, 50; eigene Berechnungen.

78 Eigene Berechnungen nach Drexel, Geburten und Sterbefälle, 107, 194.

79 Weigl, Dank Keuschheit ein langes Leben?, 228–231; Rosenfeld, Gesundheitsverhältnisse, 19f., 22.

80 Eigene Berechnung nach K. k. Ministerium des Inneren, Gebarung und Ergebnisse der Unfallversicherung 1891, 1911.

gesetze der 1880er-Jahre, des Gewerbeinspektorengesetzes von 1883, der Gewerbeordnungsnovelle von 1885 und der Einführung der Unfall- und Krankenversicherung 1888.[81] Eine, wenn auch noch bescheidene, Rolle kam vor allem auch der innerbetrieblichen Tertiärisierung zu, die die Zahl der Angestellten beiderlei Geschlechts in den Jahrzehnten vor Ausbruch des Ersten Weltkriegs sprunghaft ansteigen ließ.[82]

Die regionale Streuung der Säuglingssterblichkeitsraten blieb relativ ausgeprägt. Diese waren ja nicht nur von materiellen Lebensbedingungen der Eltern der Neugeborenen abhängig, sondern auch von regionalen Mustern mit Bezug auf Stillpraktiken, die Wasserversorgung und die hygienischen Bedingungen im Allgemeinen. Durch die weiterhin geübte Praxis der Vergabe von Säuglingen an außerhalb Wiens lebende Pflegeeltern sind die weiter unten angeführten Raten nach politischen Bezirken daher nicht nur als Indikator der Pflege eigener Kinder, sondern auch jener von Pflegekindern zu werten, die schon bei der Übergabe durch das Wiener Findelhaus nicht im besten Gesundheitszustand gewesen sein mögen. Aber natürlich spiegelte sich in den Raten auch die Armut vieler Pflegeeltern und über diese hinaus überlebensgefährdende regionale Praktiken des Umgangs mit Säuglingen.

Die Spannweite der Säuglingssterberaten war ebenso wie zwischen den Wiener Bezirken auch außerhalb von Wien groß. Im Bezirk Amstetten im Alpenvorland betrug die Rate kaum 16 Prozent, in Neunkirchen 15 Prozent, in Zwettl jedoch 25 Prozent und in Gmünd 23 Prozent. Auffällig hoch war die Säuglingssterblichkeit im Waldviertel, relativ günstig die Situation im Industrieviertel. Das könnte sowohl mit dem Gesundheitszustand der Mütter, der sich bis zu einem gewissen Grad in der Sterblichkeit des ersten Lebensmonats abbildet, als auch mit verbesserter Ernährung der älteren Säuglinge in Verbindung gestanden haben. Die relativ niedrigen Sterberaten des Industrieviertels wurden allerdings auch durch die Tatsache begünstigt, dass Pflegekinder bevorzugt zu bäuerlichen Pflegeeltern in den nördlichen Landesteilen und jedenfalls nicht in das Industriegebiet vergeben wurden.

Innerhalb Wiens war die Säuglingssterberate im ausgehenden 19. und am Beginn des 20. Jahrhunderts in Arbeiterbezirken wie Favoriten und Simmering etwa dreimal so hoch wie in der überwiegend von der Oberschicht bewohnten Inneren Stadt. Im ersten Jahrzehnt des 20. Jahrhunderts kam es jedoch zu einer recht deutlichen Annäherung der Säuglingssterberaten nach Wiener Bezirken. Der Korrelationskoeffizient zwischen dem Anteil der Einkommensteuerpflichtigen der untersten Steuerklasse und der Säuglingssterberate sank von 0,924 auf 0,409.[83] Das spricht dafür, dass die Wirkungen der »sanitary revolution« in der Großstadt wesentlich spürbarer waren als in anderen Teilen des Kronlandes Niederösterreich.

81 Talos, Staatliche Sozialpolitik, 52–71.

82 Mesch, Weigl, Angestellte und Tertiärisierung, 104, 121.

83 Weigl, Demographischer Wandel, 212.

Tabelle 50: Säuglingssterberaten nach Lebensdauer in den politischen Bezirken 1911/12

Bezirk	gesamt	1. Monat	2.–12. Monat
Wien	151,0	56,3	94,7
Waidhofen an der Ybbs	189,4	79,5	109,8
Amstetten	156,7	70,4	86,4
Baden	174,7	71,3	103,4
Bruck an der Leitha	209,1	67,9	141,3
Floridsdorf-Umgebung	201,0	69,7	131,3
Gänserndorf	206,9	68,6	138,3
Gmünd	232,6	85,5	147,1
Hietzing-Umgebung	207,7	66,7	141,0
Horn	218,7	70,0	148,7
Korneuburg	224,9	70,4	154,5
Krems	226,6	77,5	149,2
Lilienfeld	179,1	83,4	95,7
Melk	192,8	73,6	119,2
Mistelbach	197,6	70,3	127,4
Mödling	203,3	73,7	129,6
Neunkirchen	153,9	63,3	90,6
Oberhollabrunn	238,4	66,8	171,6
Pöggstall	239,1	102,5	136,7
St. Pölten	184,6	76,2	108,4
Scheibbs	182,1	86,3	95,8
Tulln	200,3	67,7	132,6
Waidhofen/Thaya	216,7	92,4	124,3
Wiener-Neustadt (Stadt + Land)	188,4	77,2	111,3
Zwettl	254,0	95,3	158,8
Niederösterreich	201,6	74,5	127,2
Variationskoeffizient	0,131	0,138	0,183
Variationskoeffizient (ohne Wien)	0,122	0,130	0,178

Quelle: K. k. Statistische Zentralkommission, Bewegung der Bevölkerung 1911, 1912, 8, 36f.

Zum Rückgang der Mortalitätsdifferentiale in Wien und den niederösterreichischen Industriegebieten trug auch die allmähliche Etablierung der »respectable working class family« bei. In Wien sank der Anteil unehelicher Geburten von 40 auf unter 30 Prozent. Zudem wurden zahlreiche unehelich geborene Kinder nachträglich legitimiert. Um 1910 war es in Wien bereits jedes Vierte.[84] In Niederösterreich lag die Unehelichenquote im Durchschnitt der Jahre 1911 bis 1915 bei 15,2, also auf etwa halb so hohem Niveau wie in Wien. In Wiener Neustadt-Stadt, in den Bezirken Baden, Lilienfeld und Scheibbs erreichte sie jedoch etwa zwei Drittel des Wiener Niveaus. Der Rückgang des Anteils der unehelichen Geburten besonders in manchen rural geprägten nördlichen Zonen Niederösterreichs verlief langsamer, so etwa in Krems-Land, Horn, Waidhofen/Thaya, Ober-Hollabrunn und Mistelbach.[85] Dies erklärt auch neben hygienischen Defiziten und der wirtschaftlichen Schwäche dieser Bezirke die hohen Säuglingssterberaten des Waldviertels. Ein weiterer Faktor war die überproportionale Übernahme von »Wiener« Findelkindern in Bezirken wie Horn und Zwettl, die in der Regel unter schlechteren Pflegebedingungen als die überwiegende Mehrzahl der übrigen Säuglinge aufwuchsen.[86]

Die angestrebte Medikalisierung der Bevölkerung in Stadt und Land, die ja gerade im Rahmen der Säuglingspflege von großer Bedeutung war, erforderte wie bereits erwähnt einen gewissen Bildungsgrad. Da bei den Volkszählungen in der Monarchie nicht die höchste abgeschlossene Ausbildung, sondern nur die Kenntnis von Lesen und Schreiben erfragt wurde, lässt sich dazu nur ein grobes Bild vermitteln. Was die regionale Streuung des Analphabetismus anlangt, bestanden erhebliche Unterschiede. Allerdings wurde bei der Volkszählung des Jahres 1890 auf regionaler Ebene die Unkenntnis von Lesen und Schreiben nur für die gesamte anwesende Zivilbevölkerung erhoben. Das tatsächliche Ausmaß des Analphabetismus lässt sich daher nur abzüglich der unter Sechsjährigen berechnen, deren Anzahl und Anteil nur für Wien und Niederösterreich insgesamt vorliegt. Regionale Unterschiede im Anteil der jüngsten Altersgruppe bleiben daher in der nachfolgenden Berechnung unberücksichtigt. Das macht sich besonders im Fall von Waidhofen/Ybbs negativ bemerkbar, welches nach dieser Schätzung über keine einzige Einwohnerin und keinen einzigen Einwohner verfügt hätte, die/der nicht lesen und schreiben konnte, was nicht sehr glaubwürdig erscheint. In Summe liefern die Kalkulationen allerdings durchaus plausible Ergebnisse. Demnach zählten die peripheren Bezirke Niederösterreichs wie Neunkirchen, Waidhofen an der Thaya und Zwettl zu jenen mit den höchsten Analphabetenraten, während in Wien, Wiener Neustadt, aber auch in Korneuburg und Horn vergleichsweise sehr geringe Lese- und Schreibunkundigkeit festzustellen war. Innerhalb Wiens lagen in den Arbeiterbezirken Favoriten, Simmering und Rudolfsheim die höchsten Analphabetenraten vor, in der Inneren Stadt und Mariahilf die geringsten. Auch innerhalb der hauptstädtischen Bevölkerung differierten also die Raten erheblich.[87]

84 Weigl, Demographischer Wandel, 311, 316.
85 Haslinger, Uneheliche Geburten, 21 f., 28 f.
86 Pawlowsky, Mutter ledig, 208.
87 Sedlaczek, Volkszählung 1890, 29.

Tabelle 51: Analphabetismus nach Bezirken 1891 und 1910 (in %)

Stadt/Bezirk	1891[a]	1910[b]
Wien	4,8	2,0
Wiener-Neustadt	5,7	4,4
Waidhofen/Ybbs	[c]	2,1
Amstetten	2,5	1,8
Baden	10,3	2,9
Bruck/Leitha	9,2	3,8
Floridsdorf Umgebung		2,1
Gänserndorf		1,8
Gmünd		5,4
Groß-Enzersdorf	9,0	
Hietzing Umgebung	7,7	3,7
Oberhollabrunn	5,2	1,8
Horn	4,6	2,5
Korneuburg	4,8	2,4
Krems	6,4	2,0
Lilienfeld		4,0
Melk		3,8
Mistelbach	7,9	1,8
Mödling		3,1
Neunkirchen	11,7	3,6
Pöggstall		3,6
St. Pölten	7,8	2,4
Scheibbs	5,8	3,1
Tulln		2,4
Waidhofen/Thaya	12,7	4,4
Währing	2,9	
Wiener-Neustadt-Land	9,8	4,0
Zwettl	11,6	4,2
Niederösterreich	7,2	3,0

Quelle: K. k. Statistische Central-Commission, Ergebnisse der Volkszählung 1890, 1. Heft, 46–51; Ergebnisse der Volkszählung 1910, Heft 2, 57; eigene Berechnungen

[a] Bezogen auf die gesamte Bevölkerung abzüglich Bevölkerung unter 6 Jahren.

[b] Bezogen auf die Bevölkerung im Alter von über 10 Jahren.

[c] Unplausibler Wert.

Überraschenderweise korrelierten zumindest um 1890 Unbildung und hohe Sterblichkeit nicht unbedingt. Die entsprechenden Berechnungen für die niederösterreichischen politischen Bezirke ergaben hinsichtlich des Zusammenhangs von Analphabetismus und Sterberate einen Korrelationskoeffizienten von –0,312, das heißt, bis zu einem gewissen Grad hatten Bezirke mit relativ hohem Analphabetismus unterdurchschnittlich niedrige Sterberaten. Bei der Säuglingssterberate bestand überhaupt kein linearer Zusammenhang (Korrelationskoeffizient: –0,018).[88] Offensichtlich handelte es sich beim Analphabetismus Ende des 19. Jahrhunderts bereits um ein gesellschaftliches Randphänomen, welches lediglich kleinere Teile der Bevölkerung im höheren Alter und manche Migrantinnen und Migranten betraf. Ein messbarer Einfluss auf wohlstandsfördernde und -vermindernde Verhaltensweisen lässt sich dadurch nicht nachweisen. Bis an den Vorabend des Ersten Weltkrieges gingen die Anteile der Analphabeten weiter stark zurück, in den meisten Bezirken um die Hälfte oder mehr. Für Analphabetismus bereits als Randphänomen spricht auch, dass der statistische Zusammenhang zwischen ökonomischer Ungleichheit und Analphabetismus am Vorabend des Ersten Weltkrieges in ganz Cisleithanien nicht mehr sehr robust war.[89]

Was Unterschiede im Konsumverhalten, und da vor allem die Ausgaben für Nahrungsmittel anlangt, erlaubt die Konsumerhebung von 1912 bis 1914 für die Wiener Arbeiterschaft gewisse Rückschlüsse, die wohl auch für die niederösterreichischen Arbeiterhaushalte in den größeren Städten zutrafen. Zu berücksichtigen ist dabei aber, dass es sich bei den teilnehmenden Haushalten dieser Erhebung sicher nicht um die »Ärmsten der Armen« handelte. Auch Haushalte mit Migrationshintergrund, die nicht über genügend Deutschkenntnisse verfügten, waren bei dieser Erhebung sicher nicht oder jedenfalls nicht anteilsmäßig repräsentiert.

Erwartungsgemäß bestand 1912 bis 1914 wie schon in der Vergangenheit eine ausgeprägt negative Korrelation zwischen dem Pro-Kopf-Einkommen pro erwachsene Person[90] und dem Anteil der Nahrungsmittelausgaben am Gesamtbudget. Bei einzelnen Nahrungsmitteln erwies sich der negative Zusammenhang allerdings deutlich schwächer, so bei Kartoffeln und Milch.[91] Besonders eng war die Beziehung zwischen Haushaltsgröße und Fleischkonsum. Nach zeitgenössischen Angaben aus dem Jänner 1914 kam bei einer Arbeiterfamilie mit drei Kindern Fleisch zweimal die Woche in der kleinen Menge von einem halben Kilo auf den Tisch.[92] Es bestand eine Spannweite, die pro Nahrungsverbrauchseinheit von 78 kg jährlich bei kleinen Haushalten bis zu 28 kg bei großen Haushalten nach unten ging.[93] Diese kleinen

88 Eigene Berechnungen auf Basis von K. k. statistische Centralkommission, Bewegung der Bevölkerung 1891, 30, 66, 103; Tabelle 38.
89 Pammer, Inequality, 13.
90 Kinder unter einem Jahr wurden mit 0, im Alter von 1–12 Jahren mit 0,5 Personen gewertet.
91 Weigl, Einfluss geänderter Ernährungsgewohnheiten, 147.
92 Sandgruber, Anfänge, 262.
93 Peller, Ernährungsverhältnisse 1912/14, 109, 114.

Mengen waren fast ausschließlich für die Ehemänner reserviert, die Fleischspeisen mehr oder minder regelmäßig jedenfalls zum Mittagessen erhielten, für Frauen und Kinder gab es solche Kost bestenfalls an Sonn- und Feiertagen.[94] Der Einschränkung der Familiengröße kam jedoch nicht nur in Arbeiterfamilien der Charakter einer »strategischen Variable« bei vergleichbarer Klassenlage zu.[95] Auch im Kleinbürgertum dürften ähnliche innerfamiliäre Verteilungsmuster geherrscht haben. Unter niedrigen Beamten waren sparsame Kost und niedriges Wohnniveau die Regel. Ausgabenfreudiger war man bei der standesgemäßen Bekleidung und den Ausgaben für die Kinder.[96] Zusätzliches Einkommen wurde nicht unbedingt in bessere Ernährung gesteckt.[97]

Selbst die erzwungene vegetarische Kost war in den Arbeiterhaushalten nicht allzu üppig. Nach Angaben aus der Zeitschrift »Armenpflege« gab eine Arbeiterfamilie mit drei Kindern im Jänner 1914 lediglich 20 Heller täglich für den Gemüseeinkauf aus. Das reichte bestenfalls, um in der saisonal günstigsten Zeit 0,5–1 kg Spinat, saure Rüben oder Fisolen zu kaufen.[98] Obendrein wurde Gemüse meist mit Mehl und Fett »eingebrannt« und damit physiologisch ziemlich wertlos.[99] Somit fehlten wichtige Vitamine zur Mobilisierung des Eiweißstoffwechsels.[100]

Die temporären Realeinkommensgewinne der Arbeiterinnen und Arbeiter in den 1890er-Jahren hatten auf die insgesamt höchst ungleiche Einkommensverteilung keinen nennenswerten Einfluss. Diese war in Wien eklatant ungleich. Im Jahr 1910 gab es in Wien 877 Personen mit einem Jahreseinkommen von 100.000 und mehr Kronen, in Niederösterreich 53, in der Steiermark 41, aber in Oberösterreich nur 19 und in Tirol 11. Auf 100.000 Einwohner kamen in Wien 43,2 solcher »Millionäre«, im übrigen Niederösterreich 3,5, in der Steiermark 3,8, in Oberösterreich 2,2 und in Tirol 1,2.[101] Die Konzentration hoher Einkommen war demnach in Niederösterreich für die Alpenländer relativ hoch, aber weit unter dem Wiener Wert. Von den Realeinkommensgewinnen des späten 19. und frühen 20. Jahrhunderts hatten zwar die unteren Einkommensschichten profitiert, in Wien jedoch nicht in dem Ausmaß wie bei den oberen und obersten Einkommensschichten.[102]

---

94 Sandgruber, Frauensachen, 36.
95 Spree, Klassen- und Schichtbildung, 68.
96 Megner, Beamtenmetropole, 272.
97 De Vries, Industrious Revolution, 191.
98 Sandgruber, Anfänge, 262; Statistisches Jahrbuch Wien 32 (1914), 602.
99 Sandgruber, Anfänge, 260.
100 Kropf, Rauter, Erklärungsansätze, 198.
101 Sandgruber, Traumzeit, 21; eigene Berechnungen.
102 Pammer, Inequality, 14.

Tabelle 52: Anteil der obersten Perzentile am Gesamteinkommen in Wien, im Kronland Niederösterreich und Cisleithanien 1910

Land	20 %	10 %	5 %	1 %
Wien	63,0	51,4	41,9	26,9
Kronland Niederösterreich	58,4	47,4	37,9	24,3
Cisleithanien	42,0	36,7	28,2	16,6

Quelle: Sandgruber, Traumzeit, 18

Eine Erhebung der Handels- und Gewerbekammer zu Beginn der 1890er-Jahre erlaubt einen Blick auf die Unterschiede zwischen großstädtischen und niederösterreichischen Einkommensverhältnissen in Industrie und Gewerbe. Demnach lag der Median der Wochenverdienste unter Wiener Hilfsarbeitern bei 8–10 Gulden, unter Hilfsarbeiterinnen bei 5–6 Gulden. In Niederösterreich lagen die entsprechenden Werte bei den Arbeitern ebenfalls bei 8–10 Gulden, bei Arbeiterinnen bei 3–5 Gulden.

Tabelle 53: Wochenverdienste[a] von Hilfsarbeitern in Industrie und Gewerbe in Wien und Niederösterreich 1891

Stadt/Land	Wien				Niederösterreich			
Verdienst	männlich	in %	weiblich	in %	männlich	in %	weiblich	in %
unter 3 fl.	1430	2,5	966	5,6	773	3,0	798	9,3
3–5 fl.	2384	4,2	7380	42,6	2617	10,2	5000	58,1
5–6 fl.	2517	4,4	4382	25,3	2767	10,8	1557	18,1
6–8 fl.	8004	14,1	2745	15,8	6314	24,5	962	11,2
8–10 fl.	15.318	27,0	1024	5,9	5372	20,9	219	2,5
10–12 fl.	12.231	21,5	608	3,5	3165	12,3	55	0,6
12–15 fl.	8870	15,6	191	1,1	2948	11,5	7	0,1
15–18 fl.	3415	6,0	27	0,2	1228	4,8	2	0,0
über 18 fl.	2603	4,6	13	0,1	536	2,1	2	0,0
Gesamt	56.772	100,0	17.336	100,0	25.720	100,0	8602	100,0
Median	9,83		5,07		8,14		4,40	
Gender Pay Gap			193,9				185,0	
Wien = 100	100		100		121		115	

Quelle: Handels- und Gewerbekammer, Statistischer Bericht 1890, A 168f., A 170f.; eigene Berechnungen
[a] Letzte Augustwoche, nur Löhne ohne Kost und Quartier berücksichtigt.

Die regionale Verteilung der Löhne zeigte ein beträchtliches Lohngefälle zwischen Wien und den westlichen Landesteilen. Hingegen lag das Lohnniveau im Industrie- und Weinviertel mit einem Indexwert von 89 und 87 nicht ganz so weit vom Wiener entfernt. Da die Lebenshaltungskosten der Arbeiterschaft nicht in diesen Dimensionen schwankten wie die Nominallöhne, weist das auf ein beträchtliches Gefälle der Reallöhne hin. Während die Lebenshaltungskosten etwa in Wiener Neustadt im Jahr 1895 einen Indexwert von 89,3 aufwiesen, was ziemlich genau dem Unterschied in nominellen Löhnen entsprach, galt das etwa für das Mostviertel gemessen an den Lebenshaltungskosten in St. Pölten (Index: 86,3) und vor allem für das Waldviertel (Horn: 83,5) nicht.[103]

Tabelle 54: Regionale durchschnittliche Wochenlöhne in Industrie und Gewerbe in Wien und den niederösterreichischen Landesvierteln 1891 (in Kronen)

Region	Männer	Frauen	Gesamt	GPGa	Lohngefälle[b]
Wien	20,6	10,9	18,3	53,0	100,0
VUWW	18,5	9,4	16,2	50,9	88,6
VOWW	15,4	8,3	13,9	54,2	76,0
VUMB	18,1	10,3	16,0	56,7	87,4
VOMB	13,6	8,3	12,2	61,3	66,4

Quelle: Mesch, Arbeiterexistenz, 221; eigene Berechnungen
[a] Gender Pay Gap = Frauenlöhne in % der Männerlöhne.
[b] Wien = 100.

Was den Gender Pay Gap betrifft, so war er im Waldviertel etwas schwächer als in den übrigen Landesvierteln, in denen Arbeiterinnen nach wie vor nur knapp über 50 Prozent der Männerlöhne verdienten. Die Löhne der Männer in der Landwirtschaft schwankten saisonal erheblich. Im Gegensatz zur Erntezeit waren in zahlreichen niederösterreichischen Gerichtsbezirken außerhalb der Erntezeit nur sehr niedrige Löhne zu erhalten. Die niedrigsten Frauenlöhne lagen nur wenig unter jenen der niedrigsten Männerlöhne, weil diese offensichtlich kaum nach unten zu unterbieten waren und ohne Kost und Quartier weit unter dem Existenzniveau lagen. Bei Frauen und Kindern – denn Kinderarbeit war in der Landwirtschaft noch sehr verbreitet – ist davon auszugehen, dass sie in der Regel nur Arbeit in der Landwirtschaft annahmen, wenn Kost und Quartier in der Entlohnung inkludiert waren. Von den geringen Taglöhnen hätten sie sich unter keinen Umständen selbst ausreichend versorgen können, nicht einmal mit Nahrungsmitteln.

103 Mesch, Arbeiterexistenz, 223.

Tabelle 55: Verteilung der landwirtschaftlichen Taglöhne für Männer in Niederösterreich 1893 (in Kreuzern)

Lohnkategorie	1. Jahreshälfte	2. Jahreshälfte
über 50 bis 60	6	3
über 60 bis 70	12	1
über 70 bis 80	4	2
über 80 bis 90	4	3
über 90 bis 100	13	15
über 100	8	23

Quelle: Inama-Sternegg, Landwirthschaftliche Arbeiter, 357

In den landwirtschaftlichen Großbetrieben bestanden bei vergleichsweise guter Entlohnung ganz erhebliche regionale Lohnunterschiede. So konnte ein Oberknecht zwischen 60 und 300 Gulden jährlich an Geldlohn verdienen, eine »Hausdirn« zwischen 30 und 210 Gulden. Auch in anderen Dienstbotenkategorien existierten derartig große Spannweiten der Löhne, sei es in Geld-, sei es in Naturallohn.[104] Was die Jahresverdienste anlangt, lassen sich für die bei den Unfallversicherungsanstalten versicherten landwirtschaftlichen »Arbeiterinnen« und »Arbeiter« ebenfalls sehr ausgeprägte regionale Unterschiede festmachen. Im Durchschnitt der Jahre 1890 bis 1893 erhielt ein Oberknecht im Bezirk Aspang 60 Gulden jährlich, hingegen in den Bezirken Neunkirchen und Lilienfeld 300 Gulden. Bei Knechten schwankten die Jahresverdienste zwischen 50–80 Gulden in den peripheren Bezirken und 192 Gulden im Bezirk Krems. Selbst eine Magd konnte im Bezirk Korneuburg fast 100 Gulden verdienen, während sie in Pöggstall oder Aspang kaum über 40 Gulden kam.[105] Real waren die Differentiale freilich nicht so ausgeprägt, da sich ja auch das Preisniveau nicht unbeträchtlich unterschied. Ohnehin spielte die Qualität von Kost und Quartier am ländlichen Arbeitsmarkt eine nicht zu unterschätzende weitere Rolle.

Eine Berechnung der regionalen Medianeinkommen von Michael Pammer für das Jahr 1911 bestätigt den Eindruck von sehr beträchtlichen Differentialen. Dies ist insofern besonders bemerkenswert, als in die zu diesem Zeitpunkt bereits rund ein Jahrzehnt erhobene Personaleinkommenssteuer sämtliche Haushaltseinkommen einschließlich des Mietwerts von Eigentumswohnungen und des Werts von selbst erzeugten Produkten mit einflossen, also auch die bäuerlichen Einkommen einigermaßen adäquat berücksichtigt wurden. Letztere waren zwar schwer zu bewerten

104 Schullern-Schrattenhofen, Lohnarbeit, 29.
105 Inama-Sternegg, Landwirthschaftliche Arbeiter, 416.

und wurden auch sicher unterbewertet, sie blieben aber keineswegs unberücksichtigt. Die Bruttomedianeinkommen bewegten sich nach Pammer in den niederösterreichischen Städten wie Mödling, St. Pölten und Wiener Neustadt um etwa 80 Prozent des Wiener Wertes, in den übrigen Landesteilen zumeist um 40–60 Prozent. Nun bestanden ohne Zweifel Unterschiede in den Lebenshaltungskosten, und besonders in ruralen Zonen spielte Selbstversorgung aus Eigenproduktion eine große Rolle. Dennoch ist das sehr ausgeprägte Einkommensgefälle zwischen Wien und den übrigen Landesteilen am Vorabend des Ersten Weltkrieges bemerkenswert.

Tabelle 56: Jahresbruttomedianeinkommen in Kronen nach politischen Bezirken 1910/11

Bezirk	Einkommen	Wien = 100	Gini-Koeffizient
Wien	1439,6	100,0	0,594
Amstetten (+Waidhofen an der Ybbs)	721,9	50,2	0,468
Baden	1024,8	71,2	0,515
Bruck an der Leitha	806,1	56,0	0,465
Floridsdorf Umgebung	738,7	51,3	0,492
Gänserndorf	707,4	49,1	0,472
Gmünd	616,6	42,8	0,374
Hietzing Umgebung	885,8	61,5	0,471
Horn	671,6	46,7	0,483
Korneuburg	780,8	54,2	0,473
Krems	696,3	48,4	0,527
Lilienfeld	718,2	49,9	0,395
Melk	626,9	43,5	0,472
Mistelbach	651,6	45,3	0,463
Mödling	1002,6	69,6	0,522
dar. Mödling Stadt	1322,7	91,9	0,566
Mödling übriger Bezirk	909,1	63,1	0,486
Neunkirchen	809,4	56,2	0,426
Oberhollabrunn	667,4	46,4	0,472
Pöggstall	535,7	37,2	0,382
St. Pölten	737,7	51,2	0,480
dar. St. Pölten Stadt	1138,4	79,1	0,480
St. Pölten übriger Bezirk	660,1	45,9	0,469
Scheibbs	623,2	43,3	0,471
Tulln	793,8	55,1	0,525
Waidhofen an der Thaya	622,8	43,3	0,428

Bezirk	Einkommen	Wien = 100	Gini-Koeffizient
Wiener Neustadt Stadt	1190,5	82,7	0,494
Wiener Neustadt Land	649,4	45,1	0,438
Zwettl	548,1	38,1	0,411
Niederösterreich ohne Wien			0,457
Kronland Niederösterreich			0,572

Quelle: Pammer, Wachstum und Verteilung; Pammer, Distribution of income and wealth; eigene Berechnungen

Die Einkommensungleichheit innerhalb der Bezirke war in den Jahren vor Ausbruch des Ersten Weltkrieges erwartungsgemäß in Wien stärker ausgeprägt als in den politischen Bezirken Niederösterreichs. In einzelnen Flächenbezirken wie Baden und Tulln, aber auch in der Stadt Mödling erreichte sie jedoch fast das Wiener Niveau. Die geringste Einkommensungleichheit bestand in den peripheren Bezirken mit niedrigem Einkommensniveau. Dazu zählten Pöggstall, Lilienfeld und Gmünd.

Innerhalb größerer territorialer Einheiten, also Wiens und der einzelnen Landesviertel, fiel hingegen die relative Streuung der Löhne in Industrie und Gewerbe gemessen mit dem Quartilsdispersionskoeffizienten[106] nicht sehr ins Gewicht. Um 1890 war sie lediglich im Mostviertel geringer als in den übrigen Vierteln. Dieser Befund deutet demnach auf eine regional sehr ähnliche und nicht besonders ausgeprägte Lohnpyramide innerhalb der Arbeiterschaft hin.

Tabelle 57: Quartilsdispersionskoeffizient der Wochenlöhne in Industrie und Gewerbe in Wien und den niederösterreichischen Landesvierteln 1891

Region	Männer	Frauen	Gesamt
Wien	0,211	0,226	0,319
VUWW	0,282	0,194	0,341
VOWW	0,236	0,162	0,281
VUMB	0,275	0,297	0,355
VOMB	0,326	.	0,356
Niederösterreich	0,249	0,220	0,336

Quelle: Mesch, Arbeiterexistenz, 222

106 Der Koeffizient ist definiert als $(Q_3-Q_1)/(Q_3+Q_1)$, wobei Q_1 = 1. Quartil, 25 Prozent der Einkommensbezieher liegen unter diesem Wert, Q_3 = 3. Quartil, 75 Prozent der Einkommensbezieher liegen unter diesem Wert.

Vergleichsweise geringfügig waren die regionalen Unterschiede der gleichwohl deutlich höheren relativen Streuung der Einkommen der gesamten Erwerbsbevölkerung. Um 1910 bewegte sich der Gini-Koeffizient durchweg knapp unter 0,5, auch in Wien. Lediglich in besonders rückständigen peripheren Bezirken wie Pöggstall oder Waidhofen an der Thaya streuten die Einkommen geringer. Die regionale Uniformität des Gini-Koeffizienten verweist darauf, dass die Masseneinkommen in Stadt und Land nach wie vor niedrig, die Unterschiede zwischen wenigen Spitzeneinkommen und den übrigen Einkommensbeziehern jedoch sehr ausgeprägt waren.

Betrachtet man den Zusammenhang zwischen dem Reallohngefälle und der regionalen Verteilung der Sterberaten, so zeigt sich zwischen Wien und Niederösterreich ein unterschiedliches Bild. In Wien war ein hoher Anteil niedriger Einkommen mit einer hohen Sterberate nach Bezirken nicht nur im Fall der Lungentuberkulose verbunden, höhere Einkommen mit niedrigerer Sterblichkeit.[107] Hingegen korrelierte die Höhe der Männerlöhne in den niederösterreichischen Landesvierteln mit den Gesamtsterberaten hoch positiv. Das spricht dafür, dass Arbeiter und ihre Familien in den stärker industrialisierten Teilen Niederösterreichs höhere Löhne im Vergleich zu den peripheren Regionen gleichsam als »Risikoprämie« mit höherer Sterblichkeit der eigenen Person und der ihrer Familie erhielten und »erkauften«. Die relativ hohen Löhne im niederösterreichischen Industrieviertel erklären sich zudem auch aus der Konkurrenz zum Wiener Standort. Um qualifizierte Arbeiter zu halten, mussten Unternehmen Löhne zahlen die einer größeren Abwanderung nach Wien entgegen wirkten.[108]

Tabelle 58: Korrelationskoeffizient von Lohnniveau und Sterberate nach Geschlecht in den niederösterreichischen Landesvierteln 1891

Geschlecht	Gesamt	männlich	weiblich
Korrelationskoeffizient	0,452	0,467	–0,002

Quelle: siehe Tabelle 54 und K. k. statistische Centralkommission, Bewegung der Bevölkerung 1891, 103; Ergebnisse der Volkszählung 1890 Heft 1, 3–5; eigene Berechnungen

Der Zusammenhang zwischen regionalem Lohnniveau und Säuglingssterblichkeit nach Landesvierteln entsprach nur auf den ersten Blick einem einfachen linearen Modell. Um 1890 lag der Korrelationskoeffizient sowohl mit als auch ohne Berücksichtigung Wiens bei fast –0,80, also einem sehr hohen Wert. Lediglich der Zusammenhang mit der Höhe der Frauenlöhne in den vier Landesvierteln war deutlich schwächer.

107 Weigl, Demographischer Wandel, 177f., 249; siehe auch Tabelle 47.
108 Mesch, Arbeiterexistenz, 220.

Tabelle 59: Korrelationskoeffizient von Lohnniveau und Säuglingssterberate nach Landesvierteln 1891

Regionale Gliederung	Gesamt	männlich	weiblich
Landesviertel mit Wien	–0,799	–0,773	–0,740
Landesviertel ohne Wien	–0,778	–0,773	–0,338

Quelle: siehe Tabelle 54 und K. k. statistische Centralkommission, Bewegung der Bevölkerung 1891, 30, 66

So einleuchtend es zunächst erscheint, dass höhere Einkommen mit niedriger Säuglingssterblichkeit und niedrige Einkommen mit hoher Sterblichkeit in Verbindung standen, so vermittelt zeigt sich der Zusammenhang im Detail. In Wien sank der Korrelationskoeffizient zwischen dem Anteil Einkommensteuerpflichtiger der untersten Steuerklasse und der Säuglingssterberate im ersten Jahrzehnt des 20. Jahrhunderts von 0,924 auf 0,409, was neben nicht ganz zu klärenden statistischen Verzerrungen darauf hindeuten könnte, dass nicht die Einkommenshöhe per se, sondern die hygienischen Bedingungen die zentrale Rolle für den Rückgang der Säuglingssterblichkeit spielten.[109] Nach Berechnungen von Michael Pammer bestimmte um 1910 in den niederösterreichischen Bezirken die Agrarquote und nicht das Niveau der Medianeinkommen die Höhe der Säuglings- und Kindersterblichkeit.[110] Hohe Agrarquote im Bezirk ging mit hoher Säuglings- und Kindersterblichkeit einher. Das niedrige allgemeine Bildungsniveau in agrarisch geprägten Zonen in Verbindung mit defizitären hygienischen Bedingungen erwies sich für in ruralen Zonen geborene Kinder zu diesem Zeitpunkt offensichtlich als gravierender Überlebensnachteil.

Im Gegensatz zur Zeit um 1890, allerdings in der nur sehr groben regionalen Differenzierung nach Landesvierteln, war um 1910 ein linearer oder nichtlinearer Zusammenhang zwischen der Sterberate der Fünfjährigen und älteren Bevölkerung[111] und den regionalen Medianeinkommen nach Bezirken nicht vorhanden. Das regionale Niveau der Medianeinkommen spielte für die durchschnittliche Lebenserwartung nach Erreichen des 6. Lebensjahres keine nennenswerte Rolle, was auf eine Angleichung des allgemeinen Lebensstandards abseits der Säuglings- und Kleinkindersterblichkeit in Stadt und Land hindeutet. Damit soll natürlich nicht gesagt werden, dass das individuelle Einkommensniveau die Lebenserwartung nicht gravierend beeinflusste. Es bestand diesbezüglich nur kein ausgeprägter regionaler Unterschied mehr.

109 Weigl, Demographischer Wandel, 212.

110 Unpublizierte Berechnung auf Basis der Ergebnisse der Volkszählung 1910 und der Statistik der natürlichen Bevölkerungsbewegung und Einkommensdaten.

111 Geringfügig überschätzt, weil bezogen auf die 6-Jährigen und ältere anwesende Bevölkerung.

Tabelle 60: Korrelationskoeffizient von Sterberaten und Agrarquote[a] nach politischen Bezirken im Kronland Niederösterreich 1910/11

regionale Sterberate nach politischen Bezirken[b]	Koeffizient
Sterberate der 5-Jährigen und Älteren	0,470
Säuglingssterberate	0,590
eheliche Säuglingssterberate	0,618

Quelle: Eigene Berechnungen nach K. k. statistische Zentralkommission, Bewegung der Bevölkerung 1910, 42, 78, 84f., 96; 1911, 8, 28, 36f.; Ergebnisse der Volkszählung 1910, Heft 3, 50; Berufsstatistik 1910, Heft 1, 94
[a] Anteil der Erwerbstätigen und Angehörigen in der Land- und Forstwirtschaft an der gesamten anwesenden Bevölkerung.
[b] Wien = ein Bezirk.

Bezüglich der starken Vermögensungleichheit veränderte sich in den letzten Jahrzehnten der Donaumonarchie kaum etwas. Der Gini-Koeffizient blieb in Wien äußerst hoch. Hauptverantwortlich war nach wie vor die Ungleichheit zwischen den einzelnen Berufsgruppen und sozialen Schichten. Ein Einzelbefund mag das illustrieren: Nach einem vorrangig aus Verlassenschaften Wiener und niederösterreichischer Unternehmer gezogenen Sample von Nachlässen, die 1906 beim Wiener Handelsgericht eingingen, hinterließ ein Viertel ein Vermögen zwischen 100.000 und 500.000 Kronen, ein Viertel nahezu gar kein Vermögen oder Schulden.[112] Die Ungleichheit innerhalb der Gruppen spielte hingegen eine sehr geringe Rolle.

In Niederösterreich erreichte die Vermögensungleichheit um 1890 nahezu das Wiener Niveau, sank jedoch in der Folge wieder etwas ab. Dafür waren in erster Linie Zufallsschwankungen des Samples verantwortlich, die zu einer Überschätzung der Vermögensungleichheit um 1890 beitragen.

Tabelle 61: Gini-Koeffizient der Vermögensverteilung in Wien und Niederösterreich 1890–1910

Periode	Wien	Niederösterreich[a]
um 1890	0,967	0,952
um 1900	0,942	0,842
um 1910	0,982	0,761

Quelle: Pammer, Distribution of income and wealth
[a] Ohne Wien.

112 Streller, »Verschwender oder Geizkrägen«, 14.

4.7 Fazit: Wohlstandsgewinne im Fin de Siècle

Im späten 19. und frühen 20. Jahrhundert bis zum Ausbruch des Ersten Weltkrieges kam es zu eindeutigen Wohlstandsgewinnen der Wiener und niederösterreichischen Bevölkerung, die sowohl die Lebenserwartung als auch den Lebensstandard beeinflussten. Besonders die Bevölkerung Wiens gewann in diesem Zeitraum an (Über-) Lebensqualität. Der »urban penalty« verschwand zwar nicht vollständig, verlor jedoch viel von seiner Wirkung. Verantwortlich für diesen Prozess war in Wien zu nicht unerheblichen Teilen die »sanitary revolution« mit ihren Flaggschiffprojekten, den beiden Hochquellenwasserleitungen und der Modernisierung der Kanalisation durch Bau und Inbetriebnahme der Hauptsammelkanäle in den Jahren 1893 und 1904. Realeinkommensgewinne verstärkten besonders in den 1890er-Jahren die Effekte der Assanierung, was zu einer quantitativen und qualitativen Verbesserung der Volksernährung beitrug. Ähnlich stellte sich die Situation in den niederösterreichischen Industrievierteln dar, wobei allerdings zentrale Assanierungsprojekte erst nach der Jahrhundertwende verwirklicht wurden und nicht jene Bedeutung wie in der Hauptstadt erlangten. Der Rückfall peripherer Zonen, besonders des Waldviertels, setzte sich verstärkt fort. Die sich auch in den Budgets der Kommunen und dem des Landes abbildende gestiegene gesellschaftliche Bereitschaft, mehr oder weniger in die öffentliche und private Hygiene und Gesundheit zu investieren, beförderte den allgemeinen Mortalitätsrückgang in seinen regionalen Ausprägungen. Nivellierende Effekte überwogen dabei.

Die Befunde der Mortalitätstransition in Wien und im geringeren Ausmaß im urbanen Niederösterreich scheinen klar die These von der großen Bedeutung der »public health intervention« zu stützen. Doch besaß auch diese nicht ausschließliche Erklärungskraft. Die Abnahme der Tbc-Mortalität in Wien seit dem letzten Viertel des 19. Jahrhunderts kann wohl nicht ausschließlich durch die Assanierungspolitik erklärt werden. Mikrobiologische Faktoren wie eine abnehmende Virulenz des Erregers sind jedenfalls nicht völlig auszuschließen.

Der allgemeine Mortalitätsrückgang und der Anstieg der Realeinkommen wurden auch durch ein leicht sinkendes demographisches Gewicht der Unterschicht begünstigt. Nach einer Schätzung von Josef Ehmer ging mit dem Übergang zur Phase des Hochkapitalismus der Anteil der Berufsunterschicht unter den »Berufsträgern« in Wien von 73 Prozent 1869 auf unter 70 Prozent 1910 zurück. Zur Unterschicht zählte eine zunächst noch sehr heterogene Gruppe Lohnabhängiger, das heißt Gesellen und Lehrlinge, Lohnarbeiter in vor- und nichtindustriellen Sektoren (Baugewerbe, Transport), industrielle Fabrikarbeiter und häuslich Bedienstete.[113] In Niederösterreich verlief der Strukturwandel ganz ähnlich, mit der Ausnahme, dass die

113 Ehmer, Schichtung, 73–75, 81.

Abwanderung nach Wien einen nicht zu unterschätzenden persistierenden Effekt auf die ländliche Sozialstruktur ausübte. Das erlaubte es in den bäuerlichen Haushalten, die traditionellen Hierarchien zwischen bäuerlicher Kernfamilie, Knechten und Mägden und saisonal beschäftigten Taglöhnerinnen und Taglöhnern aufrechtzuerhalten. Um 1890 lag der Anteil der Bauern, unter den männlichen landwirtschaftlichen Arbeitskräften bei 43 Prozent, was die weiterhin überwiegend kleinbäuerliche Struktur Niederösterreichs belegt. Weitere 12 Prozent waren Taglöhner und 45 Prozent »Arbeiter«, also Knechte oder landwirtschaftliche Arbeiter in größeren Betrieben.[114]

Die insgesamt beträchtlichen Wohlstandsgewinne der letzten zwei Jahrzehnte vor Ausbruch des Ersten Weltkrieges konnten sich auch im internationalen Vergleich sehen lassen. Der Human Development Index für das heutige Österreich, der rein demographisch maßgeblich durch Wien und Niederösterreich bestimmt wurde, bewegte sich auf einem Niveau von 0,65 und darüber.[115] Damit befanden sich die österreichischen Alpenländer in einer Gruppe mit den entwickelten Industriestaaten West-, Nord- und Mitteleuropas.

114 Ehmer, Heiratsverhalten, 295.

115 Millward, Baten, Population, 256.

Tafeln

Abb. 1a–1b: Zeitgenössische Statistiken über die Ausbreitung der Cholera in Niederösterreich im Sommer 1866.

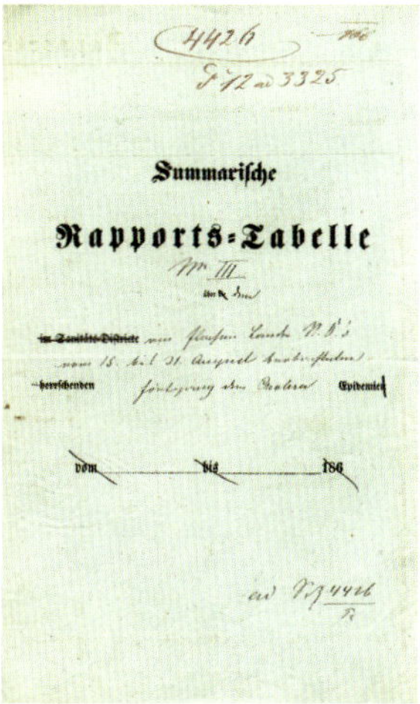

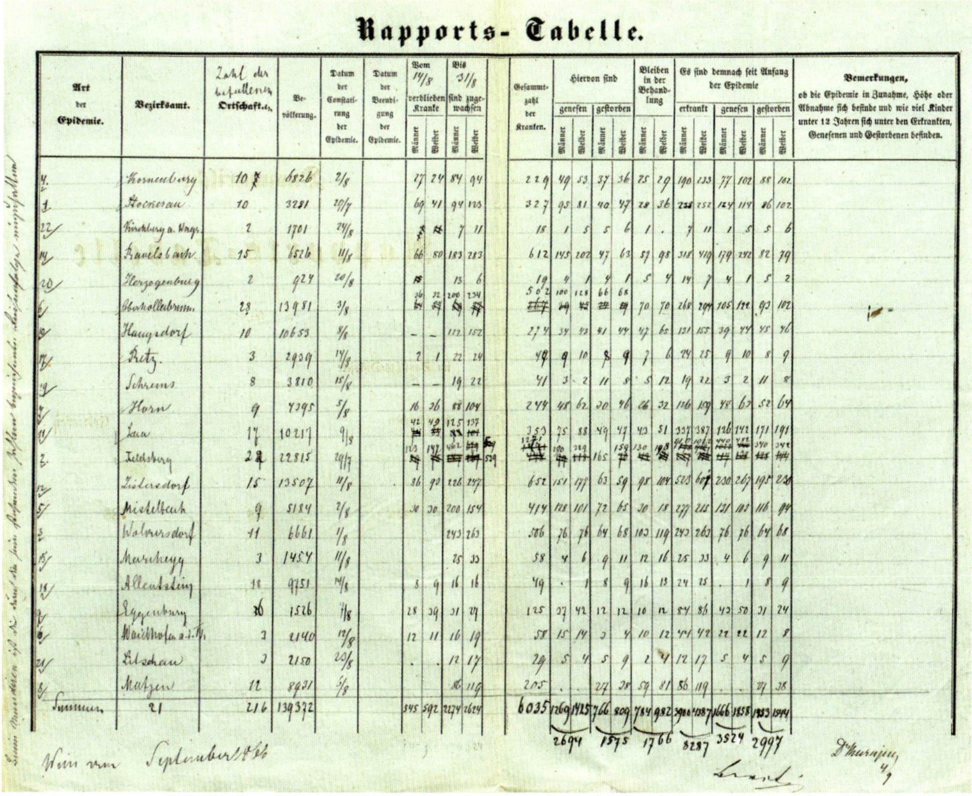

Rapports-Tabelle.

Art der Epidemie.	Bezirksamt.	Zahl der befallenen Ortschaften.	Bevölkerung.	Datum der Constatirung der Epidemie.	Datum der Beendigung der Epidemie.	Vom 14/8 verblieben Kranke: Männer	Weiber	Bis 31/8 sind zugewachsen: Männer	Weiber	Gesammtzahl der Kranken.	Hiervon sind genesen: Männer	Weiber	gestorben: Männer	Weiber	Bleiben in der Behandlung: Männer	Weiber	Es sind demnach seit Anfang der Epidemie erkrankt: Männer	Weiber	genesen: Männer	Weiber	gestorben: Männer	Weiber	Bemerkungen, ob die Epidemie in Zunahme, Höhe oder Abnahme sich befinde und wie viel Kinder unter 12 Jahren sich unter den Erkrankten, Genesenen und Gestorbenen befinden.
4.	Korneuburg	10	6826	2/8		27	24	84	94	229	49	53	37	36	75	29	190	233	77	102	88	102	
1.	Stockerau	10	3281	20/7		69	41	94	123	327	95	81	40	47	28	36	235	252	124	114	86	102	
22	Kirchberg a. Wagr.	2	1701	24/8				7	11	18	1	5	5	6	1	.	7	11	1	5	5	6	
14	Ravelsbach	15	6526	11/8		66	80	183	283	612	145	202	47	63	57	98	318	419	179	242	82	79	
20	Herzogenburg	2	924	20/8				13	6	19	4	1	4	1	5	4	14	7	4	1	5	2	
6	Oberhollabrunn	28	13981	3/8		36	32	200	234	502	100	128	66	68	70	70	268	294	105	122	93	102	
10	Haugsdorf	10	10653	8/8		–	–	122	152	274	34	43	41	44	47	65	131	155	39	44	45	46	
17	Retz	3	2939	14/8		2	1	22	24	49	9	10	8	9	7	6	24	25	9	10	8	9	
19	Schrems	8	3810	15/8		–	–	19	22	41	3	2	11	8	5	12	19	22	3	2	11	8	
7	Horn	9	4395	5/8		16	26	88	104	244	48	62	30	46	26	32	126	159	48	63	52	64	
11	Laa	17	10217	9/8		42	49	125	137	353	75	88	49	47	43	51	337	387	126	142	171	191	
2.	Feldsberg	22	22815	29/7		123	147	462	[illegible]	1271	190	229	165	159	130	198	916	1012	440	482	340	342	
12	Zistersdorf	15	13507	11/8		86	93	226	247	652	151	177	63	59	95	104	525	607	230	267	195	236	
5	Mistelbach	9	5184	2/8		30	30	200	154	414	128	101	72	65	30	18	277	215	131	103	116	94	
3	Wolkersdorf	11	6661	1/8				243	263	506	76	76	64	68	103	119	243	263	76	76	64	68	
15	Marchegg	3	1454	11/8				25	33	58	4	6	9	11	12	16	25	33	4	6	9	11	
18	Allentsteig	12	9751	14/8		8	9	16	16	49	.	1	8	9	16	15	24	25	.	1	8	9	
9	Eggenburg	36	1526	7/8		28	39	31	27	125	37	42	12	12	10	12	84	86	42	50	31	24	
16	Waidhofen a. d. Th.	3	2140	12/8		12	11	16	19	58	15	14	3	4	10	12	44	42	22	22	12	8	
21	Litschau	3	2150	20/8		.	.	12	17	29	5	4	5	9	2	4	12	17	5	4	5	9	
8	Matzen	12	8931	5/8				86	119	205	.	.	27	38	59	81	86	119	.	.	27	38	
Summen	21	216	139372			545	592	2274	2624	6035	1269	1425	766	809	784	982	3900	4387	1666	1858	1453	1544	
											2694		1575		1766		8287		3524		2997		

Wien am September 1866

D' Neurajer 4/9

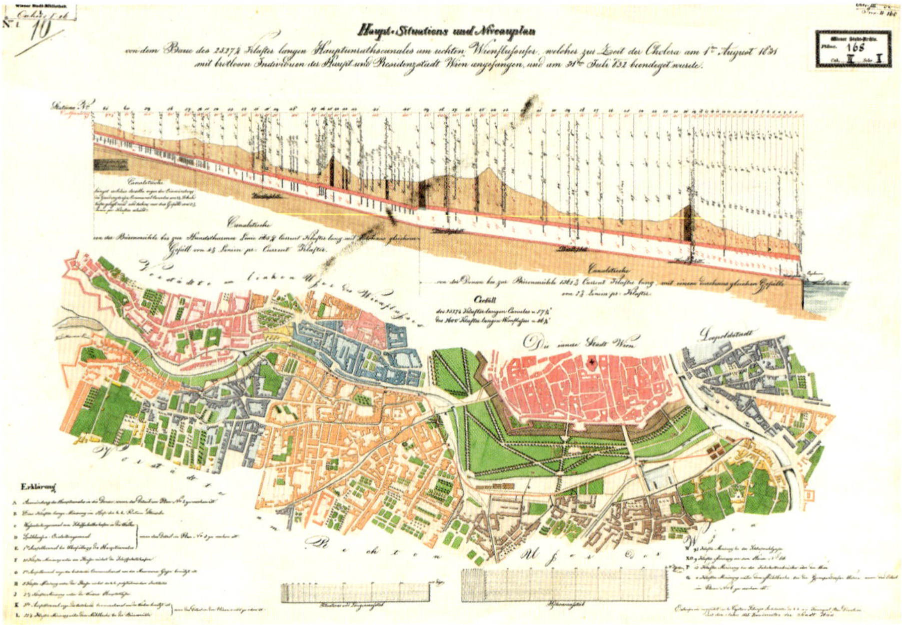
Haupt-Situations und Niveauplan
von dem Baue des 2527½ Klafter langen Hauptunrathscanales am rechten Wienflußufer, welcher zur Zeit der Cholera am 1te August 1831
mit brotlosen Individuen der Haupt und Residenzstadt Wien angefangen, und am 31te Juli 832 beendiget wurde.
Die innere Stadt Wien
Leopoldstadt
Erklärung

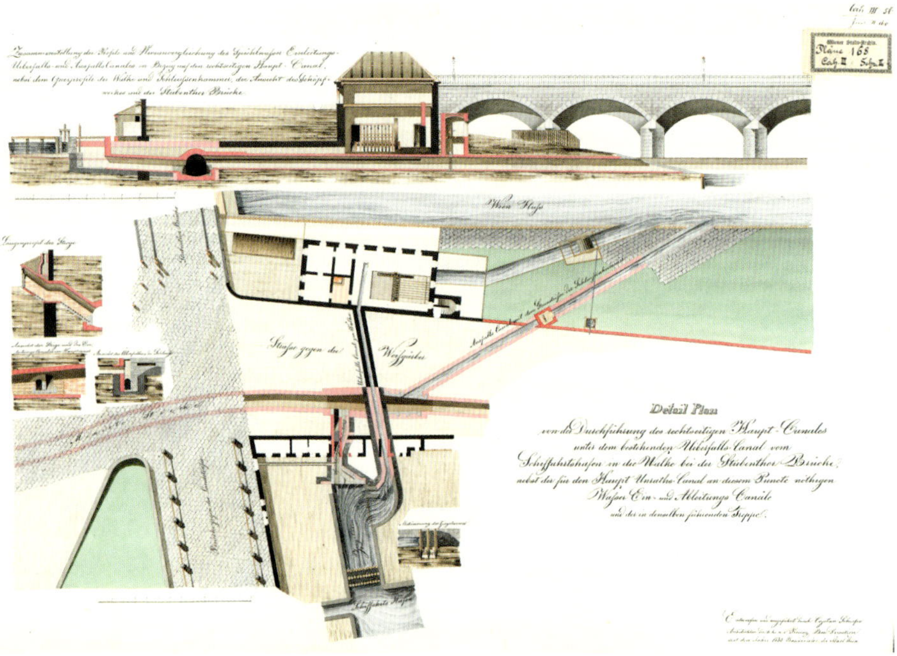
Wien Fluß
Straße gegen die
Detail Plan
von der Durchführung des rechtseitigen Haupt-Canales
unter dem bestehenden Ueberfalls-Canal vom
Schiffahrtshafen in die Walke bei der Stubenthor Brücke,
nebst der für den Haupt Unraths-Canal an diesem Puncte nöthigen
Wasser Ein- und Ableitungs Canäle
und der in denselben führenden Treppe.

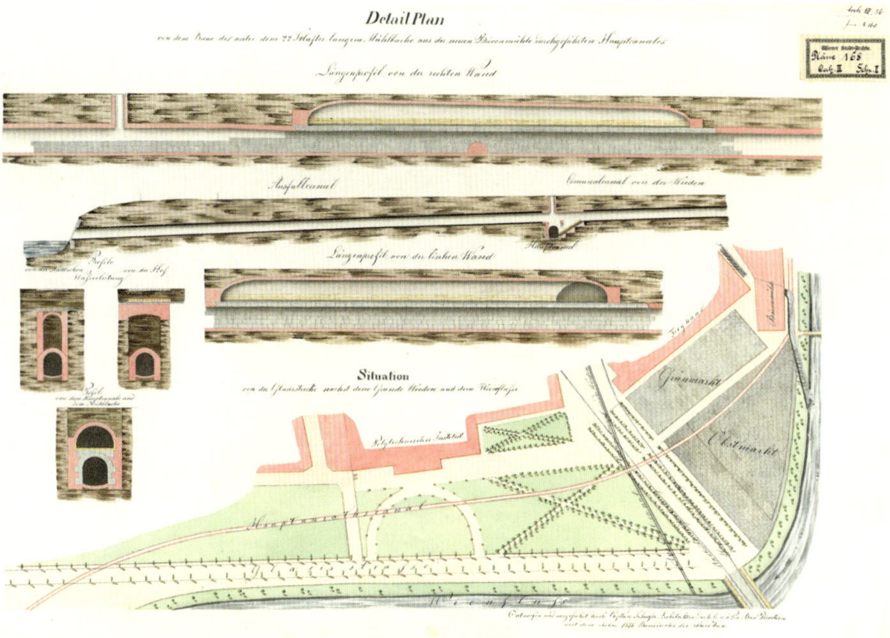

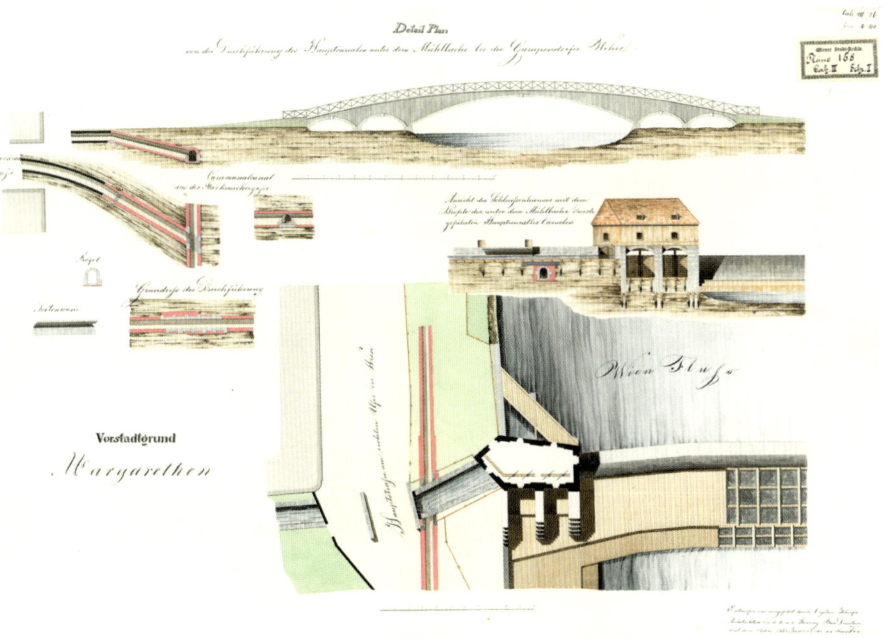

Abb. 2a–2d: Der Bau der rechtsufrigen »Cholerakanäle« am Wien-Fluss war eine erste größere Investition in die »Städteassanierung«.

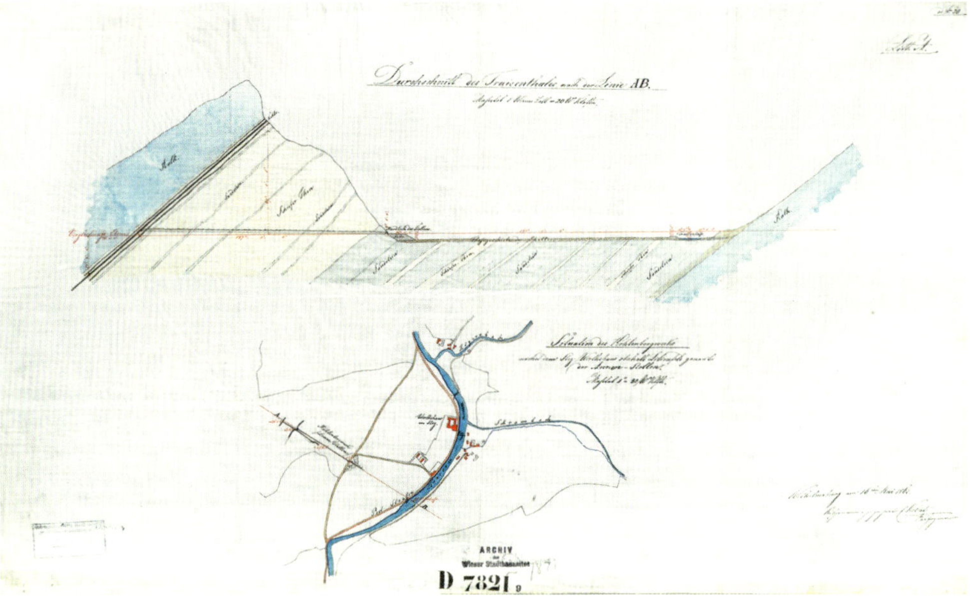

Abb. 3: Für den Bau der I. Wiener Hochquellenwasserleitung wurden umfangreiche geologische Untersuchungen angestellt.

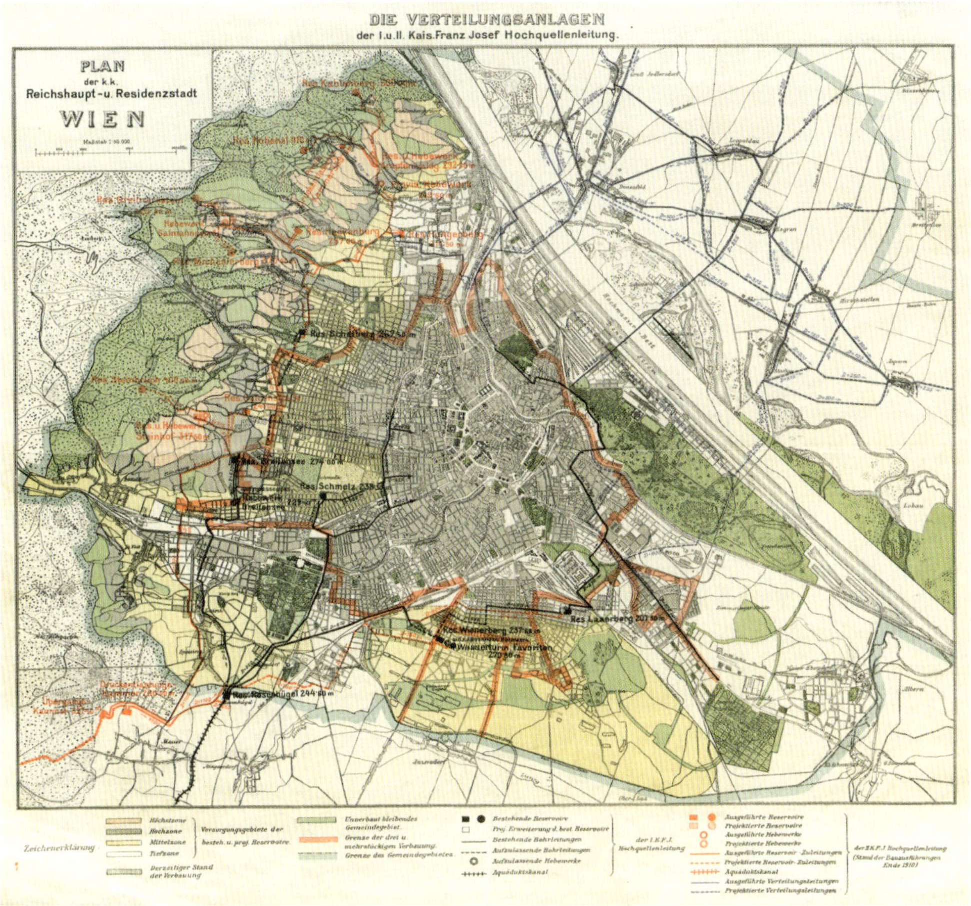

Abb. 4: Mit der Inbetriebnahme der II. Wiener Hochquellenwasserleitung im Jahr 1910 wurde in der Folge der überwiegende Teil des Wiener Wohngebiets mit Hochquellenwasser versorgt.

Abb. 5: Nach der Jahrhundertwende erhielten auch einige niederösterreichische Städte wie z. B. Zwettl Wasserleitungsneubauten.

Abb. 6: Die bäuerliche Kost war in Niederösterreich noch lange durch Einfachheit und Eintönigkeit geprägt.

Abb. 7: Niederösterreich verfügte traditionell über ein dichtes Schulnetz.

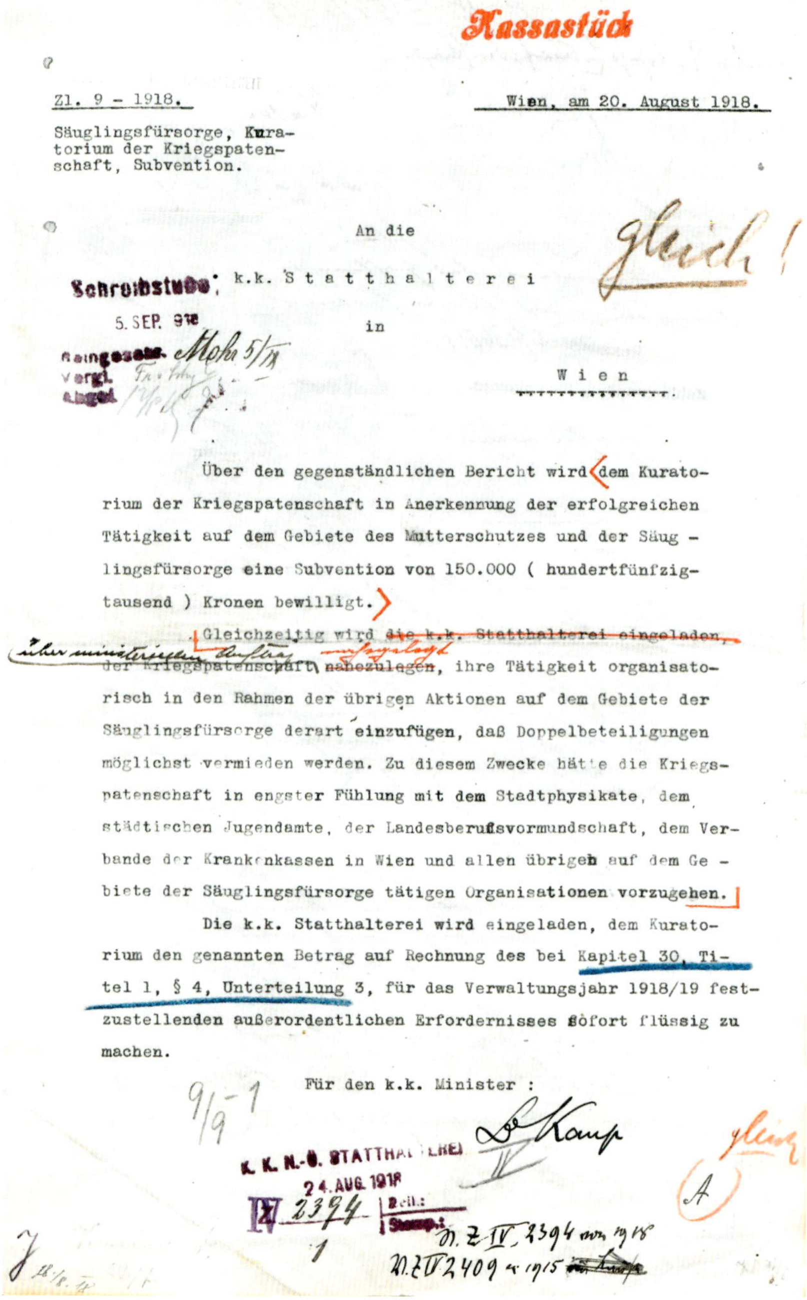

Kassastück

Zl. 9 - 1918.

Wien, am 20. August 1918.

Säuglingsfürsorge, Kuratorium der Kriegspatenschaft, Subvention.

An die

Schreibstube k.k. Statthalterei

5. SEP. 918

in

Wien

Über den gegenständlichen Bericht wird dem Kuratorium der Kriegspatenschaft in Anerkennung der erfolgreichen Tätigkeit auf dem Gebiete des Mutterschutzes und der Säuglingsfürsorge eine Subvention von 150.000 (hundertfünfzigtausend) Kronen bewilligt.

Gleichzeitig wird ~~die k.k. Statthalterei eingeladen, der Kriegspatenschaft nahezulegen~~, ihre Tätigkeit organisatorisch in den Rahmen der übrigen Aktionen auf dem Gebiete der Säuglingsfürsorge derart einzufügen, daß Doppelbeteiligungen möglichst vermieden werden. Zu diesem Zwecke hätte die Kriegspatenschaft in engster Fühlung mit dem Stadtphysikate, dem städtischen Jugendamte, der Landesberufsvormundschaft, dem Verbande der Krankenkassen in Wien und allen übrigen auf dem Gebiete der Säuglingsfürsorge tätigen Organisationen vorzugehen.

Die k.k. Statthalterei wird eingeladen, dem Kuratorium den genannten Betrag auf Rechnung des bei Kapitel 30, Titel 1, § 4, Unterteilung 3, für das Verwaltungsjahr 1918/19 festzustellenden außerordentlichen Erfordernisses sofort flüssig zu machen.

Für den k.k. Minister :

K. K. N.-Ö. STATTHALTEREI

24. AUG. 1918

Abb. 8: Der in Wien 1915 gegründete Verein »Kriegspatenschaft« unterstützte Mütter und Säuglinge und wurde zum Vorläufer der »Mutterberatungsstellen«.

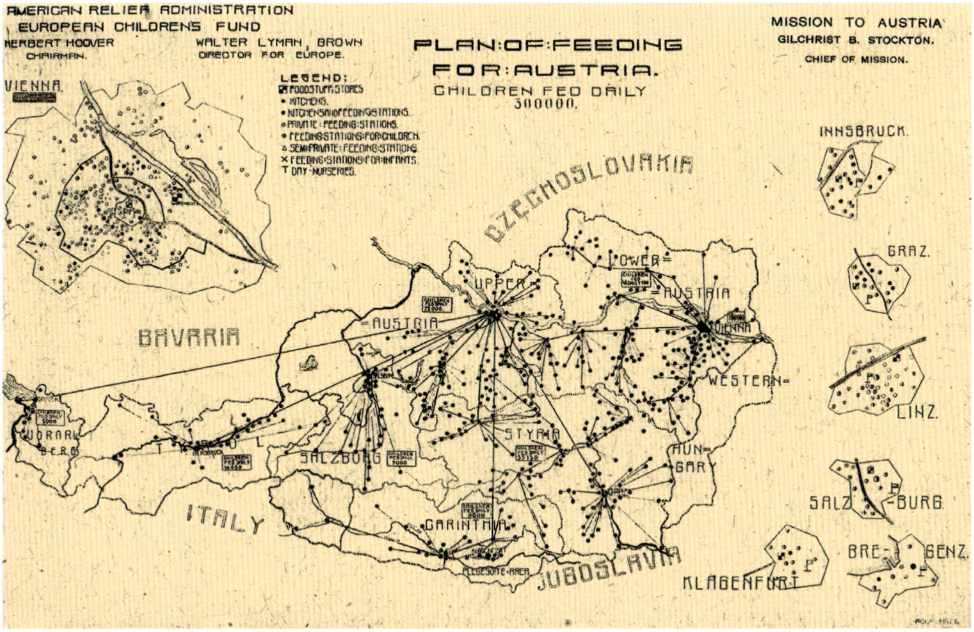

Abb. 9: Die Amerikanische Kinderhilfsaktion versorgte mit Ausnahme des Burgenlandes österreichische Schulkinder in den Städten und größeren Gemeinden mit warmen Mittagessen.

Abb. 10: Während des Ersten Weltkrieges stürmte die hungrige Wiener Bevölkerung sehr zum Ärger der Bauern und Behörden die stadtnahen Kartoffelfelder.

Rechte Seite:
Abb. 11: Auch nach dem Zweiten Weltkrieg reichten die offiziell zugeteilten Rationen an Nahrungsmitteln zum Überleben keineswegs aus.

Abb. 12: Die Schulkinder in vielen ländlichen Zonen Niederösterreichs waren nach den Kriegsjahren und der Nachkriegsnot durchwegs besser ernährt als dies in den Städten der Fall war.

Tagesration
eines Wiener Normalverbrauchers
mit cca. 950 Kalorien
BROT 20 dkg
MEHL 3'5 dkg
TROCKENKARTOFFEL 1'5 dkg
SALZFISCH 3'5 dkg
TROCKENMILCH 0'7 dkg
FETT 1 dkg
KAFFEE 0'4 dkg
ZUCKER 1 dkg

Abb. 13: In der Zwischenkriegszeit spannte sich in Wien und in den niederösterreichischen Städten ein Netz von Tuberkulosefürsorgestellen.

Abb. 14: Integraler Bestandteil des kommunalen Wohnbauprogramms im »Roten Wien« waren Gemeinschaftseinrichtungen die der Hygienisierung der Bevölkerung dienten.

Abb. 15: Das Prunkstück des Bäderprogramms im »Roten Wien« war das Amalienbad.

Abb. 16a-b: Die Eröffnung des Ersten Einkaufzentrums in Wien (EKAZENT) im Jahr 1964 stand am Beginn einer neuen Konsumkultur im Einzelhandel.

Abb. 17: Eine niederösterreichische Familie im Bezirk Melk vor ihrem Wohnhaus mit Zubau für die Haltung von Kleinvieh (Mitte der 1960er Jahre)

Abb. 18: Die Trennung von Wohnort und Arbeitsplatz oder Schulstandort ließ ab den späten 1950er Jahren die Pendlerzahlen ansteigen.

Abb. 19: Bereits Mitte der 1950er Jahre sorgte die »Autowelle« für eine Verknappung des Parkraums im innerstädtischen Individualverkehr.

5 Kriegs-, Nachkriegs- und Zwischenkriegsjahre (1914–1950)

5.1 Krise und Stagnation

In langfristiger Perspektive kennzeichnete die gesamtwirtschaftliche Entwicklung Österreichs in seinen heutigen Grenzen im Zeitraum von 1914 bis 1950 eine durch zwei Weltkriege, das Auseinanderfallen des gemeinsamen Wirtschaftsraums und die Weltwirtschaftskrise verursachte Ausnahmesituation. Es war sicherlich kein Zufall, dass das Bruttoinlandsprodukt pro Kopf des heutigen Österreich erst um 1950 in etwa wieder den geschätzten Ausgangswert von vor Ausbruch des Ersten Weltkrieges erreichte und in langfristiger Perspektive auf den Wachstumspfad des »langen 19. Jahrhunderts« (ca. 1820–1914) einschwenkte. Das Gesagte trifft im Großen und Ganzen auch auf Wien und Niederösterreich zu, nicht zuletzt, weil jeweils in den Volkszählungsjahren 1910 und 1934 von rund 4 Millionen Erwerbstätigen im heutigen Österreich fast 2,1 Millionen, also mehr als die Hälfte auf dieses Kronland bzw. diese beiden Bundesländer entfielen. Erst danach ging der entsprechende Anteil auf 45 Prozent zurück, war damit aber immer noch sehr erheblich und den Gesamtwert für Österreich wesentlich mitbestimmend.[1]

Im Konjunkturverlauf stellte sich die Entwicklung nach der Gründung der Republik im November 1918 folgendermaßen dar: Nach dem Einbruch der Wirtschaftsleistung gegen Ende des Ersten Weltkrieges und der unmittelbaren Nachkriegszeit um etwa 25 bis 30 Prozent folgte eine Konsolidierungsphase bis Ende der 1920er-Jahre. Im Jahr 1929 lag die Wirtschaftsleistung pro Kopf um etwa 12 Prozent über dem Niveau von 1910.[2] Die Weltwirtschaftskrise und der nicht unmittelbar damit in Zusammenhang stehende Zusammenbruch der Wiener Großbanken mit ihren umfänglichen Industriebeteiligungen sorgten für eine tiefe Rezession, die erst im Jahr 1937 in einen leichten Aufschwung mündete. Die Jahre 1938 bis 1944 waren durch die mit dem »Anschluss« eingeleitete Rüstungskonjunktur geprägt, welche mit dem Einsetzen massiver Luftschläge der Alliierten ab Frühjahr 1944 allmählich im Bombenhagel ihr Ende oder jedenfalls ihre Limitierungen fand. Nach Kriegsende kam es ab etwa 1947 zu einem raschen Aufholprozess, der sich gestützt auf die Counterpart-Mittel des Marshallplanes verstetigte. An diesem Aufschwung konnten allerdings Wien und Niederösterreich nur unterdurchschnittlich partizipieren, weil

---

1 Eigene Berechnungen nach Bundesamt für Statistik, Volkszählung 1934, Bundesstaat, Textheft, 120; Österreichisches Statistisches Zentralamt, Volkszählung 1951, Tabellenband 1, 52.

2 Maddison, World Economy, 94; Good, Ma, New Estimates.

in die sowjetische Besatzungszone aus naheliegenden Gründen nur wenig US-amerikanische Mittel flossen.

Graphik 11: Reales Pro-Kopf-Einkommen in Österreich 1913–1950 (in US-$ 1980 zu Kaufkraftparitäten)

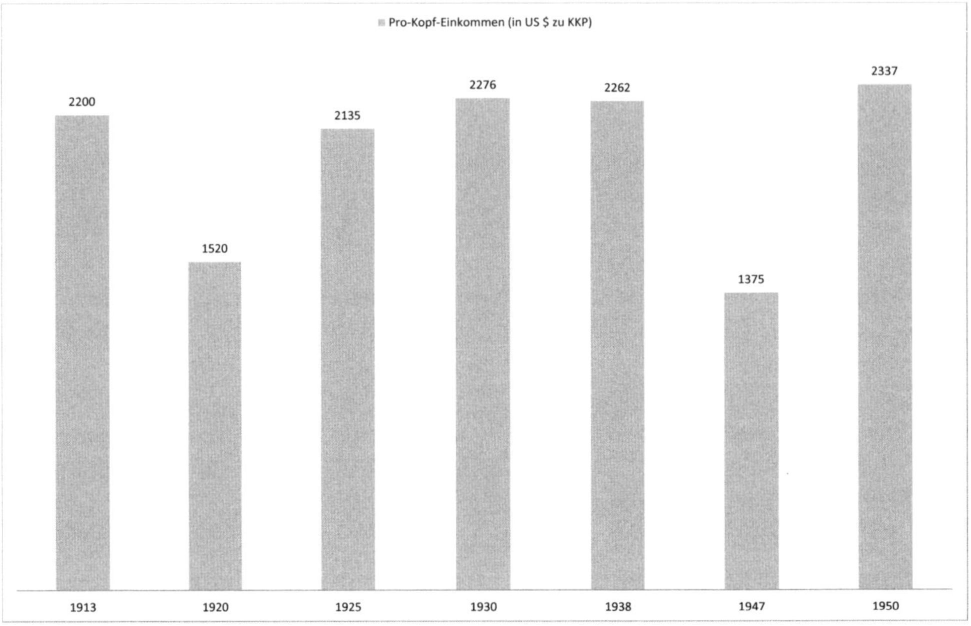

Quelle: Kausel, 150 Jahre, 26

Was den privaten Konsum betrifft, fielen die Konjunkturschwankungen allerdings geringer aus, als dies bei der gesamten Wirtschaftsleistung der Fall war. Während der Zwischenkriegszeit wurde zwar deutlich weniger investiert als vor Ausbruch des Ersten Weltkrieges, aber der private Konsum erreichte real bereits 1924 fast wieder das Niveau von 1913 und übertraf dieses 1929 deutlich. Selbst während der Weltwirtschaftskrise hielt sich das reale Niveau des privaten Konsums (zu Preisen 1937) in etwa auf jenem des Jahres 1913. Da gleichzeitig der Bevölkerungsstand stagnierte, hatte die österreichische Bevölkerung in der Zwischenkriegszeit, vor allem in der zweiten Hälfte der 1920er-Jahre, einen höheren ökonomischen Lebensstandard als vor dem Krieg aufzuweisen.[3] Ende der 1920er-Jahre lag der private Konsum pro Kopf um etwa 15 Prozent über dem Vorkriegswert.[4]

Graphik 12: Bruttoinlandsprodukt pro Kopf in Österreich 1919–1950 (in international Geary-Khamis $ 1990)

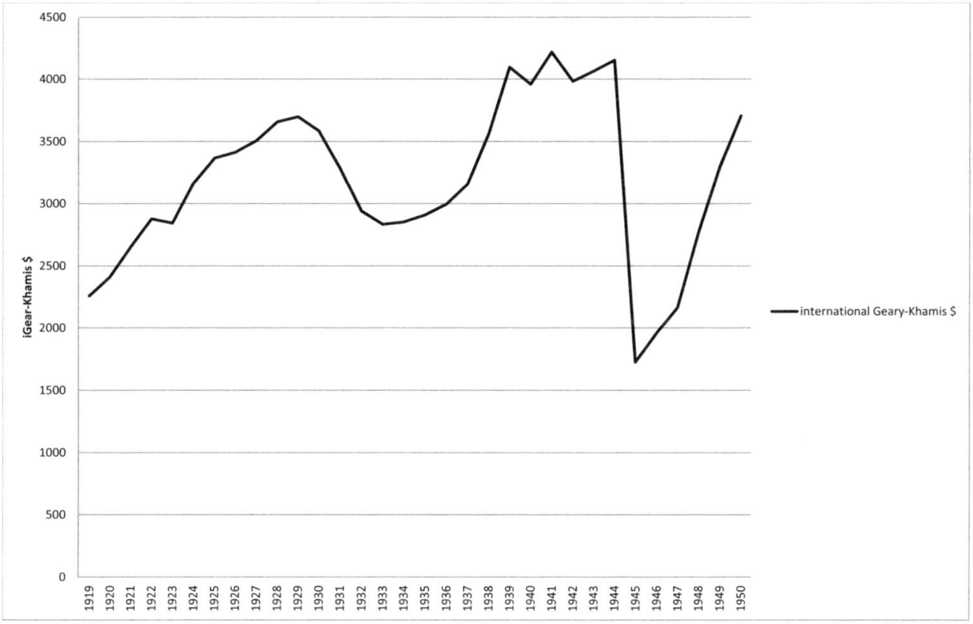

Quelle: Maddison, World Economy, 62

5.2 Die »Urkatastrophe« und ihre Folgen

Im Ersten Weltkrieg waren bekanntlich weder Wien noch Niederösterreich Kriegsschauplatz. Die fatalen Konsequenzen der kriegerischen Auseinandersetzung äußerten sich daher primär in Form von Gefallenen oder in Kriegsgefangenschaft verstorbenen Männern und den zahlreichen Kriegsinvaliden, die samt ihren Angehörigen häufig ein ärmliches Nachkriegsdasein führen mussten. Die Zahl der »Kriegstoten« des Ersten Weltkrieges dürfte in Wien rund 25.000 betragen haben. Nach einer

3 Kausel, Németh, Seidel, Österreichs Volkseinkommen, 19f.

4 Schätzung auf Basis von Bundesamt für Statistik, Statistisches Handbuch 10 (1929), 2, 7; Kausel, Németh, Seidel, Österreichs Volkseinkommen, 19.

Stichprobenerhebung auf Basis der »Verlustlisten« des k. u. k. Kriegsministeriums berechnete der Statistiker Wilhelm Winkler bis Ende 1917 rund 25.600 Gefallene und Vermisste der in Wien heimatberechtigten Bevölkerung. Im übrigen Kronland waren es rund 35.000.[5] Unter diesen befanden sich allerdings auch Personen, die nach dem Krieg aus der Gefangenschaft zurückkehrten. Die in den 1930er-Jahren durchgeführten Erhebungen – teils bei den Traditionstruppenkörpern und Kameradschaften, teils aus den Meldedaten – erbrachten eine Zahl von 17.563 Toten und Vermissten von in Wien Heimatberechtigten sowie insgesamt 22.136 Wiener »Kriegstote«.[6] Unter Berücksichtigung von im Jahr 1918 Gefallenen dürften demnach rund 60.000 im Kronland Niederösterreich heimatberechtigte Männer im Ersten Weltkrieg den Kämpfen auf die eine oder andere Art zum Opfer gefallen sein. Während es sich dabei um Kurzzeiteffekte handelte, die allerdings die »Familienökonomie« der Hinterbliebenen hart trafen, so zählten dagegen die Kriegsinvaliden zu den langfristigen Opfern des Krieges. Nach Schätzungen von Verena Pawlowsky und Harald Wendelin lebten im Jahr 1922 etwa 40.000 Kriegsbeschädigte in Wien.[7] In Niederösterreich lag deren Zahl bei etwa 30.000.[8] Im Zweiten Weltkrieg, in dem auch Ostösterreich vom Luftkrieg und gegen Kriegsende auch von massiven Bodenkämpfen betroffen war, fielen rund 40.000 zum damaligen Stadtgebiet von Groß-Wien zählende Soldaten, während in Niederösterreich in seinen damaligen Grenzen die entsprechende Zahl bei 36.900 lag. Auf 1000 der männlichen Wohnbevölkerung der Geburtsjahrgänge 1870 bis 1931 betrug die Sterberate laut Volkszählung 1939 in Wien 51, in Niederösterreich 68. Hingegen war die Wiener Bevölkerung, was die zivilen Opfer anlangt, im Zweiten Weltkrieg wesentlich stärker betroffen, da sich die Luftangriffe auf die industriellen Zentren konzentrierten und der gleichwohl kurze Kampf um Wien eine größere Zahl ziviler Opfer forderte. Deren Zahl betrug in ganz Österreich im Zweiten Weltkrieg 24.300.[9] Während in Wien bei 53 Luftangriffen 8.769 Tote gezählt wurden, waren es in Wiener Neustadt bei 29 Angriffen 790, in St. Pölten bei 10 Angriffen 591.[10]

Für die im Hinterland verbliebene Zivilbevölkerung führte die immer desaströser werdende Versorgungslage im Ersten Weltkrieg zu einem beträchtlichen Anstieg der Sterblichkeit. Da die Einwohnerzahl während des Krieges schwankte und auch viele »Ortsfremde« in Wien und Niederösterreich verstarben, lassen sich allerdings valide Gesamtsterberaten nicht berechnen. Nach zeitgenössischen Schätzungen lag

---

5 Winkler, Totenverluste, 3, 19.

6 Österreichisches Staatsarchiv, Kriegsarchiv, Totenbuch Wien.

7 Pawlowsky, Wendelin, Krieg und seine Opfer, 312.

8 Weigl, Kriegsverluste, 153; Pawlowsky, Wendelin, Verwaltung des Leides, 527.

9 Totenverluste des zweiten Weltkrieges, 146f.

10 Kleindel, Österrerich, 371.

die kriegsbedingte Übersterblichkeit in Wien in den Jahren 1915 bis 1919 bei rund 40.000 Zivilpersonen.[11] Ähnlich dürften die Dimensionen in Niederösterreich gewesen sein. Besonders betroffen waren die jüngeren Altersgruppen mit einem Anstieg der Sterbefälle in Niederösterreich von 50 bis 80 Prozent. Bei den Erwachsenen waren es 20 bis 30 Prozent.[12] Die kurzfristigen demographischen Folgen des Ersten Weltkrieges auf die Lebenserwartung der Bevölkerung illustriert die Sterbetafel für Wien für die Nachkriegsjahre. Demnach war die Lebenserwartung bei der Geburt im Durchschnitt der Jahre 1919 bis 1921 auf 41,5 bis 44,5 Jahre gesunken. Während aber Säuglinge vergleichsweise einen geringen Sterblichkeitsanstieg zu verzeichnen hatten, traf es die jüngeren Altersgruppen besonders hart. Rückgänge von bis zu sechs Jahren bei der Lebenserwartung hatte vor allem die weibliche Bevölkerung zu verzeichnen.[13]

Tabelle 62: Lebenserwartung nach Geschlecht und Alter in Wien 1919/21

Alter	Lebenserwartung		Gender Gap
	männlich	weiblich	
0	41,4	44,5	3,1
1	48,4	50,8	2,4
20	55,8	58,9	3,1
60	68,2	69,5	1,3

Quelle: eigene Berechnungen nach Wochenberichte 1922, Heft 18; Magistrat der Stadt Wien, Beiträge zur Statistik 1924 Nr. 15; Bundesamt für Statistik, Bewegung der Bevölkerung, 61, 126; Olegnik, Historisch-statistische Übersichten Tl. 1, 92; Statistische Zentralkommission, Volkszählung 1920, 34f.

Für Niederösterreich sind bedauerlicherweise keine völlig gleichwertigen Daten verfügbar. Ein Vergleich der altersspezifischen Sterberaten von Wien und Niederösterreich vor und nach dem Ersten Weltkrieg macht allerdings deutlich, dass die niederösterreichische Bevölkerung die Nachwirkungen des Krieges hinsichtlich der Mortalität deutlich weniger spürte, als das in Wien der Fall war. Während vor dem Ersten Weltkrieg nicht nur die Säuglingssterblichkeit, sondern auch die Sterblichkeit im Alter von 20 bis unter 30 Jahren sowie im hohen Alter in Wien unter jener der niederösterreichischen Bevölkerung lag, traf das nach dem Krieg nur mehr auf die Säuglingssterblichkeit zu. Bei Säuglingen und Kleinkindern und bei den 60 Jahre und älteren Personen war die Sterblichkeit im Jahr 1919 in Niederösterreich bereits wieder unter das Niveau der Jahre um 1910 gefallen, was in Wien nur bei den

11 Rosenfeld, Wirkung des Krieges, 10.

12 Weigl, Kriegsverluste, 148f.

13 Weigl, Demografische Fieberkurven, 69.

Säuglingen der Fall war. Dieser Befund spricht also eindeutig für eine bessere durchschnittliche Versorgungssituation Niederösterreichs im Weltkrieg und den unmittelbaren Nachkriegsjahren. Die Annäherung der Überlebensverhältnisse zwischen Wien und Niederösterreich vor dem Krieg wich also einer temporären Auseinanderentwicklung zu Gunsten Niederösterreichs.

Tabelle 63: Altersspezifische Sterberaten in Wien und Niederösterreich 1909/11 und 1919/20

Alter in Jahren	1909/11			1919/20		
	Wien	Nieder-österreich	Wien = 100	Wien	Nieder-österreich	Wien = 100
unter 1[a]	167,7	216,0	128,8	135,7	144,2	106,2
1–4	20,9	16,1	77,2	30,0	14,5	48,2
5–9	4,2	3,7	88,1	7,3	4,6	62,8
10–19	3,6	3,4	95,3	6,4	4,6	72,9
20–29	5,8	6,4	109,9	7,6	7,1	93,8
30–39	8,2	7,3	88,5	8,8	8,4	94,7
40–49	13,0	10,4	80,0	13,6	10,1	74,6
50–59	22,4	18,8	83,7	27,7	19,2	69,1
60–69	44,4	39,8	89,8	66,9	44,5	66,4
70 u. mehr	106,3	116,0	109,1	207,9	137,7	66,2

Quelle: wie Tabelle 40 und Bundesamt für Statistik, Bewegung der Bevölkerung 1914–1921, 12, 61 f.; Volkszählung 1920, Alter und Familienstand, 20 f., 34 f.; eigene Berechnungen
[a] Säuglingssterberate.

Nach einer am 1. Juni 1918 in Wien durchgeführten Erhebung fühlte sich ein Drittel der Witwen und Waisen als »krank«.[14] In den letzten beiden Kriegsjahren und der unmittelbaren Nachkriegszeit häuften sich von schwerer Unterernährung beförderte Krankheiten: Tuberkulose, Nierenentzündung, Darmkatarrh, Blutarmut.[15] Erwachsene wiesen nach dem Ersten Weltkrieg Gewichtsverluste von 10–20 kg auf.[16] Für Heranwachsende waren die Folgen besonders gravierend. Reihenuntersuchungen aus dem Jahr 1918 unter an der Wiener Kinderklinik aufgenommenen Kindern belegten bei 14-Jährigen verglichen mit den Vorkriegsverhältnissen ein durchschnittliches Untergewicht von 8–11 kg. Kinderverschickungen in das damalige Westungarn

14 Ergebnisse der Zählung der Kriegshinterbliebenen, 277–284.
15 Augeneder, Arbeiterinnen, 150 f.; Hofer, Ernährungskrise, 42 f.
16 Dietrich-Daum, Sozialgeschichte, 260.

zeitigten vorerst nur kurzfristige Wirkung.[17] Auch in Niederösterreich nahm die Morbidität der Zivilbevölkerung während des Krieges zu. Nach den Statistiken der Krankenkassen kamen auf 100 Mitglieder im Jahr 1915 und 1916 40, 1917 jedoch bereits 60 Erkrankungsfälle.[18]

Dank der Tätigkeit der amerikanischen Kinderhilfsaktion, die ab Sommer 1919 in Österreich neben anderen Aktivitäten durch ihre Kinderausspeisungsaktion dazu beitrug, die schwere Unterernährung der Kinder zu lindern, lassen sich die langfristigen Folgen des Versorgungsdesasters für die Wiener und niederösterreichischen Kinder detailliert nachvollziehen. Nach den Ergebnissen der Reihenuntersuchungen war der Ernährungszustand der Wiener Kinder, die mit Ausnahme der im Ausland befindlichen und der Kinder bessergestellter Eltern und der Kranken mit Mittagessen nahezu vollversorgt wurden, noch im Frühjahr 1920 besonders kritisch. Zu diesem Zeitpunkt wiesen 35 Prozent einen besonders niedrigen »Pelidisi« von unter 91 auf. Dabei handelt es sich um einen vom Wiener Kinderarzt Clemens Pirquet entwickelten, allerdings keineswegs unumstrittenen Body-Mass-Index auf Basis des Körpergewichts und der Sitzhöhe. Bei einer weiteren Reihenuntersuchung sank dieser Anteil bis zum Jahresende 1920 auf 23 Prozent. Hingegen lag zum Zeitpunkt dieser Erhebung der entsprechende Anteil stark unterernährter Kinder in Niederösterreich bei 15,5 Prozent. Er war damit im Durchschnitt der günstigste aller österreichischen Länder.[19] Immerhin rund ein Drittel der niederösterreichischen Kinder galt sogar als gut ernährt.[20]

Allerdings bestand keine klare Dichotomie zwischen sattem Land und hungernder Stadt. Am günstigsten fielen die anthropometrischen Werte der Kinder und Jugendlichen im Wald- und Weinviertel und Marchfeld aus, aber auch in Wien-Umgebung und im Wienerwaldgebiet bestand eine verhältnismäßig günstige Versorgungssituation.[21] Hingegen stellte sich die Situation im Voralpengebiet als ziemlich ungünstig dar. Entscheidend für die Ernährungslage der Kinder und damit wohl auch der Gesamtbevölkerung waren offensichtlich die Zugangsmöglichkeiten der einzelnen Haushalte zum »Markt«, einschließlich des florierenden Schwarzmarktes.[22] Eine zentrale Verkehrsanbindung eines Ortes konnte den Abfluss von Nahrungsmitteln auf den Wiener Schwarzmarkt begünstigen und damit paradoxerweise die lokale Versorgung auch in agrarisch geprägten Gemeinden gefährden.[23] Besonders schlecht ernährte Kinder konzentrierten sich in Niederösterreich aber primär auf die Städte

17 Pirquet, Ernährungszustand, 154–157.
18 Rosenfeld, Tuberkulosehäufigkeit, 103.
19 Das damals noch nicht Österreich eingegliederte Burgenland bleibt dabei ausgeklammert.
20 Pirquet, Schülerspeisung, 292 f., 309, 312. Nicht erfasst wurde das damals noch nicht unter österreichischer Kontrolle befindliche Burgenland.
21 Pirquet, Schülerspeisung, 304.
22 Langthaler, Hungernde Stadt, 286 f.
23 Bauer, Alles für die Hauptstadt, 45–67.

Wiener Neustadt, Baden und St. Pölten, generell auf das Industrieviertel, zudem auf das Alpenland im Südwesten und das Alpenvorland. Hier lag der Anteil schlecht ernährter Schulkinder am und über dem Wiener Durchschnitt.[24] Demgemäß gab es die höchsten absoluten Zahlen von an der Aktion teilnehmenden Kindern in St. Pölten und Wiener Neustadt, namhafte Beteiligung auch in Krems, Hainburg, Schwechat, Mödling und Amstetten.[25]

Die verheerende Ernährungslage der Kinder aus den Industriegebieten wird durch den Vergleich mit dem hungernden Wien deutlich. In St. Pölten waren 30 Prozent der im Jahr 1920 untersuchten Kinder schwer unterernährt, in Wiener Neustadt und Baden 24,5 Prozent, in Wien »lediglich« 22,8 Prozent.[26] Eine zwischen 25. November und 3. Dezember 1920 in Baden durchgeführte Vollerhebung unter allen Schulkindern wies 16 Prozent der Badener Kinder als schwer, 53 Prozent als durchschnittlich unterernährt und nur 31 Prozent als gut ernährt aus. Diese Werte waren insofern besonders bedenklich, als die Kurstadt Baden von der Hyperinflationskonjunktur temporär profitierte. »Dieser schlechte Ernährungszustand steht sogar in einem recht unangenehmen Gegensatz zu den vielen Lebensmitteln, die für zahlungsfähige Kurgäste und für die noch zahlreicheren Sommerfrischler nach Baden gebracht werden«, vermerkte der prominente Mediziner Clemens Pirquet kritisch.[27]

5.3 Die letzte Phase des epidemiologischen Übergangs

5.3.1 Der säkulare Rückgang der Mortalität

Trotz der negativen Langzeiteffekte des Ersten Weltkrieges setzte sich mit der Stabilisierung der Nachkriegsverhältnisse der epidemiologische Übergang in Wien und Niederösterreich in der Form der Vorkriegszeit unvermindert fort. Bereits Mitte der 1920er-Jahre waren die Sterberaten auf ein annähernd posttransitorisches Niveau gefallen.

Selbst die schwere Wirtschaftskrise der 1930er-Jahre änderte am transitorischen Verlauf wenig, wenngleich die zuvor angestiegene Lebenserwartung nun stagnierte. Ein langfristiger Vergleich der altersspezifischen Sterberaten vor Ausbruch des Ersten Weltkrieges und Mitte der 1930er-Jahre bestätigt jedoch, dass trotz der widrigen Lebensumstände für eine Mehrheit der Bevölkerung während der Weltwirtschaftskrise der säkulare Rückgang der Sterblichkeit in allen Altersgruppen weit vorangeschritten war. Besonders deutlich fiel der Rückgang der Säuglingssterblichkeit aus.

24 Pirquet, Schülerspeisung, 304.
25 Adlgasser, American Individualism abroad, 84–89.
26 Pirquet, Schülerspeisung, 298, 304.
27 Pirquet, Schülerspeisung, 338.

Aber auch in allen anderen Altersgruppen bis zum Alter von 50 Jahren kam es zu einer Halbierung, zwischen 50 und 70 Jahren ging die Sterblichkeit um ein gutes Drittel zurück. Lediglich im hohen Alter nahm die Mortalität vergleichsweise in geringem Ausmaß ab.

Tabelle 64: Rohe Sterberaten in Wien, Niederösterreich und Österreich 1919/20–1946/50

Periode[a]	Wien	Niederösterreich	Österreich
1911–1913	15,8	19,2	18,8
1919–1920	19,8	18,2	19,7
1921–1925	14,3	14,6	15,8
1926–1930	13,9	13,3	14,5
1931–1935[b]	13,1	13,1	13,5
1936–1938[b]	14,0	12,9	13,5
1946–1950[b]	14,6	13,2	12,7

Quelle: Statistik Austria, Demographisches Jahrbuch 2006, 186
[a] Bis 1933 nach dem Sterbeort, ab 1934 nach dem Wohnort des Verstorbenen; für die Zeit der beiden Weltkriege ohne Militärsterbefälle.
[b] Österreichwerte: einschließlich der Fälle mit im Ausland gelegenem Wohnort.

Eine nicht unwesentliche Veränderung trat hinsichtlich der Relation der Überlebensverhältnisse in Wien und Niederösterreich ein. Mitte der 1930er-Jahre lag die Sterblichkeit der niederösterreichischen Bevölkerung mit Ausnahme der 30- bis 70-Jährigen über jener der Wiener Bevölkerung, die besonders im Kleinkinderalter und bei Schulkindern günstigere altersspezifische Sterberaten aufwies. Es liegt nahe, diese mit der umfassenden Medikalisierung von Kindern im »Roten Wien«, aber auch mit dem kommunalen Wohnbauprogramm in Verbindung zu bringen.[28]

Was dieser Rückgang der Sterblichkeit für die Lebenserwartung bedeutet, lässt sich für Wien und Österreich anhand von Sterbetafeln für Mitte der 1930er-Jahre zeigen. Für Niederösterreich liegen keine entsprechend detaillierten Daten vor. Jedoch ist davon auszugehen, dass die Niederösterreich-Werte nahe beim österreichischen Durchschnitt, vielleicht etwas darunter lagen. Jedenfalls war die Lebenserwartung bei der Geburt in Wien und Österreich auf rund 55 bis 60 Jahre angestiegen. Vor allem im Erwachsenenalter – das belegen auch die altersspezifischen Sterberaten – besaßen Niederösterreicherinnen und Niederösterreicher noch leichte Vorteile gegenüber Wienerinnen und Wienern, was die Lebenserwartung anlangt. Bei der Geburt hingegen hatte die Wiener Bevölkerung einen Überlebensvorteil.

28 Weigl, Demographischer Wandel, 227–229.

Tabelle 65: Altersspezifische Sterberaten in Wien und Niederösterreich 1909/11–1934

Alter	1909/11			1934		
	Wien	Nieder-österreich	Wien = 100	Wien	Nieder-österreich	Wien = 100
unter 1[a]	167,7	216,0	128,8	63,3	77,9	123,1
1–5	18,0	13,9	77,4	3,2	3,7	116,9
6–15	3,1	3,0	97,7	1,6	1,8	109,3
16–30	5,6	5,9	105,5	2,8	2,9	102,3
31–50	10,6	9,0	84,8	5,6	4,9	86,8
51–70	32,5	29,5	90,7	22,6	19,3	85,5
71 und mehr	113,2	124,5	110,0	95,8	104,1	108,6

Quelle: wie Tabelle 40 und Statistisches Jahrbuch Wien 1930–1935, 9f., 21–23; Weigl, Stagnation, 11; eigene Berechnungen

[a] Säuglingssterberate.

Tabelle 66: Lebenserwartung nach Geschlecht und Alter in Wien und Österreich 1930/33

Alter	Wien			Österreich		
	männlich	weiblich	Gender Gap	männlich	weiblich	Gender Gap
0	56,0	61,0	5,0	54,5	58,5	4,0
1	61,1	65,6	4,5	61,5	64,5	3,0
20	64,4	69,0	4,6	65,2	68,0	2,8
60	73,6	75,9	2,3	74,2	75,4	1,2

Quelle: Wiener Sterbetafeln, 8–12; Statistik Austria, Sterbetafeln 1868/71–2010/12

Insgesamt nahm in der ersten Hälfte des 20. Jahrhunderts die Lebenserwartung bei der Geburt im langfristigen Durchschnitt um etwa 1–1,5 Prozent jährlich zu. Dem entsprach bereits das Wachstumstempo im letzten Drittel des 19. Jahrhunderts. Trotz der negativen Effekte der Zeit nach Ende des Ersten und des Zweiten Weltkrieges – letztere war erneut durch massive Unterernährung und Unterversorgung der Bevölkerung gekennzeichnet – setzte sich der Trend steigender Lebenserwartungen bis in die Zeit um 1950 im Wesentlichen fort.

Tabelle 67: Lebenserwartung nach Geschlecht und Alter in Wien und Österreich 1949/51

Alter	Wien			Österreich		
	männlich	weiblich	Gender Gap	männlich	weiblich	Gender Gap
0	62,0	67,8	5,8	61,9	67,0	5,1
1	66,3	71,6	5,3	66,9	71,1	4,2
20	67,8	72,1	4,3	68,7	72,6	3,9
60	74,0	77,6	3,6	75,1	77,3	2,1

Quelle: wie Tabelle 66

Wie sich detailliert am Beispiel Wiens zeigen lässt, entsprach der Rückgang der Sterblichkeit auf ein posttransitorisches Niveau dem Muster des epidemiologischen Übergangs, der in seiner letzten Phase durch einen massiven Rückgang der Sterblichkeit der Infektionskrankheiten und einem Vormarsch degenerativer Erkrankungen (Herz-Kreislauf, Krebs) gekennzeichnet ist. Die altersstandardisierte Sterberate der Infektionskrankheiten – eine im 20. Jahrhundert wesentlich von der Lungentuberkulose bestimmte Rate – zeigte einen massiven Rückgang. Geht man davon aus, dass sich unter den Krankheiten der Atmungsorgane vor 1914 noch zahlreiche unerkannte Lungen-Tbc-Fälle verbargen und auch unter den Krankheiten der Verdauungsorgane nichtdiagnostizierte Infektionen eine Rolle spielten, dann trug die rückläufige Mortalität der Infektionskrankheiten in Wien zur Hälfte oder sogar bis zu zwei Dritteln zum Mortalitätsrückgang im Zeitraum von 1910 bis 1934/35 bei. Aber auch alle anderen bedeutenden todesursachenspezifischen Mortalitätsraten gingen in Wien im Zeitraum von 1910 bis 1934 zurück. Lediglich bei den degenerativen Erkrankungen fielen die Rückgänge bescheiden aus.[29]

Der ähnlich verlaufende epidemiologische Übergang in Niederösterreich lässt sich in erster Linie an der rückläufigen Tuberkulosesterblichkeit festmachen, da in der Zwischenkriegszeit detaillierte Todesursachenstatistiken weitgehend fehlen. Während des Ersten Weltkrieges war die Tuberkulosesterblichkeit in Wien und Niederösterreich noch enorm angestiegen. In Wien kletterte sie von rund 300 auf 100.000 Einwohner bis auf 520 im letzten Kriegsjahr. Der Anstieg in Niederösterreich fiel von 280 auf 420 ganz ähnlich aus. Wien und Niederösterreich bildeten zu diesem Zeitpunkt mit Abstand immer noch die regionale »Hochburg« der Tuberkulosesterblichkeit im heutigen Österreich. Doch mit Bezug auf Niederösterreich begann sich das rasch zu ändern. Schon 1919 war der österreichische Durchschnitt erreicht und 1920 und 1921 bereits recht deutlich unterschritten. Dabei blieb es die

29 Weigl, Demographischer Wandel, 180–183.

gesamte Zwischenkriegszeit. Diese bemerkenswerte Verbesserung bei einem allgemein sehr ausgeprägten Rückgang der Tuberkulosesterblichkeit deutet darauf hin, dass vor allem die Ernährungssituation zumindest in größeren Teilen Niederösterreichs erheblich besser war als in anderen Teilen des Bundesgebietes. Die Ergebnisse der anthropometrischen Messungen der amerikanischen Kinderhilfsaktion bestätigen das für die unmittelbare Nachkriegszeit nachdrücklich. Auch in Wien sank die Tuberkulosesterblichkeit ab dem Jahr 1920 sehr stark. Sie blieb allerdings dennoch in der Folge um rund 50 Prozent über dem niederösterreichischen Wert. In Wien dürfte für diesen todesursachenspezifischen Mortalitätsrückgang neben den Ernährungsverhältnissen in erster Linie die Verbesserung der Wohnbedingungen verantwortlich gewesen sein. Hingegen erzielte die medizinische Versorgung angesichts fehlender Heilmethoden abseits der »Heilstättentherapie«, die ohnehin nur einer kleinen Minderheit zu Gute kam, wohl keine größeren Erfolge.[30]

Graphik 13: Tuberkulosesterberate in Wien, Niederösterreich und Österreich (auf 100.000 der Bevölkerung)

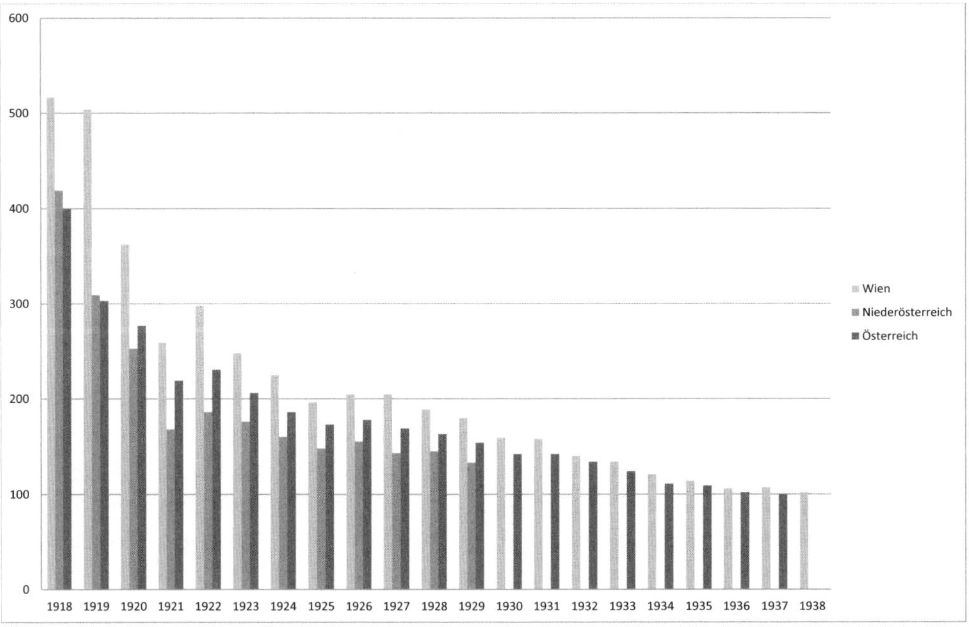

Quelle: Dietrich-Daum, Sozialgeschichte, 265–267

30 Weigl, Demographischer Wandel, 251.

Veränderungen der Tuberkulosesterblichkeit hängen in besonders hohem Ausmaß von der Ernährung, sanitären Verhältnissen und Migrationsbewegungen ab. Während die Versorgung mit rationierten Nahrungsmitteln zwar in den ersten Kriegsjahren des Zweiten Weltkrieges für die »arische« Bevölkerung vergleichsweise gut war, galt das für die vom NS-Regime Verfolgten und Diskriminierten nicht. Zudem nahm die Zahl der Zwangsarbeiterinnen und Zwangsarbeiter in Wien und Niederösterreich, die einerseits unter miserablen Lebensbedingungen zu leiden hatten, andererseits zum größeren Teil aus osteuropäischen Ländern mit hoher Tuberkulosesterblichkeit verschleppt worden waren, im Lauf des Krieges rasch zu, was die Verbreitung der Tuberkulose begünstigte. Die Labilität des Rückgangs der Tuberkulosesterblichkeit, dem ja noch kein solcher der tuberkulösen Durchseuchung entsprach, zeigte sich in Wien bereits im ersten Kriegsjahr 1939 und dann auch in den Folgejahren. Während des Zweiten Weltkrieges ging die todesursachenspezifische Sterberate in Wien zunächst langsam, ab 1944 deutlich nach oben. Im Jahr 1945 war schließlich ein Höhepunkt mit einem Wert von 268 auf 100.000 Einwohner erreicht. Das entsprach dem Niveau von etwa 1921.[31] Da die Tuberkulosesterblichkeit ein besonders aussagekräftiger Wohlstandsindikator ist, spricht das nicht gerade für das vom NS-Regime geprägte Propagandabild eines »Wohlfahrtsstaates für die Volksgemeinschaft«.[32]

Nach Kriegsende 1945 änderten sich die Rahmenbedingungen für die Tuberkuloseverbreitung zunächst nur wenig. Im Jahr 1948 erreichte die Tuberkulosesterblichkeit in Wien den Wert von 1937. Erst dann kam es zu einem weiteren rasanten und kontinuierlichen Rückgang, von dem die weibliche Bevölkerung überproportional profitierte. Um 1950 lag die Sterberate der Männer bei 100, der Frauen bei 50. Die Morbidität nahm hingegen nur langsam ab. Selbst im Jahr 1950 hatte sie noch etwa das Niveau des Jahres 1946.[33] Als vorteilhaft erwies sich die abnehmende tuberkulöse Durchseuchung im Kindesalter. Tuberkulinreihenüberprüfungen im Nachkriegs-Wien ergaben bei 6-Jährigen einen Anteil von nur mehr 14,5 Prozent positiv reagierenden Kindern, während 1927 noch 30 Prozent und 1934/35 noch 23 Prozent positiv auf den Test reagiert hatten.[34]

Die Tuberkulosesterblichkeit in Niederösterreich in der Nachkriegszeit des Zweiten Weltkrieges lässt sich nur indirekt anhand des Österreich-Durchschnitts erschließen. In Österreich lag die Sterberate auf 100.000 der Bevölkerung im Durchschnitt der Jahre 1946 bis 1950 bei 83, in Groß-Wien bei 110.[35] Der Niederösterreich-Wert

31 Junker, Schmidgruber, Wallner, Tuberkulose in Wien, 74, 78.

32 Aly, Hitlers Volksstaat.

33 Junker, Schmidgruber, Wallner, Tuberkulose in Wien, 84f., 87–89.

34 Klima, Junker, Tuberkulintestungen, 2.

35 Junker, Stellenwert, 573; Junker, Klima, Entwicklung, 161; eigene Berechnungen.

dürfte in der Nähe des österreichischen Durchschnitts gelegen haben. Außerhalb der niederösterreichischen Städte bestand, sowohl was die Ernährungssituation als auch die Übertragungswege der Tuberkulose anlangt, ohne Zweifel wie bereits nach dem Ersten Weltkrieg eine deutlich günstigere Situation.

Schon während des Ersten Weltkrieges gelang es den Gesundheitsbehörden, größere Seuchenausbrüche durch sanitäre Maßnahmen zu verhindern. Dies traf auch auf den Zweiten Weltkrieg zu, obwohl Hunderttausende Zwangsarbeiterinnen und Zwangsarbeiter in Lagern unter äußerst bedenklichen hygienischen Bedingungen leben mussten. Allein die ständig steigende Zahl der zivilen Ausländerinnen und Ausländer, die in Wien und »Niederdonau« im »Arbeitseinsatz« standen, wuchs ständig und erreichte im Herbst 1944 annähernd 300.000.[36] Wenn beispielsweise am 15. Juli 1943 der Leiter des Bezirksgesundheitsamtes für den 2./20. Bezirk in Wien, Obermedizinalrat Dr. Rendl, bei einer von der Gestapo einberufenen Sitzung zum Einsatz ausländischer Zivilarbeiter über die 634 der Stadt bekannten Unterkünfte der Zwangsarbeiterinnen und Zwangsarbeiter in Groß-Wien »mangelhafte Unterbringung«, »dürftige Kleidung« und »erhöhte Krankheitshäufigkeit« konstatierte, kennzeichnet das die Lebensbedingungen in den Lagern recht ungeschminkt.[37] Nicht aus Menschenliebe, sondern um die Wehrkraft der »arischen« Bevölkerung zu erhalten, waren die NS-gelenkten Gesundheitsbehörden allerdings tunlichst bemüht, den Ausbruch von Seuchen auch in den Lagern zu verhindern.

Nach Kriegsende brach in Wien infolge der vorangegangenen Kampfhandlungen die Infrastruktur teilweise zusammen, was vor allem den Ausbruch einer Ruhrepidemie, aber auch die Verbreitung von Typhus, Fleckfieber und Diphterie beförderte. Der medizinische Fortschritt in Form massenhafter Typhusimpfungen und – im Fall des Fleckfiebers – massiven Einsatzes von DDT sorgte allerdings dafür, dass eine weitere Ausbreitung dieser Epidemien verhindert wurde.[38]

Neben dem Rückgang der Sterblichkeit an Infektionskrankheiten sorgte der nicht nur darauf zurückzuführende Rückgang der Säuglingssterblichkeit für den langfristigen Sprung der Lebenserwartung nach der Geburt nach oben.

Schon in den Jahren vor Ausbruch des Ersten Weltkrieges war die Säuglingssterblichkeit massiv gefallen. Dieser Trend wurde durch die Kriegsjahre nur unterbrochen und setzte sich schon in der Nachkriegszeit wieder fort. Den Neugeborenen kam der kriegsbedingte Rückgang der Geburtenzahlen ebenso zu Gute wie die Einrichtung von Mutterberatungsstellen, die Stillprämien auszahlten und regelmäßige Untersuchungen der Babys förderten. In den Nachkriegsjahren dürften in

36 Freund, Perz, Zwangsarbeit, 660.

37 WStLA, MAbt. 212, A7: 10.

38 Statistisches Jahrbuch Wien 1943–1945, 64f.; Magistrat der Bundeshauptstadt Wien, Verwaltung 1945–1947, 196–202.

Wien etwa 90 Prozent aller Neugeborenen in den ersten beiden Lebensmonaten und 70 Prozent länger als ein halbes Jahr gestillt worden sein.[39] In den größeren Städten Niederösterreichs mögen die entsprechenden Raten geringer gewesen sein, aber auch dort waren sie sicherlich ansteigend. Ab den 1920er-Jahren verbesserten sich die Rahmenbedingungen der Säuglingspflege weiter. Die Wirkung der Gesundheitspolitik – einschließlich der Mutterschutzbestimmungen für erwerbstätige Frauen – gemeinsam mit einer nach und nach einsetzenden Verbesserung der hygienischen Verhältnisse, vor allem der Wohnungsverhältnisse in den Städten ließen die Säuglingssterblichkeit von hohem Niveau aus nunmehr auf sehr breiter, nahezu alle gesellschaftlichen Schichten betreffenden Ebene kontinuierlich sinken.[40]

Tabelle 68: Säuglingssterblichkeit in Wien und Niederösterreich 1911/13–1946/50

Periode	Wien	Niederösterreich	Wien = 100
1911/13	151,1	202,9	134,3
1914/18	148,0	210,6	142,3
1919/20	136,0	149,1	109,6
1921/25	106,7	134,3	125,9
1926/30	89,7	107,5	119,8
1931/35	74,8	94,2	125,9
1936/38	64,1	84,1	131,2
1939/45	69,8	87,9	125,9
1946/50	68,7	78,0	113,5

Quelle: Köck, Kytir, Münz, Risiko »Säuglingstod«, 19

Am regionalen und sozialen Muster der Säuglingssterblichkeit in Niederösterreich änderte sich hingegen wenig. Die rückständigsten ländlichen Gebiete, wie z. B. die peripheren Teile des Waldviertels, hatten die höchsten Werte zu verzeichnen, während die Regionen mit höherem Industrialisierungsgrad und einer höheren Versorgungsdichte mit entsprechender Gesundheitsinfrastruktur wie Mutterberatungsstellen und Gebärkliniken ihre Position verbesserten.[41] Wie eine Fallstudie aus den späten 1920er-Jahren belegt, sorgten am Land vor allem kulturelle Faktoren – fehlendes Stillen auf Grund der durch die Geburt kaum unterbrochenen Arbeit in der Landwirtschaft und weiterhin häufig unhygienische Verhältnisse – für höhere Säuglingssterberaten. Soziale Faktoren traten hingegen im Gegensatz zu Wien eher in

39 Peller, Säuglingssterblichkeit, 1924, 118.
40 Köck, Kytir, Muenz, »Risiko«, 36.
41 Weigl, Zwischenspurt, 451, 473.

den Hintergrund. Diese zwar nicht am Beispiel niederösterreichischer Landbezirke gewonnene Erkenntnis traf mit Sicherheit auch auf diese zu.[42] Generell lässt sich feststellen, dass die im »Roten Wien« getroffenen gesundheitspolitischen Maßnahmen ein besonderes Schwergewicht auf die Säuglingsfürsorge legten.[43] In der gleichen Intensität war das in Niederösterreich nicht der Fall. Es kam daher nicht von ungefähr, dass die Säuglingssterblichkeitsrate in Niederösterreich konstant etwa ein Viertel über jener Wiens lag. Daran änderte sich auch in der Zeit der Diktaturen wenig. Lediglich in den Jahren nach dem Zweiten Weltkrieg nahm der Abstand zwischen den beiden Bundesländern etwas ab.[44]

5.3.2 Medikalisierung und Bildung

Die vom Wiener Stadtrat Julius Tandler vorangetriebene Gesundheits- und Sozialpolitik im »Roten Wien« setzte in einer besonders akzentuierten Weise auf die Zivilisierung, Kulturalisierung und Hygienisierung der urbanen Bevölkerung.[45] Sie stand damit aber auch in Österreich keineswegs völlig alleine. In der Zwischenkriegszeit erlebte die zweite Phase der »sanitary revolution«, in der die Verbesserung der privaten Hygiene in den Mittelpunkt der Medikalisierungspolitik rückte, besonders aber in Wien ihre volle Entfaltung. Zwar wurde auch das Wasserleitungsnetz in der Zwischenkriegszeit weiter über das Wiener Stadtgebiet ausgedehnt, sodass lediglich am südlichen und östlichen Stadtrand einige Siedlungen völlig unversorgt blieben, aber am Ausstattungsgrad im bewohnten Stadtgebiet, welcher bei etwa 85 Prozent lag, änderte sich wenig.[46] Die Schwerpunkte des Reformprogramms in Wien waren nicht mehr die großen Infrastrukturprojekte der liberalen Ära oder der Lueger-Zeit, sondern die soziale Fürsorge, der kommunale Wohnbau und die Schulreform. Am 1. September 1923 startete das erste Fünfjahresprogramm des kommunalen Wohnbaus, dem ein weiteres folgen sollte. Bis Ende 1933 entstanden 61.617 Wohnungen und 5257 Siedlungshäuser im Besitz und der Verwaltung der Gemeinde Wien. Unter Berücksichtigung der während der Dollfuß-Schuschnigg-Diktatur fertiggestellten Gebäude waren es schließlich etwa 400 Gemeindebauten mit 64.125 Wohnungen. 11 Prozent der Wiener Bevölkerung fanden zu diesem Zeitpunkt eine neue Bleibe in Gemeindewohnungen und -häusern. Diese waren mit Wasseranschluss, Innentoiletten und zum Teil auch mit Gemeinschaftsbädern ausgestattet. All jenen, denen

42 Nobel, Rosenfeld, Ursachen und Bekämpfung, 40.
43 Gruber, Red Vienna, 66.
44 Kytir, Regionale Unterschiede, 52.
45 Maderthaner, Von der Zeit um 1860 bis zum Jahr 1945, 361.
46 Müller, Wien 1888–2001, 118f., 122; Bobek, Lichtenberger, Wien, Tafel III.

keine Bademöglichkeit im Wohnbereich zur Verfügung stand, sollte ein großzügig konzipiertes Bäderbauprogramm helfen.[47]

In den größeren niederösterreichischen Stadtgemeinden entstanden in Ansätzen ähnliche sanitäre Einrichtungen und auch Wohnbauprogramme kleinerer Dimension, so etwa in St. Pölten und Wiener Neustadt.[48] Im Vordergrund stand jedoch in Niederösterreich die Modernisierung der Trinkwasserversorgung. Nachdem im Zeitraum von 1920 bis 1925 zehn neue Wasserversorgungsanlagen entstanden waren, kamen allein im Jahr 1929 weitere 44 dazu. Von 1920 bis 1930 wurden insgesamt mehr als 100 neue Anlagen errichtet. Man kann also von einem richtigen Wasserleitungsbauboom sprechen, der ab 1927 auch durch finanzielle Mittel des Landes kräftig gefördert wurde.[49] Wesentlich schlechter stand es um die Kanalisation in den niederösterreichischen Gemeinden, die sich weiterhin meist nur auf die Ableitung von Regenwasser oder die verrohrte Durchleitung von offenen Gerinnen beschränkte. Noch zu Beginn der 1950er-Jahre besaß lediglich Mödling einen Sammelkanal mit Kläranlage.[50]

Den für die Gesundheitspolitik Verantwortlichen in Stadt und Land war klar, dass der Erfolg der Medikalisierung breiter Bevölkerungsschichten nicht zuletzt vom Bildungsniveau dieser Schichten abhing. Der individuelle und familiäre Zugang zu privater Hygiene, Tuberkuloseprävention und Säuglings- und Kleinkinderpflege war unzweifelhaft bildungsabhängig. Insofern waren Einflüsse des Bildungssektors auf die Überlebensverhältnisse gerade in den schwierigen Kriegs- und Zwischenkriegsjahren, in denen noch vielfach große Not herrschte, von nicht zu unterschätzender Bedeutung.

Das überkommene, von der Monarchie geerbte Bildungssystem bedurfte unzweifelhaft einer Reform in Stadt und Land. Nicht weiter verwunderlich sind die deutlichen Unterschiede im Bildungsniveau der Wiener und der niederösterreichischen Bevölkerung in der Zwischenkriegszeit und in den 1940er-Jahren. Dies galt nicht nur für die ohnehin noch wenig verbreitete höhere Bildung, sondern auch für den Pflichtschulbereich. Während um 1950 etwa 80 Prozent der 15-jährigen und älteren Personen in Wien zumindest einen Hauptschulabschluss aufzuweisen hatten, traf das in Niederösterreich nur auf 65 Prozent zu.

47 Maderthaner, Von der Zeit um 1860 bis zum Jahr 1945, 368, 381.
48 Exemplarisch dazu für St. Pölten Schinnerl, Wohnungsfürsorge, 259–264.
49 Gruber, Wasserversorgungsanlagen, 212 f.
50 Gerabek, Gewässer, 118.

Tabelle 69: Wohnbevölkerung über 14 Jahre in Wien und Niederösterreich nach höchster abgeschlossener Ausbildung 1951 (in %)

Ausbildung	Wien	Niederösterreich
Volksschule	30,1	45,9
Hauptschule	48,5	19,6
Fachschule	11,1	3,9
Berufsbildende Mittelschule	3,7	1,7
Allgemeinbildende Mittelschule	3,8	1,1
Hochschule	2,7	0,8

Quelle: Österreichisches Statistisches Zentralamt, Volkszählung 1951, Tabellenband I, 128; eigene Berechnungen

In der Zwischenkriegszeit stieg der Anteil der Besucher von Hauptschulen, welche die Bürgerschulen im Jahr 1927 ablösten, deutlich an. Ende Oktober 1933 besuchten 71 Prozent der Wiener Kinder im Alter von 10 bis 13 Jahren Hauptschulen, in Niederösterreich 35 Prozent, in den übrigen Bundesländern 23 Prozent. Neben Wien war also Niederösterreich das Bundesland des mit Abstand höchsten Anteils an Besuchern von Hauptschulen.[51] Die ungleiche räumliche Verteilung von Haupt- und Mittelschulen bestimmte aber das regionale Bildungsprofil weiterhin. Städtische Ballungsgebiete waren begünstigt, während die peripheren Landesteile von den Veränderungen im Bildungssektor weitgehend ausgeschlossen blieben.[52]

Die Bildungsreformer der ersten Stunde setzten vor allem bei den Bildungsinhalten an. Nach Kriegsende sah der von Unterstaatssekretär Otto Glöckel entwickelte Lehrplan für Volksschulen, der am 8. Juni 1920 provisorisch eingeführt wurde, Arbeitsunterricht, d. h. Selbsttätigkeit des Schülers, Bodenständigkeit und Gesamtunterricht – bei keinem fixen Stundenplan – vor. Mit Ausnahme der von Glöckel propagierten völligen Säkularisierung des Pflichtschulwesens, die auf erbitterten Widerstand der christlichsozialen Partei und der Kirche stieß, wurde der inhaltliche Teil der Reformen im Bildungswesen auch von Schulreformern anderer politischer Lager zumindest teilweise bejaht. Die Erleichterung von Übertritten und die Gleichheit der Bildungschancen waren auch christlichsozialen Bildungsreformern ein wichtiges Anliegen.[53] Das parallel laufende Reformprogramm der Lehrerausbildung begann man schon in den frühen 1920er-Jahren umzusetzen. Schwerpunkte bildeten Kna-

51 Eigene Berechnungen nach Bundesamt für Statistik, Statistisches Handbuch Österreich 15 (1935), 225; Volkszählung 1934, Bundesstaat, Tabellenheft, 8; Wien, 6; Niederösterreich, 72. Vgl. dazu auch Achs, Krassnigg, Drillschule, 143.

52 Engelbrecht, Bildungswesen, 101.

53 Engelbrecht, Bildungswesen, 95.

benhandarbeit, Hauswirtschaft, Kinderpflege und Ernährungskunde, Turnen und Fremdsprachenunterricht.[54] Ein Schulkompromiss zwischen christlichsozialen und sozialdemokratischen Schulpolitikern von 1926/27 ermöglichte den Beschluss des Volksschullehrplanes 1926, der »Bürgerschulnovelle« 1927 und des »Mittelschulgesetzes« 1927. Ersterer hatte allerdings für die damals in Niederösterreich dominierenden ein- und zweiklassigen Volksschulen keine Gültigkeit, in denen nach dem ähnlichen Versuchslehrplan von 1924 unterrichtet wurde. Doch die Mehrdeutigkeit des Lehrplans sorgte dafür, dass er in den großen Industrieorten mehr nach sozialdemokratischer Lesart, am Land mehr nach christlichsozialer interpretiert wurde.[55] Mit der Einführung der Hauptschule wurde die ehemalige Bürgerschule von drei auf vier Klassen aufgestockt und in zwei Leistungsgruppen getrennt. »Aufbauschulen« und mehrjährigen zur Matura führende Kurse (»Arbeitermittelschule«) sollten auch »Quereinsteigern« die Möglichkeit zu höheren Bildungsabschlüssen eröffnen.[56] Die mangelnde Adaptierung der aus städtischen Verhältnissen entwickelten Schulreform für die Landschulen erwies sich jedoch als gravierendes Hindernis.[57] Aber auch in den kleineren ländlichen Gemeinden traten Veränderungen ein. Die Landschulreform fokussierte auf einer Reform der Volksschullehrpläne, die lebensnaher gestaltet wurden.[58] Die spezifische Problemlage der Landschulen stellte jedoch auch in den folgenden Jahrzehnten die zentrale Herausforderung dar. Nach 1945 erhielt die Landschulreform unter dem Vorzeichen von Lehrermangel[59] und vor dem Hintergrund der schon in der NS-Zeit massiv einsetzenden Landflucht unter dem Titel »Landschulerneuerung« neuen Schwung. Nun wurde die ländliche Gruppenarbeitsschule als Vorbild betrachtet, die praxisbezogene Auflockerung des Unterrichts propagiert und mit der Forderung verbunden, »das ländliche und das bäuerliche Leben in die Schulstube hineinzulassen«.[60] In Summe gelang es der Landschulerneuerung mit einigem Erfolg, den ganzheitlichen Gedanken im Schulunterricht und die Lebensnähe in die Unterrichtsrealität vieler kleiner Schulen zu bringen.[61]

Die bäuerliche Arbeitsorganisation und die Bildungsferne vieler proletarischer Eltern stellten aber weiter ein gravierendes Hindernis für eine breite Bildungsreform dar. Exemplarisch lässt sich das anhand der »Sommerbefreiungen« in Landschulen illustrieren. Gegen Ende der Monarchie wurden für 6–7 Prozent der Volksschüler und Volksschülerinnen generelle und für 3–4 Prozent individuelle Schulbesuchser-

54 Kuppe, Aufbau, 346, 348.
55 Gulick, Österreich 2, 283.
56 Engelbrecht, Bildungswesen, 99–102.
57 Güttenberger, Geistige Entwicklung, 136.
58 Engelbrecht, Bildungswesen, 106 f.
59 Engelbrecht, Schulen, 180.
60 Lang, Pädagogische Situation, 21 f.
61 Parak, Schulwesen, 238.

leichterungen gewährt, die die Erntezeit betrafen und praktisch das Schuljahr für die betroffenen Kinder, die am elterlichen Bauernhof mithalfen, erst im November beginnen ließen.[62] Noch im Jahr 1922 genossen 5,1 Prozent der niederösterreichischen Pflichtschülerinnen und Pflichtschüler Schulbesuchserleichterungen und selbst 1935 waren es noch 3,4 Prozent.[63] In Wien und den Industriestädten spielte Kinderarbeit für die Familienbudgets zwar kaum mehr eine größere Rolle, aber im proletarischen Milieu und im Kleinbürgertum sorgte die knappe finanzielle Basis dafür, dass der baldige Antritt einer Lehrstelle von den heranwachsenden Kindern durchaus erwartet und der Besuch höherer Schulen nicht nur aus ökonomischen Erwägungen vielfach abgelehnt wurde.[64] Immerhin garantierte die Schulreform, auch wenn nur eine Minderheit des Lehrpersonals mit ihr tatsächlich sympathisierte, eine gewisse Anhebung des Pflichtschulbildungsniveaus über die Erlernung von Basiskulturtechniken hinaus. Der steigende Anteil von Hauptschülerinnen und Hauptschülern und in Wien auch an Besuchern höherer Schulen gibt dafür doch einen klaren Hinweis. Allein im Zeitraum von 1910/11 bis 1934/35 verdoppelte sich die Zahl der Wiener Mittelschülerinnen und -schüler beinahe.[65]

Eine enge Beziehung zwischen Hygienisierung, Medikalisierung und Schulreform gelang es besonders im »Roten Wien« herzustellen. In Wiener Schulen wachten 50 Schulärzte und 210 Schulfürsorgerinnen über den Gesundheitszustand der Schulkinder. Zudem wurden 11 Schulzahnkliniken eingerichtet.[66] Zusammen mit Mutterberatungs- und Tuberkulosefürsorgestellen und Hausbesuchen durch Fürsorgerinnen bildeten sie in Arbeiterbezirken ein vergleichsweise dichtes Netz an Einrichtungen, die vorrangig der Krankheitsprävention dienten. Es liegt auf der Hand, dass der Zugriff auf die Medikalisierten in den städtischen Zentren leichter zu erreichen war als in rural geprägten Landesteilen. Aber auch dort blieb er nicht ganz ohne Wirkung.

5.4 Ernährung, Subsistenz und Freizeit (1925–1950)

Ab Mitte der 1920er-Jahre führte die Wiener Arbeiterkammer regelmäßige Konsumerhebungen unter einem Sample von Arbeitnehmerhaushalten durch, welche ein recht präzises Bild über die Haushaltsbudgets in der Zwischenkriegszeit und der

62 Frühwald, Pflichtschulwesen 1900–1975, 174.

63 Güttenberger, Landkind, 37; Bundesamt für Statistik, Statistisches Handbuch 17 (1937), 189; eigene Berechnungen.

64 Gruber, Red Vienna, 80.

65 Wiener Stadt- und Landesarchiv, Ludwig Boltzmann Institut für Stadtgeschichtsforschung, Historischer Atlas von Wien 5. Lfg., 3.4.1 Bildungsgrad der Bevölkerung 1870/71–1934/35.

66 Gruber, Red Vienna, 75.

Nachkriegsperiode nach dem Zweiten Weltkrieg ermöglichen. Die Samples waren zwar nicht allzu groß, doch dürften sie für Arbeiterfamilien und zum Teil auch für Familien aus dem Kleinbürgertum einigermaßen repräsentativ gewesen sein. Es ist allerdings auf Grund der Skepsis von Teilen des Proletariats gegenüber statistischen Erhebungen davon auszugehen, dass in der Regel eher Haushalte der »respectable working class« bereit waren, an den Erhebungen teilzunehmen. Jedenfalls belegen die Konsumerhebungen, dass über die gesamte Zwischenkriegszeit der Anteil der Nahrungs- und Genussmittel an den Haushaltsausgaben mit 55–60 Prozent sehr hoch blieb. Ausreichende Ernährung stand bis Ende der 1940er-Jahre in den Unterschichten in der Hauptstadt im Mittelpunkt des Konsumverhaltens. Bedauerlicherweise existieren keine vergleichbaren Erhebungen für Niederösterreich. Die Ergebnisse der Wiener Erhebungen dürften sich aber kaum von jenen der niederösterreichischen Industriegebiete unterschieden haben.

Tabelle 70: Verbrauchsausgaben Wiener Arbeiterhaushalte nach Verbrauchsgruppen 1925/26–1950/51 (in %)

Ausgabenkategorie	1925/26	1929	1933/35	1946/47	1950
Nahrungsmittel	55,5	48,6	48,3	40,6	44,4
Genussmittel	7,5	8,6	9,4	14,9	10,7
Tabakwaren	1,2	1,4	1,9	7,0	1,9
Kleidung/Wäsche	13,5	13,2	9,9	5,6	13,6
Wohnung/Instandhaltung	3,2	3,9	8,0	6,1	4,1
Einrichtung	3,2	3,9	3,1	3,3	3,9
Heizung/Beleuchtung	4,7	4,6	5,6	4,2	4,9
Sonstige	15,7	20,8	19,3	29,4	22,8

Quelle: Sandgruber, Anfänge, 385; eigene Berechnungen

Aber nicht nur der Anteil der Nahrungsmittelausgaben am gesamten Haushaltsbudget blieb sehr hoch, sie stiegen auch real an. Im Juli 1924 gab eine Arbeiterfamilie für Nahrungsmittel real mehr als 20 Prozent mehr aus als vor Kriegsausbruch im Juli 1914.[67]

Ein näherer Blick auf den Pro-Kopf-Verbrauch je erwachsenen Mann, wie er aus den Konsumerhebungen ableitbar ist, zeigt hinsichtlich der Ernährungsgewohnheiten im Vergleich zur Zeit vor Ausbruch des Ersten Weltkrieges zunächst einmal einen beträchtlichen Anstieg des Kartoffelkonsums bis Mitte der 1920er-Jahre. Da-

67 Eigene Berechnungen nach Klezl, Lebenskosten, 146 f.; Österreichisches Statistisches Zentralamt, Indizes zur Wertsicherung, 34.

nach ging dieser allerdings wieder auf das Vorkriegsniveau zurück, sieht man von den unmittelbaren Nachkriegsjahren 1946/47 und wohl auch von der Zeit des Zweiten Weltkriegs einmal ab. Beträchtlich und dauerhaft war die Zunahme des Konsums von Obst und Zucker, möglicherweise auch von Gemüse und Kaffee, doch liegen für Letztere keine Vorkriegswerte vor. Die Wirkungen der Weltwirtschaftskrise zeigten sich vor allem im Rückgang des Fettkonsums, aber auch bei Getreideprodukten, nicht allzu stark bei Fleisch- und Wurstwaren. Hier wurde eher durch Umstieg auf billigere Sorten (Pferdefleisch, billige Wurst) substituiert.[68]

Insgesamt konnte zwar von einer grundlegenden Veränderung der Ernährungssituation nicht die Rede sein, jedoch kann durchaus von einem erhöhten Ernährungsbewusstsein ausgegangen werden. Besonders die Entdeckung der Vitamine im Jahr 1912 durch Casimir Funck am Londoner Lister Institute ist dabei in ihrer Bedeutung nicht zu unterschätzen. In der Zwischenkriegszeit gehörte es bereits zum Allgemeinwissen, dass die Verbreitung von Mangelerkrankungen und Infektionen durch vitaminreiche Ernährung individuell bekämpft werden könne. Die Ernährungswissenschaft nahm dadurch einen ungeahnten Aufschwung, und ihre Erkenntnisse wurden von den Gesundheitsbehörden vermittelt.[69] Allerdings stellte die Knappheit der Ressourcen nach wie vor ein großes Problem dar. Das sollte sich während der Weltwirtschaftskrise, aber auch im Zuge der Defizite der Kriegs- und Nachkriegsernährung der Jahre 1939 bis 1948 erweisen. Trotz aller Propaganda des NS-Regimes stand es selbst im Herbst 1939, als von kriegsbedingten Versorgungsengpässen noch keine Rede sein konnte, um die Versorgung der Wiener Bevölkerung mit Nahrungsmitteln nicht zum Besten. Ein Physiologe der Universität Wien kam in einem nicht für die Öffentlichkeit bestimmten Gutachten zu dem bezeichnenden Schluss:

> Selbst wenn wir zwei Annahmen machen, nämlich dass für den Durchschnittsverbraucher nur 2300 Calorien anzusetzen sind, sowie daß die Zahlen für die zusätzlich erhaltenen Nahrungsmittel etwas zu tief gegriffen sind, ändern alle diese Verschiebungen nichts an der Tatsache, dass die Volksernährung die Grenze des dauernd zulässigen Maßes unterschritten hat.[70]

Besonders die Nachkriegsjahre erwiesen sich auch nach dem Zweiten Weltkrieg als Zeit von Unterernährung und Hunger. Geht man von den über Lebensmittelkarten ausgegebenen Kalorienmengen aus, so muss ein Großteil der Wiener Bevölkerung seit Kriegsende 1945 unter schwerer Unterernährung gelitten haben. 1945/46

68 Eder, Privater Konsum, 258f.

69 Porter, Kunst des Heilens, 556–560.

70 WStLA, MAbt. 121, A1002: Gutachten von Dr. med. Dr. Ing. Wolfgang Holzer, Universitätsassistent am Physiologischen Institut der Universität Wien, 12.12.1939, 10f.

erreichten die auf Lebensmittelkarten verteilten Rationen weniger als ein Drittel der zum Überleben notwendigen Menge.[71] Der Kalorienwert der ausgegebenen Lebensmittel im sowjetisch besetzten Wien bewegte sich im Frühling und Sommer 1945 um rund 1450 kcal für Arbeiter, 1100 kcal für Angestellte und weniger als 1000 kcal für Kinder. Vor dem Krieg hatte der Kalorienverbrauch pro erwachsene Person zwischen 3000 und 3200 gelegen und selbst bei Arbeitslosen etwa 2500 betragen. Mit dem Eintreffen der Westalliierten in Wien Ende August 1945 wurden die ausgegebenen Rationen zwar gesteigert, blieben jedoch deutlich unter den für das Überleben notwendigen Werten. Nachdem im März 1946 die Solltagessätze österreichweit sogar auf 1200 kcal hatten gesenkt werden müssen, gelang es erst im November dieses Jahres, einheitlich im ganzen Bundesgebiet Nahrungsmittel im Nährwert von 1550 kcal auszugeben. Erst im Lauf des Jahres 1947 trat durch US-Hilfe eine entscheidende Besserung ein. Aber selbst am Ende dieses Jahres waren die Durchschnittswerte der Zwischenkriegszeit bei Weitem nicht erreicht. Ende 1947 erhielten Arbeiter rationierte Lebensmittel im Ausmaß von 2300 kcal, Angestellte von 1900 kcal täglich.[72] Es kann allerdings davon ausgegangen werden, dass die Bevölkerung über die gesamte Nachkriegsperiode sich über den Schwarzmarkt oder Eigenproduktion in Kleingärten zusätzlich versorgte. Mit Hilfe dieser zusätzlichen Nahrung dürfte 1948 in etwa die nicht allzu günstige Ernährungssituation der Vorkriegsperiode wieder erreicht worden sein.

Was die Ernährungsverhältnisse der Bevölkerung in den agrarisch geprägten Teilen Niederösterreichs anlangt, so lassen sich indirekt aus den Erntestatistiken gewisse Rückschlüsse ziehen, da der Eigenverbrauch in den bäuerlichen Haushalten unzweifelhaft weiterhin die Versorgung bestimmte. Das Versorgungsdesaster des Ersten Weltkrieges hatte bekanntlich den Agrarreformern in der neugegründeten Republik großen Auftrieb verschafft. In Niederösterreich gelang es Mitte der 1920er-Jahre, den agrarischen Output vor Ausbruch des Ersten Weltkrieges zu erreichen. Im weiteren Verlauf der 1920er-Jahre wurden die Erträge bei Weizen und Roggen verdoppelt, bei Kartoffeln vervierfacht und bei Zuckerrüben mehr als verzwanzigfacht.[73] Bis in die 1930er-Jahre erreichte die Zuckerproduktion praktisch 100 Prozent Selbstversorgung. Aus Gründen der Budgetrestriktionen infolge der Weltwirtschaftskrise sank der Konsum aber österreichweit von 22 auf 17 kg jährlich.[74] Auf Basis dieser Statistiken lässt sich schließen, dass der Nahrungsmittelkonsum in den bäuerlichen Haushalten Niederösterreichs durch einen gestiegenen Anteil an Kartoffeln und

71 Österreichisches Institut für Wirtschaftsforschung, Monatsberichte 1947, Heft 1/3, 15f.
72 Magistrat der Bundeshauptstadt Wien, Verwaltung 1945–1947, 389–398; Arbeiterkammer in Wien, Jahrbuch 1946, 84.
73 Bruckmüller, Redl, Land der Äcker, 181.
74 Sandgruber, Landwirtschaft in der Wirtschaft, 217.

Zucker gekennzeichnet war. Aber in Ungunstlagen wie in den Waldviertler Futterwirtschaften und im Alpengebiet sorgte die Weltwirtschaftskrise auch in bäuerlichen Haushalten für »Unterkonsumtion« bis hin zu Hunger. Beispielsweise hieß es in einem Schreiben eines Ortsbauernführers aus dem Bezirk Gmünd aus dem Februar 1939 kaum übertreibend:

> Es Wird ihnen Komisch Forkommen wen ich Schreibe das ein Bauer mit 13 ha Grund Ferhungern tud aber bei den ist es wirklich der Fall, 3 Kinder was schon ganz Unterernährt sind und Je[t]zt vor der Frühjahrs Anbauzeit steht kein Sammen hat und keinen zug. Da er Notgetrungen im Herbst das Bischen was er Geerntet hat ferkaufen mus[s]te um [h]albwegs das er mit seiner Familie das Leben weiterfristen kon[n]te …[75]

Im Zweiten Weltkrieg und in der Nachkriegszeit sanken die Hektarerträge zudem bei allen Feldfrüchten und in ganz Niederösterreich infolge des Mangels an Arbeitskräften, sodass die 1940er-Jahre selbst im Vergleich mit den 1930ern einen Rückschlag der Versorgung mit Grundnahrungsmitteln bedeuteten.[76] Im Vergleich zu den städtischen Haushalten litt die Bevölkerung in den ländlichen Gebieten aber sicherlich auch nach Ende des Zweiten Weltkrieges im wesentlich geringeren Maß an der allgemeinen Knappheit an Grundnahrungsmitteln.

Anthropometrische Reihenuntersuchungen unter Wiener Schülern und Lehrlingen vermitteln den Eindruck, dass im Vergleich zur langjährigen Unterernährung während und nach dem Ersten Weltkrieg nach 1945 zwar eine gewisse Besserung eingetreten war, der gesamte Ernährungsstatus der heranwachsenden Generation jedoch zumindest in den urbanen Zonen wieder von erheblicher Unterernährung geprägt war. Erst ab den 1950er-Jahren sollte sich das rasch ändern. Die bereits erwähnte Studie zum durchschnittlichen Körpergewicht Neugeborener an der I. und III. Gebärklinik des Wiener Allgemeinen Krankenhauses, in denen in den späten 1920er-Jahren rund 40 Prozent der Wiener Babys zur Welt kamen, gibt allerdings einen recht deutlichen Hinweis, dass der Ernährungszustand der Mütter in dieser Zeit deutlich über dem der zweiten Hälfte des 19. und des frühen 20. Jahrhunderts vor Ausbruch des Ersten Weltkrieges gelegen haben muss.[77] Insofern ist wohl eine Verbesserung im Vergleich zur Monarchie anzunehmen, wobei Weltwirtschaftskrise und Zweiter Weltkrieg für entsprechende Rückschläge sorgten.

---

75 Langthaler, Schlachtfelder, 60, 62.

76 Bruckmüller, Redl, Land der Äcker, 196.

77 Ward, Birth Weight, 222 f.

Tabelle 71: Durchschnittliche Körpergröße von Wiener Schülern und Lehrlingen 1920–1994/95

Jahr	Schulstufe							
	1.		4.		8.		9.	
	männlich	weiblich	Männlich	weiblich	männlich	weiblich	männlich	weiblich
1920[a]							148	150
1921[a]							155	154
1946	117	117	132	132	147	154		
1985/86[b]	122	120	141	141	166	162		
1994/95[b]	121	121	142	141	167	163		

Quelle: Lebzelter, Größe und Gewicht, 399 f.; Pirquet, Schülerspeisung , 352 f.; Statistisches Jahrbuch Wien 1946/47, 112–114; Statistik Austria, Gesundheitszustand der Schuljugend

[a] 14–15-jährige Lehrlinge der 9. Schulstufe.

[b] »truncated mean«: ein Mittelwert, in dem der unterste und der oberste Teil der Werte für die Berechnung nicht herangezogen werden.

Tabelle 72: Durchschnittliches Körpergewicht von Wiener Schülern und Lehrlingen 1920–1994/95

Jahr	Schulstufe							
	1.		4.		8.		9.	
	männlich	weiblich	männlich	weiblich	männlich	weiblich	männlich	weiblich
1920[a]							40,1	43,1
1921[a]							44,4	43,9
1922	19,9	19,7	24,9	24,3	33,4	38,1		
1946	21,6	20,9	28,6	28,1	41,7	44,1		
1985/86[b]	23,1	22,6	35,2	35,3	55,5	53		
1994/95[b]	22,9	22,7	35,8	35,1	54,3	52,6		

Quelle: wie Tabelle 71

[a] 14- bis 15-jährige Lehrlinge der 9. Schulstufe.

[b] »truncated mean«.

Obwohl die Knappheit der Nahrungsmittel die gesamte Periode von 1914 bis 1950 bis zu einem gewissen Grad prägte, veränderte sich die Struktur der Konsumausgaben allmählich. Noch in den Jahren vor Ausbruch des Ersten Weltkrieges arbeiteten fast 90 Prozent aller Fabrikarbeiter über neun Stunden täglich, die überwiegende Mehrheit hatte Zwölf-Stunden-Schichten. Unter Berücksichtigung des Arbeitsweges blieb damit kaum Zeit für Freizeitbeschäftigungen. Lediglich an Sonn- und Feiertagen war für Freizeitaktivitäten etwas mehr Zeit. Nach dem Weltkrieg kam es mit der Einführung des »Acht-Stunden-Tages« und des Arbeiterurlaubsgesetzes zu einer nicht unerheblichen Zäsur. Zwar waren einschließlich des Arbeitsweges nach wie vor elf Stunden für den arbeitsbedingten Zeitaufwand zu veranschlagen, außerhalb Wiens sogar zum Teil noch mehr, doch kristallisierten sich jetzt deutlich »Freizeiten« heraus. Besonders Samstagnachmittage und der Sonntag standen nun zumeist für Freizeitbeschäftigungen zur Verfügung.[78] Das erklärt den recht deutlichen Anstieg der »sonstigen Ausgaben« in den Wiener Haushaltsrechnungen. In dieser Kategorie wurden Ausgaben für Sport, Gastronomie, Kino, Friseur und Ähnliches subsumiert. Am Höhepunkt der Wirtschaftskrise im Jahr 1933 gab ein Wiener Haushalt bei einem Jahreseinkommen von rund 3600 Schilling im Durchschnitt 121 Schilling für »geistige Zwecke« und 86 Schilling für »Unterhaltung und Sport« aus. In Arbeitslosenhaushalten waren es allerdings nur 41 bzw. 15 Schilling.[79]

Inwieweit bescheidene Elemente einer Konsumgesellschaft bereits Eingang in die Haushalte gefunden hatten, wird durch die Ausstattung mit ausgewählten technischen Geräten, die der Information, Unterhaltung und Kommunikation dienten, deutlich. So bestand beispielsweise Mitte der 1930er-Jahre ein gravierender Unterschied im regionalen Telefonnetz. Nun verwundert es zwar nicht weiter, dass dieses in Wien etwa doppelt so dicht war wie im österreichischen Durchschnitt. Die weit unterdurchschnittliche Ausstattung der niederösterreichischen Haushalte im Österreich-Vergleich ist hingegen bemerkenswert, denn sie lag sogar deutlich unter dem Durchschnitt aller Flächenbundesländer.

Tabelle 73: Telefonsprechstellen in Wien, Niederösterreich und Österreich 1934–1936

Jahr	Wien	darunter öffentlich	Niederösterreich	darunter öffentlich	Österreich ohne Wien	darunter öffentlich
1934	175.963	132	22.174	889	82.785	2345
1935	184.840	132	22.778	802	87.299	2273
1936	190.192	134	23.030	820	89.403	2084
pro Haushalt[a]	31,8		5,9		7,4	

Quelle: Kammer für Arbeiter und Angestellte in Wien, Wirtschaftsstatistisches Jahrbuch 12 (1936), 555; Bundesamt für Statistik, Volkszählung 1934, Bundesstaat, Tabellenheft, 404; eigene Berechnungen
[a] Pro 100 Privathaushalte im Jahr 1934.

Eine ähnliche Schieflage bestand auch beim Besitz von Radioapparaten und Rundfunkanmeldungen. Hier zeigte sich in Niederösterreich allerdings im Gegensatz zu Wien während der Weltwirtschaftskrise keine Stagnation, sondern die Zahl der teilnehmenden Haushalte ging weiter nach oben. Am ausgeprägten Gefälle im Ver-

78 Langewiesche, Freizeit, 33–38.
79 Stiefel, Arbeitslosigkeit, 150.

gleich Wien/Niederösterreich änderte das vorerst wenig. Im Jahr 1934 kamen auf 100 Wiener Haushalte 50 Rundfunkteilnehmer, in Niederösterreich und Burgenland lediglich 24, im österreichischen Durchschnitt ohne Wien 23. Die Unterschiede waren aber keineswegs so ausgeprägt wie bei der Verfügbarkeit von Telefonie. Berücksichtigt man die damals bestehende Unterentwicklung des Burgenlandes, dann lag die Ausstattung niederösterreichischer Haushalte im Gegensatz zur Telefonie sicherlich klar über dem Durchschnitt der Flächenbundesländer.[80]

Graphik 14: Rundfunkteilnehmende Haushalte in Wien, Niederösterreich und Österreich 1924–1937

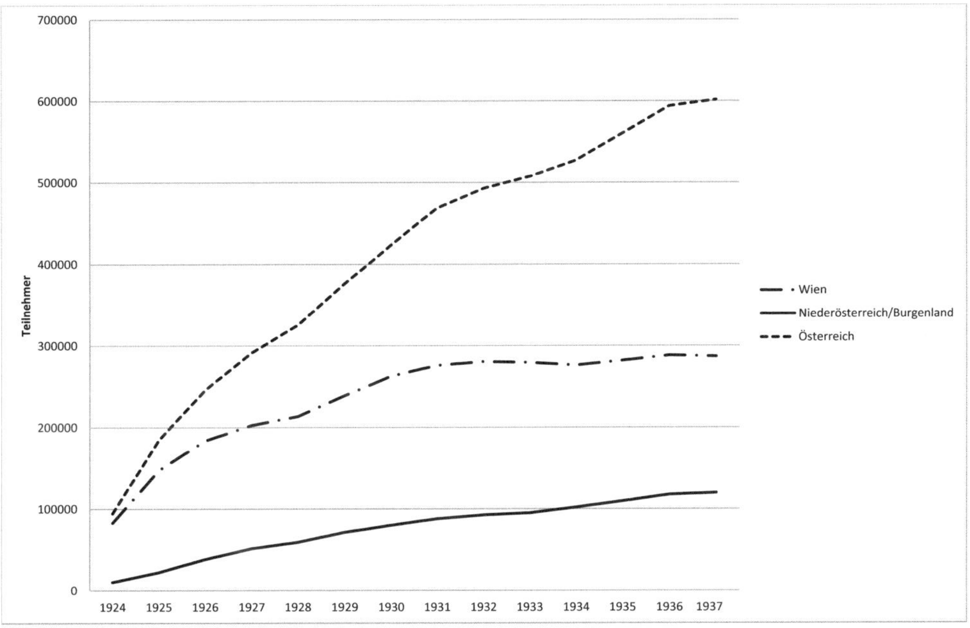

Quelle: Kammer für Arbeiter und Angestellte in Wien, Wirtschaftsstatistisches Jahrbuch 12 (1937), 196

Insgesamt befand sich die Konsumgesellschaft noch in ihrer Vorbereitungsphase. Weltwirtschaftskrise und Kriegs- und Nachkriegszeit erwiesen sich als gewichtige Bremsklötze. Und doch wies nach 1945 der Lebensstil der US-amerikanischen GIs und anderer westlicher Besatzungssoldaten auf eine Konsumwelt, deren Verwirklichung als Ziel vor Augen stand und ihrer Umsetzung harrte.

80 Kammer für Arbeiter und Angestellte in Wien, Wirtschaftsstatistisches Jahrbuch 12 (1937), 196; Bundesamt für Statistik, Volkszählung 1934, Bundesstaat, Tabellenheft, 404; eigene Berechnungen.

5.5 Die Entwicklung der Realeinkommen (1925–1950)

Wie bereits aus den Haushaltsrechnungen der Wiener Arbeiterkammer hervorging, erreichten die Nominaleinkommen unter Herausrechnung des sinkenden Außenwertes der Krone schon etwa 1924 wieder das Niveau der Vorkriegszeit und übertrafen es in der Folge bis zum Ausbruch der Weltwirtschaftskrise erheblich. Dies traf auch auf die Landarbeiter zu, die von geringem Ausgangsniveau ausgehend bis September 1924 real erst eine Lohnsteigerung zur Vorkriegszeit um lediglich 6,5 Prozent erstritten hatten.[81] Nach den Realeinkommensgewinnen der 1920er-Jahre setzte ab 1931 in Stadt und Land ein tiefer Fall ein. Die Haushaltseinkommen sanken deutlich unter das Niveau von Mitte der 1920er-Jahre.[82] In der ersten Hälfte der 1930er-Jahre verringerten sich die realen Haushaltseinkommen pro erwachsene Person teilweise um 10 Prozent jährlich.

Tabelle 74: Nominelles und reales Haushaltseinkommen in Wien 1926–1935 (zu Preisen 1925)

Jahr	Einkommen	pro Konsumeinheit[a]	Preise 1925	JVR[b]
1926	4470	1719	1736	
1927	4305	1809	1774	2,1
1928	4824	1977	1901	7,2
1929	5242	2206	2062	8,5
1930	4969	2135	1977	–4,1
1931	4449	1872	1817	–8,1
1932	4041	1692	1627	–10,5
1933	3599	1513	1483	–8,8
1934	3160	1277	1264	–14,8
1935	3094	1279	1266	0,2

Quelle: Kammer für Arbeiter und Angestellte in Wien, Wirtschaftsstatistisches Jahrbuch 2–12 (1925–1937); Österreichisches Statistisches Zentralamt, Indizes zur Wertsicherung, 34; eigene Berechnungen
[a] Nahrungsverbrauchseinheit abgestuft nach Geschlecht und Alter. Ein erwachsener Mann im Alter von 20 und mehr Jahren = 1,0, bei jüngeren abgestuft von 0,96 bis 0,83 im Alter von 19 bis 15 Jahren, eine erwachsene Frau = 0,86, bei jüngeren abgestuft von 0,83 bis 0,80. 14-Jährige bis Säuglinge beiderlei Geschlechts abgestuft von 0,80 bis 0,20.
[b] JVR = Jährliche Veränderungsrate.

Die Entwicklung des Verlaufs der Nominallöhne entsprach im Wesentlichen jener der Reallöhne, da ab der Währungsstabilisierung im Oktober 1922 kaum ein Preis-

81 Eigene Berechnungen nach Kautsky, Löhne und Gehälter, 128; Österreichisches Statistisches Zentralamt, Indizes zur Wertsicherung, 34.
82 Stiefel, Arbeitslosigkeit, 148.

auftrieb mehr zu verzeichnen war, ehe während der Weltwirtschaftskrise der 1930er-Jahre eine deflationäre Entwicklung einsetzte. Der konjunkturelle Verlauf der Haushaltseinkommen wich jedoch von jenem der Arbeitsverdienste ab, da die Letzteren unterproportional sanken. Es war demnach die Massenarbeitslosigkeit der wichtigste Faktor für die sinkenden Realeinkommen der Haushalte. Wie ein Langzeitvergleich am Beispiel der Kollektivvertragslöhne ungelernter Industriearbeiter deutlich macht, blieben die Realeinkommensgewinne der 1920er-Jahre für jene, die in der Weltwirtschaftskrise ihre Jobs behalten konnten, bis zu einem gewissen Grad erhalten. Im Vergleich zwischen Mitte der 1920er- und Mitte der 1930er-Jahre dürfte sogar ein bescheidener Anstieg der Reallöhne um etwa 10 Prozent zu verzeichnen gewesen sein, wobei die erste Hälfte der 1930er-Jahre durch geringe Reallohnverluste gekennzeichnet war.[83] Zwar sanken manche Kollektivvertragslöhne wie jene im von der Krise besonders betroffenen Bau- und Speditionsgewerbe beträchtlich, auf andere Berufsgruppen wie Facharbeiter in der Metallindustrie und im metallverarbeitenden Gewerbe traf das jedoch nicht zu. Über dem Kollektivvertragsniveau brachen die Effektivverdienste allerdings ein.[84] Im angeführten Vergleich eines Industriearbeitereinkommens wird auch die ausgeprägte Zurückhaltung der Gewerkschaften bei Lohnverhandlungen in der Zeit des Wiederaufbaus nach dem Zweiten Weltkrieg deutlich.

Tabelle 75: Einkommen eines ungelernten Industriearbeiters pro Woche 1910–1950

Jahr	K/ATS	kg Brot	EUR 2017	Arbeitszeit
1910	18	58,1	102,94	58,0
1930	56	101,8	188,37	44,0
1950	231	96,3	181,64	50,3

Quelle: Sandgruber, Geld und Geldwert, 76; Österreichisches Statistisches Zentralamt, Indizes; Statistik Austria, Wertsicherungsrechner (www.statistik.at); eigene Berechnungen

Eine wesentliche Konsequenz des Ersten Weltkrieges und der Effekte der Hyperinflation war eine Nivellierung des regionalen Lohngefälles. Beispielsweise bei den Bauarbeitern bestand dieses unter Berücksichtigung der höheren Lebenshaltungskosten in der Hauptstadt Mitte der 1920er-Jahre praktisch kaum mehr. Eine wichtige Ausnahme bildeten allerdings die im Waldviertel gelegenen Bezirke Horn und Schrems mit erheblich niedrigerem Lohnniveau. Aber selbst im Waldviertel gab es in den Bezirken Gmünd und Eggenburg Bauarbeiterlöhne, die dem niederösterrei-

83 Bayer, Löhne der Arbeiterschaft, 12, 14.
84 Butschek, Arbeitsmarkt, 96–99.

chischen Durchschnitt entsprachen oder zum Teil sogar darüber lagen. Zeitgenossen brachten diese nivellierende Tendenz wohl nicht zu Unrecht mit dem hohen gewerkschaftlichen Organisationsgrad der Arbeiterinnen und Arbeiter in Verbindung.[85]

Tabelle 76: Bauarbeiterstundenlöhne in Wien und Niederösterreich 1924 (in Kronen)[a]

Stadt/Region	Polier	Professionist	Hilfsarbeiter	Hilfsarbeiterin
Amstetten		10.280	8310	5650
Gmünd	12.430	10.540	8520	5790
Waidhofen/Y.	12.890	10.920	8830	6000
Marchegg		10.610	8580	5820
Horn		7000	5500	
Schrems		6550	5820	
Tulln		11.630	9400	6380
Mistelbach		10.400	8410	5710
Opponitz, Gaming	14.250	12.080	9770	6640
Purkersdorf, Neulengbach		11.020	8900	6050
Eggenburg		10.280	8310	5650
Wien	15.160	12.850	10.390	7060

Quelle: Kautsky, Löhne und Gehälter, 127
[a] Oktober.

Eine ähnliche Lohnerhebung in der Branche »Eisen und Metall« zeigt zumindest für Wien und die niederösterreichischen Industrieviertel ebenfalls eher geringe regionale Unterschiede des Lohnniveaus.

Tabelle 77: Wochenlöhne in der Branche »Eisen und Metall« Wien und Niederösterreich 1926 (in Schilling)

Region	1. Quartil[b]	Median[b]	Modus[b]	3. Quartil[b]
Wien und Niederösterreich	38,17	50,18	48,78	62,93
Wien	38,74	51,38	51,88	64,22
Wien-Index[a]	101,5	102,4	106,4	102,0

Quelle: Kammer für Arbeiter und Angestellte, Langfristige Entwicklung von Löhnen und Gehältern, 32; eigene Berechnungen
[a] Wien und Niederösterreich = 100.
[b] Definitionen: siehe dazu Glossar.

85 Kautsky, Löhne und Gehälter, 127.

Zu einer Annäherung kam es in der Zwischenkriegszeit auch mit Bezug auf Stadt- und Landarbeiter.[86] Die Unterschiede verringerten sich nicht zuletzt, weil das höhere Lohnniveau in der urbanen Industrie eine erste Landflucht beförderte und die Arbeitgeber im ländlichen Raum, primär die großen landwirtschaftlichen Gutsbetriebe, zu einer gewissen Anpassung der Löhne zwang, um ausreichend Arbeitskräfte rekrutieren zu können. In Niederösterreich gelang es zudem der Gewerkschaft der Land- und Forstarbeiter im Jahr 1919, einen Kollektivvertrag mit dem landwirtschaftlichen Unternehmerverband zu schließen, der den Rechten der industriellen Arbeiter nahekam.[87] In den zahlreichen mittleren und kleineren bäuerlichen Betrieben änderte sich an den tatsächlichen Arbeitsbeziehungen und Einkommensrelationen zwischen Bauer und Knecht bzw. Magd wenig. Die ungünstige gesamtökonomische Situation sorgte allerdings dafür, dass Dienstboten vermehrt durch mithelfende Familienangehörige ersetzt wurden.

5.6 Nivellierungseffekte und Ungleichheit in Kriegs- und Zwischenkriegszeiten

Über das regionale Wirtschaftswachstum in Wien und in den Landesvierteln Niederösterreichs der Kriegs-, Nachkriegs- und Zwischenkriegszeit(en) lassen sich nur grobe Aussagen treffen. Klar ist, dass die Krisen vor keiner Region Halt machten und sich die Entwicklung des jeweiligen Bruttoregionalprodukts, sieht man von der Rüstungskonjunktur einmal ab, nicht grundlegend vom gesamtösterreichischen Durchschnitt unterschied. Die Zwischenkriegszeit war besonders von einer tief greifenden Strukturkrise der Wiener und niederösterreichischen Industrie geprägt, die in der Hauptstadt auch als Ende der Rolle einer internationalen Wirtschaftsmetropole wahrgenommen wurde, in den niederösterreichischen Industriezentren aber besonders schmerzhafte Konsequenzen für den Lebensstandard der Industriearbeiterschaft nach sich zog. Eine Welle von Betriebseinstellungen kennzeichnete beispielsweise ab den späten 1920er-Jahren die Industrie des St. Pöltner Raumes und des Oberen Traisentales. Nicht besser stand es um die Industriegebiete des Waldviertels, die unter der Zerschlagung der regionalen Arbeitsteilung im Textilsektor nach dem Zerfall der Monarchie und dem Wegfall von Absatzgebieten eine tiefe Strukturkrise durchlebte.[88] Besser war die Entwicklung neuer Leitsektoren wie der

86 Kautsky, Löhne und Gehälter, 128.

87 Mattl, Agrarstruktur, 100.

88 Vgl. dazu etwa Chaloupek, Metropole, 493 f.; Gutkas, Industrialisierung; Kusternig, Industrie im oberen Traisental.

Elektroindustrie, die in Wien bis etwa 1930 noch Beschäftigungszuwächse zu verzeichnen hatte, ebenso wie die Nahrungs- und Genussmittelindustrie.[89]

Der Anstieg der Lebenserwartung in der Zwischenkriegszeit war mit einem deutlichen Rückgang regionaler Mortalitätsdifferentiale verbunden. Da die Statistik der Sterbefälle ab 1934 nach dem letzten Wohnort der Verstorbenen und nicht mehr wie zuvor nach dem Sterbeort geführt wurde, liefert die Verteilung der rohen Sterberate ein recht präzises Bild vom regionalen Mortalitätsmuster, zumal der Altersaufbau in den einzelnen Bezirken bis zu diesem Zeitpunkt sich nur wenig unterschied. Klammert man den 13. Wiener Gemeindebezirk aus, der durch das Versorgungshaus in Lainz einen statistischen Ausreißer darstellt, dann variierte das Niveau der Sterblichkeit nur noch wenig. Der Variationskoeffizient nach Bezirken lag in Wien und Niederösterreich nur etwa bei 0,10. Eine ganz wesentliche Rolle spielte dabei unzweifelhaft der massive Rückgang chronischer Infektionskrankheiten als Todesursache, und da insbesondere jener der Lungentuberkulose. Da deren Sterberate ganz wesentlich von der sozialen Ungleichheit vor dem Tod bestimmt wurde und wird, spricht das für eine erhebliche Nivellierung der Überlebensverhältnisse.

Weiterhin erheblich ausgeprägter blieb das regionale Verteilungsmuster der Säuglingssterblichkeit. Dies betraf allerdings Wien und Niederösterreich im gleichen Ausmaß. Während in Wien die »Arbeiterbezirke« wie Favoriten, Simmering oder Floridsdorf die höchsten Säuglingssterberaten aufzuweisen hatten, traf das in Niederösterreich besonders auf einen Teil der Waldviertler und Weinviertler Bezirke und auf Waidhofen an der Ybbs zu. Im Vergleich zu den Bezirken mit den günstigsten Werten lagen die Raten in diesen Bezirken etwa doppelt so hoch. Der Variationskoeffizient der Säuglingssterberaten unterschied sich in Wien und Niederösterreich nur ganz unwesentlich. Der positive Einfluss der Hospitalisierung auf die Überlebenschancen der Neugeborenen wurde aber nicht nur in Wien, sondern auch in Niederösterreich besonders deutlich. Die niedrigsten Sterberaten wiesen die Wien-nahen Bezirke und die größeren Städte mit Ausnahme von Waidhofen an der Ybbs auf. In diesen Bezirken hatten werdende Mütter die Chance auf eine Spitalsgeburt in Wien oder in einer der größeren niederösterreichischen Städte. In den Gebärkliniken herrschten auf Grund der nunmehr anerkannten Erkenntnisse der Bakteriologie annähernd »antiseptische« Bedingungen. Das Risiko von Infektionen sank dadurch beträchtlich.

89 Chaloupek, Metropole, 506, 510.

Tabelle 78: Sterberaten nach Wiener und niederösterreichischen Bezirken 1934/36

Wien (Gemeindebezirk)	Sterberate	Niederösterreich (politischer Bezirk)	Sterberate
Innere Stadt	12,5	St. Pölten	11,3
Leopoldstadt	11,6	Waidhofen an der Ybbs	15,8
Landstraße	11,6	Wiener Neustadt	11,4
Wieden	11,9	Amstetten	13,9
Margareten	11,3	Baden	13,0
Mariahilf	12,4	Bruck an der Leitha	12,1
Neubau	12,2	Floridsdorf-Umgebung	13,0
Josefstadt	11,8	Gänserndorf	12,2
Alsergrund	13,1	Gmünd	12,3
Favoriten	10,4	Hietzing-Umgebung	12,6
Simmering	10,3	Hollabrunn	15,2
Meidling	10,0	Horn	13,2
Rudolfsheim	11,5	Korneuburg	12,7
Fünfhaus	10,8	Krems	14,3
Ottakring	10,7	Melk	15,4
Hernals	11,3	Mistelbach	14,6
Währing	13,6	Mödling	11,9
Döbling	10,9	Neunkirchen	11,0
Brigittenau	9,7	Pöggstall	13,4
Floridsdorf	9,7	St. Pölten-Land	12,4
		Scheibbs	12,4
		Tulln	14,0
		Waidhofen an der Thaya	14,4
		Wiener Neustadt-Land	12,3
		Zwettl	15,1
Variationskoeffizient			
Wien (ohne 13. Bezirk)	0,093		
Niederösterreich	0,101		

Quelle: Bundesamt für Statistik, Natürliche Bevölkerungsbewegung, 12–15, 18f., 22–25; eigene Berechnungen

Tabelle 79: Säuglingssterberate nach Wiener und niederösterreichischen Bezirken 1934/36

Bezirk	Sterberate	Bezirk	Sterberate
Innere Stadt	37,4	St. Pölten	67,6
Leopoldstadt	55,9	Waidhofen an der Ybbs	131,3
Landstraße	70,4	Wiener Neustadt-Stadt	64,5
Wieden	37,7	Amstetten	80,6
Margareten	61,1	Baden	98,3
Mariahilf	51,8	Bruck an der Leitha	80,1
Neubau	43,9	Floridsdorf-Umgebung	90,2
Josefstadt	63,4	Gänserndorf	117,9
Alsergrund	70,1	Gmünd	97,8
Favoriten	71,0	Hietzing-Umgebung	56,4
Simmering	76,3	Hollabrunn	107,7
Meidling	52,8	Horn	92,1
Hietzing	56,6	Korneuburg	90,5
Rudolfsheim	77,8	Krems	106,3
Fünfhaus	50,0	Melk	96,1
Ottakring	59,8	Mistelbach	105,4
Hernals	63,9	Mödling	61,3
Währing	88,8	Neunkirchen	72,3
Döbling	54,8	Pöggstall	135,2
Brigittenau	88,2	St. Pölten-Land	82,1
Floridsdorf	79,8	Scheibbs	70,0
		Tulln	72,5
		Waidhofen an der Thaya	109,1
		Wiener Neustadt-Land	82,6
		Zwettl	116,0
Variationskoeffizient			
Wien	0,231		
Niederösterreich	0,229		

Quelle: Bundesamt für Statistik, Natürliche Bevölkerungsbewegung, 12–15, 18 f., 22–25; eigene Berechnungen

Hinsichtlich der Verbreitung von Illegitimität kam es in der Zwischenkriegszeit zu einer Fortsetzung des Trends der Vorkriegsjahre. Nach einem Heiratsboom nach Ende des Ersten Weltkrieges pendelte sich die Unehelichenquote in Wien auf knapp über 20 Prozent ein und war damit deutlich niedriger als am Vorabend des Ersten Weltkrieges mit 28 Prozent. Die Unehelichenquote in Niederösterreich stieg hingegen auf das Wiener Niveau an. In den größeren Städten lag sie sogar um die 30 Prozent und im von der Wirtschaftskrise besonders betroffenen Bezirk Lilienfeld, der 1933 in den Bezirk St. Pölten-Land integriert worden war, sogar bei fast 40 Prozent. Ein ausgeprägter Zusammenhang zwischen überdurchschnittlicher Säuglingssterblichkeit und Unehelichenquote bestand hingegen nur sehr bedingt. So hatten Mitte der 1930er-Jahre beispielsweise die Bezirke Gänserndorf, Pöggstall und Zwettl hohe Säuglingssterberaten, während die Unehelichenquoten dort niedrig bis durchschnittlich ausfielen.[90] Dabei spielte eine Rolle, dass durch die allgemeine Verbesserung der hygienischen Bedingungen Infektionskrankheiten für die Säuglingssterblichkeit an Bedeutung verloren, während frühgeburtliche Schädigungen als Todesursache an Anteil zunahmen. Die Mortalitätsraten des ersten Tages und der ersten Lebenswoche blieben im Gegensatz zu allen anderen Raten des ersten Lebensjahres konstant, was den Einfluss professioneller Geburtshilfe relativiert. Die vorteilhaften hygienischen Bedingungen bei Spitalsgeburten, die sich in der sinkenden Müttersterblichkeit abbildeten, sorgten jedoch dennoch für einen positiven Einfluss der Hospitalisierung von Mutter und Kind.[91]

Angesichts der im Rahmen der Volkszählung von 1934 österreichweit berechneten berufsspezifischen Sterberaten lässt sich zumindest für die männlichen Berufstätigen auch ein recht genaues Bild des Einflusses der regionalen Berufsstruktur auf Mortalitätsdifferentiale zwischen Wien und Niederösterreich gewinnen. Die in dieser Statistik erfassten Berufsgruppen hatten einen Anteil von etwa 60 Prozent an den Berufstätigen der beiden Bundesländer. Bezogen auf die männlichen Berufstätigen lag der Anteil in Wien bei etwa 75 Prozent, in Niederösterreich bei 80 Prozent.[92] Da etwa 50 Prozent der männlichen Berufstätigen Österreichs auf die Länder Wien und Niederösterreich entfielen[93], ist davon auszugehen, dass die für Österreich berechneten Raten auch für die beiden Bundesländer in der Regel eine hohe Repräsentativität besitzen.

Tabelle 80: Altersspezifische Sterberaten nach Berufen in Österreich 1933/34

Berufsgruppe	Altersgruppe			Anteil an Berufstätigen	
	40–49	50–59	60–69	Wien	Niederösterreich
Landwirte (und Pächter)	6,2	11,8	26,4	0,0	11,8
Männliche Angestellte in der Landwirtschaft	6,6	11,4	37,8	0,1	0,6
Landarbeiter, männliches Gesinde	11,6	19,8	41,3	0,1	7,8

90 Haslinger, Uneheliche Geburten, 21 f.
91 Köck, Kytir, Münz, Risiko »Säuglingstod«, 36 f.
92 Eigene Berechnungen nach Bundesamt für Statistik, Volkszählung 1934, Wien; Niederösterreich.
93 Bundesamt für Statistik, Volkszählung 1934, Bundesstaat, Textheft, 109; eigene Berechnungen.

Berufsgruppe	Altersgruppe			Anteil an Berufstätigen	
	40–49	50–59	60–69	Wien	Niederösterreich
Bergarbeiter	7,8	15,7	77,1	0,0	0,5
Baugewerbe[a]	7,4	15,7	45,6	3,7	5,5
Eisen- und Metallindustrie[a]	6,4	15,3	42,2	7,6	5,7
Holz- und Schnitzstoffindustrie[a]	6,4	14,7	40,8	2,8	2,6
Lederindustrie[a]	8,0	12,2	43,2	0,6	0,4
Textilindustrie[a]	4,7	11,1	37,0	0,7	1,8
Schneider[a]	8,9	17,4	34,7	1,7	0,7
Schneiderinnen[a]	4,6	10,1	15,6	2,7	1,0
Schuhmacher[a]	8,3	15,0	35,0	1,2	1,4
Grafische Industrie (Arbeiter)	6,2	13,5	24,3	1,0	0,2
Nahrungs- und Genussmittelindustrie[a]	9,4	20,0	45,1	3,3	3,4
Wirte	13,0	28,0	58,3	0,5	0,8
Wirtinnen	5,3	13,0	29,9	0,4	0,2
Kellner und männliches Schankpersonal	14,1	22,5	47,7	1,3	0,3
Kellnerinnen und weibliches Schankpersonal	5,0	5,0	16,7	0,3	0,0
Selbstständige Handelsleute (Männer)	8,8	19,5	35,5	3,9	1,6
Männliche Handelsangestellte	6,1	13,8	38,4	4,1	1,0
Verkehrswesen (Selbstständige)	5,0	21,2	56,9	0,4	0,2
Verkehrswesen (Angestellte)	7,7	17,8	42,7	4,2	2,8
Gesundheitswesen (Männer: Selbstständige und Angestellte)	7,9	22,8	40,3	0,8	0,4
Krankenpflegerinnen (Angestellte)	6,5	12,3	37,0	0,8	0,3
Lehr-, Bildungs-, Kunst- und Unterhaltungswesen (Selbstständige)	6,6	20,3	39,8	0,4	0,1
Lehr-, Bildungs-, Kunst- und Unterhaltungswesen (männliche Angestellte)	6,1	15,6	63,6	1,4	0,9
Lehr-, Bildungs-, Kunst- und Unterhaltungswesen (weibliche Angestellte)	5,2	8,7	33,8	1,2	0,7
Rechtsanwälte, Notare (Selbstständige und Angestellte)	8,3	30,7	58,2	0,4	0,1
Öffentliche Verwaltung, Heer, Kirche (männliche Angestellte)	7,4	15,0	56,4	1,8	1,0
Öffentliche Verwaltung, Heer, Kirche (Arbeiter)	8,2	15,5	120,1	2,3	1,7
Niedere häusliche Dienste (Frauen)	5,0	6,9	10,4	8,7	3,8
Technische Angestellte	10,4	24,1	97,1	1,2	0,5
Gesamt[b]				59,5	60,0

Quelle: Bundesamt für Statistik, Statistisches Handbuch 17 (1937), 23; Volkszählung 1934, Wien, 18–30, 50–155; Niederösterreich, 88–100, 120–285

[a] Selbstständige und Arbeiter.
[b] Ausschließlich mithelfender Familienangehöriger und Lehrlinge.

Niedrige altersspezifische Sterberaten in den relevanten Altersgruppen der 50- und mehrjährigen wiesen Landwirte und eingeschränkt auch in der Landwirtschaft tätige Arbeiter und Angestellte auf. Der hohe Anteil der in der Landwirtschaft tätigen Männer in Niederösterreich erwies sich somit während der Weltwirtschaftskrise, aber wohl auch schon zuvor als Vorteil für die Lebenserwartung der männlichen Bevölkerung in Niederösterreich. Umgekehrt war die Sterblichkeit bei einigen Berufen des Dienstleistungssektors wie in der öffentlichen Verwaltung, aber auch bei männlichen Angestellten im Bildungs- und Kunstsektor, in technischen Berufen und bei Rechtsanwälten hoch. All diese Berufe waren in Wien im Vergleich zu Niederösterreich überrepräsentiert. Auch hier ergab sich ein Nachteil für die Lebenserwartung der berufstätigen männlichen Bevölkerung in Wien.

Weibliche Berufstätige hatten niedrigere Sterberaten als ihre männlichen Altersgenossen zu verzeichnen. Besonders gering war die Sterblichkeit im niederen häuslichen Dienst, bei Schneiderinnen, weiblichen Berufstätigen im Gast- und Schankgewerbe, bis zu einem gewissen Grad auch in Bildungsberufen. In diesen Berufszweigen wies Wien erheblich höhere Anteile unter den Berufstätigen auf. Insgesamt lässt sich demnach feststellen, dass die Sterblichkeit unter männlichen Berufstätigen von der sektoralen Struktur her die niederösterreichische Bevölkerung begünstigte, hingegen bei den weiblichen Berufstätigen die Wiener Struktur für eine höhere Lebenserwartung der weiblichen Bevölkerung Wiens sprach.

Die Wirkung des Bedeutungsverlusts der Infektionskrankheiten und da besonders der Lungentuberkulose im Rahmen des epidemiologischen Übergangs wird besonders bei den schon recht niedrigen altersspezifischen Sterberaten der 40- bis unter 50-Jährigen deutlich. Lediglich im Fall der Landarbeiter und des männlichen Gesindes lag die entsprechende Sterberate über 10, d.h. es starben etwas mehr als 1 Prozent der berufstätigen Männer dieser Altersgruppe pro Jahr.

Neben der sozialen Ungleichheit vor dem Tod bestand die mit ihr hoch korrelierte ökonomische Ungleichheit weiter, aber auch im Bereich der Einkommen und Vermögen traten recht ausgeprägte Nivellierungseffekte ein. Der in Tabelle 81 vorgenommene Vergleich der Einkommenspyramiden in Wien und Niederösterreich im Jahr 1926, also in einer konjunkturell eher günstigen Phase der Zwischenkriegszeit, belegt zwar eine nach wie vor sehr ausgeprägte Ungleichheit, doch war die Gruppe der »Großverdiener« eindeutig auf einen noch kleineren Kreis zusammengeschmolzen, als dies vor dem Ersten Weltkrieg der Fall war. Das wird auch aus einer zeitgenössischen Studie deutlich, die für ganz Österreich die Einkommensverteilung der Jahre 1912 und 1925 verglich. Die Gruppe der Personen, die Jahreseinkommen von über 150.000 Schilling veranlagten, war von 1306 auf 209 zusammengeschrumpft.[94] Auch die Konzentration hoher Einkommen auf Wien schwächte sich ab, doch blieb sie insgesamt noch immer sehr ausgeprägt. Im Jahr 1926 entfielen auf die höchste Einkommenssteuerklasse von österreichweit 8540 Steuerpflichtigen 5826 auf Wien.[95] Bei der Analyse der niederösterreichischen Einkommenspyramide ist zu berücksichtigen, dass die Erwerbstätigen in der Landwirtschaft auf Grund der schwierigen Erfassung der Einkommen durch die Steuerbehörden stark unterrepräsentiert waren. Nach den Ergebnissen der Volkszählung 1923 traf das auf 410.660 oder 52 Prozent der Erwerbstätigen zu. Natürlich spielten diese in Wien, sieht man von der Zeitperiode von 1938 bis 1954 einmal ab, in der einige ländlich geprägte Gemeinden dem Stadtgebiet von »Groß-Wien« hinzugefügt wurden, kaum eine Rolle.[96]

Tabelle 81: (Jahres-)Einkommensgruppen in Wien und Niederösterreich 1926

Steuerklasse	Wien	in %	Niederösterreich	in %
unter 1400[a]	743.352	81,8	278.490	72,2
1400–unter 2000	31.244	3,4	30.204	7,8
2000–unter 3000	41.529	4,6	27.819	7,2
3000–unter 4800	35.866	3,9	26.422	6,9
4800–unter 10.200	38.188	4,2	18.308	4,7
10.200–unter 22.000	13.004	1,4	3601	0,9
22.000–2,5 Millionen	5826	0,6	848	0,2
Gesamt	909.009	100,0	385.692	100,0
Steuersumme in Mio.				
Selbstzahler	52,79	61,0	11,92	61,1
Steuerabzug	33,80	39,0	7,59	38,9
Gesamt	86,59	100,0	19,51	100,0

Quelle: Kammer für Arbeiter und Angestellte, Wirtschaftsstatistisches Jahrbuch 1928, 420 f.; eigene Berechnungen
[a] Einschließlich der dem Steuerabzug Unterliegenden.

Geht man nach der Einkommenssteuerstatistik, so führte die Weltwirtschaftskrise nur zu wenigen Veränderungen in der Einkommenspyramide. Zwar sank der Anteil der untersten Einkommen etwas und die daran angrenzenden Steuerklassen wiesen nun höhere Anteile auf. Dies war einerseits ein Effekt der allerdings geringen Inflation, vor allem aber auf den starken Rückgang der Beschäftigung zurückzuführen. Was das gesamte Einkommenssteueraufkommen anlangt, erhöhte sich der Anteil der

94 Hertz, Kapitalbedarf, 86.
95 Kammer für Arbeiter und Angestellte, Wirtschaftsstatistisches Jahrbuch 1928, 421.
96 Bundesamt für Statistik, Volkszählung 1934, Bundesstaat, Textheft, 120.

untersten Steuerkategorie (»im Abzugswege besteuert«) in Wien ganz erheblich. In Niederösterreich war das nicht der Fall. Der Anteil der Steuerzahler in den höchsten beiden Steuerstufen blieb nahezu gleich.

Tabelle 82: (Jahres-)Einkommensgruppen in Wien und Niederösterreich 1933

Steuerklasse	Wien	in %	Niederösterreich	in %
unter 1400[a]	548.068	77,4	222.547	66,4
1400 bis unter 2000	35.675	5,0	35.639	10,6
2000 bis unter 3000	43.641	6,2	30.230	9,0
3000 bis unter 4800	36.037	5,1	26.346	7,9
4800 bis unter 10.200	31.377	4,4	16.770	5,0
10.200 bis unter 22.000	9894	1,4	3087	0,9
22.000–2,5 Millionen	3645	0,5	566	0,2
Gesamt	708.337	100,0	335.185	100,0
Steuersumme in Mio.				
Selbstzahler	28,15	51,5	9,79	59,4
Steuerabzug	26,47	48,5	6,68	40,6
Gesamt	54,62	100,0	16,47	100,0

Quelle: Statistisches Handbuch Österreich 17 (1937), 202; eigene Berechnungen
[a] Einschließlich der dem Steuerabzug Unterliegenden.

Wie bereits erwähnt wurden die bäuerlichen Einkommen in der Landwirtschaft statistisch nicht ausreichend erfasst. Allerdings gewähren Erhebungen zu den Konsumausgaben einen gewissen Einblick in die Einkommenssituation. In der niederösterreichischen Landwirtschaft bewegten sich die jährlichen Verbrauchsausgaben pro Familienmitglied nach einer Erhebung aus dem Jahr 1937, die »landwirtschaftliche Buchführungsbetriebe« zum Gegenstand hatte, zwischen durchschnittlich 1443 Schilling in den Hackfruchtwirtschaften des östlichen Flach- und Hügellandes und 531 Schilling. in den Waldviertler Futterwirtschaften. Zu beachten ist dabei, dass die erwähnte Erhebung Kleinstbetriebe bis 2 Hektar und Großbetriebe mit 100 und mehr Hektar ausklammerte.[97] Solche Zwergbetriebe waren freilich in Niederösterreich noch sehr häufig anzutreffen, auch wenn ihre Zahl und ihr Anteil allmählich zurückgingen. Im Jahr 1902 stellten sie noch 38 Prozent der Betriebe, 1930 noch 33 Prozent, 1939 in »Niederdonau« 31 Prozent.[98]

97 Langthaler, Schlachtfelder, 58.

98 Eigene Berechnungen nach Bundesamt für Statistik, Landwirtschaftliche Betriebszählung 1930, 20; Langthaler, Schlachtfelder, 46.

Bei den Vermögen kam es zu einem sehr ausgeprägten Rückgang der Zahl der Steuerpflichtigen. Diese lag in Wien um 1930 noch bei rund 23.500, in Niederösterreich bei 17.000. Bis 1933 sank sie auf 19.872 in Wien und 15.328 in Niederösterreich. Der Rückgang war demnach in Wien ausgeprägter. Der Anteil der Millionäre unter den Vermögenssteuerpflichtigen betrug 1930 in Wien 1,36 Prozent, in Niederösterreich 0,24 Prozent. 1933 fielen die entsprechenden Anteile auf 0,84 Prozent in Wien und 0,20 Prozent in Niederösterreich. Das besteuerte Reinvermögen war in diesem Zeitraum auf 2,8 Milliarden Schilling in Wien und 1,2 Milliarden Schilling in Niederösterreich gesunken. Im Jahr 1930 hatte es noch 4,2 bzw. 1,5 Milliarden betragen.[99] Die Weltwirtschaftskrise hatte also die Nivellierungstendenzen bei den Vermögen besonders in der Wiener Oberschicht deutlich verstärkt.

Auf die Effekte des Vermögensentzugs, der Vertreibung und Ermordung der jüdischen Bevölkerung und der Bereicherung durch »Ariseure« sei hier nur kurz verwiesen. Ihre Geschichte ist zumindest in großen Zügen als erforscht zu betrachten.[100] Für die hier im Mittelpunkt stehende Analyse der langfristigen Wohlstandsentwicklung stellt sich die Frage, in welchem Ausmaß im dauerhaften Besitz von »Ariseuren« verbliebenes und nicht oder nur teilweise restituiertes Vermögen die Nachkriegsvermögensverteilung verändert hat. Auf Grund der Kriegszerstörungen und der wechselhaften Nachkriegsgeschichte des »deutschen Eigentums« ist diese sicherlich nicht einfach zu beantworten und bedürfte jedenfalls einer gesonderten Studie.

Walter Scheidel hat erst jüngst in einer Studie auf nivellierende Effekte von großen Kriegen und die ihnen folgenden Nachkriegsinflationen bezüglich der Einkommens- und Vermögensverteilung hingewiesen. Diese sind für den Zeitraum von 1914 bis 1950 gut dokumentiert.[101] Im Fall von Österreich zählten während und in den unmittelbaren Nachkriegsjahren des Ersten Weltkrieges »fixbesoldete« Angestellte und Beamte zu den großen Kriegsverlierern. Im Gegensatz zu den Arbeitern in kriegswichtigen Betrieben der Rüstungsindustrie und mit starker gewerkschaftlicher Vertretung verfügten sie nur über eine geringe Verhandlungsmacht gegenüber den Dienstgebern. Dazu kam, dass die niedrigen Einkommensgruppen der Nachkriegszeit besonders armutsgefährdet waren und daher aus sozialpolitischen Gründen begünstigt wurden. Das Alimentationsprinzip trat temporär an die Stelle des Leistungsprinzips.[102] Eine Folge war ein merkbarer Rückgang des Einkommensvorteils der Angestellten gegenüber den Arbeitern, der freilich nicht von langer Dauer war. Bereits Ende der 1920er-Jahre verdienten Angestellte wieder das 1,4-Fache durch-

---

99 Melichar, Reichtum, 177; Bundesamt für Statistik, Statistisches Handbuch 14 (1933), 219; 17 (1937), 204; eigene Berechnungen.

100 Zum Vermögensentzug vgl. etwa Pammer, Jüdische Vermögen.

101 Scheidel, Great Leveller, 130–164.

102 Kautsky, Löhne und Gehälter, 109.

schnittlicher Arbeitnehmer.[103] Interessanterweise änderte die Weltwirtschaftskrise daran kaum etwas. Im Durchschnitt der Jahre 1935 bis 1937 lag das Durchschnittseinkommen Wiener Industrieangestellter um 57 Prozent über jenem der Arbeiterlöhne.[104] Das verweist auf den Umstand, dass in Österreich während der Weltwirtschaftskrise eine Nivellierung nach unten ausschließlich durch die Verbreitung von Massenarbeitslosigkeit entstand. Unter jenen Arbeitnehmern, die ihre Jobs behielten, ging hingegen die Einkommensschere auseinander. Ein vergleichbarer Nivellierungseffekt wie nach 1918 trat nach 1945 ein, doch öffnete sich danach die Schere zwischen Angestellten- und Arbeiterlöhnen langsamer. Noch um 1960 lag das Medianeinkommen Wiener Angestellter lediglich um 21 Prozent über jenem der Wiener Arbeiterinnen und Arbeiter.[105] Das lag auch daran, dass einzelne Berufsgruppen wie z. B. Eisenbahner, die zuvor als »Arbeiter« eingestuft worden waren, nunmehr den Angestelltenstatus erhielten.

Die zentralen Ungleichheitskategorien der Zwischenkriegszeit – zumindest mit Bezug auf die überwiegende Mehrzahl der Personen im Erwerbsalter – bildeten jedoch Beschäftigung und Arbeitslosigkeit. Angesichts der Massenarbeitslosigkeit, die besonders während der Weltwirtschaftskrise dramatische Formen annahm, entstanden zwei Gruppen, die sich nicht nur ökonomisch, sondern auch, was den Alltag, die psychische Situation und das Freizeitverhalten anlangte, grundlegend unterschieden.

Während nach dem Ersten Weltkrieg hohe Arbeitslosigkeit zunächst nur beschränkt im ersten Nachkriegsjahr auftrat und dann durch die Scheinkonjunktur der Hyperinflation kurzfristig mehr oder minder verschwand, trat schon in den 1920er-Jahren ein kontinuierlicher Anstieg der Arbeitslosenzahlen ein. Bereits 1926 war in Wien fast wieder das Niveau von 1919 erreicht, und in der ersten Hälfte der 1930er-Jahre kletterte die Zahl der unterstützten Arbeitslosen deutlich über den Wert von 1919.[106] In Niederösterreich wie in anderen Flächenbundesländern stieg die Zahl der unterstützten Arbeitslosen von einem niedrigen Ausgangswert stark überproportional an, da viele landwirtschaftliche Arbeiter in die Industrie wechselten, um im Fall des Verlustes des Arbeitsplatzes monetäre Unterstützung beziehen zu können, was ihnen in der Landwirtschaft verwehrt geblieben wäre.[107]

Auf Grund der Tatsache, dass während der Weltwirtschaftskrise zahlreiche Langzeitarbeitslose »ausgesteuert« wurden und daher in der Arbeitslosenstatistik gar nicht mehr aufschienen, geht das wahre Ausmaß der Arbeitslosigkeit aus oben erwähnten Statistiken der unterstützten Arbeitslosen gar nicht vollständig hervor. Durch die im

103 Ludescher, Büromenschen, 71 f.

104 Kammer für Arbeiter und Angestellte für Wien, Entwicklung von Löhnen und Gehältern, 24 f., 83.

105 Kammer für Arbeiter und Angestellte für Wien, Entwicklung von Löhnen und Gehältern, 83.

106 Bundesministerium für soziale Verwaltung, Statistiken zur Arbeitslosenversicherung IV., 1.

107 Stiefel, Arbeitslosigkeit, 76 f.

März 1934 durchgeführte Volkszählung, die auch eine Berufszählung mit der Frage nach dem Beschäftigtenstatus beinhaltete, wird die Dimension der Massenarbeitslosigkeit am Höhepunkt der Weltwirtschaftskrise allerdings sehr deutlich. Zum Stichtag der Zählung lag die Arbeitslosenrate gemessen als Anteil an allen unselbstständig Berufstätigen in Wien bei horrenden 33,1, in Niederösterreich bei 26,9 Prozent.[108]

Nach den Haushaltsstatistiken der Arbeiterkammer dürften Haushalte, in denen der »Familienerhalter« länger als 240 Tage im Jahr arbeitslos war, während der Weltwirtschaftskrise über ein Jahreseinkommen von 1600–2000 Schilling verfügt haben. Das entsprach in etwa 50 Prozent des durchschnittlichen Haushaltseinkommens eines Wiener Arbeitnehmerhaushalts.

Tabelle 83: Durchschnittliche Haushaltseinkommen und Einkommen von »Arbeitslosen-Haushalten« in Wien im Vergleich 1930–1935

Jahr	Haushaltseinkommen	pro Konsumeinheit	Verdienst	in %[a]	Arbeitslosen-Haushalte[b]	pro Konsumeinheit	in %[a]
1930	4969	2135	4131	83,1			
1931	4449	1872	3580	80,5			
1932	4041	1692			1970	854	48,8
1933	3599	1513	2622	72,9	1703	753	47,3
1934	3160	1277	2329	73,7	1631	662	51,6
1935	3094	1279	2257	72,9	1825	728	59,0

Quelle: Kammer für Arbeiter und Angestellte in Wien, Wirtschaftsstatistisches Jahrbuch 7–12 (1930/31–1937); eigene Berechnungen

[a] In % des durchschnittlichen Haushaltseinkommens.

[b] Haushalte, in denen der »Familienerhalter« länger als 240 Tage im Jahr arbeitslos war.

Für die Ernährungssituation bedeutete dies ein Absinken des durchschnittlichen Kalorienverbrauchs pro erwachsenen Mann auf 2500 kcal gegenüber 3000 kcal im Durchschnitt aller untersuchten Haushalte. Das lag gerade noch über der Grenze der dauerhaften Unterernährung. Die Auswirkungen der Arbeitslosigkeit auf den Gesundheitszustand der einzelnen Familienmitglieder fielen freilich recht unterschiedlich aus. Fabrikarbeiter profitierten vom Ausbleiben von lungenschädigender Arbeit bzw. generell von Schwerarbeit. Dem standen eine eingeschränkte, vor allem fett- und eiweißreduzierte Kost gegenüber.[109] Gesundheitliche »Verlierer« waren in erster Linie die Kinder. Nach der berühmten Pionierstudie über die Lang-

108 Bundesamt für Statistik, Volkszählung 1934, Bundesstaat, Textheft, 262 f.

109 Stiefel, Arbeitslosigkeit, 160 f.; Jahoda, Lazarsfeld, Zeisel, Marienthal, 35.

zeitarbeitslosen im niederösterreichischen Industrieort Marienthal aus den frühen 1930er-Jahren stammten die mit »schlechter Gesundheitszustand« kategorisierten Kinder – ein Drittel der dortigen Kinder – ausschließlich aus Arbeitslosenhaushalten, während von den 16 Prozent als »gut« eingestuften immerhin 38 Prozent der Väter über einen Job verfügten.[110]

Die »Ärmsten der Armen« waren in vielen Fällen die »Ausgesteuerten«, jene Arbeitslosen, die nach längerer Arbeitslosigkeit keine weitere staatliche Unterstützung mehr bezogen. Die Volkszählung von März 1934 erlaubt es, diese Gruppe etwas genauer zu fassen. Nach der Volkszählung waren in Wien zu diesem Zeitpunkt 261.650 Personen nach eigenen Angaben arbeitslos, aber nur 187.838 erhielten nach den offiziellen Statistiken der für Wien zuständigen »Industriellen Bezirkskommission« Arbeitslosenunterstützung. Rund 75.000 mussten sich demnach sonst irgendwie durchschlagen, mit Hilfe von Familienangehörigen, privaten karitativen Institutionen und/oder der Gemeinde Wien. In Niederösterreich standen 114.078 Arbeitslosen 71.041 Unterstützte gegenüber. Etwa 43.000 befanden sich demnach in einer ähnlichen Situation wie ihre ausgesteuerten Wiener Leidensgenossen.[111] Zieht man den hohen Anteil der in der Land- und Forstwirtschaft Erwerbstätigen in Niederösterreich in Betracht, war die Massenarmut außerhalb des ländlichen Raumes in Niederösterreich also kaum geringer, ja sogar ausgeprägter als in Wien. Kein Wunder, dass das von den Gemeinden aufgespannte »zweite soziale Netz« an der Kippe stand und lediglich auf sehr bescheidenem Niveau die Jahre der »Kanzlerdiktatur« von 1934 bis 1938 überdauerte.[112] Das folgende NS-Regime knüpfte es für »Arier«, soweit sie nicht in offensichtlicher Opposition standen, bekanntlich wieder enger, freilich für rassisch, ethnisch und politisch Verfolgte, soweit sie nicht ohnehin mit Leib und Leben bedroht waren, stand die Sozialhilfe in »Hitlers Volksstaat« nicht zur Verfügung.

5.7 Bilanz des »Höllensturzes«

Der prominente britische Historiker Ian Kershaw hat die Periode von 1914 bis 1949 in Europa als »Höllensturz« bezeichnet. Zwei Weltkriege und eine Weltwirtschaftskrise erschütterten den Kontinent und sorgten für denkbar ungünstige Rahmenbedingungen, um den Wohlstand der breiten Bevölkerung zu heben. Auch und gerade das in der Mitte des Kontinents gelegene (Ost-)Österreich war von der Kri-

110 Jahoda, Lazarsfeld, Zeisel, Marienthal, 36, 84.

111 Bundesamt für Statistik, Volkszählung 1934, Bundesstaat, Textheft, 262 f.; Kammer für Arbeiter und Angestellte in Wien, Wirtschaftsstatistisches Jahrbuch 10 (1933/35), 396 f.; eigene Berechnungen.

112 Melinz, Das »zweite soziale Netz«, 598.

senepoche betroffen. Und doch: Klammert man die verheerenden Phasen der späten Kriegs- und Nachkriegsjahre und nicht zuletzt die mit dem demographischen und ökonomischen Geschehen nicht unmittelbar in Verbindung stehenden Verbrechen des NS-Regimes und seiner Schergen einmal aus, dann wurde beginnend mit der Sozialgesetzgebung der Jahre 1918 bis 1920 durch gesundheits- und sozialpolitische Maßnahmen, durch technologische Innovationen und industriellen Wandel die Basis für rasante Wohlstandsgewinne in der zweiten Hälfte des 20. Jahrhunderts gelegt. Ein wenig kommt dies auch im kruden Indikator des Human Development Index zum Ausdruck, der in der Zwischenkriegszeit in Österreich zwar stagnierte, jedoch um 1950 das Land im Ranking bereits wieder am unteren Ende der entwickelten Industrienationen ausweist. Mit einem Wert von 0,72 bewegte sich Österreich in einer Gruppe von Ländern wie Frankreich, Belgien und Finnland.[113] Berücksichtigt man die Komponenten des Index, nämlich das Pro-Kopf-Einkommen, die Lebenserwartung und das Bildungsniveau, dann galt das auch für Niederösterreich und Wien, auch wenn diese beiden Bundesländer von 1945 bis 1955 noch Großteils zur sowjetischen Besatzungszone gehörten und dadurch in vielfältiger Hinsicht gegenüber dem Westen und Süden des Bundesgebiets benachteiligt waren.

113 Millward, Baten, Population, 257; Barnes, Cummins, Schulze, Population, 400.

6 Die Wohlfahrtsgesellschaften

6.1 Wirtschaftswachstum und Prosperität

Nach der Phase des »Wiederaufbaus« und einer kurzen Stabilisierungskrise setzte in Österreich im Jahr 1953 ein ungewöhnlich hohes und lang anhaltendes Wirtschaftswachstum ein, welches bis zum »Ölpreisschock« 1973 anhielt und in der Literatur mit dem Begriff »goldenes Zeitalter« bezeichnet wird. Die hohe Dynamik des Wachstums der österreichischen Wirtschaft entsprach nicht nur dem allgemeinen Trend der westlichen Industrieländer, sondern war so ausgeprägt, dass das Land bereits Mitte der 1970er-Jahre gemessen im Bruttoinlandsprodukt pro Kopf zu den reichsten in der Welt zählte. Am Beginn dieses Zeitalters stand das sogenannte Wirtschaftswunder. In dieser Phase lag die reale jährliche Wachstumsrate im Zeitraum von 1953 bis 1962 mit 6,1 Prozent auf einem ausgesprochen hohen Niveau, das in Europa nur von der Bundesrepublik Deutschland übertroffen wurde.[1]

Ab dem Einsetzen des Wirtschaftswunders liegen auch erstmals Berechnungen des Bruttoregionalprodukts vor, die einen Vergleich von Wien und Niederösterreich ermöglichen. Die beiden Bundesländer hatten nach Ende des Zweiten Weltkrieges unter sehr ungünstigen Startbedingungen gelitten. Durch Kriegszerstörungen und Demontagen waren noch im August 1946 viele Industriebetriebe nicht oder nur teilweise funktionsfähig. In Wien erreichten 44 Prozent der Betriebe nur bis zu einem Viertel ihrer Kapazität, in Niederösterreich noch weniger, nämlich 55 Prozent.[2] Da sich Niederösterreich zur Gänze und Wien zum Teil in der sowjetischen Besatzungszone befanden, gingen zu allem Überfluss nur geringe Teile der Marshallplanhilfe in die beiden Bundesländer. Daher ist es einigermaßen erstaunlich, dass bereits im Jahr 1952 das Volkseinkommen je Einwohner in Wien mit 26.980 Schilling sich etwa 40 Prozent über dem österreichischen Durchschnitt befand. Beim Inlandsprodukt je Erwerbstätigen betrug der Vorteil Wiens 28 Prozent. Dass es sich dabei um Effekte eines Verwaltungszentrums handelte, belegen die entsprechenden Werte für Niederösterreich. In Niederösterreich erreichten beide Indikatoren lediglich 83 Prozent des österreichischen Durchschnitts.[3] Nach der »Stabilisierungskrise« von 1952/53 und dem »Staatsvertrag« von 1955 erlebte auch Ostösterreich einen zuvor nicht gekannten Wirtschaftsboom. In der zweiten Hälfte der 1950er-Jahre betrug die reale

1 Butschek, Staatsvertrag, 30.
2 Österreichisches Institut für Wirtschaftsforschung, Monatsberichte 10/12 (1946).
3 Seidel, Butschek, Kausel, Regionale Dynamik, 43.

Wachstumsrate in Wien jährlich 5 Prozent.[4] In Niederösterreich dürfte das Wachstum ähnlich hoch ausgefallen sein, denn im gesamten Zeitraum von 1952 bis 1964 nahm das Volkseinkommen pro Einwohner in Wien nominell um 264,2, in Niederösterreich um 256,6 Prozent zu. Der österreichische Durchschnittswert betrug 250,2 Prozent.[5]

Ab Beginn der 1960er-Jahre erlaubt die nunmehr voll entwickelte regionale Volkswirtschaftliche Gesamtrechnung einen Langzeitvergleich. Gewisse Unschärfen der Berechnung entstehen allerdings durch die Verkettung der Zeitreihen bei der Umstellung der Wirtschaftssystematiken und durch die Verwendung des nicht regionalisierten BIP-Deflators, der nach Berechnungen des Österreichischen Instituts für Wirtschaftsforschung und der Österreichischen Nationalbank erstellt wird. Im Wesentlichen ist das Bild für die Zeit der entwickelten Wohlstandsgesellschaft aber konsistent. Demnach behielt Wien seinen Vorsprung, was die regionale Wertschöpfung anlangt, bis etwa zur Jahrtausendwende, während sich das Bruttoregionalprodukt je Einwohner in Niederösterreich in den 1960er- und 1970er-Jahren etwas unter 90 Prozent des österreichischen Durchschnitts bewegte, dann jedoch in der Folge auf knapp über 80 Prozent sank. Darin drückte sich die Verlagerung von Produktionen während und nach dem Zweiten Weltkrieg nach Westösterreich aus. Gemeinsam hatten Wien und Niederösterreich noch 1910 ein Regionalprodukt, welches um 25 Prozent über dem österreichischen Durchschnitt (der späteren Republik) lag, 1961 nur noch um 15 Prozent. Bis 2000 sank dieser Vorsprung auf etwa 11,5 Prozent.[6] Nach der Jahrtausendwende kam es bis 2016 zu einer weiteren Angleichung auf einen Wert von Wien und Niederösterreich knapp über den österreichischen Durchschnitt, für die nun die Wiener Entwicklung verantwortlich war. Der Wiener Vorsprung reduzierte sich von 30 Prozent im Jahr 2008 auf 18 Prozent in Jahr 2016, der niederösterreichische Rückstand blieb mit etwa 82 Prozent des österreichischen Durchschnitts einigermaßen stabil.[7]

Das langfristige reale Wachstum pro Einwohner und Jahr betrug in Wien im Zeitraum von 1961 bis 2017 2,1 Prozent, in Niederösterreich 2,3 Prozent. Bezogen auf die männliche Bevölkerung im Alter von 15 bis 64, die weibliche im Alter von 15 bis 59 Jahren lagen die Wachstumsraten pro »erwerbsfähige Bevölkerung« bei 2,1 bzw. 2,2 Prozent.

4 Magistrat der Stadt Wien, MA 22, Daten zur Wiener Wirtschaft, 5.

5 Seidel, Butschek, Kausel, Regionale Dynamik, 59.

6 Butschek, Österreichische Wirtschaftsgeschichte, 426 f.

7 Eigene Berechnungen nach Statistik Austria, Bruttoregionalprodukt nominell 2000–2017 nach Bundesländern: absolut und je Einwohner (http://www.statistik.at/web_de/statistiken/wirtschaft/volkswirtschaftliche_gesamtrechnungen/regionale_gesamtrechnungen/nuts2-regionales_bip_und_hauptaggregate/index.html, Zugriff: 24.6.2019).

Unterteilt man in verschiedene Wachstumsperioden, so stechen die »goldenen Jahre« bis zum Erdölpreisschock von 1973 besonders hervor. Aber auch danach war das reale Wirtschaftswachstum bis Mitte der 1990er-Jahre sehr hoch. Erst gegen die Jahrtausendwende entstand eine zunehmende Verflachung, die nach der Finanz- und Weltwirtschaftskrise von 2008 in Wien sogar zu einer leichten inflationsbereinigten Schrumpfung des Pro-Kopf-Einkommens führte, die allerdings zuletzt wieder überwunden wurde. Darin spiegelt sich der Umstand, dass Wien nun zum jüngsten Bundesland geworden war, besonders aber auch die Zuwanderung von Studenten und Asylwerbern mit geringen Erwerbsquoten. Ganz ähnlich verlief im Übrigen die Entwicklung des realen Pro-Kopf-Einkommens in anderen Großstädten in den Industrieländern. Im Detail zeigt sich folgendes Bild:

Tabelle 84: Reales durchschnittliches jährliches Wirtschaftswachstum in Wien und Niederösterreich 1961–2017

Periode	pro Kopf		pro 15- bis 60-/64-Jährigen	
	Wien	Niederösterreich	Wien	Niederösterreich
1961–1973	3,0	3,0	3,9	3,4
1973–1995	3,2	2,4	2,7	1,9
1995–2008	1,6	2,8	1,5	2,9
2008–2017	–0,7	0,2	–0,7	0,4
1961–2017	2,1	2,3	2,1	2,2

Quelle: WIFO-Datenbank; Statistik Austria, Demographische Indikatoren Wien, Niederösterreich, Tabelle II; Österreichische Nationalbank; eigene Berechnungen

Im dritten Viertel des 20. Jahrhunderts setzte ein bedeutsamer sektoraler Wandel ein, der nicht ohne Einfluss auf das regionale Wirtschaftswachstum blieb. Während Wien noch bis zu Beginn der 1960er-Jahre als entwickelte Industriestadt zu bezeichnen war, kam es in der Folge zu einer rasanten Tertiärisierung der Stadtökonomie. Wien wurde zur Dienstleistungsmetropole. Der Deindustrialisierungsprozess stand mit der Restrukturierung der verstaatlichten Industrie in engem Zusammenhang.[8] Nach 1989 und besonders ab dem EU-Beitritt trat Wien auch in einen verschärften Metropolenwettbewerb auf europäischer und internationaler Ebene. Dabei ging es insbesondere um die Ausstattung mit überregional bedeutsamen produktionsnahen Dienstleistungen. Dank der Ostöffnung und EU-Erweiterung konnte sich die Stadtwirtschaft dabei gut behaupten. Die neue außenwirtschaftliche Lage erwies sich

8 Meißl, Ökonomie und Urbanität, 690–694.

freilich auch als »Strukturpeitsche«, die »Gewinner« und »Verlierer« hervorrief.[9] Ein einschlägiger, nach der Jahrtausendwende erstellter Bericht attestiert ein stabiles, ausgesprochen hohes ökonomisches Entwicklungsniveau. Seit Mitte der 1970er Jahre befand sich Wien mit Bezug auf das Bruttoinlandsprodukt pro Kopf zu konstanten Preisen unangefochten unter den »Top 10« der europäischen Städtehierarchie. Das war auch insofern bemerkenswert, als bis zu diesem Zeitpunkt der Anteil von Personen außerhalb des erwerbsfähigen Alters, besonders im Pensionsalter, verglichen mit Konkurrenzmetropolen hoch war.[10] Wie bereits vermerkt, änderte sich das demographische Profil zuletzt durch starke Zuwanderung erheblich. Im Jahr 2016 bewegte sich das Bruttoregionalprodukt pro Kopf nominell und zu Kaufkraftparitäten im Mittelfeld der territorial allerdings nicht voll vergleichbaren EU-Städte oder Stadtregionen, insgesamt auf Platz 18 der 276 EU-Regionen.[11]

Graphik 15: Bruttoregionalprodukt in Wien und Niederösterreich pro Kopf 1961–2017 (in EUR zu Preisen 2017)

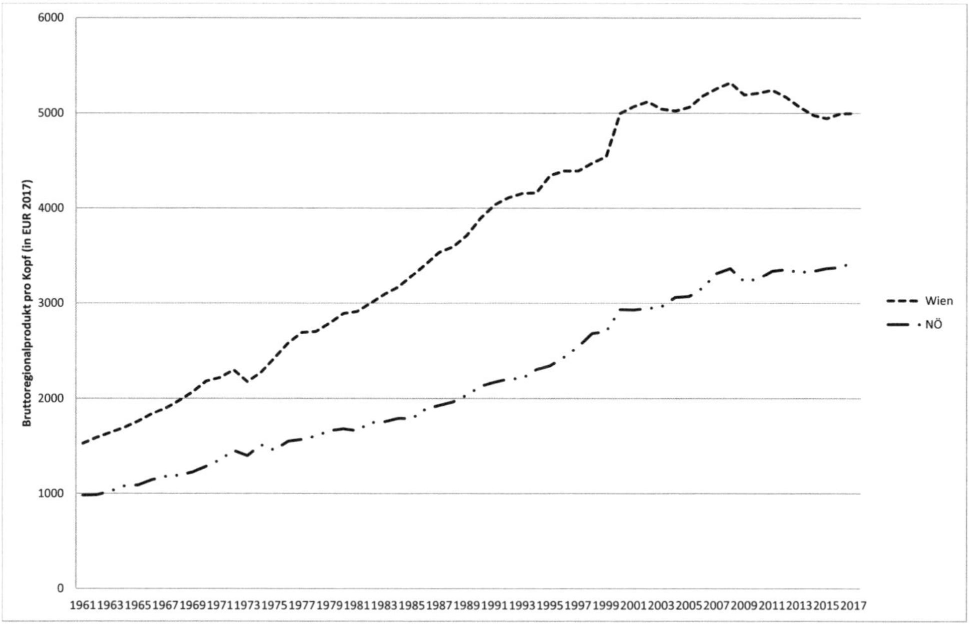

Quelle: wie Tabelle 84

9 Mayerhofer, Wien in einer erweiterten Union, 430.
10 Mayerhofer, Zweiter Bericht, 37 f.
11 Magistrat der Stadt Wien, MA 23, Wirtschaftsstandort 2018, 11.

Im Niederösterreich der 1950er- und 1960er-Jahre prägte die Landflucht den sektoralen Wandel. Der Anteil der Erwerbstätigen in der Land- und Forstwirtschaft sank von 47 Prozent im Jahr 1951 (nach dem damaligen Landesgebiet) kontinuierlich auf 33 Prozent 1961 und 22 Prozent 1971 ab. Der Trend setzte sich auch in der Folge fort.[12] Gegenläufig waren die Trends im niederösterreichischen Produktionssektor. Nach Abschluss des Staatsvertrags profitierte die niederösterreichische Industrie vorerst von der Auslagerung von Produktionsstätten mit hohem Flächenbedarf aus Wien nach Niederösterreich. Im Zeitraum von 1955 bis 1971 gründeten 289 industrielle Unternehmen aus Wien Betriebsstätten in Niederösterreich und im Burgenland. Zunächst dominierten Groß- und Mittelbetriebe die Randwanderung, ab Mitte der 1960er-Jahre verließen zunehmend auch Kleinbetriebe Wien. Besonders Branchen wie die Textil-, Lederwaren- und Bekleidungsindustrie, die nicht auf das großstädtische Arbeitskräfteangebot mit hoher Qualifikation angewiesen waren, wechselten den Standort.[13] Mitte der 1970er-Jahre erreichte die Sachgütererzeugung in Niederösterreich mit einem Anteil von ca. 55 Prozent am Bruttoregionalprodukt ihren Höhepunkt. Die Wiener Erzeugung war hingegen schon auf 35 Prozent abgesunken. Bis Anfang der 1990er-Jahre gingen die entsprechenden Anteile auf 45 Prozent in Niederösterreich und 25 Prozent in Wien zurück.[14] Die in vielen Regionen der »alten« Industrieländer beobachtete Deindustrialisierung war demnach in Niederösterreich hinsichtlich der Wertschöpfung im Gegensatz zu Wien bis dahin noch wenig spürbar, verstärkte sich aber ab den 1990er-Jahren auch dort. Bis zur Jahrtausendwende sank der Anteil des Sekundärsektors an der regionalen Bruttowertschöpfung auf 37 Prozent, in weiterer Folge bis 2016 auf 30 Prozent. Die Vergleichswerte für Wien lagen bei 20 und 15 Prozent.[15] Bemerkenswert ist dennoch, dass im Zug des globalen Wettbewerbs Industrie- und Dienstleistungsbranchen mit hoher Produktivität ihren Standort im Hochlohnland Österreich, und damit auch in Wien und Niederösterreich halten konnten.

6.2 Vom Überleben zum Erleben

Wie in allen entwickelten Industrieländern stieg auch in Österreich und im Speziellen in Wien und Niederösterreich die Lebenserwartung der Bevölkerung, einem

12 Komlosy, Niederösterreich, 221.

13 Weigl, Hinter den Kulissen, 10.

14 Eigene Berechnungen nach WIFO-Datenbank.

15 Eigene Berechnungen nach Statistik Austria, Bruttowertschöpfung nominell zu Herstellungspreisen 2000–2017: nach Bundesländern und Wirtschaftsbereichen (http://www.statistik.at/web_de/statistiken/wirtschaft/volkswirtschaftliche_gesamtrechnungen/regionale_gesamtrechnungen/nuts2-regionales_bip_und_hauptaggregate/index.html, Zugriff: 26.6.2019).

säkularen Trend folgend, seit 1945 ständig an. Schon zu Beginn der 1950er-Jahre erreichte sie in Wien nach dem alten Gebietsstand bei der männlichen Bevölkerung 62,0, bei der weiblichen 67,8 Jahre und lag damit bei den Männern um sechs, bei den Frauen um fast sieben Jahre über dem Wert vom Beginn der 1930er-Jahre.[16] Zum Vergleich: Im österreichischen Durchschnitt betrugen die entsprechenden Werte 61,9 und 67,0.[17] In den 1950er-Jahren setzte sich der Anstieg der Lebenserwartung in Wien und Österreich unvermindert fort. Bei Neugeborenen betrug die Zunahme der Lebenserwartung in Jahren in Wien rund fünf Jahre, nach dem Säuglingsalter waren es 3–3,5 Jahre. Aber auch nach Erreichen des Erwachsenenalters fiel der durchschnittliche Gewinn an Lebenszeit mit rund 2–3,5 Jahren sehr beträchtlich aus. In allen Altersgruppen waren die Zugewinne der weiblichen Bevölkerung größer, im Alter von 20 und mehr Jahren sogar sehr ausgeprägt. Die Lebenserwartung in Wien übertraf auch noch zu Beginn der 1960er-Jahre etwas den österreichischen Durchschnitt.[18]

Tabelle 85: Lebenserwartung nach Geschlecht und Alter in Wien 1949/51–1961/62

Alter	1949/51		1961/62		Differenz	
	männlich	weiblich	männlich	weiblich	männlich	weiblich
0	62,0	67,8	66,7	73,2	4,7	5,4
1	66,3	71,6	69,1	75,2	2,8	3,6
20	67,8	72,1	69,8	75,8	2,0	3,7
60	74,0	77,6	74,9	78,9	0,9	1,3

Quelle: Wiener Sterbetafeln, 8–12; Statistik Austria, Demographische Indikatoren Wien 1961–2017, Tabelle 9A; eigene Berechnungen

Für Niederösterreich in seinen damaligen Grenzen liegen um 1950 keine Berechnungen von Sterbetafeln vor, doch zeigt ein Vergleich der altersspezifischen Sterberaten, dass diese in Niederösterreich bei den unter 50-Jährigen über den Wiener Werten, bei den 50- bis unter 70-Jährigen darunter lagen. Im hohen Alter besaßen wiederum die Wienerinnen und Wiener zu diesem Zeitpunkt eine etwas höhere Lebenserwartung.

16 Wiener Sterbetafeln, 8–11.

17 Statistik Austria, Lebenserwartung für ausgewählte Altersjahre 1868/71 bis 2010/12, 1951 bis 2017 (http://www.statistik.at/web_de/statistiken/menschen_und_gesellschaft/bevoelkerung/sterbetafeln/022521.html, Zugriff: 26.6.2019).

18 Statistik Austria, Demografische Indikatoren – erweiterte Zeitreihen ab 1961 für Österreich (https://www.statistik.at/web_de/statistiken/menschen_und_gesellschaft/bevoelkerung/demografische_indikatoren/index.html, Zugriff: 26.6.2019).

Tabelle 86: Altersspezifische Sterberaten in (Groß-)Wien und Niederösterreich 1950/51

Altersgruppe	Groß-Wien	Niederösterreich	Wien = 100
Säuglinge[a]	54,4	68,7	126,3
1 bis unter 5	2,1	2,4	113,4
5 bis unter 15	0,6	0,8	120,7
15 bis unter 30	1,5	1,6	106,4
30 bis unter 40	2,2	2,4	107,7
40 bis unter 50	4,7	5,0	106,0
50 bis unter 60	11,8	11,1	94,3
60 bis unter 70	28,3	27,4	96,8
70 und mehr	87,0	92,3	106,2

Quelle: Österreichisches Statistisches Zentralamt, Statistisches Handbuch 1950, 38; 1951, 40; Volkszählung 1951, Tabellenband I, 102–104; eigene Berechnungen
[a] Säuglingssterberate.

Etwa ein Jahrzehnt später hatte sich die Lebenserwartung beträchtlich erhöht, die Relationen zwischen Wien und Niederösterreich waren weitestgehend gleich geblieben. Nur ältere Niederösterreicher besaßen zu Beginn der 1960er Jahre eine geringfügig höhere Lebenserwartung als ihre Altersgruppe in Wien. Bei der weiblichen Bevölkerung bestand praktisch kein Unterschied zwischen den Bundesländern. Sonst lag die Lebenserwartung in Wien etwas höher. Die regionalen Unterschiede fielen allerdings bereits kaum mehr ins Gewicht. Dies traf auch für die folgenden Jahrzehnte zu, wobei sich jedoch nunmehr die Position der niederösterreichischen Bevölkerung gegenüber der Wiener verbesserte.

Tabelle 87: Lebenserwartung nach dem Geschlecht und Alter in Wien und Niederösterreich 1959/61

Alter	Wien		Niederösterreich		Wien = 100	
	männlich	weiblich	Männlich	weiblich	männlich	weiblich
0	66,3	72,7	65,2	72,3	98,3	99,4
1	68,9	75,0	68,1	74,8	98,8	99,7
20	69,8	75,7	69,2	75,6	99,1	99,9
60	75,0	79,1	75,2	79,0	100,4	99,9

Quelle: Österreichisches Statistisches Zentralamt, Regionale Unterschiede 1959–1963, 156

Graphik 16: Lebenserwartung bei der Geburt nach dem Geschlecht in Wien und Niederösterreich 1961–2017

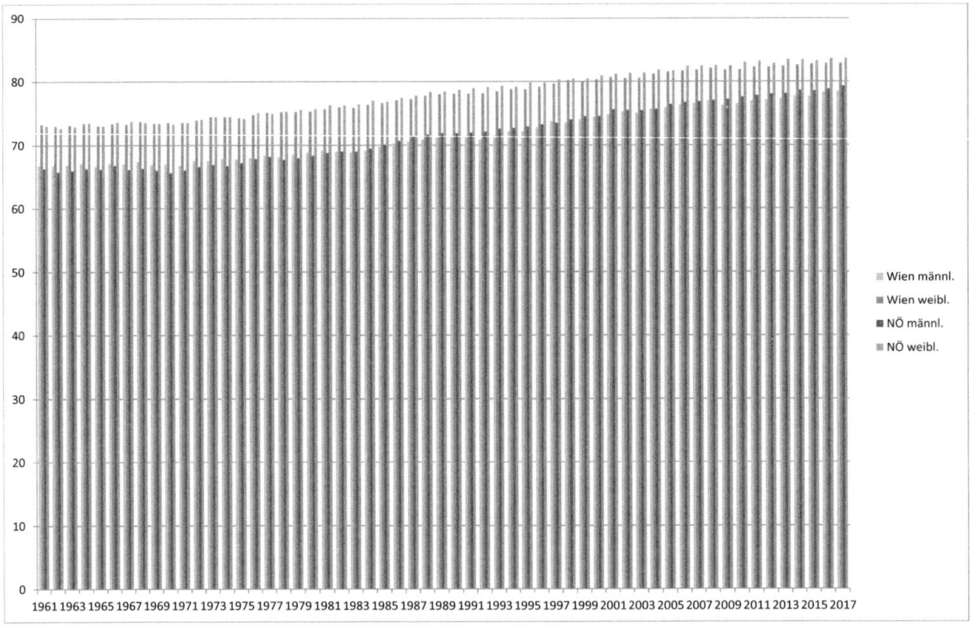

Quelle: Statistik Austria, Demographische Indikatoren Wien, Niederösterreich 1961–2017, Tabelle 9A

In den heutigen Grenzen Wiens kam es von 1961 bis 2017 zu einem Anstieg von 66,7 auf 78,4 Jahre bei der männlichen und von 73,3 auf 82,9 Jahre bei der weiblichen Bevölkerung, in Niederösterreich von 66,3 auf 79,3 und von 73,0 auf 83,6 Jahre. Überraschenderweise stagnierte die zuvor stark steigende Lebenserwartung in den 1960er- und frühen 1970er-Jahren bzw. stieg nur langsam an, was vermutlich mit dem Aufrücken von Kohorten zu tun hatte, die unter den Folgen der beiden Weltkriege auf die eine oder andere Weise besonders gelitten hatten. Dafür spricht, dass auch in anderen europäischen Ländern dieses Phänomen stagnierender Lebenserwartungen auftrat.[19] Ab Mitte der 1970er-Jahre setzte sich der unterbrochene Aufwärtstrend jedoch fort und ab Mitte der 1980-Jahre war eine Beschleunigung bei beiden Geschlechtern festzustellen. Dies galt auch für die ältere Bevölkerung. Die fernere Lebenserwartung nach Erreichen des Alters von 60 Jahren betrug zu Beginn der 1960er-Jahre lediglich rund 15 Jahre bei den Männern und 19 bei den Frauen.

19 Höhn, Kohortensterblichkeit, 45–65; Luy, Zielonke, Geschlechtsspezifische Sterblichkeitsunterschiede, 169–198.

Noch Mitte der 1970er-Jahre waren die Werte kaum höher, doch dann kam es zu einer erheblichen Steigerung. Im Jahr 2017 betrug die fernere Lebenserwartung in Wien 21,5 und 25 Jahre, in Niederösterreich 22 und 25 Jahre. Das verweist auf die großen Fortschritte hinsichtlich lebensverlängernder Maßnahmen bei degenerativen Erkrankungen. Wann sich im Sinne einer »säkularen Verwerfung« die Lebenserwartung auf hohem Niveau stabilisiert, ist vorerst nicht abzuschätzen.[20]

Graphik 17: Fernere Lebenserwartung im Alter von 60 Jahren in Wien und Niederösterreich nach dem Geschlecht 1961–2017

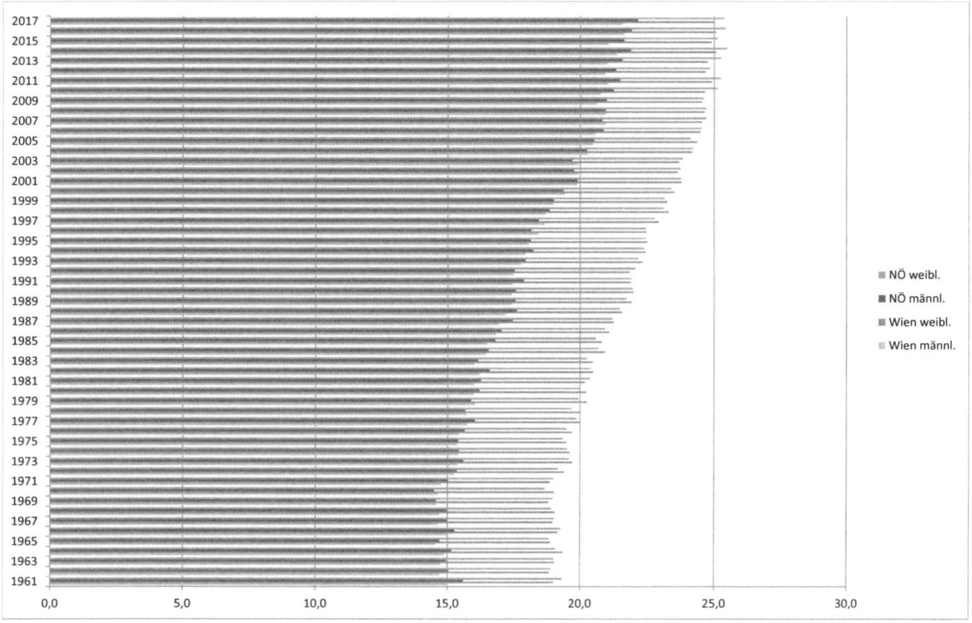

Quelle: wie Graphik 16

Im Langzeitvergleich von 1961 bis 2017 war der Rückgang der altersspezifischen Sterberaten bei den Säuglingen und Kleinkindern in Wien mit ca. 80–90 Prozent, in Niederösterreich sogar über 90 Prozent, am ausgeprägtesten. Zwischen 20 und 80 Jahren betrug der Rückgang 50–80 Prozent. Nur bei den Hochbetagten waren die Sterblichkeitsrückgänge erheblich geringer.[21]

20 Ehmer, Sozialgeschichte des Alters, 213.

21 Eigene Berechnungen nach Statistik Austria, Demografische Indikatoren – erweiterte Zeitreihen ab

An sich war der epidemiologische Übergang, der in seiner letzten Phase durch eine systematische Zurückdrängung der Infektionskrankheiten und die überragende Bedeutung degenerativer Erkrankungen gekennzeichnet ist[22], bereits in der Zwischenkriegszeit abgeschlossen. Aus der kritischen Versorgungslage und temporär bedenklichen hygienischen Zuständen auf Grund der Beschädigung von Wasserleitungen, Kanalisationsanlagen und Wohnhäusern kam es nach Kriegsende kurzfristig zu einem Anstieg des Anteils der Todesfälle an Infektionskrankheiten. Dieser blieb aber Episode.

Das Vordringen degenerativer Alterserkrankungen zeigte sich zunächst im Anstieg des Anteils der Herz-Kreislauf-Erkrankungen an allen Todesfällen. Er lag in Wien zu Beginn der 1950er-Jahre bei 47 Prozent, 1997 jedoch bereits bei 57 Prozent. Dagegen veränderte sich der Anteil der Krebssterbefälle in diesem Zeitraum mit etwas mehr als 20 Prozent vergleichsweise nur wenig. Nichtdegenerative Todesursachen verloren systematisch an Bedeutung. Dies galt auch für Unfälle und Vergiftungen.[23] Um 1980 entfielen in Wien 77 Prozent, in Niederösterreich 73 Prozent der Gesamtsterblichkeit auf die genannten degenerativen Erkrankungen, um die Jahrtausendwende waren es 72–75 Prozent, um 2015 knapp unter 70 Prozent. Dieser zuletzt beobachtete Rückgang des Anteils von Herz-Kreislauf- und Krebstodesfällen steht im Zusammenhang mit der zunehmenden Bedeutung von Stoffwechselerkrankungen, Erkrankungen des Nervensystems und psychischen Erkrankungen, wie Alzheimer, Parkinson und Demenz, die vor allem im höheren Alter auftreten.

Tabelle 88: Standardisierte Sterbeziffer (auf 100.000) in Wien und Niederösterreich 1978/84

Todesursache	Wien	Niederösterreich	Wien = 100
Bösartige Neubildungen (Krebs)	304,6	274,6	90,2
Herz-Kreislauf-Krankheiten	776,9	763,0	98,2
Krankheiten der Atmungsorgane	67,6	74,3	109,9
Krankheiten der Verdauungsorgane	78,5	80,2	102,2
Sonstige Krankheiten	94	119,6	127,2
Verletzungen und Vergiftungen	81,4	107,6	132,2
Gesamt	1402,8	1419,4	101,2

Quelle: Österreichisches Statistisches Zentralamt, Österreichischer Todesursachenatlas 1978/84, 32; eigene Berechnungen

1961 für Wien, Niederösterreich, Tabelle 6 (https://www.statistik.at/web_de/statistiken/menschen_und_gesellschaft/bevoelkerung/demografische_indikatoren/index.html, Zugriff: 26.6.2019).

22 Mercer, Infections; Spree, Rückzug des Todes.

23 Weigl, »Unbegrenzte Großstadt«, 176.

Die allmählich höhere Lebenserwartung der niederösterreichischen gegenüber der Wiener Bevölkerung war fast ausschließlich auf die degenerativen Erkrankungen zurückzuführen. Bereits zu Beginn der 1960er-Jahre bestand in Wien im Vergleich zum gesamtösterreichischen Durchschnitt eine ausgeprägte Übersterblichkeit bei der Herz-Kreislauf-Mortalität, Blutkrebs bei Männern und Lungenkrebs bei beiden Geschlechtern. Dem stand eine vergleichsweise günstige Situation beim Magenkrebs und den Erkrankungen der Atmungsorgane (mit Ausnahme der bösartigen Neubildungen) gegenüber.[24] In den 1970er- und frühen 1980er-Jahren verschärfte sich die Wiener Übersterblichkeit beim Herzinfarkt und bei allen Krebserkrankungen mit Ausnahme von Prostata- und Gebärmutterkrebs.[25] Hingegen fiel die Bilanz bei den äußeren Todesursachen wie Verkehrsunfällen, Verletzungen und Vergiftungen zunächst für Niederösterreich sehr ungünstig aus, was zumindest bezogen auf die beiden erstgenannten Ursachen mit der größeren Bedeutung des Individualverkehrs in einem Flächenbundesland zu tun hatte. In der Folge zeigte sich in dieser Hinsicht nach Geschlecht ein unterschiedliches Bild. Während um 1990 noch bei beiden Geschlechtern eine Übersterblichkeit in Niederösterreich vorlag, verbesserte sich die relative Position ein Jahrzehnt später für die weibliche Bevölkerung. Nun bestand nur noch bei der männlichen Bevölkerung in Niederösterreich eine Übersterblichkeit, bei der weiblichen hingegen in Wien. Niederösterreicherinnen hatten also pro Kopf nunmehr weniger (Verkehrs-)Unfälle als Wienerinnen (vgl. Tabelle 89 und 90).

Tabelle 89: Standardisierte Sterbeziffer nach Geschlecht in Wien und Niederösterreich (auf 100.000) 1988/94

Todesursache	Wien		Niederösterreich		Wien = 100	
Geschlecht	männlich	weiblich	männlich	weiblich	männlich	weiblich
Bösartige Neubildungen	280,5	176,9	261,8	157,6	93,3	89,1
Herz-Kreislauf-Krankheiten	602,7	357,8	509,9	339,3	84,6	94,8
Krankheiten der Atmungsorgane	50,8	25	57,2	24,2	112,6	96,8
Krankheiten der Verdauungsorgane	57,0	31,6	74,2	30,8	130,2	97,5
Sonstige Krankheiten	72,5	52	85,5	63,7	117,9	122,5
Verletzungen und Vergiftungen	75,4	32,5	100,5	36,3	133,3	111,7
Gesamt	1139,8	675,8	1089,1	652	95,6	96,5

Quelle: Österreichisches Statistisches Zentralamt, Österreichischer Todesursachenatlas 1988/94, 212–215; eigene Berechnungen

24 Österreichisches Statistisches Zentralamt, Regionale Unterschiede 1959–1963, 19–28.
25 Österreichisches Statistisches Zentralamt, Österreichischer Todesursachenatlas 1978/84, 30f.

Besonders nach der Jahrtausendwende war eine Annäherung der altersstandardisierten Sterberaten der degenerativen Krankheiten zwischen Wien und Niederösterreich zu beobachten, die wohl auch mit dem Zusammenwachsen des Agglomerationsraums, der Verlagerung von Wohnsitzen und den Pendelverflechtungen in Verbindung zu bringen ist.

Tabelle 90: Standardisierte Sterbeziffer nach Geschlecht in Wien und Niederösterreich (auf 100.000) 1998/2004

Todesursache	Wien		Niederösterreich		Wien = 100	
Geschlecht	männlich	weiblich	männlich	weiblich	männlich	weiblich
Bösartige Neubildungen	246,3	155,4	237,9	139,6	96,6	89,8
Herz-Kreislauf-Krankheiten	411,2	270,0	390,5	268,1	95,0	99,3
Krankheiten der Atmungsorgane	43,3	23,9	54,1	27,4	124,9	114,6
Krankheiten der Verdauungsorgane	53,3	28,7	47,2	22,3	88,6	77,7
Sonstige Krankheiten	90,2	59,6	87,9	62,5	97,5	104,9
Verletzungen und Vergiftungen	64,1	26,9	73,0	22,8	113,9	84,8
Gesamt	908,4	564,5	890,7	542,7	98,1	96,1

Quelle: Statistik Austria, Österreichischer Todesursachenatlas 1998/2004, 256–258; eigene Berechnungen

Die wesentlichen Einflussfaktoren, die den in allen Industrieländern zu beobachtenden Mortalitätsrückgang bestimmten, waren einerseits die grundlegende Verbesserung der materiellen Lebensbedingungen seit Ende des Zweiten Weltkrieges und andererseits die allerdings von manchen Zivilisationskritikern bestrittenen Wirkungen des medizinischen Fortschritts. Große medizinische Erfolge bei der Bekämpfung von Infektionskrankheiten, vor allem durch die Entwicklung und Verbreitung von Antibiotika, begleitet von einer allgemeinen Verbesserung der Lebensbedingungen in Form von Zugang zu kalorien- und vitaminreicher Kost sowie mehr Wohnraum, sorgten nun für signifikant erhöhte Überlebenschancen. Parallel dazu gelang es, den Kreislauf- und Krebstod mittels moderner medizinischer Methoden hinauszuzögern.[26]

Das Zusammenspiel der verbesserten materiellen und hygienischen Lebensbedingungen mit dem Einfluss enormer Fortschritte bei der Bekämpfung schwerer, lebensbedrohender Infektionen wird am drastischen Rückgang der Säuglings- und Tuberkulosesterblichkeit besonders deutlich. Den Rückgang der Säuglingssterblichkeit prägte bis Mitte der 1970er-Jahre gerade der Bedeutungsverlust der Infektions-

26 Porter, Kunst des Heilens, 578–581, 584–586, 620–622, 625 f.; für Wien Hohenegger, Weigl, Aspekte, 11.

krankheiten als Todesursache. Hingegen blieb der Anteil der Todesfälle nach Frühgeburt oder Geburtskomplikationen bis dahin noch konstant. Erst danach, mit dem Beginn intensiv-neonatologischer Betreuung von Neugeborenen in Österreich, ging auch dieser Anteil gemeinsam mit dem weiter sinkenden der Infektionskrankheiten zurück. Zur bedeutendsten Gruppe unter den Todesursachen des ersten Lebensjahres entwickelte sich jene der »sonstigen Todesursachen«, die nicht einer spezifischen Lebensphase innerhalb des ersten Lebensjahres zugeordnet werden können wie vor allem der plötzliche Kindstod (Sudden Infant Death Syndrom). Geburtskomplikationen und angeborene Missbildungen blieben als Todesursache allerdings weiterhin gewichtig.[27] Während die Verschiebungen innerhalb des Todesursachenspektrums von Fortschritten der Medizin erheblich bestimmt wurden, kam dem sich seit den 1950er-Jahren rasch verbessernden Ernährungszustand der Mütter, der sich etwa im Körpergewicht der Säuglinge ablesen lässt, und den hygienischen Bedingungen der Säuglingspflege in den elterlichen Wohnungen, auch was die Verbreitung einschlägigen Wissens anlangt, ebenfalls große Bedeutung zu. Wie sich zeigen lässt, spielten vor der Auflösung des innerösterreichischen Musters der Säuglingssterblichkeit, welches die alpinen Gebiete gegenüber dem Flach- und Hügelland begünstigte, ökologische Faktoren, insbesondere die Wasserversorgung, für Unterschiede im Niveau der Säuglingssterblichkeit eine zentrale Rolle.[28] Das erklärt auch die weiterhin relativ günstige Position Wiens. Ab den 1970er- und 1980er-Jahren löste sich das regionale Verteilungsmuster hingegen auf.[29] Im Zuge dieses Prozesses verschlechterte sich die innerösterreichische Position Wiens und verbesserte sich jene Niederösterreichs, was für die Entwicklung der Gesamtsterblichkeit jedoch von geringer Bedeutung war, da die Säuglingssterblichkeit insgesamt zu einer marginalen Größe wurde. Im Jahr 2017 betrug die Säuglingssterberate in Wien nur noch 4,1, in Niederösterreich 2,8, im österreichischen Durchschnitt 2,9. Für diesen Unterschied war nun ausschließlich die Sterblichkeit der ersten Lebenswoche verantwortlich.[30] Eine Studie hat gezeigt, dass dieses Differential nicht auf die unterschiedliche Verteilung soziodemographischer Risikogruppen zurückzuführen war, sondern auf den überdurchschnittlichen Anteil an Frühgeborenen in Wien. Dieser stand und steht mit dem Gesundheitszustand der Schwangeren in enger Verbindung.[31] Da sich überhöhte Säuglingssterblichkeit auch in allen anderen Landeshauptstädten – wenn auch in geringerem Maß als in Wien – zeigt, lässt das den Schluss zu, dass Frauen im großstädtischen Milieu in der

27 Köck, Kytir, Münz, Risiko »Säuglingstod«, 16, 37f.

28 Kytir, Regionale Unterschiede, 62f.

29 Köck, Kytir, Münz, Risiko »Säuglingstod«, 38–40.

30 Eigene Berechnungen nach Statistik Austria, Demografische Indikatoren – erweiterte Zeitreihen ab 1961 für Wien, Niederösterreich, Österreich, Tabelle 5 (https://www.statistik.at/web_de/statistiken/menschen_und_gesellschaft/bevoelkerung/demografische_indikatoren/index.html, Zugriff: 26.6.2019).

31 Kytir, Regionale Unterschiede, 54; Kytir, Köck, Epidemiologische Ursachen, 89–91.

Schwangerschaft öfter Stress verursachenden Faktoren ausgesetzt waren und sind als im kleinstädtisch-ländlichen Milieu und dass möglicherweise auch die Fähigkeit, solche Stresssituationen zu verarbeiten, bei Großstädterinnen geringer ist.[32] Der Wandel des regionalen Musters der Säuglingssterblichkeit vom »Großstadtbonus« zum, wenn auch gesamt gesehen nicht sehr bedeutenden »Malus« steht daher auch in einem breiteren Kontext für Wohlstandsrisiken des modernen Stadtlebens.

Ein weiteres gut identifizierbares Beispiel für den positiven Einfluss des medizinischen Fortschritts auf die Sterblichkeitsentwicklung ist der Rückgang der Sterbefälle die auf Infektionskrankheiten zurückgehen und da insbesondere der Tuberkulose. Die Tuberkulosesterblichkeit lag auch in der zweiten Hälfte des 20. Jahrhunderts in Wien recht deutlich über jener in Niederösterreich, was allerdings auf Grund des Einflusses der Bevölkerungsdichte für die Übertragung dieser Krankheit nicht weiter verwundert. Um 1960 betrug das Verhältnis der Sterberaten von Wien zu Niederösterreich 30 zu 24 auf 100.000 der Bevölkerung. Teilweise war diese Differenz allerdings auch auf unterschiedliche Berichtsgenauigkeiten zurückzuführen.[33] Im Durchschnitt der Jahre 1959 bis 1963 kamen auf 100.000 männliche Einwohner in Wien 42,1, in Niederösterreich 33,0 Sterbefälle. Die wesentlich niedrigere Sterberate bei der weiblichen Bevölkerung betrug in Wien 14,8, in Niederösterreich 10,6.[34] Zwei Jahrzehnte später hatte die Tuberkulosesterblichkeit bereits ein marginales Niveau erreicht. In Wien lag sie nunmehr bei 9,2 auf 100.000 der Bevölkerung, in Niederösterreich bei 5,6.[35] Im Gegensatz zum markanten Rückgang der Mortalität verminderte sich die tuberkulöse Durchseuchung gerade in der Großstadt Wien nur langsam. Noch 1948/49 reagierten 13 Prozent der 5- bis 6-jährigen Kinder auf Tuberkulintests positiv, 1969/70 bei 9- bis 10-Jährigen 8 Prozent. Erst 1989 waren es nur 2 Prozent.[36]

Nach dem Zweiten Weltkrieg setzte die Gesundheitspolitik bei der Tbc-Bekämpfung zunächst auf Prophylaxe. Sogenannte BCG-Impfungen, Impfungen mit abgeschwächten Tbc-Mykobakterien, wurden ab dem Jahr 1948 in Wien als Massenimpfungen eingesetzt, Säuglingsimpfungen im Jahr 1953 eingeführt. Allein in diesem Jahr wurden in Wien mehr als 600.000 Säuglingsimpfungen vorgenommen. Regelmäßige Nachimpfungen wurden ab 1963 durchgeführt. Infolge dieser Maßnahmen erreichte die Durchimpfungsrate bei Säuglingen in Wien schon in den späten 1960er-Jahren 96 Prozent. Im Jahr 1970 starb das letzte Kind in Wien an Tuberkulose. Die Impfungen waren allerdings nicht unumstritten, weil vereinzelt gefährliche Neuer-

32 Kytir, Köck, Epidemiologische Ursachen, 60f., 91.

33 Dietrich-Daum, Sozialgeschichte, 321.

34 Österreichisches Statistisches Zentralamt, Regionale Unterschiede 1959–1963, 89, 116.

35 Junker, Schmidgruber, Wallner, Tuberkulose in Wien, 113.

36 Junker, Schmidgruber, Wallner, Tuberkulose in Wien, 118.

krankungen auftraten.[37] Die eigentliche Innovation in der Tuberkulosebehandlung bildete nicht die Prophylaxe, sondern die Verbreitung von Tuberkulosestatika. Die kombinierte Therapie mit diesen speziellen Antibiotika bot ab den 1950er-Jahren bei Früherkennung einen sicheren Schutz gegen tödlich verlaufende Erkrankungen, bei Späterkennung war der Erfolg der Therapie jedoch anfänglich gering. Dank der stark gesunkenen Zahl von Tuberkulosekranken erwiesen sich nun aber auch die Kapazitäten der Heilstätten für längere Kuraufenthalte als ausreichend.[38]

In den entwickelten Wohlstandsgesellschaften der zweiten Hälfte des 20. Jahrhunderts und des frühen 21. Jahrhunderts standen aber nicht Säuglings- und Tuberkulosesterblichkeit, sondern degenerative Erkrankungen im Mittelpunkt der Gesundheitspolitik, denn die überwiegende Mehrzahl der Sterbefälle betraf nun Personen im höheren Alter, die an Herz-Kreislauf- oder Krebserkrankungen verstarben. Auf Grund des Charakters dieser Erkrankungen sind eindimensionale Erklärungsmuster nur beschränkt aussagekräftig. Dennoch lassen sich empirisch eindeutig einige Risikofaktoren belegen. Zu beachten dabei ist, dass diese Faktoren freilich nicht unmittelbare Wirkung zeigen, sondern mittel- und langfristig Lebenschancen verringern. Besonders klar ist das beim Zusammenhang von Nikotinkonsum und Krebssterblichkeit, besonders im Fall des Lungenkarzinoms.[39] Nikotinkonsum stellt aber auch für andere Krebs- und Herz-Kreislauf-Erkrankungen ein erhöhtes Erkrankungs- und Sterberisiko dar. Die Gesundheitsschädlichkeit des Rauchens war im Übrigen spätestens seit der Zwischenkriegszeit bekannt und wurde da und dort auch thematisiert.[40]

Erhebungen über das Rauchverhalten wurden vor den 1950er-Jahren kaum durchgeführt. Einigermaßen klar ist jedoch, dass vor der Zwischenkriegszeit Rauchen in erster Linie eine Männerdomäne darstellte. Rauchende Frauen gehörten entweder exzentrisch-extravaganten Künstler- und Oberschichtkreisen an oder aber Randschichten wie Prostituierten und »armen Alten«.[41] Aus einer zeitgenössischen Befragung von Hochbetagten, die ihren Lebensabend in Wiener Altenheimen verbrachten, lässt sich etwa ein Anteil von 87 Prozent Rauchern unter den befragten Männern und von 10 Prozent unter den Frauen ermitteln. Dieser Wert dürfte einigermaßen repräsentativ sein, denn eine erste statistische Erhebung zum Thema in ganz Österreich aus dem Jahr 1955 kam hinsichtlich der männlichen Raucherquote zu einem ganz ähnlichen Ergebnis. Am Rauchverhalten der männlichen Bevölkerung änderte

37 Junker, BCG-Impfung, 3 f.

38 Dietrich-Daum, Sozialgeschichte, 320, 343.

39 Für das 20. Jahrhundert anhand von west-, nord- und mitteleuropäischen Beispielen vgl. dazu etwa Dinges, Weigl, Gender gap similarities, 200–205.

40 Hofstätter, Die rauchende Frau.

41 Sandgruber, Frauensachen, 73.

sich also in den krisenhaften Kriegs- und Zwischenkriegszeiten, in denen der Zigarette und nicht dem Alkohol die Funktion der »Ersatzdroge Nummer eins« zukam, vorerst wenig. Verändert hatte sich jedoch das weibliche Rauchverhalten. Die Raucherquote der 15 Jahre alten und älteren Frauen lag Mitte der 1950er-Jahre österreichweit bei 26 Prozent, was angesichts der größeren gesellschaftlichen Akzeptanz von rauchenden Frauen ab der Zwischenkriegszeit nicht weiter verwundert.[42] Junge Raucherinnen und auch Raucher waren in der Zwischenkriegszeit allerdings noch sehr selten. Nach Einschätzung eines Wiener Arztes begannen Frauen in den 1920er-Jahren in der Regel erst nach dem 22. Lebensjahr mit dem Nikotinkonsum.[43] Im dritten Viertel des 20. Jahrhunderts nahmen die Quoten der täglich Rauchenden bei den männlichen Jugendlichen und Erwachsenen erheblich ab, die der weiblichen Bevölkerung nur geringfügig, um dann ab den 1970er-Jahren wieder anzusteigen. Im Jahr 1971 lag die Raucherquote der ab 16 Jahre alten männlichen Bevölkerung im Österreich-Durchschnitt bei 45,5 Prozent, in Wien bei 47,7 Prozent. Bei der weiblichen Bevölkerung bestanden hingegen größere regionale Unterschiede. Die weibliche Raucherquote erreichte in Wien mit knapp über 20 Prozent einen weit über dem österreichischen Durchschnitt von 13 Prozent liegenden Wert. In Gemeinden unter 20.000 Einwohner, die in Niederösterreich den größeren Teil der Wohnbevölkerung beheimateten, lag sie überhaupt nur bei 9 Prozent.[44] Erhebungen der Jahre 1979 und 1986, die nun auch Niederösterreich-Werte ausweisen, dokumentieren konstant hohe Raucherquoten in Wien, die sich bei der männlichen Bevölkerung um 45 Prozent bewegten. In Niederösterreich erreichten sie etwa 38 Prozent. Die weiblichen Raucherquoten stiegen in beiden Bundesländern an, und zwar auf 29,5 Prozent im Jahr 1986 in Wien und 18,9 Prozent in Niederösterreich.[45] Bis zur Jahrtausendwende änderte sich an den Trends wenig. Die Raucherquoten der männlichen Bevölkerung stagnierten auf hohem Niveau in Wien und stiegen auf über 40 Prozent in Niederösterreich an. Die weibliche Bevölkerung rauchte in beiden Bundesländern in immer höherem Ausmaß. Im Jahr 1999 betrug die entsprechende Quote in Wien 40,2 Prozent und in Niederösterreich 33,2 Prozent. Langzeiteffekte blieben nicht aus. Die Lungenkrebssterblichkeit in Wien war und ist bei beiden Geschlechtern signifikant über dem österreichischen Durchschnitt, bei der weiblichen Bevölkerung auch im »Speckgürtel« südlich, westlich und nördlich um Wien. Die Entwicklung der todesursachenspezifischen altersstandardisierten Sterberate bei Lungenkrebs spiegelt den Zusammenhang zwischen Rauchen und Sterblichkeit. Im Zeitraum 1978/84 bis

42 Weigl, Dank Keuschheit ein langes Leben?, 235; Forey, Hamling, Wald, International smoking statistics, 36 f.; Sandgruber, Frauensachen, 81.

43 Hofstätter, Die rauchende Frau, 188.

44 Eigene Berechnungen nach Martinek, Rauchgewohnheiten Tl. 1, 489.

45 Friedl, Regionale Aspekte, 394.

1998/2004 fiel sie bei der männlichen Bevölkerung in beiden Bundesländern um rund ein Viertel, während sie bei der weiblichen Bevölkerung um 45 Prozent stieg. Neben der Abwanderung von in Wien sozialisierter Bevölkerung nach Niederösterreich bestand offensichtlich auch ein gesamtösterreichisch nachweisbarer Zusammenhang zwischen der Verstädterung Niederösterreichs und dem Anstieg der Raucherquoten. Effekte auf das Sterblichkeitsdifferential zwischen Wien und Niederösterreich beim Lungenkrebs blieben aber vorerst aus. Die standardisierte Sterbeziffer bei den Männern lag in Wien mit 64,9 deutlich über jener in Niederösterreich mit 50,8. Bei den Frauen betrug das Verhältnis 24,3 zu 18,1. Vor allem im Wiener Umland reichten die todesursachenspezifischen Sterberaten jedoch schon recht nahe an die Wiener Werte heran.[46]

Was den Alkoholmissbrauch anlangt, liefert die Sterberate bei Leberzirrhose, auch wenn diese vergleichsweise gering ist, einen guten Indikator für dessen gesundheitsschädliche Wirkung. Sie zeigte traditionell nahezu Deckungsgleichheit mit den österreichischen Weinbaugebieten. Insofern überrascht es nicht, dass im Durchschnitt der Jahre 1978 bis 1984 Niederösterreich um 16 Prozent über dem Österreich-Durchschnitt lag, Wien um 3 Prozent.[47] In der Folge verbesserte sich diesbezüglich die Position der Wiener Bevölkerung. Bereits 1988/94 wies diese keine signifikant höhere Sterblichkeit mehr auf, um sich dann im Durchschnitt der Jahre 1998 bis 2004 jedoch im Vergleich wieder ein wenig zu verschlechtern.[48]

Nach der Jahrtausendwende blieb zwar die eindeutige Dominanz der Herz-Kreislauf- und Krebserkrankungen bestehen, doch begann sich das Todesursachenspektrum in Verbindung mit der gestiegenen Lebenserwartung allmählich ein wenig in Richtung von Ernährungs- und Stoffwechselkrankheiten und Krankheiten des Nervensystems zu verschieben. Dabei ist auffällig, dass die Mortalität dieser »neuen« Krankheiten in Niederösterreich erheblich über jener in der Wiener Bevölkerung liegt. Auch bei den Unfällen schneidet Wien besser ab. Diese Überlebensvorteile werden durch eine geringere Sterblichkeit bei Krebs- und Herz-Kreislauf-Erkrankungen in Niederösterreich und die bereits erwähnten schlecht diagnostizierbaren Krankheiten des Säuglingsalters aufgewogen.

---

46 Statistik Austria, Österreichischer Todesursachenatlas 1998/2004, 41, 167–169, 256, 258.

47 Österreichisches Statistisches Zentralamt, Todesursachenatlas 1978/84, 27 f., 30.

48 Österreichisches Statistisches Zentralamt, Todesursachenatlas 1988/84, 44 f.; Statistik Austria, Todesursachenatlas 1998/2004, 46.

Tabelle 91: Standardisierte Sterbeziffer in Wien und Niederösterreich (auf 100.000) 2015/16

Todesursache	Wien	Niederösterreich	Wien = 100
Infektiöse und parasitäre Erkrankungen (Tuberkulose, AIDS)	11,6	7,7	65,9
Bösartige Neubildungen	260,0	257,4	99,0
Ernährungs- und Stoffwechselkrankheiten (Diabetes)	54,2	59,7	110,2
Psychische Krankheiten (Demenz, Drogenabhängigkeit)	18,6	25,2	135,2
Krankheiten des Nervensystems (Parkinson, Alzheimer)	23,8	35,6	149,6
Herz-Kreislauf-Krankheiten	443,8	438,1	98,7
Krankheiten der Atmungsorgane	51,0	50,1	98,2
Krankheiten der Verdauungsorgane	38,3	36,9	96,3
Krankheiten des Urogenitalsystems	18,1	21,0	116,0
Schlecht bezeichnete Affektionen des Säuglingsalters	41,9	22,7	54,2
Verletzungen und Vergiftungen	43,4	51,4	118,6
Sonstige Krankheiten	28,8	23,5	81,6
Gesamt	1021,7	1021,4	100,0

Quelle: Statistik Austria, Jahrbuch der Gesundheitsstatistik 2015, 105; 2016, 89; eigene Berechnungen

6.3 Die Realeinkommen (ca. 1950–2010)

Nachdem die Jahre des »Wiederaufbaus« nicht zuletzt infolge der Lohn-Preis-Abkommen eine hyperinflationäre Entwicklung wie nach dem Ersten Weltkrieg verhindert hatten, kam es während des Wirtschaftswunders zu kräftigen Reallohnsteigerungen, die nun auch dazu beitrugen, dass das Reallohnniveau der günstigeren Jahre der Zwischenkriegszeit bis etwa 1960 wesentlich überschritten wurde. Wie in der Nachkriegszeit des Ersten Weltkrieges profitierten von den Reallohnsteigerungen nach 1945 zunächst die Arbeiterinnen und Hilfsarbeiter überproportional. In den Wirtschaftswunderjahren zogen jedoch besonders die Facharbeiter nach.

Tabelle 92: Index der Reallöhne von Arbeiterinnen und Arbeitern in Wien 1926–1960

Kategorie	1926	1953	1960
Arbeiter	100,0	102,5	133,0
Arbeiterinnen	100,0	140,1	161,1
Facharbeiter	100,0	98,4	129,1
Hilfsarbeiter	100,0	110,6	141,8

Quelle: Kammer für Arbeiter und Angestellte, Langfristige Entwicklung von Löhnen und Gehältern, 22

Am Beispiel der Medianeinkommen Wiener Arbeiterinnen und Arbeiter lässt sich der Effekt des Wirtschaftswunders auf die Reallohnzuwächse veranschaulichen. Diese wuchsen im Zeitraum von 1947 bis 1953 jährlich lediglich um 1,1 Prozent, von 1953 bis 1960 jedoch um 2,6 Prozent. Die Nettowochenverdienste einschließlich Transferleistungen in Wiener Industriebetrieben stiegen in diesem Zeitraum sogar um 2,9 Prozent.[49] In Niederösterreich lag das Lohn- und Gehaltsniveau, was die Kollektivvertragslöhne anlangt, bei den Arbeiterinnen und Arbeitern auf einem mit Wien vergleichbaren Niveau, bei den Industrieangestellten waren die durchschnittlichen Monatsbezüge um etwa 20 Prozent geringer, was mit dem geringeren gewerkschaftlichen Organisationsgrad in Verbindung stand. Die Reallohnsteigerungen der Istlöhne dürften sich jedoch kaum unterschieden haben.[50]

Beim Verhältnis der Angestelltengehälter zu den Arbeiterlöhnen wiederholte sich nach Ende des Zweiten Weltkrieges die Angleichung der beiden Einkommenskategorien. Die Nivellierungstendenzen hielten nun aber länger an, was offensichtlich mit der starken Position der Industriegewerkschaften zu tun hatte. So erzielten die Wiener Angestellten im Zeitraum von 1957 bis 1960 lediglich einen Reallohnzuwachs von 1,9 Prozent jährlich.[51]

Tabelle 93: Index der mittleren Reallöhne und -gehälter (Median) von Angestellten und Arbeiterinnen in Wien 1937–1960

Kategorie	1937	1957	1960
Arbeiter/innen	100,0	129,1	140,0
Angestellte	100,0	104,1	110,3

Quelle: Kammer für Arbeiter und Angestellte, Langfristige Entwicklung von Löhnen und Gehältern, 25

In den 1960er-Jahren setzte sich der Anstieg der Realeinkommen nicht nur fort, er steigerte sich noch weiter. Die Bruttomedianeinkommen aus Beschäftigungsverhältnissen stiegen laut Angaben des Hauptverbands der Sozialversicherungsträger in Wien im Zeitraum von 1962 bis 1969 jährlich um 5,1 Prozent. Allerdings machte

49 Eigene Berechnungen nach Kammer für Arbeiter und Angestellte, Langfristige Entwicklung von Löhnen und Gehältern, 87; Wirtschafts- und sozialstatistisches Handbuch 1945–1969, 512; Österreichisches Statistisches Zentralamt, Indizes zur Wertsicherung, 39.

50 Vgl. dazu Österreichisches Statistisches Zentralamt, Statistisches Handbuch NF 5 (1954), 176; 6 (1955), 162–175; 13 (1962), 174–185.

51 Eigene Berechnungen nach Kammer für Arbeiter und Angestellte, Langfristige Entwicklung von Löhnen und Gehältern, 93; Österreichisches Statistisches Zentralamt, Indizes zur Wertsicherung, 39.

sich nunmehr die Steuerprogression immer mehr bemerkbar. Die Arbeiternettoverdienste stiegen »nur« um 3,4 Prozent jährlich.[52]

Graphik 18: Reale Bruttomedianeinkommen pro Monat der ASVG-Beschäftigten in Wien 1962–1969 (in EUR zu Preisen 2017)

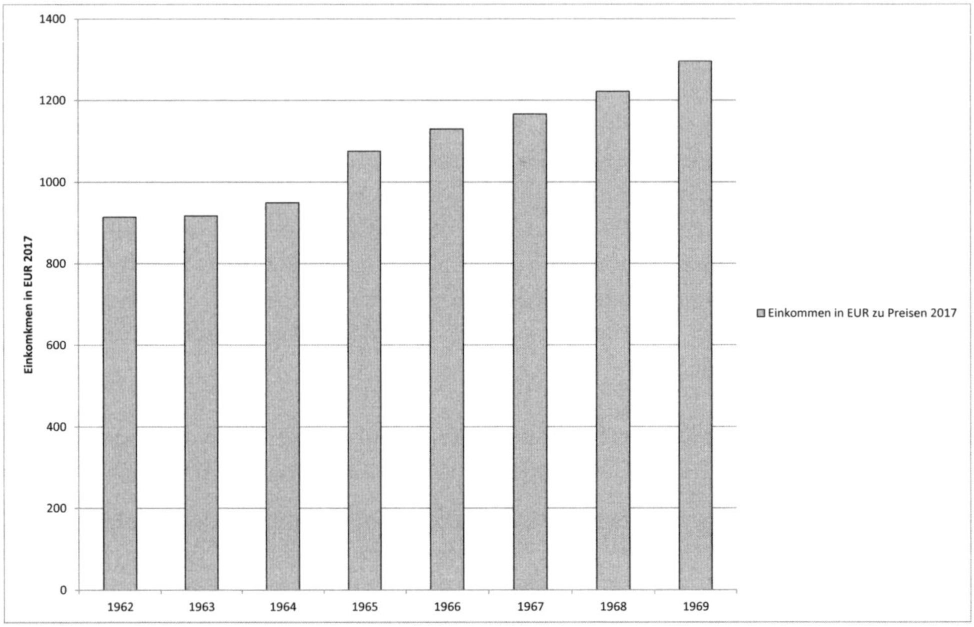

Quelle: Eigene Berechnungen nach Weigl, Personelle Einkommensentwicklung, 162

Ab den 1970er-Jahren liegen Daten über die durchschnittliche Monatsbeitragsgrundlage in der Krankenversicherung der Wiener und Niederösterreichischen Gebietskrankenkasse vor. Auf Grund der ASVG-Höchstbemessungsgrundlage lassen sie allerdings keinen genauen Rückschluss auf die entsprechenden Durchschnitte der Lohn- und Gehaltseinkommen zu, da deren Verteilung im oberen Bereich abgeschnitten ist. Gleichwohl sind sie ein passabler Indikator für die Entwicklung der realen Masseneinkommen unselbstständig Beschäftigter mit Ausnahme der Beamtinnen und Beamten für die Jahre 1970 bis 1987. Für diesen Zeitraum betrug die durchschnittliche jährliche Wachstumsrate immerhin noch 3,4 (Wien) bzw. 3,3 Pro-

52 Eigene Berechnungen nach Weigl, Personelle Einkommensentwicklung, 162; Kammer für Arbeiter und Angestellte, Wirtschafts- und sozialstatistisches Handbuch 1945–1969, 512; Österreichisches Statistisches Zentralamt, Indizes zur Wertsicherung, 43.

zent (Niederösterreich).[53] In dieser Phase griff die »solidarische Lohnpolitik« des Österreichischen Gewerkschaftsbundes (ÖGB), die ihre Lohnforderungen an Zuwächsen der durchschnittlichen Steigerungen der Arbeitsproduktivität orientierte und dabei eine markant antizyklische Komponente aufwies.[54] Während sie im Aufschwung zurückhaltend blieb, versuchte sie am Konjunkturgipfel und im beginnenden Abschwung die höchsten Lohn- und Gehaltsabschlüsse zu erzielen.

Graphik 19: Reale durchschnittliche Monatsbeitragsgrundlagen in der Krankenversicherung der Gebietskrankenkassen in Wien und Niederösterreich 1970–1987 (in EUR zu Preisen 2017)

Quelle: Eigene Berechnungen nach Hauptverband der Österreichischen Sozialversicherungsträger, Statistisches Handbuch 1971–1988; Österreichisches Statistisches Zentralamt, Indizes, 41 f.

Ab den späten 1980er-Jahren umfasst die Einkommensstatistik des Hauptverbands der Sozialversicherungsträger alle unselbstständig Beschäftigten einschließlich der Beamtinnen und Beamten, wobei hier ebenfalls die durch die Höchstbeitragsgrundlage verursachten Unschärfen – mit Ausnahme der Beamten – zu berücksichtigen

53 Eigene Berechnungen nach Hauptverband der Österreichischen Sozialversicherungsträger, Statistisches Handbuch 1971–1988; Österreichisches Statistisches Zentralamt, Indizes, 41 f.

54 Butschek, Arbeitsmarkt, 257.

sind. Sie zeigt nun ein von den Vorperioden deutlich differierendes Bild. Zwar stiegen die Bruttomedianeinkommen Ende der 1980er- und zu Beginn der 1990er-Jahre noch recht kräftig an, doch ab etwa Mitte der 1990er-Jahre stagnierten sie real bis in die Gegenwart. Zwischen Wien und Niederösterreich bestand in dieser Beziehung völliger Gleichklang. Dabei ist freilich zu beachten, dass es sich um einen Effekt der raschen Zunahme von Teilzeitbeschäftigungen – in welcher rechtlichen Form auch immer – handelte. Die Vollzeiteinkommen nahmen real sehr wohl weiterhin zu, als Wohlstandsindikator sind aber wohl die Bruttomedianeinkommen aller Einkommensbezieherinnen und -bezieher von größerem Interesse.

Graphik 20: Reale Bruttomedianeinkommen in Wien und Niederösterreich 1988–2017 (in EUR 2017)

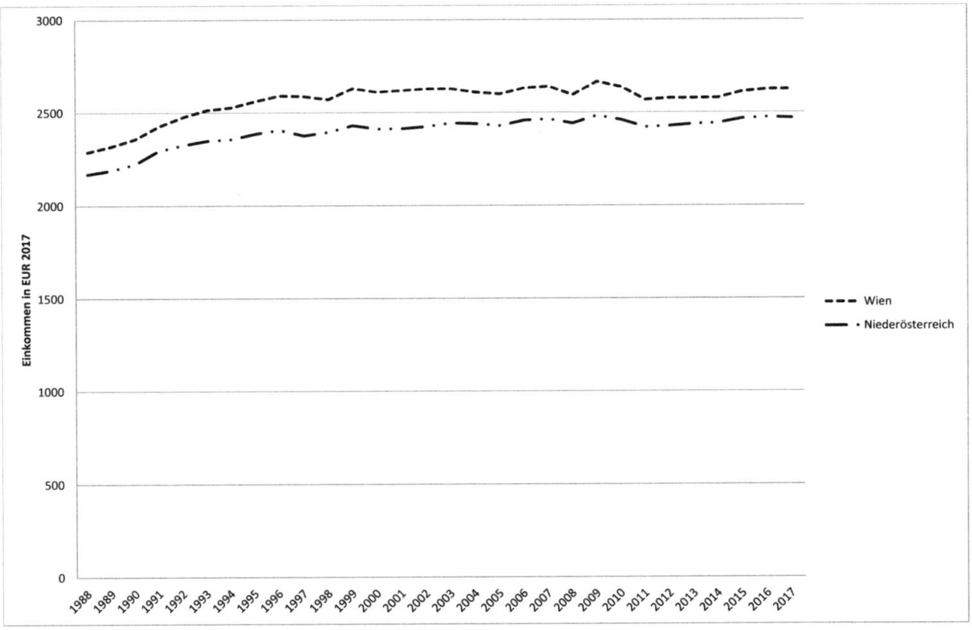

Quelle: Eigene Berechnungen nach Hauptverband der Österreichischen Sozialversicherungsträger, Statistisches Handbuch 1989–2018; Statistik Austria, Wertsicherungsrechner (http://www.statistik.at/Indexrechner/Controller, Zugriff: 15.5.2019)

Sieht man von dem allerdings zunehmenden Anteil von Singlehaushalten einmal ab, stellt die eigentlich relevante Größe für die Beurteilung der realen Einkommensgewinne jene der Haushaltseinkommen dar. Zumindest für Wiener Haushalte steht dafür eine bis zu Beginn der 1950er-Jahre zurückreichende Zeitreihe zur Verfügung. Sie betrifft zwar die Verbrauchsausgaben pro Kopf, sie dürften aber in Summe in etwa den Nettohaushaltseinkommen entsprochen haben. Eine Schwäche der Daten stellt die kleine Stichprobe im Umfang von rund 100 Haushalten dar, doch kann angesichts des sozialstatistischen Know-hows der Wiener Arbeiterkammer wohl von einer passablen Repräsentativität der Stichprobe ausgegangen werden. Das durchschnittliche jährliche reale Wachstum der Verbrauchsausgaben bewegte sich in den 1950er- und 1960er-Jahren bis zum Ölpreisschock von 1973 um 3,1 (Arbeiterhaushalte) und 3,4 Prozent (Angestelltenhaushalte). Im Jahrzehnt zwischen den beiden Erdölpreisschocks erzielten die Arbeiterinnen und Arbeiter noch geringe Realeinkommensgewinne (+0,8 Prozent jährlich), während die Angestelltengehälter real schrumpften (–0,5 Prozent jährlich).[55] Bei den Nettohaushaltseinkommen bremsten sich die Nettozuwächse also bereits nach dem Ölpreisschock von 1973 erheblich ein. Die Zeitreihe belegt außerdem, wie knapp die Einkommensniveaus von Wiener Haushalten mit Arbeitern oder Arbeiterinnen als Haushaltsvorständen und/oder Hauptverdienern und von Angestellten (beiderlei Geschlechts) ursprünglich in den 1950er-Jahren beieinandergelegen hatten. Während der Wirtschaftswunderjahre ging die Schere zwischen diesen beiden Arbeitnehmerkategorien wieder auf, ehe es ab etwa der zweiten Hälfte der 1970er-Jahre nunmehr bei viel geringerem Einkommenswachstum wieder zu einer Annäherung kam. Diese lag allerdings nicht in einer tatsächlichen Verringerung der Einkommensdifferentiale begründet, sondern in der Tatsache, dass zahlreiche Arbeiter und Arbeiterinnen in den Status von Angestellten wechselten, sodass nunmehr auch unter den Angestellten kleinere Einkommen häufiger auftraten.[56]

Ab der zweiten Hälfte der 1980er-Jahre liefern die Mikrozensus-Erhebungen des Österreichischen Statistischen Zentralamtes und in weiterer Folge die EU-SILC-Erhebungen Daten zu den Haushaltseinkommen nach Bundesländern, die demnach auch für Niederösterreich Aussagen erlauben. Beim Langzeitvergleich der entsprechenden Daten ist allerdings zu beachten, dass die Mikrozensusdaten der 1980er- und 1990er-Jahre auf reinen Befragungen von Haushalten beruhen, deren das Einkommen betreffende Auskünfte wohl mit entsprechender Vorsicht zu bewerten sind. Für die EU-SILC-Erhebungen wurden die Einkommen aus den entsprechenden Datenbanken der Finanzbehörden entnommen und besitzen daher wesentlich höhere Glaubwürdigkeit. Zu beachten ist auch, dass die Gewichtungsfaktoren für die einzelnen Haushaltsmitglieder zur Berechnung der Pro-Kopf-Äquivalenzeinkommen sich unterscheiden.[57] Im Langzeitvergleich und unter Berücksichtigung, dass

55 Eigene Berechnungen nach Kammer für Arbeiter und Angestellte, Wirtschafts- und sozialstatistisches Handbuch 11, 460–463, 470–473; 18, 374f., 386f.; 24, 284f., 288f.; ÖStZ, Indizes zur Wertsicherung, 35f.

56 Peissl, Das »bessere« Proletariat, 217f.

57 Für den österreichischen Mikrozensus wurden folgende Gewichte angenommen: Erster Erwachsener 1,0, jede weitere erwachsene Person 0,7, Kinder im Alter von 0–3 Jahren 0,33, von 4–6 Jahren 0,38, von 7–10 Jahren 0,55, von 11–15 Jahren 0,65, von 16–18 Jahren 0,70, von 19–21 Jahren 0,80. Im EU-

es sich um relativ robuste Medianeinkommensdaten handelt, dürften die Ergebnisse aber einigermaßen valide sein.

Graphik 21: Reale durchschnittliche jährliche Verbrauchsausgaben von Wiener Haushalten pro Erwachsenen (1951/53–1980/82, 3-Jahres-Durchschnitt) (in ATS, zu Preisen 1982)

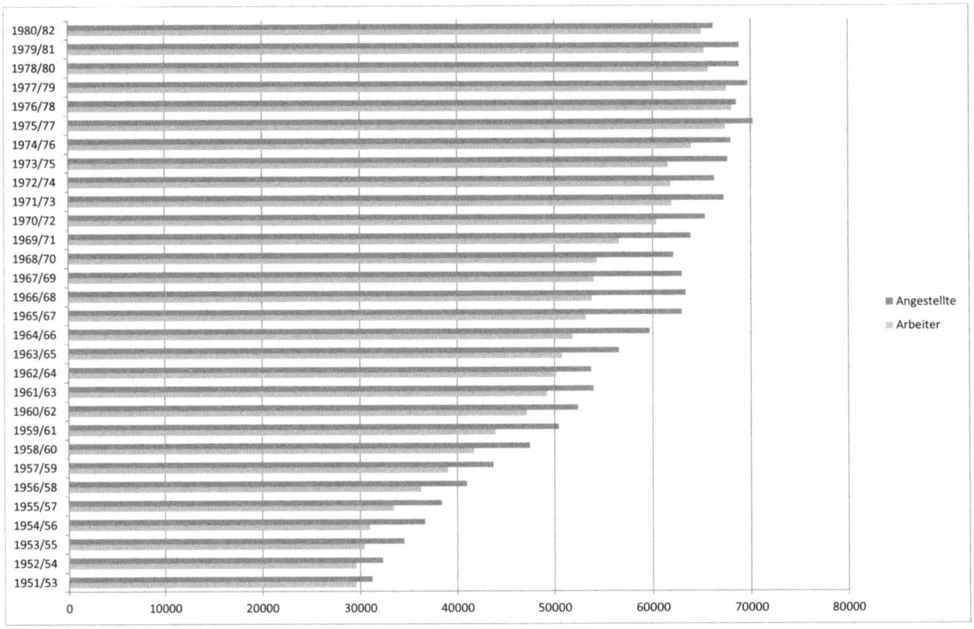

Quelle: Eigene Berechnungen nach Kammer für Arbeiter und Angestellte, Wirtschafts- und sozialstatistisches Handbuch 11, 460–463, 470–473; 18, 374 f., 386 f.; 24, 284 f., 288 f.; Österreichisches Statistisches Zentralamt, Indizes, 35 f.

Ebenso wie bei den Individualeinkommen zeigt sich bei den Haushalts-Pro-Kopf-Einkommen bis Mitte der 1990er-Jahre ein noch beträchtliches jährliches reales Wachstum, welches sich in Niederösterreich aber deutlich über jenem der Wiener Haushalte bewegte. Von Mitte der 1990er-Jahre bis 2017 verringerten sich die realen Einkommensgewinne in beiden Bundesländern erheblich, wobei sich erstmals ein höheres Nettomedianeinkommen in Niederösterreich gegenüber Wien zeigt. Im Vergleich zur Entwicklung der temporär real sogar sinkenden Individualeinkommen schnitten die Nettohaushaltseinkommen nach Personenäquivalenten also besser ab.

SILC-Programm lauten die Gewichte: Erster Erwachsener 1,0, jede weitere erwachsene Person 0,5, Kinder unter 14 Jahren 0,3.

Die »goldenen Zeiten« hoher Realeinkommensgewinne waren aber offensichtlich auch bei der Betrachtung ganzer Haushalte vorbei.

Für die relative Verbesserung der niederösterreichischen gegenüber den Wiener Haushaltseinkommen spielte die Abwanderung einkommensstarker Haushalte von Wien nach Niederösterreich unzweifelhaft ebenso eine Rolle wie die Zuwanderung einkommensschwacher Bevölkerungsgruppen nach Wien.

Tabelle 94: Reale Nettohaushaltseinkommen pro Kopf (Äquivalenzeinkommen) in Wien und Niederösterreich 1987–2016/18 (in EUR 2017)

Jahr	Wien	Niederösterreich	Wien = 100
1987	19.435	16.558	85,2
1995	21.668	19.863	91,7
2016/18	23.338	25.957	111,2
durchschnittliche jährliche Veränderungsrate			
1987/1995	1,37	2,30	
1995/2017	0,34	1,22	
1987/2017	0,61	1,51	

Quelle: Vollmann, Regionalergebnisse, 574; Pratscher, Regionale Verteilung, 124; Statistik Austria, EU-SILC 2018; eigene Berechnungen

Eine bis zu einem gewissen Grad gesondert zu behandelnde Kategorie stellen die bäuerlichen Einkommen dar, die jedenfalls für die 1950er- und 1960er-Jahre in Niederösterreich noch einen gewichtigen Teil der gesamten Erwerbseinkommen ausmachten. Hingegen nahm die Zahl der landwirtschaftlichen Arbeitskräfte, die nicht den bäuerlichen Familien angehörten, bereits in den 1950er-Jahren so rasant ab, dass sie für eine Gesamtbetrachtung der Einkommensverhältnisse in Niederösterreich keine größere Rolle mehr spielten. Im österreichweiten Vergleich lagen die monatlichen Bruttobarlöhne dieser Arbeitskräfte Ende der 1950er-Jahre in Niederösterreich etwa im österreichischen Durchschnitt, höher als in der Steiermark, jedoch niedriger als in Westösterreich. Allerdings waren die kollektivvertraglichen Barlöhne für »freie Station« und die der Gutsarbeiter in Niederösterreich höher als im übrigen Bundesgebiet, sodass sich daraus insgesamt kein regionaler Einkommensnachteil des Gesindes und der landwirtschaftlichen Arbeiterinnen und Arbeiter ableiten lässt. Im internationalen Vergleich waren das freilich auch unter Berücksichtigung der Kaufkraftunterschiede und der in Österreich höheren Transferleistungen niedrige Löhne.[58]

58 Demler, Von Knechten, Mägden und Facharbeitern, 98, 100; Bundesministerium für Land- und Forstwirtschaft, Bericht 1959, 23.

Ende der 1950er-Jahre bewegte sich in den buchmäßig erfassten bäuerlichen Betrieben das jährliche Betriebseinkommen je Arbeitskraft im nordöstlichen Flach- und Hügelland um 20.000 Schilling, im Wald- und Mühlviertel um 14.500 Schilling. Bis 1966 stiegen die entsprechenden Werte auf 33.500 und 24.600 Schilling. Die Betriebseinkommen je Arbeitskraft nahmen im Zeitraum von 1958 bis 1966, wenn man – in diesen Jahren angesichts des Verbrauchs aus eigener Produktion noch nicht ganz unproblematisch – den allgemeinen Verbraucherpreisindex von Arbeitnehmerhaushalten zu Grunde legt, im nordöstlichen Flach- und Hügelland jährlich real um 3,8 Prozent, im Wald- und Mühlviertel um 3,9 Prozent, im Alpenvorland um nur 2,7 Prozent, im österreichischen Durchschnitt aller erhobenen landwirtschaftlichen Betriebe um 4,3 Prozent zu.[59] Bei allen statistischen Unschärfen, die sich aus der Erfassung bäuerlicher Einkommen ergeben, belegt diese Berechnung, dass die bäuerlichen Erwerbseinkommen während der Wirtschaftswunderjahre und auch danach ähnliche Realeinkommensgewinne aufwiesen wie die der übrigen Bevölkerung. Die niederösterreichischen Bauernfamilien schnitten aber doch etwas schlechter ab als der österreichische Durchschnitt. Aus dem Einkommensnachteil der Land- und Forstwirtschaft errechneten Experten noch Anfang der 1970er-Jahre eine »Überbesetzung« landwirtschaftlicher Arbeitsplätze im Ausmaß von etwa 30.000. Die Freisetzung von Arbeitskräften hielt daher auch in der Folge an.[60] Dazu mag zusätzlich die Lage an der österreichischen Ostgrenze mit beigetragen haben. Einkommensnachteile niederösterreichischer bäuerlicher Betriebe dürften aber nach dem »Wendejahr« 1989 verschwunden sein. Nach einer Stichprobenerhebung aus den frühen 1990er-Jahren waren ländliche Haushalte mit Haushaltsausgaben über dem österreichischen Durchschnitt in Niederösterreich überrepräsentiert.[61] Ebenso lagen um die Jahrtausendwende die Ergebnisse der landwirtschaftlichen Betriebe je Arbeitskraft in Niederösterreich durchaus über dem österreichischen Durchschnitt.[62] Mit Blick auf die gesamte niederösterreichische Erwerbsbevölkerung spielte die Land- und Forstwirtschaft nunmehr aber keine größere Rolle mehr. Dies änderte jedoch nichts daran, dass Niederösterreich das bedeutendste Agrarland Österreichs blieb.

59 Bundesministerium für Land- und Forstwirtschaft, Bericht 1959, 52; 1966, 115; Österreichisches Statistisches Zentralamt, Indizes zur Wertsicherung, 41; eigene Berechnungen.

60 Greif, Land- und Forstwirtschaft, 22 f.

61 Bruckmüller, »Bauernstand«, 587.

62 Bundesministerium für Land- und Forstwirtschaft, Grüner Bericht 2000, 255.

6.4 Konsumwelten

6.4.1 Konsumismus

Nach dem Wiederaufbau und der Stabilisierungskrise der Jahre 1952 und 1953 setzte das sogenannte Wirtschaftswunder in Österreich ein. An dessen Beginn befand sich freilich Niederösterreich noch zur Gänze in der sowjetischen Besatzungszone und Wien war in vier Zonen geteilt. Am Ausgangspunkt der folgenden Boomphase konnte demnach von einer entwickelten Wohlstandsgesellschaft keine Rede sein. Dies ging auch aus den Ergebnissen der ausschließlich in städtischen Haushalten durchgeführten Konsumerhebung des Jahres 1954/55 hervor, die regional lediglich zwischen Wien und dem übrigen Österreich unterscheidet. Der zu diesem Zeitpunkt bestehende Anteil der Ernährungsausgaben als »Armutsindikator« verweist in Wien und im übrigen Österreich mit Werten von 48 bzw. 50 Prozent auf eine noch weitgehend den Charakteristika der Zwischenkriegszeit entsprechenden Konsumwelt. Noch prägten angesichts der schwierigen Nachkriegsjahre die »Eßwelle« und die »Bekleidungs- und Möblierungswelle« das Konsumverhalten.[63] In dieser Beziehung bestanden zwischen der Großstadt Wien und der übrigen städtischen Bevölkerung in Österreich keine nennenswerten Unterschiede. Lediglich der Anteil der Ausgaben für Bildung und Freizeit deutete bereits Mitte der 1950er-Jahre auf einen sich ankündigenden tief greifenden Wandel hin.

Tabelle 95: Monatliche Verbrauchsausgaben in städtischen Haushalten[a] in Wien und Österreich 1954/55 (in %)

Ausgabengruppe	Wien	Österreich[b]
Ernährung, Getränke	47,6	49,9
Tabakwaren	1,9	2,2
Wohnung	4,7	3,8
Beheizung und Beleuchtung	5,8	5,5
Wohnungsausstattung und –instandhaltung	6,0	5,7
Bekleidung, Schuhe	11,7	12,7
Reinigung	1,7	1,6
Körper- und Gesundheitspflege	3,4	3,0
Bildung, Erholung	6,3	5,7
Verkehr und Post	3,6	2,9
Sonstiges	7,2	7,0

Quelle: Österreichisches Statistisches Zentralamt, Österreichisches Institut für Wirtschaftsforschung, Verbrauch der städtischen Bevölkerung 1954/55, 47; eigene Berechnungen

[a] Städte mit mehr als 10.000 Einwohnern.

[b] Ohne Wien.

63 Sandgruber, Vom Hunger zum Massenkonsum, 118.

Trotz der hohen Realeinkommensgewinne der zweiten Hälfte der 1950er-Jahre kam den Ernährungsausgaben Ende der 1950er- und Mitte der 1960er-Jahre noch immer eine nicht zu unterschätzende Bedeutung zu. Im Rahmen der Konsumerhebung des Jahres 1964 wurden sie zwar nur nach »Großregionen« bzw. Gemeindetypen erhoben, die Ergebnisse dieser Erhebung lassen jedoch recht deutlich die Unterschiede zwischen Wien und den noch ländlich geprägten Teilen Niederösterreichs erkennen. In den bäuerlichen Haushalten des Waldviertels, aber auch im nordöstlichen Flach- und Hügelland erreichten sie mit 45 Prozent fast Werte, die in Wien in den 1920er-Jahren beobachtet wurden. Hingegen mussten die Wiener Haushalte im Durchschnitt nur noch ein Drittel des Haushaltsbudgets für Ernährung aufwenden, ein allerdings für entwickelte Industriegesellschaften keineswegs besonders günstiger Wert.

Tabelle 96: Anteil der Ernährungsausgaben an den gesamten Verbrauchsausgaben nach Regionen 1959 und 1964

Region	1959	1964
Wien		33,0
Österreich (größere Gemeinden)[a]		34,4
Österreich (kleinere Gemeinden)[b]		37,2
Wald- und Mühlviertel	51,7	46,7
Alpenvorland	41,9	41,6
nordöstliches Flach- und Hügelland	43,8	45,5
bäuerliche Haushalte in Österreich	44,0	42,5

Quelle: Österrreichisches Statistisches Zentralamt, Verbrauch 1964, 4, 16, 25
[a] Gemeinden mit 10.000 und mehr Einwohnern, ohne Wien, Perchtoldsdorf.
[b] Gemeinden mit 2.000 bis unter 10.000 Einwohnern mit Anteil der landwirtschaftlichen Bevölkerung unter 20 Prozent.

Der Vormarsch der Konsumgesellschaft war aber nicht aufzuhalten und gerade die Phase von Mitte der 1960er- bis Mitte der 1970er-Jahre kann als ein Art »take off« ihrer vollen Entfaltung bezeichnet werden. Zwischen den städtischen Haushalten in Wien und Niederösterreich bestanden aber immer noch nicht unerhebliche Unterschiede in den Gewichtungen der Konsumausgaben, bei der Ernährung, aber auch bei der Bildung, die als Zentrum-Peripherie-Effekt aufgefasst werden können. Bei den Ausgaben für das Wohnen machte sich der Trend zum Eigenheim bereits bemerkbar, bedingt durch die in einem Flächenbundesland leichtere Verfügbarkeit von Baugrund ausgeprägter in Niederösterreich. Die Wohlstandsgesellschaft konnte aber in beiden Bundesländern bereits als etabliert gelten.

Tabelle 97: Monatliche Verbrauchsausgaben in Wien und Niederösterreich 1974 (in %)

Ausgabengruppe	Wien	Niederösterreich
Ernährung, Getränke	24,5	27,6
Tabakwaren	1,5	1,3
Wohnung	10,1	14,2
Beheizung und Beleuchtung	4,0	5,5
Wohnungsausstattung	12,0	10,6
Bekleidung	12,9	11,8
Reinigung	2,1	2,6
Körper- und Gesundheitspflege	5,3	3,9
Bildung, Erholung	11,6	7,7
Verkehr und Post	13,1	11,5
Sonstiges	3,0	3,4

Quelle: Österreichisches Statistisches Zentralamt, Konsumerhebung 1974, 58–60, 82–85

Doch erst im letzten Viertel des 20. Jahrhunderts kam es zur vollen Entfaltung der Massenkonsumgesellschaft. Damit einher ging eine weitgehende Vereinheitlichung des durchschnittlichen Konsumverhaltens, welches nur noch durch geringe regionale Besonderheiten geprägt war. Die Ergebnisse der Konsumerhebung 2004/05 verdeutlichen diesen Angleichungsprozess. Die verbliebenen Unterschiede zwischen Wien und Niederösterreich erklären sich nahezu ausschließlich aus dem Vergleich eines Flächenbundeslandes mit einer Großstadt. Entsprechend gaben Niederösterreicherinnen und Niederösterreicher anteilsmäßig für Verkehrsmittel mehr aus als Wiener Haushalte. Umgekehrt sorgte das breitere großstädtische Angebot an Gesundheitsdiensten und Gastronomiebetrieben für höhere entsprechende Anteile an den Gesamtausgaben in Wien. Die Unterschiede mit Bezug auf Freizeit, Sport und Hobby dürften eher auf das diesbezüglich höhere Preisniveau in Wien zurückzuführen sein. Für dieses spricht auch, dass die monatlichen Ausgaben pro erwachsene Person in Wien mit 1700 EUR über jenen in Niederösterreich mit 1620 EUR lagen, was allerdings auch mit Differentialen im Einkommensniveau zu tun hatte.[64]

64 Statistik Austria, Verbrauchsausgaben 2004/05, 34.

Tabelle 98: Monatliche Verbrauchsausgaben in Wien, Niederösterreich und Österreich 2004/05 (in %)

Ausgabengruppe	Wien	Niederösterreich	Österreich
Ernährung, alkoholfreie Getränke	12,0	13,2	13,0
alkoholische Getränke, Tabakwaren	3,0	2,5	2,8
Bekleidung, Schuhe	5,8	5,2	5,6
Wohnen, Energie	21,3	22,1	22,3
Wohnungsausstattung	5,5	7,1	6,2
Gesundheit	3,7	3,0	3,1
Verkehr	13,1	17,2	16,1
Kommunikation	3,3	2,2	2,6
Freizeit, Sport, Hobby	15,2	12,8	12,6
Bildung	1,1	0,7	0,8
Café, Restaurant, Hotel	6,8	5,1	5,5
Sonstiges	9,3	8,7	9,3

Quelle: Statistik Austria, Verbrauchsausgaben 2004/05, 34

Leider ist ein Langzeitvergleich der Haushaltsausgaben nur für Wien darstellbar, da bei den Konsumerhebungen der 1950er- und 1960er-Jahre keine eigenen Bundesländerergebnisse vorliegen. Der Vergleich mit dem Österreich-Durchschnitt ermöglicht allerdings auch plausible Annahmen für die niederösterreichische Entwicklung. Ab 1984 ist zudem auch ein Langzeitvergleich für Niederösterreich möglich. Er zeigt kaum von Wien abweichende Trends.[65] Allerdings machte der ländliche Raum bestimmte Konsumwellen teilweise erst mit Verzögerung mit.

In Wien wurden Mitte der 1950er-Jahre noch 42,5 Prozent der Ausgaben für Lebensmittel und Getränke und 14 Prozent für Bekleidung aufgewendet. Die entsprechenden Anteile lagen 1999/2000 bei 11 bzw. 7,5 Prozent. Hingegen flossen 1954 erst 12 Prozent der Ausgaben in das Wohnen (ohne Wohnungsausstattung), 1999/2000 jedoch bereits 22 Prozent. Dieser Anstieg hatte allerdings auch mit Änderungen des Mietrechts zu tun, entsprach demnach keiner rein freiwilligen höheren Bewertung des Wohnens. Die höchsten Anteilsgewinne verzeichneten im langfristigen Vergleich die Freizeitausgaben und Ausgaben für den Individualverkehr und die Kommunikation. Die Konsumrevolution verlief in mehreren Wellen. Die Periode von Mitte der 1950er- bis Mitte der 1960er-Jahre ist auch als Auto- und Kühl-

65 Österreichisches Statistisches Zentralamt, Konsumerhebung 1974; Statistik Austria, Verbrauchsausgaben 1999/2000.

schrankwelle bezeichnet worden.[66] Pro Kopf nahmen die jährlichen realen Ausgaben in der Verbrauchskategorie Wohnungsausstattung um 14 Prozent, in der Kategorie »Individualverkehr« gar um 25 Prozent zu. Deren Zuwächse lagen mehr als doppelt bzw. vierfach über dem Durchschnittswachstum aller Ausgaben. Ab Mitte der 1960er-Jahre boomten »Kommunikation« und »Freizeit«, besonders Reisen, ab den 1980er-Jahren zunehmend Fernreisen,[67] und Unterhaltungselektronik. Auch die Ausgaben für Gastronomiebesuche nahmen beständig zu. Von Mitte der 1980er-Jahre bis zur Jahrtausendwende förderte der »Beiselboom« außergewöhnliche Zuwächse für Gastronomiebesuche (+3,6 Prozent jährlich gegenüber +1,8 Prozent beim Gesamtdurchschnitt). Besonders aber nahmen die realen Ausgaben für soziale Dienste, Kinderbetreuung, persönliche Ausstattung zu (+4,9 Prozent jährlich).[68] Damit waren auch die Trends für die Zeit nach 2000 vorgezeichnet.

Ab dem letzten Viertel des 20. Jahrhunderts liegen auch ergänzende Ergebnisse über die Ausstattung der Haushalte mit langlebigen Konsumgütern und verwandten Dienstleistungen vor. Allerdings ist dabei zu berücksichtigen, dass bei den Konsumerhebungen, die auf freiwilliger Basis erfolgen, das unterste und oberste Dezil der Haushaltseinkommen mit Sicherheit unterrepräsentiert ist, weil sowohl die ärmsten Haushalte als auch die reichsten in der Regel eine Mitarbeit verweigern. Aus einzelnen frühen Konsumerhebungen geht hervor, dass die Ausstattung der Wiener Haushalte am Beginn des Wirtschaftswunders noch durchaus bescheiden war. Im Jahr 1955 verfügten lediglich 8 Prozent der Wiener Haushalte über eine Waschmaschine und 9 Prozent über elektrische Küchengeräte.[69] Zwei Jahrzehnte später stellte sich die Situation bereits deutlich verändert dar.

Der Ausstattung mit Haushaltsgeräten und mit Pkw kam in den »goldenen Wachstumsjahren« (1955–1973) besondere Bedeutung zu, weil sie zu einer merkbaren physischen Entlastung im Haushalt und beim täglichen Weg zum Arbeitsplatz beitrugen. Nachdem 1952 erst 2 Prozent der Wiener Haushalte über einen Kühlschrank verfügt hatten, der den älteren »Eiskasten« ersetzte, stieg der entsprechende Anteil ab Ende der 1950er-Jahre sprunghaft an. 1970 lag er bereits bei 73 Prozent.[70] Mitte der 1970er-Jahre konnte sowohl in Wien als auch in Niederösterreich nahezu von einer Vollversorgung ausgegangen werden. In der Ausstattung mit Waschmaschinen gab es für die niederösterreichischen Haushalte ein klares Plus. Mitte der 1970er-Jahre verfügten darüber in Wien nur rund 40 Prozent der Haushalte, in Niederösterreich mehr als 70 Prozent. Noch um die Jahrtausendwende standen einer

66 Sandgruber, Vom Hunger zum Massenkonsum, 119f.

67 Sandgruber, Ökonomie und Politik, 481.

68 Weigl, Wandel des Konsumverhaltens, 35–37.

69 Rosenmayer, Role oft he Woman, 14.

70 Eder, Privater Konsum, 237.

Vollausstattung in Niederösterreich (97 Prozent) immerhin 15 Prozent der Wiener Haushalte gegenüber, die über keine Waschmaschine verfügten.[71] Im Bereich der Pkw-Ausstattung war eine sehr stetige Zunahme festzustellen. In diesem Konsumfeld lagen die Anteile im Flächenbundesland Niederösterreich ebenfalls über jenen in Wien. Auch trat in Wien um 2000 ein Rückgang ein, während in Niederösterreich bis in die Gegenwart der Anteil auf 86 Prozent der Haushalte stieg. In Wien lag er zuletzt nur noch bei 55 Prozent. Dies stand ohne Zweifel in Verbindung mit dem Ausbau des Wiener U-Bahn-Netzes und der gestiegenen Attraktivität alternativer Verkehrsmittel wie des Fahrrads.

Tabelle 99: Ausstattungsgrad privater Haushalte in Wien mit langlebigen Konsumgütern und -dienstleistungen 1974–2014/15 (in %)

Ausstattungsposition	1974	1984	1993	2000	2014/15
Telefon	62	88	91	87	36
Mobiltelefon			3	67	98
PC			12	47	82
Internetanschluss				23	86
Kühlgeräte	91	96	98	94	99
Geschirrspülmaschine	3	16	31	52	72
Waschmaschine	39	65	73	85	90
Farbfernsehgerät	14	61	90	95	87
Hi-Fi-Anlage		36	57	79	57
Pkw	41	49	49	63	55
Lebensversicherung/Pensionsvorsorge		33	32	51	39
Private Krankenversicherung		26	22	40	36

Quelle: Klotz, Kronsteiner, Ausstattung privater Haushalte, 645 f.; Statistik Austria, Ausstattungsgrad der Haushalte – Bundesländerergebnisse 2014/15

Was die Telefonanschlüsse anlangt, war Anfang der 1990er-Jahre ein Limit erreicht, welches in Wien allerdings über jenem in Niederösterreich lag. Hinsichtlich der Ausstattung mit Telekommunikation ersetzten Mobiltelefone rasch feste Telefonanschlüsse und in dieser Beziehung bestand sogar in Niederösterreich um die Jahrtausendwende ein Vorsprung, der sich mittlerweile in eine Vollausstattung in beiden Bundesländern wandelte.

71 Klotz, Kronsteiner, Ausstattung privater Haushalte 1999/2000, 645.

Tabelle 100: Ausstattungsgrad privater Haushalte in Niederösterreich mit langlebigen Konsumgütern und -dienstleistungen 1974–2014/15

Ausstattungsposition	1974	1984	1993	2000	2014/15
Telefon	30	77	87	87	36
Mobiltelefon			4	66	98
PC			9	23	82
Internetanschluss				13	79
Kühlgeräte	85	96	95	99	99
Geschirrspülmaschine	3	18	40	58	81
Waschmaschine	72	83	87	97	97
Farbfernsehgerät	8	56	91	98	96
Hi-Fi-Anlage		26	49	70	55
Pkw	51	65	72	82	86
Lebensversicherung		41	49	48	48
Private Krankenversicherung/Pensionsvorsorge		31	29	46	49

Quelle: Klotz, Kronsteiner, Ausstattung privater Haushalte, 645 f.; Statistik Austria, Ausstattungsgrad der Haushalte – Bundesländerergebnisse 2014/15

Der Informationsgesellschaft und dem Freizeitkonsum zuzurechnen waren die dramatischen Zuwächse im Bereich der Unterhaltungselektronik. In dieser Beziehung hatten die Wiener Haushalte eine Vorreiterrolle. Im Jahr 1974 besaßen bereits 69 Prozent der Wiener Haushalte einen Schwarz-Weiß- und 14 Prozent einen Farbfernseher. Der Anteil der Farbfernseherbesitzer in Niederösterreich lag zu diesem Zeitpunkt bei 8 Prozent.[72] Ende der 1980er-Jahre war jedoch bereits eine gewisse Sättigung festzustellen. Nun nahm der Anteil von Haushalten mit Hi-Fi-Anlagen enorm zu.

Im Bereich der Finanzdienstleistungen hatte um 1980 jeder dritte österreichische Haushalt eine Lebensversicherung, im Jahr 2000 jeder zweite. Auch private Krankenversicherungen sind mittlerweile ähnlich häufig, in Wien allerdings noch etwas unterdurchschnittlich (40 Prozent). Die Verbreitung von Kreditkarten nahm vor allem in den späten 1990er-Jahren rasant zu. Während 1989 erst 14 Prozent der Wiener Haushalte Kreditkarten besaßen, waren es im Jahr 2000 bereits 43 Prozent. Der niederösterreichische Vergleichswert lag bei 28 Prozent.[73]

---

72 Eder, Privater Konsum, 238.

73 Weigl, Wandel des Konsumverhaltens, 40; Klotz, Kronsteiner, Ausstattung privater Haushalte 1999/2000, 645.

6.4.2 Probleme des Überkonsums

Die systematische Verbesserung der Ernährungssituation der Wiener Bevölkerung in der zweiten Hälfte des 20. Jahrhunderts geht u. a. aus Ergebnissen schulmedizinischer Reihenuntersuchungen hervor. Im Vergleich zu den Nachkriegsjahren nahm die Körpergröße Wiener Schulkinder bis Mitte der 1990er-Jahre in allen Altersklassen deutlich zu. Die Zuwächse betrugen zwischen 3,5 Prozent in der ersten Schulstufe bis zu 13,5 Prozent bei männlichen Jugendlichen in der achten Schulstufe. Auch unter der erwachsenen Bevölkerung indizierte eine stetige Zunahme der durchschnittlichen Körpergröße wachsenden »biologischen« Wohlstand. Die männliche Wiener Bevölkerung schnitt in dieser Beziehung durchaus vorteilhaft ab. Nach einer Erhebung aus dem Jahr 1983 wiesen Wiener eine durchschnittliche Körpergröße von 175,4 cm auf. Der entsprechende Wert in Niederösterreich lag bei 174,2 cm. Hingegen waren Niederösterreicherinnen mit 163,2 cm etwas größer als Wienerinnen mit 162,9 cm.[74] Nun wird man diese im Rahmen einer Mikrozensus-Sondererhebung gewonnen Ergebnisse im Österreich-Vergleich nicht überbewerten dürfen, zumal sie auf Angaben der befragten Personen in der Stichprobe beruhen, doch kann am säkularen Aufwärtstrend der Körpergrößen ab der Mitte des 20. Jahrhunderts kein Zweifel bestehen.

Als durchaus nicht unproblematisch erwies sich, dass die Zunahmen beim Körpergewicht deutlicher ausfielen als bei der Körpergröße. Bei Kindern der vierten und achten Schulstufe erreichten sie in Wien in den betrachteten fünf Jahrzehnten zwischen 20 und 30 Prozent. Aus dem Problem verbreiteter Unterernährung war ein Problem der massenhaften Übergewichtigkeit geworden, dies insbesondere darum, weil nunmehr degenerative Erkrankungen zunehmend die Morbidität und vor allem die Mortalität der Bevölkerung von Wien und Niederösterreich bestimmten.

Da sich Definitionen von Übergewichtigkeit auf Grund sich wandelnder ernährungswissenschaftlicher Befunde häufig ändern, lassen sich im Langzeitvergleich nur grobe Trends festmachen. Nach einer Erhebung aus dem Jahr 1983 überschritten 29,8 Prozent der Erwachsenen im Alter von 20 und mehr Jahren in Wien und 35,6 Prozent in Niederösterreich um mindestens 10 Prozent ein einfach definiertes Normgewicht im Ausmaß von Körpergröße minus 100. Niederösterreich lag damit gemeinsam mit dem Burgenland an der Spitze der österreichischen Bundesländer. Die Übergewichtigkeit traf auf beide Geschlechter gleichermaßen zu. In Wien war zu diesem Zeitpunkt die Übergewichtigkeit weniger verbreitet. Der entsprechende Prozentsatz lag aber noch immer leicht über dem österreichischen Durchschnitt.[75]

74 Österreichisches Statistisches Zentralamt, Gesundheitszustand, 192 f.

75 Eichwalder, Körpergröße, 767.

Nach dem später gebräuchlichen Body-Mass-Index[76] litten 1991 10 Prozent der niederösterreichischen Männer und sogar 12 Prozent der Frauen an Fettsucht (BMI = 30 und mehr). Für Wien lagen die entsprechenden Werte bei 8,7 Prozent bzw. 9,1 Prozent und damit nicht wesentlich über dem österreichischen Durchschnitt. Dieses regionale Muster der Verteilung von starkem Übergewicht erwies sich als ziemlich stabil. Um die Jahrtausendwende hatten 10,8 Prozent der Niederösterreicher und 10,0 Prozent der Niederösterreicherinnen einen BMI von 30 und mehr, hingegen 8,2 Prozent der Wiener und 8,7 Prozent der Wienerinnen. Im österreichischen Durchschnitt betrug der Wert bei beiden Geschlechtern 9,1 Prozent.[77]

Die Bedeutung der Verbreitung übergewichtiger Teile der Bevölkerung für die Morbidität und Mortalität zeigte sich insbesondere im Hinblick auf die regionale Übersterblichkeit an Herz-Kreislauf-Erkrankungen und an Darmkrebs. Die entsprechenden todesursachenspezifischen Sterberaten variierten mit dem Urbanisierungsgrad beträchtlich. Um die Jahrtausendwende lagen die Sterberaten an Darmkrebs in Wien und Niederösterreich signifikant über dem österreichischen Durchschnitt. Die Übersterblichkeit bei den Männern betrug in Wien 10 Prozent, bei den Frauen 16 Prozent. In Niederösterreich waren es 13 Prozent bei den Männern und 5 Prozent bei den Frauen. Neben Effekten urbaner Lebensweise dürften zudem regionale Ernährungsgewohnheiten für die Übersterblichkeit bei Darmkrebs eine wichtige Rolle spielen, denn nicht nur in Wien, sondern auch in ostösterreichischen Gemeinden mit 2000 bis 10.000 Einwohnern bestand eine signifikant höhere Sterblichkeit.[78]

6.5 Ungleichheit in der Wohlstandsgesellschaft

6.5.1 Regionales Wirtschaftswachstum (1970–2016)

Bis zum Fall des »Eisernen Vorhangs« im Jahr 1989 bestanden für das regionale Wirtschaftswachstum in Ostösterreich sehr ungleiche Bedingungen. Während das Wiener Umland und der Westen Niederösterreichs von Auslagerungen flächenintensiver Produktionen aus der Hauptstadt und der Westanbindung der österreichischen Wirtschaft nach 1945 profitierten, gerieten ab den 1970er-Jahren alte Industriegebiete in den Strudel der Krise der verstaatlichten Industrie, und die peripheren Zonen im Norden und Osten litten an der weitgehenden Abschottung von den Nachbarregionen infolge der Trennung Europas in zwei politische und wirtschaft-

76 BMI = Körpergewicht (kg)/(Körpergröße(m))^2.

77 Österreichisches Statistisches Zentralamt, Todesursachenatlas 1988/84, 42–44; Statistik Austria, Todesursachenatlas 1998/2004, 43 f.

78 Österreichisches Statistisches Zentralamt, Österreichischer Todesursachenatlas 1978/84, 29; Österreichischer Todesursachenatlas 1988/94, 43; Statistik Austria, Todesursachenatlas 1998/2004, 158 f.

liche Blöcke. Nach 1989 änderte sich die Situation aber erheblich. Aus der geopolitischen Randlage rückten Wien und Niederösterreich in die Mitte Europas und ab 2004 auch einer sich territorial erheblich erweiternden Europäischen Union. Die dominante Westbindung der österreichischen Wirtschaft blieb aber erhalten, was der Wirtschaft im westlichen Niederösterreich weiterhin besonders zu Gute kam. Die hier skizzierte regionalökonomische Entwicklung wird anhand der Ergebnisse einiger regionalisierter Ableitungen aus der Volkswirtschaftlichen Gesamtrechnung deutlich. Nach einer Berechnung des österreichischen Instituts für Wirtschaftsforschung für die 1970er-Jahre bewegte sich das reale Wachstum zwar sowohl in Wien als auch im niederösterreichischen Durchschnitt um 2,5 Prozent jährlich, doch lagen die Bezirke Amstetten, St. Pölten und Tulln mit 3–4 Prozent Wachstum erheblich über dem Landesdurchschnitt. Teilweise darüber hinausgehende Dynamik zeigten aber auch mit Gänserndorf und Mödling zwei Bezirke aus dem Wiener Umland. Hier kamen die erwähnten Auslagerungstendenzen von Wiener Industrie- und Großhandelsbetrieben zum Tragen. Die Nachteile der Ostgrenzgebiete waren besonders in den Bezirken Gmünd und Bruck an der Leitha im Sinn eines gedämpften Wachstums spürbar. Über dem Österreich-Durchschnitt lag die Bruttowertschöpfung pro Kopf im Jahr 1971 neben Wien in Bruck an der Leitha (trotz geringer Dynamik), Gänserndorf und im Bezirk »Wien-Umgebung«, 1981 auch noch in Mödling. Die niedrigste Pro-Kopf-Wertschöpfung verzeichneten 1971 und 1981 die Bezirke Hollabrunn und Zwettl. Sie bewegte sich nur knapp über 50 Prozent des Österreich-Durchschnitts, was die Benachteiligung der Ostgrenzgebiete nachdrücklich bestätigt.

Die geopolitischen Umbrüche der 1990er-Jahre ließen das zuvor bestehende regionale Wachstumsmuster erodieren. Dazu traten regionale Förderprogramme der Europäischen Union, die in wirtschaftlich benachteiligten Teilen Niederösterreichs als »Ziel-2-Regionen« umgesetzt wurden. Nach der Jahrtausendwende erzielten Wald- und Weinviertel das höchste Wirtschaftswachstum, welches aber nicht mehr die Dimensionen der »goldenen« 1970er-Jahre aufwies. Zudem entwickelte sich auch der Raum St. Pölten sehr dynamisch. Ganz offensichtlich kam der Verlegung der Hauptstadt Niederösterreichs von Wien nach St. Pölten – beschlossen 1986, umgesetzt bis 1996 – dabei große Bedeutung zu. Die NUTS-3-Region[79] St. Pölten war es auch, die neben dem südlichen Wiener Umland und der Hauptstadt ein Bruttoregionalprodukt pro Kopf über dem österreichischen Durchschnitt erzielte. Immerhin stieg aber auch das Pro-Kopf-Niveau des Waldviertels auf 70 Prozent des Österreich-Schnitts an. Die gezielte Förderung strukturschwacher Gebiete durch Land und Europäische Union zeitigte also Wirkung, aber auch die nunmehr seit 2004 nicht mehr bestehenden Nachteile einer Lage an der EU-Außengrenze.

79 Definition siehe Glossar.

Tabelle 101: Bruttowertschöpfung zu Marktpreisen pro Kopf nach politischen Bezirken 1971–1981 (in ATS)

Bezirk	1971	Ö = 100	1981	Ö = 100	VR[a]
Wien	77.701,3	139,2	183.550,8	137,1	2,5
Amstetten[b]	38.689,4	69,3	99.734,8	74,5	3,4
Baden	54.418,5	97,5	106.352,1	79,4	0,5
Bruck/Leitha	81.598,1	146,2	159.194,0	118,9	0,5
Gänserndorf	57.914,3	103,8	186.024,3	138,9	5,7
Gmünd	42.539,9	76,2	88.948,8	66,4	1,2
Hollabrunn	30.955,4	55,5	74.272,8	55,5	2,6
Horn	43.501,6	77,9	103.690,9	77,4	2,6
Korneuburg	43.876,6	78,6	110.264,5	82,4	3,1
Krems	41.856,5	75,0	102.834,5	76,8	2,9
Lilienfeld	43.695,2	78,3	91.422,5	68,3	1,2
Melk	38.080,2	68,2	91.809,2	68,6	2,7
Mistelbach	33.179,2	59,5	81.035,8	60,5	2,8
Mödling	54.399,6	97,5	140.725,5	105,1	3,4
Neunkirchen	45.371,2	81,3	98.616,1	73,7	1,6
St. Pölten[c]	44.381,2	79,5	109.866,2	82,1	2,9
Scheibbs	35.583,1	63,8	86.314,9	64,5	2,7
Tulln	34.029,6	61,0	95.312,5	71,2	4,2
Waidhofen/Thaya	39.566,5	70,9	83.274,7	62,2	1,3
Wiener Neustadt[c]	49.264,9	88,3	115.891,2	86,6	2,4
Wien Umgebung	93.679,2	167,9	205.085,1	153,2	1,7
Zwettl	31.262,7	56,0	73.757,7	55,1	2,4
Niederösterreich	47.300,3	84,8	113.396,4	84,7	2,6
Österreich	55.808,8	100,0	133.890,4	100,0	2,6

Quelle: Jeglitsch, Volkswirtschaftliche Gesamtrechnung, 18 f., 22 f.; Statistik Austria, Volkszählung 2001 Wohnbevölkerung nach Gemeinden, 33, 37; WIFO-Datenbank; eigene Berechnungen

[a] Durchschnittliche jährliche Veränderungsrate zu Preisen 1981 laut BIP-Deflator.

[b] Einschließlich Waidhofen/Ybbs.

[c] Stadt- und Landbezirk.

Tabelle 102: Jährliches Bruttoregionalprodukt[a] pro Kopf nach NUTS-3-Regionen zu laufenden Preisen 2000 und 2016

Region[b]	2000	Österreich = 100	2016	Österreich = 100	VR[c]
Mostviertel-Eisenwurzen	20.400	76,4	31.800	77,9	1,0
Niederösterreich-Süd	19.000	71,2	29.500	72,3	1,0
Sankt Pölten	26.000	97,4	42.400	103,9	1,3
Waldviertel	16.700	62,5	28.400	69,6	1,6
Weinviertel	13.300	49,8	22.200	54,4	1,5
Wiener Umland/Nordteil	18.900	70,8	27.300	66,9	0,5
Wiener Umland/Südteil	33.800	126,6	46.300	113,5	0,2
Wien	37.200	139,3	49.200	120,6	0,0
Österreich	26.700	100,0	40.800	100,0	0,9

Quelle: Statistik Austria, Regionale Gesamtrechnungen, VGR-Revisionsstand: September 2018; eigene Berechnungen
[a] Bruttowertschöpfung zu Herstellungspreisen + Gütersteuern – Gütersubventionen. Gemäß den EU-Vorgaben zur Berechnung des regionalen BIP wird das nationale BIP mit der Wertschöpfung zu Herstellungspreisen regionalisiert.
[b] Gemäß NUTS-Klassifikation.
[c] Durchschnittliche jährliche Veränderungsrate zu Preisen 2016 (berechnet mit dem nationalen BIP-Deflator.

6.5.2 Das West-Ost-Gefälle der Lebenserwartung

Regionale Unterschiede in der Lebenserwartung bei der Geburt haben sich durch die Entwicklung der Wohlstandsgesellschaft sehr stark verkleinert, so auch in Wien und Niederösterreich. Um die Jahrtausendwende hatte die Wohnbevölkerung des Bezirks Mistelbach mit 77,5 Jahren die regional höchste Lebenserwartung, in Wiener Neustadt-Stadt lag sie bei 75,5 und damit auf dem niedrigsten Wert unter allen politischen Bezirken Niederösterreichs. Verglichen mit der Vergangenheit und verglichen mit den Differentialen nach Ausbildungsstand und Geschlecht waren dies kleine Spannweiten. Daher bewegte sich auch die relative Streuung der Lebenserwartung gemessen im Variationskoeffizienten im marginalen Bereich unter 0,1.

Auch innerhalb Wiens hielten sich die bezirksweisen Unterschiede der Lebenserwartung bei der Geburt in Grenzen. Insgesamt waren sie jedoch ausgeprägter als in Niederösterreich. Innerhalb der männlichen Bezirksbevölkerungen schwankten die Werte zwischen »Oberschichtbezirken« wie Hietzing und »Arbeiterbezirken« wie Brigittenau in den frühen 1980er-Jahren zwischen 67 und 72 Lebensjahren, in der zweiten Hälfte der 1990er-Jahre zwischen fast 77 Jahren in der Inneren Stadt und 72 in der Brigittenau. Bei den weiblichen Bezirksbevölkerungen waren die Differentiale geringer. Insgesamt ging die relative regionale Streuung bei beiden Geschlechtern bis zur Jahrtausendwende zurück.

Tabelle 103: Lebenserwartung bei der Geburt nach politischen Bezirken 1978/84–1998/2004

Bezirk	1978/84	1988/94	1998/04
Wien	71,7	73,8	76,0
Krems-Stadt	71,5	74,3	76,5
St. Pölten-Stadt	72,3	74,7	77,0
Wiener Neustadt-Stadt	70,7	73,8	75,5
Amstetten, Waidhofen an der Ybbs	71,2	74,6	76,1
Baden	70,7	74,3	75,7
Bruck an der Leitha	71,1	73,8	76,0
Gänserndorf	72,4	74,5	77,1
Gmünd	70,5	73,6	76,0
Hollabrunn	71,7	74,1	76,3
Horn	71,6	74,6	77,1
Korneuburg	71,5	74,4	77,1
Krems-Land	71,6	74,6	76,6
Lilienfeld	71,6	73,9	76,1
Melk	70,7	73,7	75,9
Mistelbach	73,0	75,3	77,5
Mödling	71,0	74,2	76,0
Neunkirchen	72,1	74,4	76,8
St. Pölten-Land	72,4	75,0	76,9
Scheibbs	71,4	74,5	76,0
Tulln	72,5	73,9	76,2
Waidhofen an der Thaya	72,1	74,6	76,3
Wiener Neustadt-Land	71,7	74,9	76,8
Wien-Umgebung	71,7	75,2	76,8
Zwettl	72,3	74,9	77,1
Variationskoeffizient	0,009	0,006	0,007
Variationskoeffizient (ohne Wien)	0,009	0,006	0,007

Quelle: Statistik Austria, Österreichischer Todesursachenatlas 1998/2004, 124 f.; eigene Berechnungen

Tabelle 104: Lebenserwartung bei der Geburt nach Geschlecht in den Wiener Bezirken 1981/85 und 1996/2000

Bezirk	1981/85	1996/2000	1981/85	1996/2000
	Männlich		weiblich	
Innere Stadt	71,1	76,7	76,6	80,9
Leopoldstadt	69,2	74,4	76,0	79,8
Landstraße	68,7	74,6	75,6	79,8
Wieden	70,5	75,0	76,4	80,8
Margareten	69,2	73,5	75,7	79,5
Mariahilf	69,8	74,2	75,7	80,2
Neubau	68,6	74,9	76,3	80,3
Josefstadt	71,3	75,8	75,4	80,9
Alsergrund	69,5	74,4	75,5	80,2
Favoriten	68,5	72,8	75,0	78,7
Simmering	68,1	73,0	74,8	79,4
Meidling	68,1	73,7	74,9	78,9
Hietzing	72,3	74,9	78,1	79,9
Penzing	70,1	73,7	76,5	79,3
Rudolfsheim-Fünfhaus	68,4	72,9	76,2	78,5
Ottakring	68,6	73,3	75,2	79,5
Hernals	67,6	74,3	75,7	80,0
Währing	70,7	75,5	76,6	80,7
Döbling	70,8	76,0	77,2	80,1
Brigittenau	67,3	72,1	75,4	79,7
Floridsdorf	68,5	73,2	75,4	79,5
Donaustadt	69,1	73,6	75,1	79,5
Liesing	70,5	74,8	76,6	79,9
Wien	69,2	73,9	75,9	79,6
Variationskoeffizient	0,018	0,015	0,010	0,008

Quelle: Stadt Wien, Bereichsleitung Gesundheitsplanung, Lebenserwartung und Mortalität in Wien, 73; eigene Berechnungen

Ähnliche Ergebnisse erbrachte eine Berechnung für den Durchschnitt der Jahre 1988 bis 1998.[80] Für die bezirksweise Darstellung ist allerdings in Wien noch mehr als in Niederösterreich auf den Einfluss von innerstädtischen und über die Bundeslandgrenzen hinausgehenden Wanderungsbewegungen hinzuweisen. Der letzte

80 Magistrat der Stadt Wien, MA-L Gesundheitsplanung, Gesundheit der Wiener Bevölkerung, 28 f.

Wohnbezirk der Verstorbenen deckte sich nicht unbedingt mit jenem Bezirk, in dem sie den größeren Teil ihres Lebens verbracht hatten.

Ausgeprägter war jedoch das innerösterreichische West-Ost-Gefälle der Lebenserwartung. Obwohl der Rückgang der Gesamtsterblichkeit in Ostösterreich allein vom Ende der 1960er-Jahre bis zu Beginn der 1990er-Jahre mit etwa 30 Prozent nur wenig hinter Westösterreich mit –32 Prozent hinterherhinkte, starben etwa im Durchschnitt der Jahre 1988 bis 1994 in Niederösterreich 870,5 von 100.000 Einwohnern, in Wien 907,8, in Tirol und Vorarlberg hingegen nur etwa 760.[81] Zu Beginn des 21. Jahrhunderts lag die standardisierte Sterbeziffer in Niederösterreich bei 691,0 und in Wien bei 703,1, in den westlichen Bundesländern jedoch unter 600.[82] 1978 bis 1984 befanden sich unter den sieben politischen Bezirken, die zehn und mehr Prozent über dem österreichischen Mortalitätsdurchschnitt lagen, zwei niederösterreichische Bezirke, und zwar Wiener Neustadt-Stadt und Bruck an der Leitha, 1988 bis 1994 drei, nämlich Waidhofen an der Thaya, Mistelbach und Melk. Hingegen lag 1988 bis 1994 die Sterblichkeit in Mödling und Zwettl deutlich unter dem österreichischen Durchschnitt.

Todesursachenspezifisch waren es in Wien und Niederösterreich vor allem die Krankheiten des Herz-Kreislauf-Systems, die die insgesamt für österreichische Verhältnisse überdurchschnittliche Sterblichkeit bestimmten. Daneben spielten auch die Krankheiten der Verdauungsorgane, um 1980 besonders ausgeprägt in den Bezirken Wiener Neustadt-Stadt und Bruck an der Leitha, ein Jahrzehnt später vor allem in Mistelbach, für die regionale Übersterblichkeit eine gewisse Rolle. Etwa zwei Drittel aus dieser Todesursachengruppe gingen auf das Konto der Leberzirrhose.[83]

Als gesundheitliche Bedrohung für einen größeren Teil der Bevölkerung hatte die Tuberkulose seit den 1960er-Jahren ihren Schrecken längst verloren. Als Marker für soziale Ungleichheit kam ihr aber weiterhin eine gewisse Bedeutung zu. Schon um 1980 war die Tuberkulosesterblichkeit so gering, dass verbleibende Differentiale für die Gesamtsterblichkeit praktisch irrelevant waren. Im Durchschnitt der Jahre 1978 bis 1984 starben in Wien 6,1 Personen auf 100.000 Einwohner an dieser Krankheit, in Niederösterreich 5,5. Das ist insofern bemerkenswert, als die Effizienz der Tuberkulosetherapie die städtischen Zentralräume mit ihrer dichten medizinischen Infrastruktur eigentlich begünstigte.[84] Aber tuberkulöse Durchseuchung in den Herkunftsgebieten von Migrantinnen und Migranten, Ernährungszustand, hygienische Verhältnisse und Wohnbedingungen bestimmten weiterhin ihre Verbreitung. Die-

81 Österreichisches Statistisches Zentralamt, Todesursachenatlas 1988/94, 52.

82 Statistik Austria, Todesursachenatlas 1998/2004, 54.

83 Österreichisches Statistisches Zentralamt, Todesursachenatlas 1978/84, 66; Todesursachenatlas 1988/94, 37 f., 52 f.

84 Österreichisches Statistisches Zentralamt, Österreichischer Todesursachenatlas 1978/84, 91 f.

ser Zusammenhang wurde in den späten 1980er- und in den 1990er-Jahren neuerlich deutlich. Von sehr niedrigem Niveau trat in Wien eine deutliche Zunahme der Tbc-Neuerkrankungen und Sterbefälle auf. Ende der 1980er-Jahre lebten in Wien rund 1100 Personen, deren Tbc-Erkrankung bekannt war, 1997 bereits 1600. Ein Zusammenhang mit der gestiegenen Zuwanderung war offensichtlich. Der Anteil der Ausländer an den Neuerkrankungen schwankte zwar stark, zeigte allerdings eine steigende Tendenz. In den 1980er-Jahren lag er zwischen 20 und 45 Prozent, bei einem Bevölkerungsanteil von 10 Prozent. Dieser hohe Anteil stand zweifelsohne in Zusammenhang mit eingeschleppten Infektionen durch nachziehende Familienmitglieder oder Verwandte. Auch die ungünstigen, zum Teil hygienisch bedenklichen Wohnbedingungen vieler Gastarbeiterfamilien der ersten Generation spielten möglicherweise eine Rolle.[85]

6.5.3 Der »Educational Gap« und der »Gender Gap« in der Lebenserwartung

Seit den 1960er-Jahren erlebte Österreich eine Bildungsrevolution, die von einem deutlich erleichterten Zugang zu höherer Schulbildung gekennzeichnet war. Im Fall von Wien und Niederösterreich erreichten im Jahr 2011 die Akademikerquoten 17 Prozent bzw. 9 Prozent. Nur mehr etwas mehr als ein Viertel der Bevölkerung im Alter von 15 und mehr Jahren hatte in beiden Bundesländern lediglich einen oder (selten) keinen Pflichtschulabschluss aufzuweisen. Während um 1970 noch vergleichsweise sehr niedrige Akademikerquoten zu verzeichnen waren, hat sich im Zeitraum von 1971 bis 2011 der Akademikeranteil in Wien bei den Männern von 6,6 Prozent auf 17,4 Prozent fast verdreifacht, bei den Frauen stieg er noch signifikanter von 2 Prozent auf 16,7 Prozent. In Niederösterreich erfolgte bei den Männern ein Anstieg von 2,2 Prozent auf 9,1 Prozent, bei den Frauen von 0,5 Prozent auf 9,3 Prozent, also fast um das Zwanzigfache.[86]

Mit dem Schulreformpaket des Jahres 1962 und seiner stufenweisen Umsetzung in den Bundesländern wurde ein bis in die Gegenwart reichender Prozess eingeleitet, der die Schaffung einer Bildungslandschaft mit gleichen Startbedingungen und individuellen Erfolgschancen zum Ziel hat.[87] Auch wenn dieses Ziel nur eingeschränkt erreicht wurde, gelang es unzweifelhaft, Bildungsbarrieren zu beseitigen und das allgemeine Bildungsniveau zu heben. Im Anschluss an die Bemühungen der 1960er-Jahre suchte das Zielquotenprogramm der Regierung Kreisky aus dem Jahr 1971 in

85 Junker, Epidemiologie der Lungenerkrankungen, 73; Junker, Schmid, Ausländer, 6. Zu den Wohnbedingungen von ausländischen Gastarbeitern und Flüchtlingen vgl. Mahidi, Vollmann, Wohnverhältnisse nach der Staatsbürgerschaft, 19.

86 Statistik Austria, Census 2011 Wien, 81; Census 2011 Niederösterreich, 87.

87 Engelbrecht, Geschichte, 485.

der Folge Bildungszugänge über Sachleistungen zu fördern und verstärkte dadurch den Trend zu höherer Bildung ganz erheblich.[88] In Wien machte sich die rasant gestiegene Bildungsneigung vor allem in einem Ansturm auf die Allgemeinbildenden höheren Schulen bemerkbar. Während um 1950 23 Prozent, um 1960 29 Prozent der Schülerinnen und Schüler der 5. Schulstufe die AHS-Unterstufe besuchten, waren es 1970 bereits 41 Prozent und 1980 45 Prozent. Immerhin 26 Prozent der Besucher der 10. Schulstufe entfielen zu diesem Zeitpunkt auf die AHS-Oberstufe.[89] Die wichtigste Veränderung im niederösterreichischen Bildungssystem der 1960er- und 1970er-Jahre betraf hingegen die Hauptschulen, die sich von »Abschluss-« zu »Übergangsschulen« entwickelten.[90] Nach dem Hauptschulabschluss wagte nun eine größere Zahl von Schülerinnen und Schülern aus dem ländlichen Raum den Sprung in höhere Schulen, zunächst besonders in berufsbildende höhere Schulen. Dies glich regionale Bildungsdifferentiale in der oberen Sekundarstufe weitestgehend aus und trieb eine »stille« Strukturveränderung voran.[91] Gleichzeitig verdoppelte sich im Zeitraum von 1963 bis 1973 die Zahl der Schülerinnen und Schüler an den niederösterreichischen allgemeinbildenden höheren Schulen und stieg noch bis etwa 1980 weiter an.[92]

Tabelle 105: Wohnbevölkerung ab 15 Jahren nach höchster abgeschlossener Ausbildung in Wien und Niederösterreich 2011 (in %)

Ausbildung	Wien	Niederösterreich
Pflichtschule	27,7	27,0
Lehre	24,7	33,0
Berufsbildende Mittelschule	11,4	16,5
Allgemeinbildende höhere Schule	10,6	5,1
Berufsbildende höhere Schule	8,5	9,3
Hochschule	17,0	9,2

Quelle: Statistik Austria, Census 2011 Wien, 81; Census 2011 Niederösterreich, 87

Für die Verbesserung der Überlebensverhältnisse übte die Bildungsrevolution einen nicht zu unterschätzenden Einfluss aus, denn was die Lebenserwartung anlangt, bestand und besteht ein ausgeprägter Bildungsgradient. Er beträgt seit der Jahr-

88 Schnell, Bildungspolitik, 230–234.

89 Achs, Pokay, Schulentwicklung, 33, 38.

90 Heiler, Lebmann, Entwicklung, 529.

91 Lassnigg, Bildungsreform, 472, 477 f.

92 Brückner, Schulwesen, 131.

tausendwende in Wien bei den Männern fast 7 Jahre, bei den Frauen stieg er von 2001/02 bis 2016/17 von 3,7 auf 4,8 Jahre an. In Niederösterreich ging er dagegen bei beiden Geschlechtern etwas zurück, bei den Männern von 7,0 auf 6,1, bei den Frauen von 3,3 auf 2,6 Jahre. Hier kam es also ganz im Gegensatz zu Wien zu einer Reduktion der bildungsbedingten sozialen Ungleichheit der Sterblichkeit. Diese könnte mit dem »gesünderen Landleben« oder aber vielleicht auch damit in Verbindung stehend einem größeren Gesundheitsbewusstsein bildungsferner Schichten in Niederösterreich in Verbindung stehen.

Tabelle 106: Fernere Lebenserwartung im Alter von 35 Jahren nach höchster abgeschlossener Ausbildung in Wien, Niederösterreich und Österreich 2001/02–2016/17

Geschlecht	Männer			Frauen		
Jahr	2001/02	2011/12	2016/17	2001/02	2011/12	2016/17
Ausbildung	Wien					
Insgesamt	42,0	43,4	44,2	46,8	48,0	48,4
Pflichtschule	39,6	40,5	42,1	44,9	46,2	46,7
Lehre	40,2	41,9	42,4	46,5	47,7	47,6
Mittlere Schule	42,4	44,8	44,5	47,4	48,8	49,5
Höhere Schule	43,7	45,5	46,1	47,9	50,1	50,4
Hochschule	46,3	48,7	48,9	48,6	51,0	51,5
Ausbildung	Niederösterreich					
Insgesamt	42,6	44,2	45,1	47,6	48,4	49,0
Pflichtschule	39,4	41,7	42,6	46,2	47,0	47,9
Lehre	42,0	43,4	44,3	47,4	48,9	49,4
Mittlere Schule	43,9	46,0	46,9	48,7	49,3	50,1
Höhere Schule	44,5	46,5	47,3	49,8	50,2	49,8
Hochschule	46,4	48,7	48,7	49,5	50,6	50,5
Ausbildung	Österreich					
Insgesamt	42,2	44,3	45,2	47,4	49,0	49,4
Pflichtschule	40,2	41,9	42,9	46,7	48,1	48,2
Lehre	42,1	43,6	44,4	47,8	49,2	49,6
Mittlere Schule	44,0	46,2	46,8	48,7	49,9	50,6
Höhere Schule	44,6	46,7	47,1	48,9	50,6	50,6
Hochschule	46,4	48,9	49,1	49,4	50,9	51,4

Quelle: Statistik Austria, Sonderauswertung Bildungsspezifische Sterbetafeln, erstellt am 25.4.2019

Ein etwas länger zurückreichender Vergleich ist bis in die 1980er-Jahre auf Basis des österreichischen Durchschnitts möglich. Demnach stieg die Lebenserwartungsdifferenz bei der männlichen erwachsenen Bevölkerung im Zeitraum von 1981/82 bis 2011/12 tendenziell um rund eineinhalb Jahre an, um dann wieder etwas kleiner zu werden, während bei der weiblichen Bevölkerung in den 1980er-Jahren ein Anstieg zu beobachten war, ehe in der Folge das Differential sich um 3 Jahre stabilisierte.[93]

Ein in der zweiten Hälfte des 20. Jahrhunderts an Bedeutung gewinnendes Phänomen differentieller Sterblichkeit war auch der Gender Gap bei der Lebenserwartung. Zwar hatte dieser in nicht sehr ausgeprägter Form auch schon zuvor bestanden, doch gingen noch Ende der 1940er-Jahre Mediziner fälschlicherweise davon aus, dass sich im Zuge der zunehmenden Berufstätigkeit der weiblichen Bevölkerung der Unterschied in der Lebenserwartung zwischen Frauen und Männern mittelfristig wieder ausgleichen werde.[94] Doch das Gegenteil war der Fall. Die männliche Übersterblichkeit nahm in Wien bis in die frühen 1990er-Jahre ständig zu. In den 1980er- und frühen 1990er-Jahren betrug die höhere durchschnittliche Lebenserwartung der weiblichen Bevölkerung bei der Geburt durchweg sieben Jahre (1984: 7,3 Jahre). In Niederösterreich war bereits 1974 ein Höhepunkt mit sogar 7,8 Jahren erreicht. In den 1980er- und 1990er-Jahren betrug der Gender Gap in der Lebenserwartung in beiden Bundesländern rund 6–7 Jahre.[95] Dieser Unterschied war auch für österreichische Verhältnisse überdurchschnittlich, entsprach aber durchaus internationalen Trends. Dies traf auch auf den folgenden Rückgang des Gender Gap zu.[96] In Wien und Niederösterreich verkleinerte sich der Gender Gap zuletzt auf rund 4,5 Jahre (2017).

Der Zusammenhang zwischen Gender Gap und Bildungsstand der Bevölkerung wird deutlich, wenn man den ausgeprägten bildungsspezifischen Gradienten bei der Lebenserwartung mit in den Blick nimmt, denn der Gender Gap bei der Lebenserwartung im Alter ging bei Personen mit höchster (akademischer) Ausbildung deutlich überproportional zurück. Nach einer Studie für den Zeitraum 1981 bis 2006 betrug der Rückgang bei Personen mit höchster Ausbildung im österreichischen Durchschnitt 22 Prozent gegenüber nur 7 Prozent bei Personen mit dem niedrigsten Bildungsstand. Nach einer anderen Studie für den Zeitraum 1981 bis 2001 betrug die entsprechende Reduktion 29 Prozent bei Personen mit tertiärem Bildungsgrad gegenüber praktisch keinem Rückgang bei Personen mit Pflichtschulbildung.[97] Die

93 Klotz, Asamer, Bildungsspezifische Sterbetafeln, 212 f.; Statistik Austria, Sonderauswertung Bildungsspezifische Sterbetafeln 2019.

94 Niedermeyer, Hygiene, 27.

95 Statistik Austria, Demografische Indikatoren Wien 1961–2017, Tabelle 9A; Demografische Indikatoren Niederösterreich 1961–2017, Tabelle 9A.

96 Dinges, Weigl, Gender gap similarities, 208 f.

97 Klotz, Convergence, 150; Klotz, Doblhammer, Trends, 1765.

Anhebung des Bildungsgrades infolge der »Bildungsrevolution« hat demnach den Rückgang des Gender Gap in den letzten zwei Jahrzehnten begünstigt, weil höher gebildete Frauen und Männer sich in ihrem Gesundheitsverhalten mehr ähneln als Personen mit niedrigen Bildungsabschlüssen. Das inkludiert besonders die einkommensabhängige Inanspruchnahme von Gesundheitsdienstleistungen. Nach einer Sonderauswertung des Mikrozensus für Wien aus dem Jahr 1995 schwankte diesbezüglich der Median des standardisierten Nettopersoneneinkommens zwischen 14.400 ATS bei männlichen Pflichtschulabgängern und 23.500 ATS bei Hochschulabsolventen. Unter den Frauen lagen die entsprechenden Werte bei 12.000 ATS und 20.800 ATS monatlich.[98] Höher Gebildeten standen also abseits ihres durch Bildung erworbenen Gesundheitsbewusstseins auch ungleich größere Budgets für gesundheitsrelevante Ausgaben zur Verfügung.

Mittels Dekomposition des Gender Gap – bei dieser Methode werden die Sterblichkeitsunterschiede nach Altersgruppen aufgeteilt und innerhalb der Altersgruppen nach Todesursachen gewichtet – auf Basis gesamtösterreichischer Daten ließen sich Krankheiten des Herz-Kreislauf-Systems und bösartige Neubildungen zu etwa gleichen Teilen für immerhin 2,5 von 4,6 Jahren des Gender Gap verantwortlich machen. Immerhin 0,8 Jahre entfielen auf Unfälle, Selbstmorde und andere »äußere« Todesursachen, der Rest auf sonstige Krankheiten.[99] Demnach spielte männliches Risikoverhalten im Verkehr, Beruf und Freizeit nicht die ganz entscheidende Rolle. Die Krebssterblichkeit beeinflusste bis um das Jahr 2000 zunehmend den Gender Gap zu Ungunsten der männlichen Bevölkerung, um dann im Jahrzehnt danach wieder an Bedeutung abzunehmen. Eine besondere Rolle spielte dabei der Lungenkrebs. In den 1980er-, 1990er- und frühen 2000er-Jahren ging die Lungenkrebssterblichkeit der Männer um 26 Prozent zurück, während die der Frauen um 47 Prozent zunahm.[100] Was den Einfluss des Bildungsgradienten auf den Gender Gap anlangt, ist bemerkenswert, dass dieser bei Frauen im Alter von 55 bis 70 Jahren kaum bestand. Das könnte auf einen Kohorteneffekt zurückzuführen sein, denn es handelte sich dabei um während der Weltwirtschaftskrise und im Zweiten Weltkrieg also unter allgemein recht widrigen Bedingungen geborene und aufgewachsene Mädchen.

Die Ergebnisse dieser Studien lassen sich im Sinn dreier verschiedener Kausalitäten interpretieren, wobei von einem Mix auszugehen ist. Ein unmittelbarer Effekt der Bildung äußert sich in höherem Gesundheitsbewusstsein und gesünderem Lebensstil. Ein mittelbarer Effekt besteht in der hohen Korrelation zwischen Bildung und Einkommen und den daraus abgeleiteten Effekten auf die physische Belastung am Arbeitsplatz und die Möglichkeit, höherwertige Nahrungsmittel zu konsumieren

98 Sonderauswertung Mikrozensus September 1995 für Wien.

99 Statistik Austria, Demographische Indikatoren 2017 – Mortalität, B8.

100 Statistik Austria, Österreichischer Todesursachenatlas 1998/2004, 166.

und bessere medizinische Leistungen zu erhalten. Schließlich ist aber auch die Korrelation mit anderen Variablen denkbar, wenn auch wohl von geringerer Bedeutung. So können etwa gesundheitliche Beeinträchtigungen die Bildungs- und Berufschancen verringern.[101] Mit Blick auf den Gender Gap bei der Lebenserwartung unterstützen die insgesamt sehr ausgeprägten geschlechtsspezifischen Sterblichkeitsunterschiede in Wien und Niederösterreich die sogenannte Emanzipationshypothese. Diese besagt, dass die Verbesserung des sozialen Status von Frauen im 20. Jahrhundert die Ausweitung des Gender Gap bestimmt hat, und zwar in der Form, dass unrealisierte biologische Vorteile nunmehr in entwickelten Industriegesellschaften stärker zum Tragen kommen.[102] Der überwiegende Teil des Gender Gap ist jedoch auf verhaltensbezogene Einflussgrößen zurückzuführen.[103] Diese verhaltensbezogenen Faktoren betreffen einerseits Nikotin- und Alkoholkonsum, aber auch erhöhtes Risikoverhalten der männlichen Bevölkerung im Individualverkehr oder aber auch bei körperlichen Arbeitstätigkeiten und beim Sport. All diese Faktoren, die mit einem tradierten Männerbild in Verbindung stehen, waren in der Periode bis etwa 1970/80 weit verbreitet, was sich unter anderem auch an den Unfallstatistiken im Autoverkehr ablesen lässt. Mit den Veränderungen der gesellschaftlichen Leitbilder von Frauen und Männern trat diesbezüglich eine Wende ein, die in der Folge zur Verkleinerung des Gender Gap beigetragen haben. Diese Verkleinerung war nicht zufällig teilweise auf ein größeres Gesundheitsbewusstsein besonders hoch qualifizierter Männer zurückzuführen.[104]

6.5.4 Einkommensverteilungen (1950–2017)

Gerade in den entwickelten Industrie- und Wohlstandsgesellschaften der zweiten Hälfte des 20. Jahrhunderts kann von einer vielfältigen Ausdifferenzierung von Einkommensungleichheiten gesprochen werden, die mit dem säkularen Wandel zur komplexen Dienstleistungsgesellschaft in enger Verbindung stand. Während noch bis in die 1950er-Jahre Kategorien wie »Hilfsarbeiter«, »Facharbeiter« und »Angestellter« neben Geschlecht und Branche für die Beschreibung von Einkommensungleichheit sehr aussagekräftige Kategorien darstellten, geriet in den folgenden Jahrzehnten Einiges in Bewegung. Staatliche Transferleistungen, die Steuerprogression, die Verbreitung von Teilzeitarbeit und prekärer Beschäftigungsformen wie »neue Selbstständigkeit« und »geringfügige Beschäftigung« nahmen besonders ab den

101 Klotz, Soziale Unterschiede in der Sterblichkeit, 296–311.

102 Gee, Veevers, Accelerating sex differentials in mortality, 70–85; Wingard, The sex differential in mortality rates, 205–216.

103 Weigl, »Gender gap« revisited, 46.

104 Schwarz, Causes of death, 309.

1990er-Jahren überproportional zu. Der generelle Anstieg des formalen Bildungsniveaus der Bevölkerung sorgte auch innerhalb des Bildungsbereichs für neue Komplexitäten, die sich teilweise nur schwer statistisch abbilden lassen. Dennoch sind einige markante lange Linien der ökonomischen Ungleichheit gut belegbar.

Wie bereits am Beispiel der Relation der Angestelltengehälter und Arbeiterlöhne gezeigt wurde, war die Zeit des Wiederaufbaus und des »Wirtschaftswunders« durch geringe Einkommensdisparitäten gekennzeichnet. Die aus Erhebungen der Arbeiterkammer für Wien, der Gewerkschaft der Privatangestellten und des Österreichischen Institutes für Wirtschaftsforschung gesammelten Daten zu den Arbeiterlöhnen und Angestelltengehältern für die Jahre 1926 bis 1960, die für die Privatwirtschaft in Wien repräsentativ sein dürften, belegen jedenfalls eine Verflachung der Einkommenspyramide im Vergleich zu den 1930er-Jahren. Obwohl nach der Lohnstufenstatistik der Wiener Gebietskrankenkasse der Quartildispersionskoeffizient für Arbeiter- und Angestellteneinkommen von 0,347 (1955) auf 0,466 (1961) anstiegen war[105], lag dieser noch um 1960 bei den Bruttolöhnen und -gehältern unter den Angestellten deutlich, bei den Arbeitern im geringeren Ausmaß unter den Werten von 1935 oder 1937. In den 1960er-Jahren blieb die Einkommensstreuung bei den Arbeitern in Wien konstant, unter den Angestellten sank sie jedoch.[106] Erst Ende der 1980er-Jahre wurden die Koeffizienten der Zwischenkriegszeit erreicht. Bis in die Gegenwart nahm dann die Einkommensungleichheit bei den Bruttoeinkommen zu. Ganz ähnlich verlief die allerdings erst ab den 1970er-Jahren gut dokumentierte Entwicklung der Einkommensverteilungen in Niederösterreich. Bei diesem Vergleich nicht berücksichtigt sind die Selbstständigen einschließlich der bäuerlichen Bevölkerung. Erst ab den späten 1980er-Jahren inkludieren zudem die Statistiken des Hauptverbands der Sozialversicherungsträger die Vertragsbediensteten des öffentlichen Dienstes, nicht jedoch pragmatisierte Bedienstete und geringfügig Beschäftigte.[107]

Bis in die 1960er-Jahre war die relative Einkommensungleichheit unter weiblichen unselbstständig Beschäftigten im Vergleich zu den männlichen deutlich unterdurchschnittlich. Dies änderte sich in Wien jedoch schon bis Ende der 1980er-Jahre in Richtung einer Angleichung der Verteilung nach Geschlecht. In Niederösterreich streuten hingegen die Fraueneinkommen stärker als die der Männer und dieser Unterschied blieb bis in die Gegenwart bestehen.

105 Eigene Berechnungen nach Statistisches Jahrbuch Wien 1955, 532; 1961, 248.
106 Weigl, Personelle Einkommensentwicklung, 165.
107 Juch, Wolf, Neue Einkommensstatistiken.

Tabelle 107: Quartilsdispersionskoeffizient bei Arbeitern und Angestellten in Wien und Niederösterreich 1935/37–2017

Jahr	Arbeiter	Angestellte
Wien		
1935/37	0,28	0,35
1947	0,21	
1960	0,25	0,27
1988	0,29	0,36
1995	0,28	0,36
2017	0,30	0,38
Niederösterreich		
1988	0,26	0,37
1995	0,25	0,37
2017	0,30	0,40

Quelle: Kammer für Arbeiter und Angestellte, Die langfristige Entwicklung, 87, 93; Juch, Wolf, Neue Einkommensstatistiken, Tabelle 2/1–2/2; Hauptverband, Statistisches Handbuch 1996, Tabelle 1.18–1.19; Statistische Daten, Tabelle 1.16–1.17

Tabelle 108: Quartilsdispersionskoeffizient nach Geschlecht in Wien und Niederösterreich 1926–2017

Jahr	Männer	Frauen
Wien		
1926	0,20	0,19
1947	0,16	0,13
1960	0,18	0,13
1988	0,31	0,31
1995	0,33	0,32
2017	0,38	0,37
Niederösterreich		
1988	0,24	0,29
1995	0,25	0,30
2017	0,28	0,34

Quelle: Kammer für Arbeiter und Angestellte, Die langfristige Entwicklung, 87; Juch, Wolf, Neue Einkommensstatistiken, Tabelle 2/3; Hauptverband, Statistisches Handbuch 1996, Tabelle 1.17; Statistische Daten 2018, Tabelle 1.15

Zum unrühmlichen Erbe der Vorwohlstandsgesellschaft zählte der ausgeprägte Gender Pay Gap. Wohl waren in der zweiten Hälfte des 20. Jahrhunderts die Zeiten vorbei, in denen Männer in den Fabriken Wiens und Niederösterreichs das Doppelte der Frauenlöhne bezogen[108], doch galt nicht nur in Österreich, sondern auch in anderen Industrieländern die sogenannte 50-Prozent-Regel. Männer in vergleichbarer relativer Position in der Verdienstpyramide verdienten um 50 Prozent mehr als Frauen bzw. Frauen nur zwei Drittel des Männerverdienstes.[109] Diese geschlechtsspezifischen Lohn- und Gehaltsunterschiede resultierten aus Diskriminierungen »vor« dem Arbeitsmarkt, nicht zuletzt aus dem ungleichen Zugang zu Hochlohnbranchen und aus der Diskriminierung am Arbeitsmarkt – Frauen bekamen vor allem auf internen Arbeitsmärkten für die gleiche Tätigkeit eine schlechtere Entlohnung.[110] Dazu kam der Einfluss verminderter Karrierechancen infolge von Babypausen. Die Dominanz dieser internen Arbeitsmärkte in den zentralen Räumen wurde allerdings in Wien durch die große Bedeutung von Stellen in der Verwaltung im öffentlichen oder halböffentlichen Sektor abgeschwächt. Der gleichwohl erhebliche Gender Pay Gap war daher in Wien etwas schwächer ausgeprägt und betraf sowohl das primäre als auch das sekundäre Segment des Arbeitsmarktes.[111]

Die unmittelbare Nachkriegszeit war zunächst in Wien von einer Angleichung der Männer- und Fraueneinkommen geprägt. Vergleicht man die Industriearbeiterlöhne von 1926 bis 1960, zeigt sich langfristig ein deutlich stärkeres Ansteigen der Frauenlöhne. Der Einkommensmedian nahm im Vergleich zur Zwischenkriegszeit real um etwa 60 Prozent zu, während er sich bei den Männern lediglich um 30 Prozent steigerte. Diese Annäherung war im Wesentlichen das Produkt der bekannten Lohn- und Preisabkommen. Seit 1953 entwickelten sich die Löhne von Industriearbeitern und -arbeiterinnen hingegen wieder auseinander.[112] Betrachtet man allerdings die Einkommen aller bei der Wiener Gebietskrankenkasse Versicherten, so zeigt sich selbst in den späten 1950er-Jahren eine leichte Konvergenz. Das reale Bruttoeinkommenswachstum im Zeitraum 1955 bis 1961 betrug bei den Frauen 8,6 Prozent, insgesamt jedoch nur 7,9 Prozent. Dieser Trend setzte sich fort. Während im Zeitraum 1962 bis 1987 die Beschäftigungsverhältnisse von männlichen Sozialversicherten der Wiener Gebietskrankenkasse einen Bruttomedianeinkommenszuwachs von 101,9 Prozent zu verzeichnen hatten, waren es bei den Frauen 122,3 Prozent.[113]

108 Christl, Wagner, Stellung der Frau, 89.

109 Christl, Verdienstdifferentiale, 7; Christl, Wagner, Stellung der Frau, 79f.

110 Christl, Verdienstdifferentiale, 9.

111 Maier, Weiss, Regionale Arbeitsmarktsegmentierung, 510, 514. Zur Definition der Arbeitsmarktsegmente vgl. das Glossar.

112 Kammer für Arbeiter und Angestellte, Die langfristige Entwicklung, 22.

113 Weigl, Personelle Einkommensentwicklung, 174.

In Niederösterreich war der Gender Pay Gap noch um 1970 nicht viel ausgeprägter als in Wien. Doch nimmt man die durchschnittlichen Bruttoeinkommen nach der Lohnsteuerstatistik als Maßstab, ging die Entwicklung in beiden Bundesländern im letzten Drittel des 20. Jahrhunderts und nach der Jahrtausendwende erheblich auseinander. Während sich der Gender Pay Gap in Wien kontinuierlich verkleinerte, verharrte er in Niederösterreich auf hohem Niveau. Die Bruttomännereinkommen lagen um 1970 in Niederösterreich um rund 73 Prozent über jenen der Frauen, noch 2007 um 68 Prozent. Erst danach kam es zu einem Rückgang auf 57 Prozent. Der entsprechende Wert in Wien betrug 2017 29 Prozent.

Graphik 22: Gender Pay Gap (durchschnittliches Bruttoeinkommen nach der Lohnsteuerstatistik) in Wien und Niederösterreich 1970–2017 (Frauen = 100)

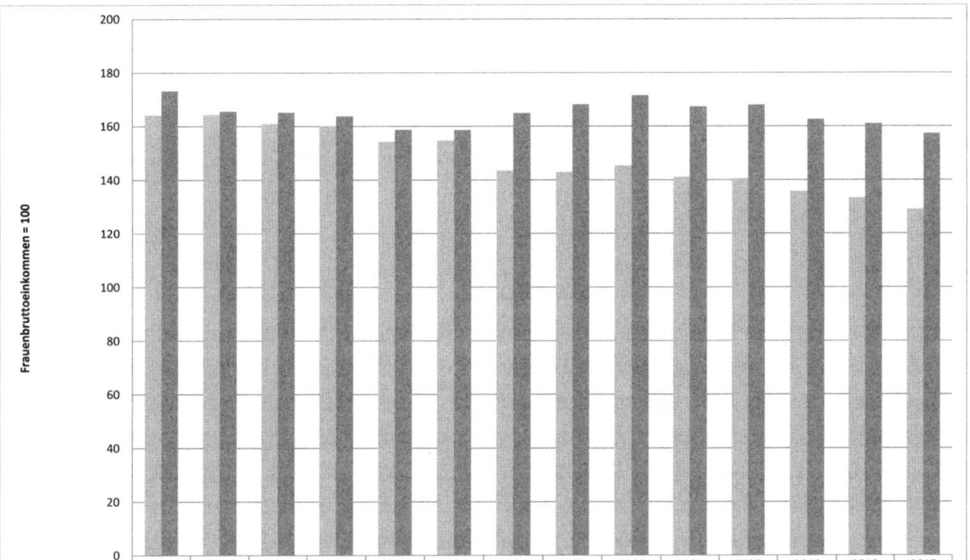

	1970	1973	1976	1979	1982	1987	1994	1997	2000	2003	2007	2010	2013	2017
Wien	164,2	164,3	161	160,3	154,3	154,7	143,5	142,9	145,4	141,1	140,6	135,8	133,4	129,1
Niederösterreich	173,3	165,6	165,1	163,8	158,7	158,6	164,9	168,1	171,4	167,3	167,9	162,6	161	157,3

Quelle: Österreichisches Statistisches Zentralamt/Statistik Austria, Lohnsteuerstatistik 1970–2017; eigene Berechnungen

Schon Ende der 1980er-Jahre bestand hinsichtlich des Gender Pay Gap in Niederösterreich und Wien ein erheblicher Unterschied. Letzteres weist darauf hin, dass das in der Wiener Bevölkerung rascher gestiegene Bildungsniveau der weiblichen Bevölkerung eine gewisse Annäherung der geschlechtsspezifischen Einkommensunterschiede förderte. Bis 2017 ging der Einkommensvorteil der Männer daher angesichts der gestiegenen Bildungschancen der weiblichen Bevölkerung in beiden

Bundesländern zurück. An den diesbezüglichen Unterschieden zwischen Wien und Niederösterreich änderte sich jedoch nichts. Für die Fortschreibung der Einkommensdiskriminierung von Frauen spricht auch, dass sie zuletzt gerade in Wien im 3. Quartil, also bei den höheren Einkommen, am ausgeprägtesten war. Das traf zwar auf Niederösterreich nicht zu, doch war in Niederösterreich der Gender Pay Gap insgesamt größer.

Tabelle 109: Gender Pay Gap nach Quartilen der beitragspflichtigen Monatseinkommen in Wien und Niederösterreich 1988, 2017 (Fraueneinkommen = 100)

Land	1. Quartil	Median	3. Quartil
1988			
Wien	145,4	145,2	145,8
Niederösterreich	164,7	154,3	147,1
2017			
Wien	126,5	122,0	129,0
Niederösterreich	156,4	148,1	137,7

Quelle: Juch, Wolf, Neue Einkommensstatistiken, Tabelle 2/3; Hauptverband, Statistiken 2018; eigene Berechnungen

Berücksichtigt man die staatliche Umverteilung durch Steuern und Transferleistungen und die geschlechtsspezifisch unterschiedliche durchschnittliche Arbeitszeit, schwächt sich der Einkommensvorsprung der Männer erwartungsgemäß ab. Dennoch bestand auch bei den standardisierten Nettoeinkommen ein deutliches Einkommensplus der Männer. Allerdings war etwa im Jahr 1995 der Vorsprung der Männer in Wien und Niederösterreich mit 19 Prozent am niedrigsten gegenüber einem Österreichdurchschnitt von 22 Prozent. In Wien und im Wiener Umland verdienten Frauen etwa um 7–8 Prozent netto mehr als im österreichischen Durchschnitt. Die etwas günstigere Position der Fraueneinkommen in Wien erklärt der nicht unbeträchtliche Anteil weiblicher Vertragsbediensteter im öffentlichen Dienst. Bei diesen waren Männer- und Fraueneinkommen bereits 1995 annähernd ausgeglichen, auch in Niederösterreich war der Unterschied gering.[114] Hingegen bestanden die gravierendsten Unterschiede bei männlichen und weiblichen Angestellten – 21.100 ATS gegenüber 15.800 in Wien, 19.500 gegenüber 13.600 in Niederösterreich. In Niederösterreich betrug der männliche Gehaltsvorsprung demnach 43 Prozent,

114 Die geringere Einkommensdiskriminierung von Frauen im öffentlichen Dienst lässt sich in die 1960er- und 1970er-Jahre zurückverfolgen. Vgl. dazu Walterskirchen, Entwicklung der Lohnunterschiede, 14.

in Wien 33 Prozent. Relativ ausgeprägt waren Mitte der 1990er-Jahre auch die geschlechtsspezifischen Nettoeinkommensdifferentiale bei den Wiener Beamten.[115]

Kein wesentlicher Unterschied bestand zwischen der relativen Streuung der Individual- und der Haushaltseinkommen pro Kopf. Im Durchschnitt der Jahre 2016 bis 2018 lag der Quartilsdispersionskoeffizient der äquivalisierten Nettohaushaltseinkommen[116] in Wien bei 0,36, in Niederösterreich bei 0,27 und im österreichischen Durchschnitt bei 0,29.[117] Die Einkommensungleichheit in Wien übertraf also auch bei den Haushaltseinkommen recht deutlich den österreichischen Durchschnitt.

Trotz der im internationalen Vergleich relativ geringen Einkommensungleichheit in Österreich war »Armutsgefährdung« auch den entwickelten Wohlstandsgesellschaften nicht völlig fremd. Mit dem allgemeinen Anstieg der Masseneinkommen veränderten sich jedoch die Bedeutungsinhalte des Begriffs. Nach einer einschlägigen Erhebung galten um 1970 3,3 Prozent der Wiener Haushalte als arm, unter Arbeiterhaushalten mit drei und mehr Personen immerhin 7,8 Prozent. Darunter wurden Haushalte subsumiert, denen ein jährliches Pro-Kopf-Nettohaushaltseinkommen bis 19.000 Schilling zur Verfügung stand. Unter ihnen befanden sich vor allem Mindestpensionisten, die 47 Prozent ihres Konsums auf Nahrungsmittel verwenden mussten. Das entsprach noch durchaus dem Konsumverhalten von durchschnittlichen Arbeiterhaushalten der Zwischenkriegszeit. Betroffen waren vor allem Einpersonenhaushalte von Pensionistinnen. Von den Pensionistenhaushalten mit einem Einkommen bis 19.000 Schilling besaßen 31 Prozent weder Fernseher noch Telefon, Kühlschrank oder Waschmaschine, ganz zu schweigen vom Besitz eines Pkw.[118] Rund dreieinhalb Jahrzehnte danach waren nach der EU-SILC-Erhebung von 2005 in Wien und Niederösterreich 13 Prozent der Haushalte »armutsgefährdet«, d. h., ihr Äquivalenzhaushaltseinkommen lag unter einer Schwelle von 60 Prozent des Medianeinkommens, im Durchschnitt der Jahre 2016 bis 2018 waren es 23 Prozent in Wien und 9 Prozent in Niederösterreich.[119] Diese Werte belegen freilich relative Armut in Relation zu den Masseneinkommen. Von fehlenden Kommunikationsmitteln oder Kühlschränken war nun in den armutsgefährdeten Haushalten nicht die Rede, eher von nicht leistbaren Computern oder Urlaubsreisen. Die sprunghaften Veränderungen der »Armutsquoten« verweisen zudem darauf, dass es sich um Stichprobendaten handelt, die gerade auf Bundesländerebene entsprechende Zufallsschwankungen aufweisen können. Nichtsdestoweniger sind sie ein Beleg dafür, dass auch in den

115 Pratscher, Verteilung, 120–122, 127.

116 Nettohaushaltseinkommen pro Konsumäquivalente der Haushaltsmitglieder, wobei erwachsene Personen mit 1,0 gewichtet werden.

117 Eigene Berechnungen nach Statistik Austria, Tabellenband EU-SILC 2018, 157.

118 Kammer für Arbeiter und Angestellte, Armut in Wien, 20, 61, 65, 79, 108.

119 Statistik Austria, Einkommen, Armut und Lebensbedingungen, 32; Statistik Austria, Tabellenband EU-SILC 2018, 11.

Wohlstandsgesellschaften das Einkommensgefälle in den letzten Jahrzehnten zugenommen hat. Zu den besonders armutsgefährdeten Gruppen zählten nicht erst in der Gegenwart neben Alleinerzieherinnen »langzeitbeschäftigungslose« Personen.[120]

Im Gegensatz zur Ersten Republik stellte Arbeitslosigkeit in der Zweiten Republik lange Zeit kein größeres Problem der Sozial- und Wirtschaftspolitik dar. Abgesehen von kurzen Episoden etwa während der »Stabilisierungskrise« von 1952/53 blieben die Arbeitslosenraten auch im internationalen Vergleich außergewöhnlich gering. Erst etwa seit Mitte der 1980er-Jahre stiegen sie ziemlich kontinuierlich an. Die Jahre der Vollbeschäftigung waren vorbei. Das Niveau blieb dennoch einigermaßen überschaubar. Allerdings trat nun, verstärkt nach der Finanz- und Weltwirtschaftskrise 2008, ein Problem vermehrt auf, welches zuvor eine geringe Rolle gespielt hatte: Langzeitarbeitslosigkeit. Noch 2008 waren in Wien lediglich rund 16.500 Personen dauerhaft beschäftigungslos, in Niederösterreich gar nur etwa 6800. Bis 2018 verdoppelte sich deren Zahl in Niederösterreich und verdreifachte sich in Wien. Damit waren nunmehr immerhin etwa 5 Prozent des Arbeitskräfteangebots in Wien und 3 Prozent in Niederösterreich von dauerhafter Beschäftigungslosigkeit betroffen, zehn Jahre davor lediglich 2 bzw. 1 Prozent.[121]

Ein Effekt der breiten Einkommensgewinne der zweiten Hälfte des 20. Jahrhunderts war die Verkleinerung regionaler Einkommensunterschiede trotz Zunahme der Einkommensdisparitäten innerhalb der regionalen Arbeitsmärkte. Beispielsweise im Jahr 1993 lagen die standardisierten Nettopersoneneinkommen[122] nach dem Mikrozensus im Mostviertel bei 96 Prozent des österreichischen Durchschnitts, in den NUTS-3-Regionen Wiener Umland-Nord und Niederösterreich-Süd bei 98,5 Prozent, im restlichen Niederösterreich immerhin bei etwa 92 Prozent. Deutlich über

120 Alle Vormerkepisoden der Status AG (Abklärung der Arbeitsfähigkeit/Gesundheitsstraße), AL (arbeitslos), LS (lehrstellensuchend), SC (in Schulung), SF (Bezieherinnen und Bezieher eines Fachkräftestipendiums) und SR (Schulung, Rehabilitation mit Umschulungsgeld) mit Unterbrechungen von <= 62 Tagen werden (unabhängig von ihrer Dauer) zu einem Geschäftsfall (GF) zusammengehängt. Bis einschließlich Oktober 2013 wurden alle Vormerkepisoden der Status AL (arbeitslos), LS (lehrstellensuchend) und SC (in Schulung) mit Unterbrechungen von <= 62 Tagen (unabhängig von ihrer Dauer) zu einem Geschäftsfall (GF) zusammengehängt. Als GF-Dauer werden die Tage der einzelnen Vormerkepisoden innerhalb des GF addiert (die Unterbrechungen werden bei der Dauer also nicht mitgerechnet). Als langzeitbeschäftigungslos (LZBL) gilt eine Person, wenn die Dauer des zugehörigen GF zum Stichtag eine GF-Dauer > 365 Tage aufweist.

121 Eigene Berechnungen nach AMS Arbeitsmarktdaten online: http://iambweb.ams.or.at/ambweb/ (Zugriff: 11.7.2019).

122 Ohne Familienbeihilfe, Alleinverdienerabsetzbetrag und Kinderfreibetrag, ohne Zusatzpensionen, teilzeitbeschäftigte Angestellte und öffentlich bedienstete Lehrerinnen und Lehrer nicht berücksichtigt.

dem österreichischen Durchschnitt lagen Wien mit 106,5 Prozent und das Wiener Umland-Süd mit 111 Prozent.[123]

6.6 Bilanz der Wohlstandsgesellschaft

Die Entwicklung von Wohlstandsgesellschaften in den westlichen Industrieländern kennzeichnete die europäischen Gesellschaften seit den 1950er-Jahren. Die Durchsetzung des Massenkonsums verdrängte mehr und mehr individualisierte Konsumgüter – das Kleid von der Schneiderin, die (Maß-)Schuhe vom Schuster – der Vergangenheit. Nationale Märkte brachen auf, bei allen verbliebenen Eigenheiten bestimmten Konvergenzen im Konsumverhalten und Europäisierungstrends des Konsums das Bild. Der beginnende Wohlfahrtsstaat der 1950er- und 1960er-Jahre sorgte für die Befriedigung von Grundbedürfnissen, ging aber von Beginn an darüber hinaus. Soziale Sicherheit und ein Gesundheitssystem für möglichst alle Bürgerinnen und Bürger zählten schon in der Nachkriegszeit zu den Prioritäten staatlicher Sozialpolitik.[124] Ständig wachsende Überlebenschancen und Masseneinkommen sowie eine Bildungsrevolution ließen die schwierigen Lebensumstände der Vergangenheit bald in Vergessenheit geraten.

Die spezifische österreichische »Aufholjagd« knüpfte an einen Wachstumspfad an, der mit Kriegsausbruch 1914 verlassen worden war und nun, durch günstige Rahmenbedingungen gefördert, besondere Dynamik entwickelte. Die Bevölkerung in Wien und Niederösterreich partizipierte an den Wohlstandsgewinnen in spezifischer Weise. Die Größe Wiens mit seinen gesamtstaatlichen Verwaltungsfunktionen im öffentlichen und im privaten Sektor garantierte erhebliche Wohlstandsgewinne, die sich allein schon aus der gesamtösterreichischen Dynamik ergaben. Niederösterreich, bis 1955 noch einigermaßen benachteiligt, profitierte von Auslagerungen flächenintensiver Produktionsstandorte aus der Hauptstadt, in weiterer Folge von Wohnsitzverlagerungen in das engere und weitere Wiener Umland. Die niederösterreichische Peripherie blieb zunächst noch vier Jahrzehnte durch die schwierigen Jahre während der sowjetischen Besatzung und die dauerhafte Grenzlage am »Eisernen Vorhang« gehandicapt. Schon vor 1989 kam jedoch ein erheblicher Konvergenzprozess zum Tragen. So löste sich das regionale Muster der Säuglingssterblichkeit auf, die Einkommensdifferentiale zwischen Zentrum und Peripherie wurden geringer, und ungleichgewichtige Zugänge zur höheren Bildung schwächten sich ab.

Nach dem von Lukas Schrott ermittelten Regionalen Development Index (RDI) für Österreich auf Basis der drei Indikatoren Lebenserwartung bei der Geburt, der

123 Bauer, Regionale Verteilung, 95.

124 Kaelble, Sozialgeschichte, 108–111, 336–340.

höchsten abgeschlossenen Ausbildung und dem Nettoeinkommen einschließlich der Transferleistungen auf Bezirksebene lässt sich für die Jahre 1970 bis in die Gegenwart, also die Phase der entwickelten Wohlstandsgesellschaft, ein zusammenfassendes Bild der Wohlstandsentwicklung geben, welches im Vergleich zum von den Vereinten Nationen verwendeten HDI auf globaler Ebene eine größere Genauigkeit der Aussagen erwarten lässt. Nach den Ergebnissen dieser Studie kennzeichnete die 1970er- und 1980er-Jahre Wohlstandskonvergenz, während danach dieser Prozess stark an Fahrt verlor. Innerhalb der österreichischen Bundesländer lag im Jahr 2008 Wien mit einem RDI-Wert von 99,0 im österreichischen Mittelfeld, Niederösterreich mit 96,9 im unteren Drittel. Insgesamt bewegten sich die Indexwerte zwischen 102,6 (Salzburg) und 87,7 (Steiermark). Die Heterogenität des Wohlstands innerhalb Wiens und Niederösterreichs kennzeichnete der Umstand, dass sich einerseits unter den fünf Bezirken mit dem höchsten RDI vier Wiener (Innere Stadt, Josefstadt, Währing, Döbling) und ein niederösterreichischer Bezirk (Mödling) befanden, andererseits unter den fünf österreichischen Bezirken mit dem niedrigsten RDI vier Wiener Bezirke (Favoriten, Simmering, Brigittenau, Rudolfsheim-Fünfhaus) und dazu noch der steirische Grenzbezirk Leibnitz.[125] Für die Heterogenität des Wohlstandes innerhalb der Bundesländer und besonders in Wien spielte eine u-förmige Bildungsverteilung eine beträchtliche Rolle. Sehr hoch qualifizierte Einwohner und Personen mit niedrigem Bildungsstand waren und sind in Wien überproportional vertreten. Ein im Rahmen eines Forschungsprojektes entwickelter Wohlstandsindex auf der Basis der Indikatoren »Leistbarkeit von grundlegenden Konsum- und Versorgungsgütern« und »zur Verfügung stehende Geldmittel« wies für Wien im Jahr 2003 mit 86,3 und im Jahr 2008 mit 88,0 von 100 möglichen Punkten zwar auf ein stabil hohes durchschnittliches Wohlstandsniveau. Bei Differenzierung in bestimmte Bevölkerungsgruppen und -schichten bewegte sich der Index im Jahr 2008 aber immerhin zwischen 92,2 unter Akademikerinnen und Akademikern und 81,8 unter Zuwanderern beiderlei Geschlechts aus Ex-Jugoslawien und gar nur 71,6 bei solchen aus der Türkei. Und nicht überraschend schnitten arbeitslose Personen mit einem diesbezüglichen Wert von 68,1 ganz besonders schlecht ab.[126] Im Vergleich der bezirksweisen Streuung des RDI und seiner Teilindizes zwischen Wien und Niederösterreich wird die größere Heterogenität der Großstadtbevölkerung gegenüber jener eines Flächenbundeslandes deutlich. Sie ist für alle Teilkomponenten gegeben, besonders ausgeprägt aber vor allem beim Bildungsniveau, geringer bei der Lebenserwartung und dem Nettoeinkommen.

125 Schrott, Human Development, 20.

126 Magistrat der Stadt Wien, Stadtplanung, Wiener Lebensqualitätsstudien, 52 f.

Tabelle 110: Variationskoeffizient des Regional Development Index nach Bezirken in Wien und Niederösterreich 2008

Indikator	Wien	Niederösterreich	Wien/Niederösterreich (Niederösterreich = 100)
Regional Development Index	0,113	0,057	199,4
Lebenserwartung bei der Geburt	0,011	0,007	160,5
Höchste abgeschlossene Ausbildung[a]	0,079	0,034	235,4
Jährliches Nettoeinkommen pro Kopf[b]	0,152	0,092	165,5

Quelle: Schrott, Human Development, 30–33; eigene Berechnungen

[a] Nach ISCED-Klassifikation, wobei Hochschulniveau = 5, höhere Schule = 4, Lehrling, Berufsschule = 3, Pflichtschule = 2.

[b] Ohne Transferleistungen.

7 »Well-Being« in Wien und Niederösterreich: die langen Linien

Nimmt man die Wohlstandsentwicklung in Wien und Niederösterreich vom Vormärz bis zur Gegenwart in den Blick, so bleibt bei aller Ähnlichkeit mit jener aller heutigen entwickelten Industriestaaten doch ein gewisses Erstaunen über den diametralen Wandel, der sich in eineinhalb bis zwei Jahrhunderten vollzogen hat. Nur einige Vergleiche mögen das illustrieren.

Von einer hypothetischen Kohorte von 100.000 männlichen Einwohnern lebten um 1870 im Alter von 80 und mehr Jahren in Wien gerade einmal 4,1 Prozent, in Niederösterreich 5,8 Prozent, im Jahr 2017 jedoch in Wien 53,8 Prozent der Männer, in Niederösterreich 57,9 Prozent, bei den Frauen sogar 69,1 Prozent in Wien und 73,1 Prozent in Niederösterreich.[1] In der Gegenwart haben Personen mit der niedrigsten Bildungsstufe im Alter von 35 Jahren eine fernere Lebenserwartung, die ein Sterbealter von 77 bis 78 Jahren bei den Männern und 82 bis 83 Jahren bei den Frauen erwarten lassen.[2] Ein solches Sterbealter erreichten in Wien Mitte des 19. Jahrhunderts gerade einmal weniger als 400 Personen oder 2 Prozent der Verstorbenen.[3] Ein Gehilfe in einer Wiener Bandfabrik verdiente um 1870 wöchentlich rund 7,50 Gulden, eine Arbeiterin 4 Gulden, in Niederösterreich waren es 4 bzw. 2,25 Gulden. Unter der optimistischen Annahme einer ununterbrochenen ganzjährigen Beschäftigung entspricht das 2018 einem Jahreseinkommen von etwa 5100 EUR für den Wiener Gehilfen, 2700 EUR für die Arbeiterin in Wien oder den Gehilfen in Niederösterreich und 1500 EUR für die Arbeiterin in Niederösterreich.[4] Das durchschnittliche Bruttojahreseinkommen aus der integrierten Lohn- und Einkommenssteuerstatistik einschließlich der Pensionisteneinkommen betrug jedoch zu Preisen 2018 in Wien 35.000, in Niederösterreich 37.000 EUR pro Einkommensbezieher, rund 27.000 (Wien) und 24.500 EUR bei den Einkommensbezieherinnen.[5] Um noch ein letztes Beispiel zu bringen: 1851 studierten an Wiener Universitäten 2416 Män-

---

1 Berechnet aus den Sterbetafeln für Wien und Niederösterreich wie Tabelle 5 und Statistik Austria, Demografische Indikatoren 1961–2017, Wien, Niederösterreich, Tabelle 8.

2 Vgl. dazu Tabelle 105.

3 Eigene Berechnungen nach Statistik der Stadt Wien 1857, Heft 1, 82 f.

4 Eigene Berechnungen nach Niederösterreichische Handels- und Gewerbekammer, Arbeits- und Lohnverhältnisse, 124, 127; Österreichisches Statistisches Zentralamt, Indizes, 33; Statistik Austria, Wertsicherungsrechner (http://www.statistik.at/Indexrechner/Controller, Zugriff: 15.7.2019).

5 Eigene Berechnungen nach Statistik Austria, Integrierte Lohn- und Einkommenssteuerstatistik nach Bundesländern 2016 (Zugriff: 15.7.2019). (http://www.statistik.at/web_de/statistiken/wirtschaft/oef fentliche_finanzen_und_steuern/steuerstatistiken/integrierte_lohn-und_einkommensteuerstatistik/

ner und es fanden 94 Promotionen statt. Im Studienjahr 2015/16 verzeichneten Wiener Universitäten und Hochschulen 177.175 Studierende beiderlei Geschlechts und 21.866 Studienabschlüsse.[6] Studien und Abschlüsse an Wiener oder niederösterreichischen Fachhochschulen bleiben bei diesem Vergleich sogar unberücksichtigt.

Den Einfluss der seit den 1950er-Jahren sprunghaft sich verbessernden Ernährungssituation auf den »biologischen« Wohlstand mag das Wachstum der durchschnittlichen Körpergröße illustrieren. Bis zum Ende des 18. Jahrhunderts und auch während der Periode der Frühindustrialisierung waren nicht nur die Einwohner des Kronlandes Niederösterreich, sondern die sesshafte Menschheit insgesamt kaum nennenswert gewachsen. Doch dann ging es ab dem späten 19. Jahrhundert bergauf. Junge Männer erreichten nun im Kronland Niederösterreich eine durchschnittliche Körpergröße von etwa 164 cm. Im österreichischen Durchschnitt, von dem Wien und Niederösterreich nur geringfügig abweichen, hatten im Jahr 1983 die 80- bis 84-Jährigen, also die um die Jahrhundertwende geborene Generation, eine durchschnittliche Größe von 169 cm, 50- bis 54-Jährige, also die Geburtenjahrgänge um 1930, von 174 cm und 20- bis 24-jährige Babyboomer von 178 cm. Einen ähnlichen Aufwärtstrend zeigte die erwachsene weibliche Bevölkerung von 160 auf 166 cm.[7] Bemerkenswerterweise ist es jedoch in den letzten Jahrzehnten zu keiner weiteren Steigerung der Körpergröße gekommen. Die Durchschnittsgröße Wiener Rekruten betrug 2016 178,1 cm, die ihrer niederösterreichischen Alterskollegen 177,4 cm. Der österreichische Durchschnitt betrug 178,3 cm.[8] Die österreichischen Rekruten waren damit nur wenig größer als der österreichische Durchschnitt der 20- bis 24-Jährigen im Jahr 1983. Für die weibliche Bevölkerung lag die Mediankörpergröße 2014 sogar nur bei 164,6 cm, 1983 jedoch bei 167,5 cm.[9] Nun mag das an Zufallsschwankungen von Stichprobenerhebungen liegen. Von einem klaren Aufwärtstrend kann aber sicherlich nicht mehr gesprochen werden. Aus einem langfristigen Vergleich der Ernährungsgewohnheiten Wiener Arbeitnehmerhaushalte aus dem Zeitraum 1912/14 bis 1958 geht hervor, dass die Veränderungen in der ersten Hälfte des 20. Jahrhunderts vor allem qualitativer Natur waren. Ende der 1950er-Jahre aß die Wiener Bevölkerung sogar eindeutig weniger Fleisch als in der Zwischenkriegszeit und am Vorabend des Ersten Weltkrieges, ebenso weniger Milch und Brot. Erheblich war

index.html, Zugriff: 15.7.2019); Wertsicherungsrechner (http://www.statistik.at/Indexrechner/Controller, Zugriff: 15.7.2019).

6 Tafeln zur Statistik 1849–1851, Tl. 2, 8. Heft, 10f., 53; Statistisches Jahrbuch Wien 2018, 128, 130.

7 Komlos, Ernährung und wirtschaftliche Entwicklung, 266; Österreichisches Statistisches Zentralamt, Gesundheitszustand, 192.

8 Statistik Austria, Jahrbuch der Gesundheitsstatistik, 238.

9 https://de.wikipedia.org/wiki/Liste_der_L%C3%A4nder_nach_K%C3%B6rpergr%C3%B6%C3%9Fe (Zugriff: 17.7.2019); Österreichisches Statistisches Zentralamt, Gesundheitszustand, 201; eigene Berechnungen.

aber die Zunahme beim Zucker-, Obst-, Fisch-, Fett- und Käsekonsum.[10] Den biologischen Wohlstand verbesserte also vor allem vitaminreiche Kost, die Verwendung hochwertiger Fette und Zucker, bei Letzteren aber auch mit allen Schattenseiten, die damit im Lauf des Lebens verbunden gewesen sein mögen. Geht man nach dem durchschnittlichen Körpergewicht von Neugeborenen, welches als Indikator für den Gesundheitszustand der Mütter zu werten ist, dann bestätigt sich indirekt die aus der Körpergröße abgeleitete Aussage. Dieses stagniert nämlich in Wien und Niederösterreich seit den 1980er-Jahren.[11]

Ohne Zweifel hat gesamtwirtschaftliches und regionales Wirtschaftswachstum den enormen Anstieg der Lebenserwartung, wie er seit Mitte des 19. Jahrhunderts zu beobachten ist, befördert, doch handelt es sich um einen vermittelten Zusammenhang, der mit steigendem Output an Gütern und Dienstleistungen schwächer wird. So korrelierten zwar beispielsweise in den 1980er- und 1990er-Jahren regionale Wertschöpfung und Lebenserwartung in den österreichischen Bezirksregionen positiv, doch schwächte sich der statistische Zusammenhang auf die Jahrtausendwende hin ab.[12] Dieser Befund deckt sich mit dem bereits eingangs erwähnten von Richard Wilkinson und Kate Pickett in ihrer Studie »The Spirit Level«, die auf die Bedeutung von Ungleichheit für den Wohlstand in hoch entwickelten Industrieländern verwiesen haben.

Im Sinn einer regionalen Wohlstandsgeschichte stellt sich die Frage, welche Spezifika der Weg in die Wohlstandsgesellschaft in Wien und Niederösterreich aufwies. Relative »Economic Backwardness« war es jedenfalls nicht. Schon Sydney Pollard hat vor geraumer Zeit festgestellt, dass dieses Label für die entwickelten wirtschaftlichen Teile der Habsburgermonarchie – und dazu zählten die Alpenländer und besonders das Kronland Niederösterreich – unzutreffend vergeben wurde.[13] Eine neuere Gesamtdarstellung wies auch auf den beträchtlichen Modernisierungsschub hin, der in den letzten Jahrzehnten ihres Bestehens die gesamte Monarchie erfasste und in beträchtlichen Investitionen in Infrastruktur und Bildung seinen Ausdruck fand.[14] Wien und Niederösterreich bildeten ohnehin neben den Alpenländern und bis 1918 den böhmischen Ländern über den gesamten betrachteten Zeitraum den Kern eines integrierten Wirtschaftsraums. Selbst die wirtschaftlich schwachen Zonen Niederösterreichs konnten nie als »verlängerte Werkbänke« zu einer dauerhaften Peripherie im Sinn Immanuel Wallersteins werden, denn dazu bestand für die Einwohner dieser

10 Österreichischer Arbeiterkammertag, Lebensstandard, 13.

11 Statistik Austria, Statistik des Geburtsgewichts der Lebendgeborenen 1970–2017 (unpublizierte Arbeitsunterlage).

12 Stadt Wien, Bereichsleitung Gesundheitsplanung, Lebenserwartung und Mortalität in Wien, 96.

13 Pollard, Peaceful Conquest, 223 f.

14 Judson, Habsburg Empire, 334–350.

Zonen die im Beobachtungszeitraum häufig genutzte Möglichkeit, in das Zentrum, nach Wien abzuwandern.[15] Nicht von ungefähr blieben die ungleichen Wanderungsbeziehungen zwischen Wien und Niederösterreich selbst in der krisenhaften Zwischenkriegszeit bestehen und erhielten durch die Landflucht der 1950er-Jahre sogar noch einen neuen Auftrieb.[16]

In der Habsburgermonarchie war Wien die unbestrittene »primate city«, auch wenn die »primacy« ab etwa 1880 durch den Aufstieg Budapests und Prags sich abschwächte.[17] Dazu trugen die Ausbildung eines Verwaltungsstaates in Cisleithanien, die Konzentration produktionsnaher Dienste (Banken, Versicherungen, Wirtschaftsdienste) und der erhöhte Fachkräftebedarf der Wiener Industrie am Übergang zur Hochindustrialisierung wesentlich bei. Trotz der höheren Lebenshaltungskosten lag das Reallohnniveau deutlich über dem Durchschnitt und war mit Bezug auf Niederösterreich gerade für ländliche Schichten ein wichtiger Anziehungspunkt. Mit dem Zerfall des gemeinsamen Wirtschaftsraums entstand eine besonders für Wien krisenhafte Situation, weil die überregionale Drehscheibenfunktion nicht zu halten war und in der Weltwirtschaftskrise, vollends dann mit der Errichtung des »Eisernen Vorhangs« weitestgehend verloren ging. Dennoch erschütterte dies die innerösterreichische Position Wiens und teilweise auch Niederösterreichs nicht dauerhaft. Während die »primacy« erwartungsgemäß nach dem Zerfall der Donaumonarchie im Zeitraum von 1918 bis 1960 abnahm, setzte ab dann ein erneuter gegenläufiger Prozess ein, der sogar ausgeprägter als in anderen europäischen Ländern ausfiel.[18] Besonders gilt das für die demographische Entwicklung nach der Jahrtausendwende.

Im Zug des Aufstiegs und Falls von Metropolen zählte Österreich zu jenen Ländern, die durch »bidirectional growth« gekennzeichnet waren. Der weit in die Vergangenheit zurückreichende Wachstumsimpuls erwuchs aus der Funktion Wiens als »primate city« der Habsburgermonarchie. Diese Funktion blieb auch im Österreich der Ersten und Zweiten Republik erhalten. Die Umorientierung der wichtigsten Außenhandelsströme nach dem Zerfall des gemeinsamen Wirtschaftsraumes nach Ende des Ersten Weltkrieges, besonders aber nach 1945, konnte die Stellung als »primate city« gerade darum nicht wirklich erschüttern, weil Wien geographisch an den Rand des Staatsgebiets rückte. Die Regel »the shorter the distance between the national economic center and the trade partner border, the greater the area that will find itself out« verhinderte, dass sich eine ausgeprägte Peripherie in Ostösterreich bilden konnte. Wien partizipierte am Aufschwung des Westhandels als Sitz vieler Zentralbüros der großen österreichischen Unternehmen ebenso wie an der Bearbeitung

15 In diesem Punkt widerspreche ich der zentralen These von Komlosy, Niederösterreich.
16 Weigl, »Unbegrenzte Großstadt«, 153.
17 Fassmann, Timing and Pattern, 58.
18 Nitsch, City Growth, 153–158.

des nationalen Marktes durch internationale Konzerne. Nach dem Fall des Eisernen Vorhangs und der EU-Osterweiterung befanden sich damit mehr oder minder die gesamte österreichische Volkswirtschaft zwischen den Wachstumsmagneten »Drehscheibe für Ostmittel- und Südosteuropa« und »Verflechtung mit Westeuropa«.[19] Diese Konstellation passte in kein klassisches Zentrum-Peripherie-Schema, auch nicht mit Bezug auf Einkommensdifferentiale. Wohl wiesen Wien und sein Umland die höchsten Durchschnittslöhne auf, die Anfangsverdienste waren jedoch sowohl im primären als auch im sekundären Segment des Arbeitsmarktes relativ niedrig, der Angestelltenbonus gering, der Gender Pay Gap vergleichsweise weniger ausgeprägt.[20] Dabei handelte es sich keineswegs nur um Entwicklungen der letzten Jahre, sondern um Tendenzen, die bereits in der frühen Zweiten Republik beobachtbar sind und bis in die Zwischenkriegszeit zurückreichen.

Was nun den langfristigen Vergleich der Wohlstandsniveaus zwischen Wien und Niederösterreich anlangt, so ist ein Auf und Ab unverkennbar. In der Frühindustrialisierungsperiode sorgte der »urban penalty« dafür, dass die Bevölkerung des noch überwiegend agrarisch geprägten Niederösterreich – sieht man mit gewissen Einschränkungen vom Säuglingsalter ab – über eindeutige Überlebensvorteile verfügte, besonders wenn sie in Landesteilen lebte, die von den großen Epidemien weitestgehend verschont blieben. Angesichts der enormen Vermögens- und ausgeprägten Einkommensungleichheit und dem sehr selektiven Zugang zu höherer Bildung konnte dies die Vorteile des großstädtischen Lebens kaum aufwiegen, zumindest nicht für die Unterschichten. Im letzten Viertel des 19. Jahrhunderts begann sich aber die relative Position der Wiener Bevölkerung allmählich zu verbessern. Dazu trugen große Investitionen in die städtische Infrastruktur, ein realer Anstieg der Masseneinkommen und quantitative und qualitative Verbesserungen der Ernährung maßgeblich bei. Klammert man die Ausnahmesituation der beiden Weltkriege und der Nachkriegsnot aus, so kamen im Zeitraum von ca. 1910 bis 1970 aus Wirtschaftswachstum, technologischem und medizinischem Fortschritt, sanitärer Revolution und Reformen des Sozial- und Bildungssystems resultierende Wohlstandsgewinne der Wiener Bevölkerung stärker zu Gute als der niederösterreichischen. In den entwickelten Wohlstandsgesellschaften nivellierten sich die Wohlstandsdifferentiale jedoch wieder. Die Bildungsrevolution der 1960er- und 1970er-Jahre förderte den Zugang zu höherer Bildung besonders von bildungsfernen ländlichen oder kleinstädtischen Schichten, Einkommensdifferentiale zwischen Wien und Niederösterreich verringerten sich, und dank der engen Verkehrsverflechtung der beiden Bundesländer verlor auch der Wienbonus mit Bezug auf medizinische Infrastruktur an Bedeutung. Seit den 1960er-Jahren sorgten ohnehin Suburbanisierung, Verlagerung von

19 Polèse, Wealth and Poverty, 116–118.

20 Maier, Weiss, Regionale Arbeitsmarktsegmentierung, 513 f.

Erst- und Zweitwohnsitzen von Wien nach Niederösterreich und eine sich laufend intensivierende Pendelverflechtung der beiden Bundesländer dafür, dass eine gesonderte Wohlstandsbetrachtung der beiden Bundesländer nur bedingt anzustellen ist, diese als ostösterreichischer Gesamtraum zu fassen sind. Zumindest während des Wiederaufbaus und der »goldenen Jahre« erwies sich auch für alte niederösterreichische Industriegebiete die wirtschaftliche Verflechtung mit der Hauptstadt als günstig, denn die starke Fokussierung der ostösterreichischen Wirtschaft auf national geschützte Märkte garantierte bis zu einem gewissen Grad das Weiterbestehen großer Industriebetriebe, auch als sich erste Anzeichen der Deindustrialisierung bemerkbar machten. Durch die Politik des Austrokeynesianismus in der Ära Kreisky verzögerte sich zudem der Strukturwandel, der die verstaatlichte Industrie schließlich in den 1980er-Jahren zum Verschwinden bringen sollte.[21] Die Sanierung und Restrukturierung dieser Industrie fiel schließlich in eine Phase, in der Sonderkonjunkturen wie die deutsche Wiedervereinigung und die Öffnung der Ostgrenzen ein verhältnismäßig günstiges wirtschaftspolitisches Umfeld schufen. Niederösterreich blieb damit ein Industrieland, auch wenn die Tertiärisierung letztlich immer mehr die wirtschaftliche Entwicklung bestimmte.

Die Einkommens- und Vermögensungleichheit war in Wien, schwächer in Niederösterreich, bis zum Ende der Monarchie sehr ausgeprägt. Auf die Masseneinkommen traf das aber bereits im Zeitalter der Hochindustrialisierung nur mehr sehr bedingt zu. Was die gesamte Erwerbsbevölkerung anlangt, sorgten das Auseinanderbrechen des gemeinsamen Wirtschaftsraums und die Vernichtung von Vermögen in der Hyperinflation nach dem Ersten Weltkrieg für einen ersten Bruch. Auch die Sozialgesetzgebung der Jahre 1918 bis 1920 während der »österreichischen Revolution« (Otto Bauer) und der gesellschaftliche Wertewandel trugen dazu bei, dass Stigmatisierungen (ledige Mütter und uneheliche Kinder) der vorangegangenen Epoche an Bedeutung verloren. Abgesehen davon stabilisierten und konsolidierten sich die Familienbeziehungen in weiten Teilen der Bevölkerung. In den 1930er-Jahren zählten weder Wien noch Niederösterreich zu den Regionen Österreichs mit hohen und steigenden Unehelichenquoten. Während der Babyboomjahre sollte sich das wiederholen und bis in die späten 1980er-Jahre anhalten.[22] Der daran anschließende Anstieg der Unehelichenquoten hatte mit Diskriminierung nichts mehr zu tun, eher mit der Verbreitung neuer Formen von Familie, Partnerschaft, Lebensabschnittsbeziehungen und ähnlichen gesellschaftlichen Trends.

Während bis zum Ende der Habsburgermonarchie die Einkommens- und Vermögenspyramide sehr ausgeprägt war und besonders in Wien der reichste Mann Europas Albert von Rothschild – sein Jahreseinkommen betrug 1910 mit 25,7 Millionen

21 Stiefel, Verstaatlichung, 205–228.
22 Kytir, Münz, Illegitimität, 12–15.

Kronen (2018 etwa 144 Millionen EUR), sein 1909 amtlich beziffertes Vermögen 557 Millionen Kronen (2018 etwa 3,1 Milliarden EUR) –[23] im äußersten Gegensatz zu einer mehrheitlich vergleichsweise dürftig lebenden und überlebenden Einwohnerschaft stand, dann selbst die Einkommens- und Vermögensverluste des Ersten Weltkriegs und der Weltwirtschaftskrise nur eingeschränkt nivellierend wirkten und vor allem die Masseneinkommen mehr schlecht als recht zum Überleben reichten, änderte sich in der Zweiten Republik diesbezüglich vieles. Was die Einkommensungleichheit anlangt, konnte die nivellierte Mittelstandsgesellschaft der 1950er-Jahre dank der im Sozialstaat betriebenen Umverteilung prolongiert werden. Angesichts der langen Hochkonjunktur erwies es sich als unproblematisch, dass das österreichische mit Westdeutschland und Frankreich vergleichbare Modell eines konservativ-korporatistischen Wohlfahrtsstaates Leistungen primär an die Beteiligung am Arbeitsmarkt knüpfte.[24] Kleinere Lücken schloss das »zweite soziale Netz« der Länder und Gemeinden. Der Gini-Koeffizient des verfügbaren Haushaltseinkommens pro Kopf bewegte sich in den 1980er-Jahren um 24, stieg dann bis zur Jahrtausendwende leicht an. Im Zeitraum von 2010 bis 2018 lag er mit einem Wert von 27 im europäischen Ranking noch immer auf einem mit den skandinavischen Ländern vergleichbaren eher bescheidenen Niveau.[25] Die in dieser Studie präsentierten Quartildispersionskoeffizienten für Wien und Niederösterreich verweisen in eine ähnliche Richtung: geringe relative Ungleichheit in den Wirtschaftswunderjahren und den 1970er- und 1980er-Jahren, danach Zunahme der Ungleichheit in vergleichsweise bescheidenem Rahmen, in Wien insgesamt ausgeprägter, was die Einkommenspyramide betrifft, schwächer, was den Gender Pay Gap anlangt.

Insgesamt beförderten die geopolitische Lage und die betont wohlfahrtsstaatliche Ausrichtung der österreichischen Politik in der Zweiten Republik das Aufrücken in die Topliga der Wohlfahrtsstaaten. Bei allen Beschränkungen, die die Interpretation eines Indikators mit sich bringt, verweist doch der laufende Anstieg des Human Development Index für Österreich auf die herausragende Wohlstandssteigerung der letzten sieben Jahrzehnte. Dieser Index betrug nach der zuletzt gängigen Definition im Jahr 1990 0,795 und 2017 0,908. Österreich lag damit an 20. Stelle weltweit und an 12. Stelle in Europa, mitten unter den hoch entwickelten Staaten.[26] Die Wohlstandsentwicklung der österreichischen Kernländer Wien und Niederösterreich hat diesen Aufstieg, der im letzten Drittel des 19. Jahrhunderts seinen Ausgang nahm

23 Sandgruber, Rothschild, 211–343, hier 339; Sandgruber, Traumzeit, 24; eigene Berechnungen.

24 Esping-Andersen, Three worlds.

25 Verwiebe, Gini Growing Inequalities Impact Austria, 12; Eurostat, Gini-Koeffizient des verfügbaren Äquivalenzeinkommens (Quelle: SILC) (http://appsso.eurostat.ec.europa.eu/nui/show.do?dataset=ilc_di12&lang=de, Zugriff: 12.7.2019).

26 United Nation Development Programme, Human Development Indices and Indicators 2018, 26.

und über viele Brüche in der zweiten Hälfte des 20. Jahrhunderts seine volle Entfaltung erlebte, wesentlich mitbestimmt. Es ist daher wohl kein Zufall, dass Wien im zweiten Jahr in Folge das Economist Intelligence Unit Ranking der lebenswertesten Städte weltweit anführt. Verglichen wurden Indikatoren der Sicherheit, Infrastruktur, Kultur- und Bildungsangebote, Gesundheitsversorgung sowie Umweltqualität von 140 Metropolen weltweit.[27] Berücksichtigt man die enge Verflechtung innerhalb der Agglomeration, ist es eine großstädtische Lebensqualität, von der auch erhebliche Teile der niederösterreichischen Bevölkerung auf die eine oder andere Weise profitieren.

27 https://www.economist.com/graphic-detail/2019/09/04/vienna-remains-the-worlds-most-liveable-city (Zugriff: 12.9.2019).

Quellen- und Literaturverzeichnis

Ungedruckte Quellen

Arbeitsmarktservice
Arbeitsmarktdaten online
http://iambweb.ams.or.at/ambweb/ (Zugriff: 11.7.2019)

Bundesanstalt für Agrarwirtschaft
Daten und Fakten, regionale Auswertung
http://www.agraroekonomik.at/index.php?id=ruekrechnung (Zugriff: 10.7.2019)
https://gruenerbericht.at (Zugriff: 10.7.2019)

Niederösterreichisches Landesarchiv
Niederösterreichische Statthalterei, Nr. 128, Kataster 4: Gewerbestatistik des Erzherzogtums Österreich unter der Enns I, 1837, Summarien
Niederösterreichische Statthalterei, I-Akten, K 2077, Fasz. 1/1867, PN 6.810; K 2087, Fasz. 5/1871, ad 65, PN 9.401; K 2091a, Fasz. 3/1873
NÖ Reg Präs-Akten 1866 P12 ad 3325 Zl.4426: Summarische Rapports-Tabelle Nr. III über den am flachen Lande N.Ö.s vom 15. bis 31. August beobachteten Fortgang der Cholera, Wien, 6. September 1866

Österreichisches Institut für Wirtschaftsforschung
WIFO-Datenbank

Österreichisches Staatsarchiv
Kriegsarchiv, Totenbuch

Statistik Austria
Gesundheitszustand der Schuljugend. Arbeitsunterlagen
Regionale Gesamtrechnungen, VGR-Revisionsstand: September 2018 (http://www.statistik.at/web_de/statistiken/wirtschaft/volkswirtschaftliche_gesamtrechnungen/regionale_gesamtrechnungen/nuts3-regionales_bip_und_hauptaggregate/index.html, Zugriff: 4.7.2019)
Sonderauswertung Mikrozensus September 1995 für Wien
Sonderauswertung Bildungsspezifische Sterbetafeln, erstellt am 25.4.2019
Wertsicherungsrechner (http://www.statistik.at/Indexrechner/Controller, Zugriff: 15.5. und 15.7.2019)

Wiener Stadt- und Landesarchiv
M.Abt. 121, A 1002: Gutachten von Dr. med. Dr. Ing. Wolfgang Holzer, Universitätsassistent am Physiologischen Institut der Universität Wien, 12.12.1939
M.Abt. 212, A7: 10: Bericht des Leiters des Bezirksgesundheitsamtes für den 2./20. Bezirk in

Wien Obermedizinalrat Dr. Rendl über den Gesundheitszustand der Zwangsarbeiterinnen und Zwangsarbeiter in den Lagern, Wien 15. Juli 1943

Gemeinderat, B6/1: Protokoll der 490. Sitzung des Gemeinderathes der k. k. Reichshaupt- und Residenzstadt Wien, 19.6.1866

Kartographische Sammlung, Pläne und Karten: Sammelbestand, P1: 168a-f, 1127

Gedruckte Quellen und Literatur

Achs, Oskar, Krassnigg Albert: Drillschule, Lernschule, Arbeitsschule. Otto Glöckel und die österreichische Schulreform in der Ersten Republik (Pädagogik der Gegenwart 112), Wien/München 1974.

Achs, Oskar, Pokay, Peter: Schulentwicklung und Bildungsbeteiligung in der Zweiten Republik im Spiegel der Zahlen. In: Statistische Mitteilungen der Stadt Wien NF 1 1999/1, 23–55.

Adlgasser, Franz: American Individualism Abroad. Herbert Hoover, die American Relief Administration und Österreich, 1919–1923 (Dissertationen der Universität Salzburg 41), Wien 1993.

Albrecht, Jonas, Martsch, Maximilian: Der Wiener Alkoholkonsum 1830–1913. In: Friedrich Hauer (Hg.), Die Versorgung Wiens 1829–1913. Neue Forschungsergebnisse auf Grundlage der Wiener Verzehrsteuer (Forschungen und Beiträge zur Wiener Stadtgeschichte 59), Innsbruck [u. a.] 2014, 77–110.

Allen, Robert: The British Industrial Revolution in Global Perspective, Cambridge 2009.

Allen, Robert: The Great Divergence in European Wages and Prices from the Middle Ages to the First World War. In: Explorations in Economic History 38 (2001), 411–447.

Aly, Götz: Hitlers Volksstaat. Raub, Rassenkrieg und nationaler Sozialismus, 3. Auflage, Frankfurt/M. 2015.

Amtsbericht des Stadtfysikates über die Choleraepidemie in Wien im Jahre 1873. Mit Rücksicht auf die Civilbevölkerung der Reichshaupt- und Residenzstadt, Wien 1874.

Arbeiterkammer in Wien, Jahrbuch 1946. Wien o. J.

Augeneder, Sigrid: Arbeiterinnen im Ersten Weltkrieg. Lebens- und Arbeitsbedingungen proletarischer Frauen in Österreich (Materialien zur Arbeiterbewegung 46), Wien 1987, 157–160.

Baader, Gerhard, Hofer, Veronika, Mayer, Thomas (Hg.): Eugenik in Österreich. Biopolitische Strukturen von 1900 bis 1945. Wien 2007.

Baden bei Wien: Geschichte des Wasserwerks http://www.baden.at/de/unsere-stadt/umwelt/wasserwerk/geschichte/ (Zugriff: 8.5.2019).

Baldwin, Peter: Contagion and the State in Europe, 1830–1930. Cambridge 1999.

Bandhauer-Schöffmann, Irene: Gender Gap. Ökonomische Ungleichheit zwischen Frauen und Männern in Wien während des 20. Jahrhunderts. In: Andreas Weigl, Peter Eigner, Ernst Gerhard Eder (Hg.), Sozialgeschichte Wiens 1740–2010. Soziale und ökonomische Ungleichheiten, Wanderungsbewegungen, Hof, Bürokratie, Schule, Theater (Geschichte der Stadt Wien 8), Innsbruck/Wien/Bozen 2015, 261–354.

Banik-Schweitzer, Renate: Zur Bestimmung der Rolle Wiens als Industriestadt für die wirtschaftliche Entwicklung der Habsburgermonarchie. In: Renate Banik-Schweitzer, Gerhard Meißl, Industriestadt Wien. Die Durchsetzung der industriellen Marktproduktion in der Habsburgerresidenz, Wien 1983, 5–97.

Barnes, Dudley, Cummins, Neil, Schulze, Max-Stephan: Population and living standards, 1945–2005. In: Stephen Broadberry, Kevin O'Rourke, The Cambridge Economic History of Modern Europe, Bd. 2, Cambridge 2010, 390–420.

Bauer, Martin: Agrarstatistik und regionale Agrarsysteme in Niederösterreich in der zweiten Hälfte des 19. Jahrhunderts. Hrsgg. vom Institut für Geschichte des ländlichen Raumes (Rural History Working Papers 11), St. Pölten 2012.

Bauer, Martin: Vielfältiges Wirtschaften. Regionale Agrarsysteme in Niederösterreich im 19. Jahrhundert. Hrsgg. vom Institut für Geschichte des ländlichen Raumes (Rural History Working Papers 32), St. Pölten 2014.

Bauer, Martin: Alles für die Hauptstadt? In: Elisabeth Loinig (Hg.), Fern der Front – Mitten im Krieg 1914–1918. Alltagsleben im Hinterland (Studien und Forschungen aus dem Niederösterreichischen Institut für Landeskunde 60), St. Pölten 2016, 45–67.

Bauer, Martin: Regionale Verteilung der Einkommen unselbständig Beschäftigter. Ergebnisse des Mikrozensus Juni 1993. In: Statistische Nachrichten NF 50 (1995), 86–97.

Bayer, Hans: Die Löhne der Arbeiterschaft in Wien und Niederösterreich (Sonderheft zu den Vierteljahresberichten der Abteilung für Volkswirtschaft und Statistik der Kammer für Arbeiter und Angestellte in Wien 2), Wien 1936.

Becher, Siegfried: Die Bevölkerungs-Verhältnisse der österreichischen Monarchie. Wien 1846.

Bednar, Alois: Kinder-Diätetik oder naturgemäße Pflege des Kindes in den ersten Lebensjahren, mit besonderer Berücksichtigung der noch dabei herrschenden Irrthümer und Vorurtheile, Wien 1857.

Bericht der Handels- und Gewerbekammer für das Erzherzogthum Oesterreich unter der Enns an das k.k. Ministerium für Handel, Gewerbe und öffentliche Bauten über den Handel, die Industrie und die Verkehrsverhältnisse des Kammerbezirkes in den Jahren 1854, 1855 und 1856, Wien 1857.

Birkner, Othmar: Die bedrohte Stadt. Cholera in Wien (Forschungen und Beiträge zur Wiener Stadtgeschichte 35), Wien 2002.

Blumenbach, W. C. W.: Neueste Landeskunde von Oesterreich unter der Ens. Bd. 1, 2. Auflage, Güns 1834.

Bobek, Hans, Lichtenberger, Elisabeth: Wien. Bauliche Gestalt und Entwicklung seit der Mitte des 19. Jahrhunderts, 2. Auflage, Wien/Köln 1978.

Bolognese-Leuchtenmüller, Birgit: Bevölkerungsentwicklung und Berufsstruktur, Gesundheits- und Fürsorgewesen in Österreich 1750–1918 (Materialien zur Wirtschafts- und Sozialgeschichte 1), Wien 1978.

Bratsassević: Die Sterbefälle an Tuberculose während der letzten 27 Jahre (1870–1896). In: Statistische Monatsschrift NF 4 (1899), 346–352.

Bruckmüller, Ernst: Vom »Bauernstand« zur »Gesellschaft des ländlichen Raumes«. Sozialer Wandel in der bäuerlichen Gesellschaft des 20. Jahrhunderts. In: Ernst Bruckmüller [u. a.] (Hg.), Geschichte der österreichischen Land- und Forstwirtschaft im 20. Jahrhundert. Politik – Gesellschaft – Wirtschaft, Wien 2002, 409–591.

Bruckmüller, Ernst, Redl, Josef: Land der Äcker. Landwirtschaft in Niederösterreich 1918–2008. In: Peter Melichar, Ernst Langthaler, Stefan Eminger (Hg.), Wirtschaft (Niederösterreich im 20. Jahrhundert Bd. 2), Wien/Köln/Weimar 2008, 165–217.

Brückner, Johannes: Das niederösterreichische Schulwesen 1945–1990, St. Pölten/Wien 1991.

Brusatti, Alois: Die Entwicklung der Wirtschaftswissenschaften und der Wirtschaftsgeschichte. In: Peter Urbanitsch, Adam Wandruszka (Hg.), Die Habsburgermonarchie 1848–1918. Bd. 1, Wien 1973, 605–624.

Bundesamt für Statistik (Hg.): Statistisches Handbuch für die Republik Österreich 1–17, Wien 1920–1937.

Bundesamt für Statistik (Bearb.): Die Ergebnisse der Volkszählung vom 22. März 1934. Bundesstaat, Textheft (Statistik des Bundesstaates Österreich 1), Wien 1935.

Bundesamt für Statistik (Bearb.): Die Ergebnisse der Volkszählung vom 22. März 1934. Bundesstaat, Tabellenheft (Statistik des Bundesstaates Österreich 2), Wien 1935.

Bundesamt für Statistik (Bearb.): Die Ergebnisse der Volkszählung vom 22. März 1934. Wien (Statistik des Bundesstaates Österreich 3), Wien 1935.

Bundesamt für Statistik (Bearb.): Die Ergebnisse der Volkszählung vom 22. März 1934. Niederösterreich (Statistik des Bundesstaates Österreich 4), Wien 1935.

Bundesamt für Statistik (Hg.): Landwirtschaftliche Betriebszählung in der Republik Österreich vom 14. Juni 1930. Gesamtergebnis für Österreich, Wien 1932.

Bundesamt für Statistik (Bearb.): Die natürliche Bevölkerungsbewegung in Österreich in den Jahren 1933 bis 1936. Österreichische Heiratsordnung 1933/34 (Statistik des Bundesstaates Österreich 12), Wien 1937.

Bundesministerium für Land- und Forstwirtschaft: Bericht über die Situation der österreichischen Land- und Forstwirtschaft 1959, 1966, Wien 1960, 1967.

Bundesministerium für Land- und Forstwirtschaft, Umwelt und Wasserwirtschaft: Grüner Bericht 2000, Wien 2001.

Bundesministerium für soziale Verwaltung: Statistiken zur Arbeitslosenversicherung. Heft I–IV, Wien 1930–1934.

Butschek, Felix: Der österreichische Arbeitsmarkt – von der Industrialisierung bis zur Gegenwart, Stuttgart 1992.

Butschek, Felix: Vom Staatsvertrag zur EU. Österreichische Wirtschaftsgeschichte von 1955 bis zur Gegenwart, Wien/Köln/Weimar 2004.

Butschek, Felix: Österreichische Wirtschaftsgeschichte. Von der Antike bis zur Gegenwart, Wien/Köln/Weimar 2011.

Caltana, Diego: Wien und der Anfang einer sozialen Stadtplanung, Frankfurt/M. [u. a.] 2011.

Chaloupek, Günther: Die entfaltete Stadtwirtschaft im Biedermeier. In: Günter Chaloupek, Peter Eigner, Michael Wagner (Hg.), Wien. Wirtschaftsgeschichte 1740–1938, Tl. 1, Wien 1991, 177–268.

Chaloupek, Günther: Die Metropole als Hauptstadt der Republik Österreich. In: Günter Chaloupek, Peter Eigner, Michael Wagner (Hg.), Wien. Wirtschaftsgeschichte 1740–1938, Tl. 1, Wien 1991, 485–519.

Chesnai, Jean-Claude: The Demographic Transition. Stages, Patterns, and Economic Implications, Oxford 1992.

Christl, Josef: Verdienstdifferentiale zwischen Männern und Frauen (IHS-Forschungsbericht 224), Wien 1985.

Christl, Josef, Wagner, Michael: Die Stellung der Frau in der österreichischen Lohn- und Gehaltspyramide. In: Wirtschaft und Gesellschaft 8 (1982), 79–97.

Cipolla, Carlo: Before the Industrial Revolution. European Society and Economy 1000–1700, 2. Auflage, London 1988.

Cohen, Gary B.: Education and Middle-Class Society in Imperial Austria, West Lafayette (Indiana) 1996.

Coyle, Diane: GDP. A Brief but Affectionate History, Princeton/Oxford 2014.

Crafts, N.: The Human Development Index, 1870–1999: Some Revised Estimates. In: European Review of Economic History 6 (2002), 395–405.

Cvrcek, Tomas: Supplementary materials to Wages, Prices, and Living Standards in The Habsburg Empire, 1827–1910.

Cvrcek, Tomas: Wages, Prices, and Living Standards in The Habsburg Empire, 1827–1910. In: Journal of Economic History 73 (2013), 1–35.

Czaslawsky, Carl: Industrie, Handel und Verkehr. In: Verein für Landeskunde von Niederösterreich (Hg.), Topographie von Niederösterreich. Bd. 1, Wien 1877, 299–330.

Czasny, Karl, Bständig, Gerhart: Entwicklung der Einkommensdisparität in Wien zwischen 1981 und 1999. SRZ Stadt + Regionalwissenschaftliches Zentrum, Wien 2001.

Daimer, J.: Geburten- und Sterblichkeitsverhältnisse in Österreich während der Jahre 1819–1899. Todesursachen in Österreich während der Jahre 1873–1900, Wien 1902.

Danielczyk, Julia: »Zwischen Gulasch und Gefrorenem«. Das Zeitalter des Phäakentums (1848–1900). In: Julia Danielczyk, Isabella Wasner-Peter (Hg.), »Heut' muß der Tisch sich völlig bieg'n«. Wiener Küche und ihre Kochbücher, Wien 2004, 79–104.

De Vries, Jan: The Industrious Revolution. Consumer Behavior and the Houshold Economy 1650 to the Present, Cambridge 2008.

Demler, Karl: Von Knechten, Mägden und Facharbeitern. 100 Jahre Gewerkschaftsarbeit in der Land- und Forstwirtschaft, Wien 2006.

Dietrich-Daum, Elisabeth: Die Wiener Krankheit. Eine Sozialgeschichte der Tuberkulose in Österreich (Sozial- und wirtschaftshistorische Studien 32), Wien/München 2007.

Dinges, Martin, Weigl, Andreas: Gender gap similarities and differences in Europe. In: Martin Dinges, Andreas Weigl (Hg.), Gender-Specific Life Expectancy in Europe 1850–2010 (Medizin, Gesellschaft und Geschichte Beiheft 58), Stuttgart 2016, 187–216.

Doblhammer, Gabriele, Rau, Roland, Kytir, Josef: Trends in educational and occupational differentials in all-cause mortality in Austria between 1981/82 and 1991/92. In: Wiener Klinische Wochenschrift 117 (2005), 468–479.

Donner, Josef: Dich zu erquicken, mein geliebtes Wien ... Geschichte der Wiener Wasserversorgung von den Anfängen bis 1910, 2. Aufl., Wien 1982.

Drasche, Anton: Statistisch-graphische Darstellung der Cholera-Epidemie in Wien während des Jahres 1873. In: Prof. Dr. Anton Drasche's Gesammelte Abhandlungen, Wien 1893.

Drenning, Alfred: Die I. Wiener Hochquellenwasserleitung. Wien 1973.

Drexel, Karl: Geburten und Sterbefälle in den größeren Städten Österreichs. In: Statistische Monatsschrift NF 19 (1914), 81–137, 193–229.

Eder, Franz X.: Privater Konsum und Haushaltseinkommen im 20. Jahrhundert. In: Franz X.

Eder [u. a.], Wien im 20. Jahrhundert. Wirtschaft, Bevölkerung, Konsum (Querschnitte 12), Innsbruck [u. a.] 2003, 201–285.

Ediev, Dalkhat, Gisser, Richard: Reconstruction of historical series of life tables and of age-sex structures for the Austrian population in the 19th and the first half of the 20th century. In: Vienna Yearbook of Population Research 5 (2007), 327–355 (DATA & TRENDS).

Ehalt, Hubert Ch.: Über den Wandel des Termins der Geschlechtsreife in Europa und dessen Ursachen. In: derselbe (Hrsg.), Zwischen Natur und Kultur. Zur Kritik biologistischer Ansätze (Kulturstudien 4), Wien/Köln/Graz 1985, 93–167.

Ehmer, Josef: Familienstruktur und Arbeitsorganisation im frühindustriellen Wien (Sozial- und wirtschaftshistorische Studien 13), Wien 1980.

Ehmer, Josef: Produktion und Reproduktion in der Wiener Manufakturperiode. In: Renate Banik-Schweitzer [u. a.], Wien im Vormärz (Forschungen und Beiträge zur Wiener Stadtgeschichte 8), Wien 1980, 107–132.

Ehmer, Josef: Heiratsverhalten, Sozialstruktur, ökonomischer Wandel. England und Mitteleuropa in der Formationsperiode des Kapitalismus (Kritische Studien zur Geschichtswissenschaft 92), Göttingen 1991.

Ehmer, Josef: Zur sozialen Schichtung der Wiener Bevölkerung 1857 bis 1910. In: Gerhard Melinz, Susan Zimmermann (Hg.), Wien – Prag – Budapest. Blütezeit der Habsburgermetropolen. Urbanisierung, Kommunalpolitik, gesellschaftliche Konflikte (1867–1918), Wien 1996, 73–83.

Ehmer, Josef: Sozialgeschichte des Alters. Frankfurt/M. 1990.

Eichwalder, Reinhard: Körpergröße, Körpergewicht, Übergewicht. Ergebnisse des Mikrozensus Dezember 1983. In: Statistische Nachrichten 40 (1985), 762–767.

Engelbrecht, Helmut: Geschichte des österreichischen Bildungswesens. Erziehung und Unterricht auf dem Boden Österreichs, Bd. 5. Wien 1988.

Engelbrecht, Helmut: Schule. In: Stefan Eminger, Ernst Langthaler (Hg.), Sowjets, Schwarzmarkt, Staatsvertrag. Stichwörter zu Niederösterreich 1945–1955. St.Pölten/Wien/Linz 2005, 179–184.

Ergebnisse der Zählung der Kriegshinterbliebenen in Wien. In: Blätter für das Wohlfahrts- und Armenwesen der Stadt Wien 17 (1918), 277–284.

Escherich, Theodor, Chrobak, Rudolf: Ein Mahnwort an die Ärzte zur Förderung des Selbststillens, Wien 1906.

Esping-Andersen, Gøsta: The three worlds of welfare capitalism, Cambridge 1990.

FAO, WHO, UNU: Energy requirements and dietary energy recommendations. Human energy requirements. Report of a Joint Expert Consultation. Rome 2001.

Fassmann, Heinz: Timing and Pattern of Urban Population Growth in the Austrian-Hungarian Monarchy 1857–1910: a dynamic Rank-Size-Approach. In: Richard Lawton, Robert Lee (Hg.), Urban Population Development in Western Europe from the Late-Eighteenth tot he Early-Twentieth Century, Liverpool 1989, 51–67.

Feldbauer, Peter: Stadtwachstum und Wohnungsnot. Determinanten unzureichender Wohnungsversorgung in Wien 1848 bis 1914 (Sozial- und wirtschaftshistorische Studien 9), Wien 1977.

Felder, Cajetan: Erinnerungen eines Wiener Bürgermeisters, bearb. v. Felix Czeike, Wien/Hannover/Bern 1964.

Fellner, Friedrich von: Das Volkseinkommen Österreichs und Ungarns. In: Statistische Monatsschrift NF 21 (1916), 485–625.

Findl, Peter: Mortalität und Lebenserwartung in den österreichischen Alpenländern im Zeitalter der Hochindustrialisierung (1868 bis 1912). In: Österreichisches Statistisches Zentralamt (Hg.), Geschichte und Ergebnisse der zentralen amtlichen Statistik in Österreich 1829–1979. Tabellenanhang (Beiträge zur österreichischen Statistik 550a), Wien 1979, 33–50.

Firnberg, Hertha, Otruba, Gustav: Die soziale Herkunft der niederösterreichischen Studierenden an Wiener Hochschulen (Der niederösterreichische Arbeiter 3), Wien 1951.

Firnberg, Hertha, Otruba, Gustav, Rutschka, L. S.: Die wirtschaftliche und soziale Entwicklung Niederösterreichs von der industriellen Revolution bis zur Gegenwart. Tl. 2 (Der niederösterreichische Arbeiter 5), Wien 1957.

Flamm, Heinz, Vutuc, Christian: Geschichte der Pocken-Bekämpfung in Österreich. In: Wiener klinische Wochenschrift 122 (2010), 265–275.

Flanner, Karl: Die Anfänge der Wiener Neustädter Arbeiterbewegung 1865–68 (Materialien zur Arbeiterbewegung 1), Wien 1975.

Floud, Roderick: The Heights of Europeans since 1750: A New Source for European Economic History. In: John Komlos (Hg.), Stature, Living Standards, and Economic Development. Essays in Anthropometric History, Chicago/London 1994, 9–24.

Floud Roderick, Fogel Robert W., Harris Bernard, Sok Chul Hong: The Changing Body. Health, Nutrition, and Human Development in the Western World since 1700, Cambridge 2011.

Fogel, Robert William: The Escape from Hunger and Premature Death, 1700–2100. Europe, America, and the Third World, Cambridge 2004.

Fogel, Robert, Costa, D.: A theory of technophysio evolution, with some implications for forecasting population, health care costs and pensions costs. In: Demography 34 (1997), 49–66.

Forey, Barbara [u. a.] (Hg.): International Smoking Statistics. A collection of historical data from 30 economically developed countries, Oxford 2002.

Freund, Florian, Perz, Bertrand: Zwangsarbeit von zivilen AusländerInnen, Kriegsgefangenen, KZ-Häftlingen und ungarischen Juden in Österreich. In:Emmerich Tálos [u. a.] (Hg.), NS-Herrschaft in Österreich. Ein Handbuch, Wien 2000, 644–695.

Friedl, Hans Peter: Regionale Aspekte des Rauchens. Ergebnisse des Mikrozensus September 1986. In: Statistische Nachrichten 42 (1987), 394–397.

Frühwald, Alfred: Die Entwicklung des allgemeinbildenden Pflichtschulwesens in Niederösterreich von 1900 bis 1975. In: Peter Lalics, Adolf März, Hans Spreitzer, (Hg.), Schulwirklichkeit und Schulerneuerung in Österreich. Wien 1977, 173–191.

Gee, E. M., Veevers, J. E.: Accelerating sex differentials in mortality: An analysis of contributing factors. In: Social Biology 30 (1983), 70–85.

Die Gemeinde-Verwaltung der Reichshaupt= und Residenzstadt Wien in den Jahren 1867–1882. Wien 1872–1884.

Gemeinderath der Stadt Wien (Hg.): Wien 1848–1888. Denkschrift zum 2. December 1888. Bd. 1, Wien 1888.

Gerabek, Karl: Gewässer und Wasserwirtschaft Niederösterreichs (Forschungen zur Landeskunde von Niederösterreich 15), Wien 1964.

Gerschenkron, Alexander: An Economic Spurt that failed, Princeton NJ 1977.
Gesundheitsbericht für Wien 1997. Wien 1998.
Gierlinger, Sylvia, Haidvogel, Gertrud, Gingrich, Simone, Krausmann, Fridolin: Feeding and cleaning the city: the role of the urban waterscape in provision and disposal in Vienna during the industrial transformation. In: Water History 5 (2013), 219–239.
Gill, Bernhard: Lebenserwartung als zentraler Wohlstandsindikator für eine ökologisch nachhaltige Entwicklung. In: Leviathan 47/1 (2019), 28–53.
Glatter: Beiträge zur ärztlichen Topographie Wiens mit besonderer Berücksichtigung der Mortalität im Jahre 1862, Wien 1864.
Gohren, Theodor von: Versuch einer Ernährungs=Bilanz der Stadt Wien. Ein Stück volkswirthschaftlicher Chemie, Prag 1877 (Separatdruck aus dem Jahrbuch für österreichische Landwirthe 1877).
Good, David F.: The Economic Lag of Central and Eastern Europe: Income Estimates for the Habsburg Successor States, 1870–1910. In: Journal of Economic History 54 (1994), 869–891.
Good, David F., Ma, Tongshu: New Estimates of Income Levels in Central and Eastern Europe, 1870–1910. In: Franz Baltzarek, Felix Butschek, Gunter Tichy (Hg.), Von der Theorie zur Wirtschaftspolitik – ein österreichischer Weg, Stuttgart 1998, 147–168.
Gottstein, Adolf: Aufgaben der Gemeinde- und der privaten Fürsorge. In: Hans-Ulrich Deppe, Michael Regus (Hg.), Seminar: Medizin, Gesellschaft, Geschichte. Beiträge zur Entwicklungsgeschichte der Medizinsoziologie (suhrkamp taschenbuch wissenschaft 67), Frankfurt/M. 1975, 230–241.
Greif, Franz: Land- und Forstwirtschaft in Niederösterreich, St. Pölten-Wien 1983.
Griffin, Emma: A short history of the British industrial revolution, London 2010.
Gross, Nachum T.: An Estimate of Industrial Product in Austria in 1841. In: Journal of Economic History 28 (1968), 80–101.
Gruber, Helmut: Red Vienna. Experiment in Working-Class Culture 1919–1934, New York/Oxford 1991.
Gruber, Leopold: Die Wasserversorgungsanlagen der Gemeinden. In: Niederösterreichische Landesregierung (Hg.), Das Bundesland Niederösterreich. Seine verfassungsrechtliche, wirtschaftliche, kulturelle und soziale Entwicklung im ersten Jahrzehnt des Bestandes 1920–1930, Wien 1930, 211–214.
Grünberg, Alois: Die Assanierung Wiens vom medizinisch-statistischen Standpunkte. In: Th. Weyl (Hg.), Die Assanierung der Städte in Einzeldarstellungen, Bd. 1 Heft 2, Leipzig 1902, 129–194.
Güttenberger, Heinrich: Die geistige Entwicklung des Landkindes und ihre Beeinflussung durch die Schule. In: Österreichische Pädagogische Warte 19 (1924), 135–142.
Güttenberger, Heinrich: Das Landkind nach Umwelt und Eigenart (Österreichische Beiträge zur Pädagogik), Wien 1925.
Gulick, Charles A.: Österreich von Habsburg zu Hitler. Bd. 2. Wien 1950.
Gutkas, Karl: Geschichte des Landes Niederösterreich. 6. Auflage, St. Pölten 1983.
Gutkas, Karl: Die Industrialisierung und Industriekrise der Zwischenkriegszeit im St. Pöltner Raum. In: Andreas Kusternig (Hg.), Beiträge über die Krise der Industrie Niederöster-

reichs zwischen den beiden Weltkriegen (Studien und Forschungen aus dem Niederösterreichischen Institut für Landeskunde 7), Wien 1985, 57–74.

Hain Joseph: Handbuch der Statistik des österreichischen Kaiserstaates. Bd. 1, Wien 1852.

Häusler, Wolfgang: Land zwischen Donau und Schöpfl, Wien/München 1980.

Häusler, Wolfgang: »Wart's Gourmanninen!«. Vom Essen und Trinken in Nestroys Zeit. In: Österreich in Geschichte und Literatur 35 (1991), 217–241.

Handels- und Gewerbekammer in Wien (Hg.): Statistik der Volkswirtschaft in Nieder-Österreich 1855–1866, Bd. 1, Wien 1866.

Handels- und Gewerbekammer in Wien: Statistischer Bericht über Industrie und Gewerbe des Erzherzogthums Österreich unter der Enns im Jahre 1885. Wien 1889.

Handels- und Gewerbekammer in Wien: Statistischer Bericht über die volkswirthschaftlichen Zustände des Erzherzogthums Österreich unter der Enns im Jahre 1890. Bd. 1, Wien 1894.

Hardy, Anne I.: Ärzte, Ingenieure und städtische Gesundheit. Medizinische Theorien in der Hygienebewegung des 19. Jahrhunderts (Kultur der Medizin 17), Frankfurt/M./New York 2005.

Haslinger, Alois: Uneheliche Geburten in Österreich. Historische und regionale Muster. In: Institut für Demographie der Österreichischen Akademie der Wissenschaften (Hg.), Demographische Informationen 1982, 2–34.

Hauptverband der Österreichischen Sozialversicherungsträger: (Statistisches) Handbuch der Österreichischen Sozialversicherung 1970–1977, 1978–2018 Tl. II, Wien 1970–2018.

Healy, Maureen: Vienna and the Fall of the Habsburg Empire. Total War and Everyday Life in World War I, Cambridge 2004.

Heiler, Bernhard, Lebmann Rosa: Die Entwicklung der allgemeinbildenden Pflichtschulen in Österreich. In: Österreichisches Statistisches Zentralamt (Bearb.), Geschichte und Ergebnisse der zentralen amtlichen Statistik in Österreich 1829–1979 (Beiträge zur Österreichischen Statistik 550), Wien 1979, 513–544.

Hertz, Friedrich: Kapitalbedarf, Kapitalbildung und Volkseinkommen in Österreich. In: Walther Lotz (Hg.), Kapitalbildung und Besteuerung. Finanzwissenschaftliche Untersuchungen, München/Leipzig 1929, 38–96.

Höhn, Charlotte: Kohortensterblichkeit unter besonderer Berücksichtigung der Weltkriege. In: Rainer Dinkel (Hg.), Sterblichkeitsentwicklung unter besonderer Berücksichtigung des Kohortenansatzes, München 1996, 45–66.

Hofer, Hans-Georg: Ernährungskrise, Krankheit, Hungertod: Wien (und Österreich-Ungarn) im Ersten Weltkrieg. In: Medizin in Medizin, Gesellschaft und Geschichte 31 (2013), 33–66.

Hofer, Th.: Die Wasserleitung und die Kanalisierung der Stadt Baden bei Wien, o. J. [1902].

Hoffmann, W.: Landwirtschaft, Weinbau, Forstwirtschaft und Jagd. In: Verein für Landeskunde von Niederösterreich (Hg.), Topographie von Niederösterreich. Bd. 1, Wien 1877, 218–298.

Hofstätter, Robert: Die rauchende Frau. Eine klinische, psychologische und soziale Studie, Wien-Leipzig 1924.

Hohenegger, Martin, Weigl, Andreas: Aspekte der Mortalität und Morbidität der Wiener Bevölkerung. In: Statistische Mitteilungen der Stadt Wien 1988/2, 8–19.

Hopkins, Donald R.: The Greatest Killer. Smallpox in History, Chicago/London 2002.

Houthakker, H. S., Engel's Law. In: John Eatwell, Murray Milgate, Peter Newman (Hg.), The New Palgrave. A Dictionary of Economics. Bd. 2, London/Basingstoke 1987, 143 f.
Imhof, Arthur E.: Unterschiedliche Säuglingssterblichkeit in Deutschland, 18. bis 20. Jahrhundert – Warum? In: Zeitschrift für Bevölkerungswissenschaft 7 (1981), 343–382.
Inama-Sternegg, Karl Theodor, Die landwirthschaftlichen Arbeiter und deren Löhne in den im Reichsrathe vertretenen Königreichen und Ländern. In: Statistische Monatsschrift 21 (1895), 319–359, 387–431.
Jahoda, Marie, Lazarsfeld, Paul F., Zeisel, Hans: Die Arbeitslosen von Marienthal. Ein soziographischer Versuch über die Wirkungen langandauernder Arbeitslosigkeit. Mit einem Anhang zur Geschichte der Soziographie (edition suhrkamp 769), 26. Auflage, Frankfurt/M. 2018.
Jahres-Bericht des Wiener Stadtfysikates (Stadtphysikates) über seine Amtstätigkeit im Jahre 1866–1910, Wien 1867–1911.
Jakoby, Herbert: Regionale Lohnstrukturen. Eine theoretische und empirische Analyse regionaler Lohnunterschiede (Sozialwissenschaftliche Arbeitsmarktforschung 29), Frankfurt/M./New York 1990.
Jeglitsch, Helmut: Volkswirtschaftliche Gesamtrechnung nach Bezirken (Österreichische Raumordnungskonferenz Schriftenreihe 72), Wien 1989.
Juch, Josef, Wolf, Walter: Neue Einkommensstatistiken aus der Sozialversicherung. In: Soziale Sicherheit 11/1989, Wien 1989.
Judson, Pieter M.: The Habsburg Empire: A New History, Cambridge (Mass.)/London 2016.
Junker, E[rmar], Klima, H.: Die Entwicklung der Tuberkulose in Wien seit dem zweiten Weltkrieg. In: Der Tuberkulosearzt 16 (1962) Heft 3, 158–167.
Junker, E[rmar]: Stellenwert der Tuberkulose als Volkskrankheit. In: Wiener medizinische Wochenschrift 128 (1978), 573–577.
Junker, E[rmar], Klima, H.: Zur tuberkulösen Durchseuchung in Österreich. In: Praxis und Klinik der Pneumologie 36 (1982), 502–507.
Junker, Ermar: BCG-Impfung aus heutiger Sicht. In: Mitteilungen der Österreichischen Sanitätsverwaltung 91/12 (1990), 3–7.
Junker, Ermar: Zur Epidemiologie der Lungenerkrankungen in Wien. In: Mitteilungen der Österreichischen Sanitätsverwaltung 91/7–8 (1990), 1–4.
Junker, Ermar, Schmid, Elisabeth: Der tuberkulosekranke Ausländer. In: Mitteilungen der Österreichischen Sanitätsverwaltung 90/5 (1989), 3–7.
Junker, Ermar, Schmidgruber, Beatrix, Wallner, Gerhard: Die Tuberkulose in Wien. Wien 1999.
K. k. Ackerbau-Ministerium (Hg.): Statistisches Jahrbuch des K. k. Ackerbau-Ministeriums für 1874. Heft 1: Landwirtschaftliche Production. Lfg. 1: Production des Jahres 1874 aus dem Pflanzenbau, Wien 1875.
K. k. Direction der administrativen Statistik (Bearb.): Statistik des Sanitätswesens der im Reichsrathe vertretenen Königreiche und Länder für das Jahr 1880 (Österreichische Statistik 3/1), Wien 1883.
K. k. Handelsministerium: Enquete über die Approvisionierung Wiens. Bd. 1–2, Wien 1870/71.

K. k. Ministerium des Inneren (Hg.): Bevölkerung und Viehstand von Österreich unter der Enns nach der Zählung vom 31. October 1857, Wien 1859.
K. k. Ministerium des Inneren (Hg.): Die Gebarung und die Ergebnisse der Unfallstatistik der im Grunde des Gesetzes vom 28. December 1887 (R. G. Bl. Nr. 1 ex 1888), betreffend die Unfallversicherung der Arbeiter errichteten Arbeiter-Unfallversicherungsanstalten im Jahre 1890–1912/13, Wien 1890–1917.
K. k. Statistische Central-Commission (Hg.): Statistisches Jahrbuch der Oesterreichischen Monarchie (Österreichisches Statistisches Handbuch) 1–11 (1861–92), Wien 1863–1893.
K. k. Statistische Central-Commission (Hg.): Mitteilungen aus dem Gebiete der Statistik 15, 3. Heft, Wien 1869, Mitteilungen aus dem Gebiete der Statistik 15, 3. Heft, Wien 1869.
K. k. statistische Central-Commission (Hg.): Bevölkerung und Viehstand der im Reichsrathe vertretenen Königreiche und Länder, dann der Militärgränze nach der Zählung vom 31. December 1869. Heft 1–4, Wien 1871.
K. k. Statistische Central-Commission (Hg.): Die Ergebnisse der Volkszählung und der mit derselben verbundenen Zählung der häuslichen Nutzthiere vom 31. December 1880 in den im Reichsrathe vertretenen Königreichen und Ländern. Tl. 1 (Österreichische Statistik 1/1), Wien 1882.
K. k. Statistische C(Z)entralkommission (Bearb.): Bewegung der Bevölkerung der im Reichsrathe vertretenen Königreiche und Länder im Jahr 1891–1892, 1908/09, 1910–1911 (Österreichische Statistik 37/1, 38/3, 88/3, 92/1, NF 8/3), Wien 1893, 1895, 1911, 1910, 1912–1913, 1915.
K. k. Statistische Centralkommission (Bearb.): Die Ergebnisse der Volkszählung vom 31. December 1890 in den im Reichsrathe vertretenen Königreichen und Ländern. Bd. 1, Heft 1, 3 (Österreichische Statistik 32, Heft 1, 3), Wien 1892–1893.
K. k. Statistische Central-Commission (Hg.): Berufsstatistik nach den Ergebnissen der Volkszählung vom 31. December 1890 in den im Reichsrathe vertretenen Königreichen und Ländern. Heft 2 (Österreichische Statistik 33/2), Wien 1894.
K. k. Statistische Zentralkommission (Bearb.): Ergebnisse der Gewerblichen Betriebszählung vom 3. Juni 1902 in den im Reichsrate vertretenen Königreichen und Ländern. Niederösterreich (Österreichische Statistik 75/3), Wien 1905.
K. k. Statistische Zentralkommission (Bearb.): Ergebnisse der Gewerblichen Betriebszählung vom 3. Juni 1902 in den im Reichsrate vertretenen Königreichen und Ländern. Reichsübersichten nach Gewerbearten (Österreichische Statistik 75/1 2. Abt.), Wien 1907.
K. k. Statistische Zentralkommission (Bearb.): Ergebnisse der Gewerblichen Betriebszählung vom 3. Juni 1902 in den im Reichsrate vertretenen Königreichen und Ländern. Reichsübersichten nach Gewerbearten (Österreichische Statistik 75/1. Heft/2. Abt.), Wien 1907.
K. k. Statistische Zentralkommission (Bearb.): Statistik der Unterrichtsanstalten in den im Reichsrate vertretenen Königreichen und Ländern für das Jahr 1909/1910 (Österreichische Statistik NF 7/3), Wien 1913.
K. k. Statistische Zentralkommission (Bearb.): Die Ergebnisse der Volkszählung vom 31. Dezember 1910 in den im Reichsrate vertretenen Königreichen und Ländern. Bd. 1/2 (Österreichische Statistik NF 1/2), Wien 1914.
K. k. Statistische Zentralkommission (Bearb.): Die Ergebnisse der Volkszählung vom 31. De-

zember 1910 in den im Reichsrate vertretenen Königreichen und Ländern. Bd. 1/3 (Österreichische Statistik NF 1/3), Wien 1914.
K. k. Statistische Zentralkommission (Bearb.): Berufsstatistik nach den Ergebnissen der Volkszählung vom 31. Dezember 1910 in Österreich. Bd. 1/1 (Österreichische Statistik NF 3/1), Wien 1916.
K. k. Statistische Zentralkommission (Bearb.): Statistik der Unterrichtsanstalten in Österreich für das Jahr 1913/1914 (Österreichische Statistik NF 17/3), Wien 1919.
Kaelble, Hartmut: Sozialgeschichte Europas. 1945 bis in die Gegenwart, München 2007.
Kaiser, Franz J.: Die Milchversorgung Wiens. Bd. 1: Die Milchversorgung in Alt-Wien. Hrsgg. von Adolf Staffe, Wien 1935.
Kammer für Arbeiter und Angestellte für Wien: Wirtschafts- und sozialstatistisches Handbuch 11 (1945–1969), Wien 1970; 18 (1976), Wien 1977, 24 (1982), Wien 1984.
Kammer für Arbeiter und Angestellte für Wien (Hg.): Die langfristige Entwicklung von Löhnen und Gehältern in Wien. Wien 1963.
Kammer für Arbeiter und Angestellte für Wien (Hg.): Armut in Wien. Eine Untersuchung der Wirtschaftswissenschaftlichen und der Statistischen Abteilung der Wiener Kammer für Arbeiter und Angestellte, Wien 1974.
Kammer für Arbeiter und Angestellte in Wien (Hg.): Wirtschaftsstatistisches Jahrbuch 1–12 (1924–1937), Wien 1925–1937.
Kammer für Arbeiter und Angestellte in Wien: Löhne der Wiener Arbeiterschaft im Jahre 1926. Wien 1929.
Kammerer, Emil: Bilanz der öffentlichen Gesundheitswirthschaft in Wien (Sonderdruck aus »Das österreichische Sanitätswesen 1891 Nr. 49/50«).
Kann, Robert A.: Kanzel und Katheder. Studien zur österreichischen Geistesgeschichte vom Spätbarock zur Frühromantik, Freiburg/Basel 1962.
Karstens, Simon: Lehrer – Schriftsteller – Staatsreformer. Die Karriere des Joseph von Sonnenfels (1733–1817) (Veröffentlichungen der Kommission für neuere Geschichte Österreichs 106), Wien/Köln/Weimar 2011.
Kausel, Anton: 150 Jahre Wirtschaftswachstum in Österreich und der westlichen Welt im Spiegel der Statistik, Wien 1985.
Kausel, Anton: Österreichs Volkseinkommen 1830 bis 1913. Versuch einer Rückrechnung des realen Brutto-Inlandsproduktes für die österreichische Reichshälfte und das Gebiet der Republik Österreich. In: Geschichte und Ergebnisse der zentralen amtlichen Statistik in Österreich 1829–1979, Wien 1979 (Beiträge zur österreichischen Statistik 550), 689–720.
Kausel, Anton, Németh, Nandor, Seidel, Hans: Österreichs Volkseinkommen 1913 bis 1963 (Monatsberichte des Österreichischen Institutes für Wirtschaftsforschung 14. Sonderheft), Wien 1965.
Kautsky, Benedikt: Löhne und Gehälter. In: Julius Bunzel (Hg.), Geldentwertung und Stabilisierung in ihren Einflüssen auf die soziale Entwicklung in Österreich (Schriften des Vereins für Sozialpolitik 169), München/Leipzig 1925, 104–131.
Kearns, Gerry: Biology, class and the urban penalty. In: Gerry Kearns, C. W. J. Withers (Hg.), Urbanising Britain. Essays on class and community in the nineteenth century (Cambridge Studies in Historical Geography 17), Cambridge 1991, 12–30.
Killion, J. Alexander: Nightmare in the City of Dreams: Civic Consciousness and Industri-

alization in Imperial Vienna, 1848–1881, Master's Theses, Western Michigan University 2016 (http://scholarworks.wmich.edu/masters_theses/755, Zugriff: 23.10.2017).

Klein, Kurt: Bevölkerungs- und Häuserzahlen für politische Bezirke und größere Gemeinden Niederösterreichs vor 1859. In: Jahrbuch für Landeskunde von Niederösterreich NF 63/64 (1998), 287–323.

Klein, Kurt: Geburten und Sterbefälle in Niederösterreich am Ende des 18. Jahrhunderts. In: Jahrbuch für Landeskunde von Niederösterreich 54/55 (1990), 177–188.

Kleindel, Walter: Österreich. Daten zur Geschichte und Kultur, Wien/Heidelberg 1978.

Klezl, Felix: Die Lebenskosten. In: Julius Bunzel (Hg.), Geldentwertung und Stabilisierung in ihren Einflüssen auf die soziale Entwicklung in Österreich (Schriften des Vereins für Sozialpolitik 169), München/Leipzig 1925, 139–161.

Klima, H., Junker, E[rmar]: Tuberkulintestungen in Wien – Rückblick, Ausblick (Sonderdruck aus Mitteilungen der österreichischen Sanitätsverwaltung 87 (1986) Heft 1)

Klotz, Johannes: Convergence or divergence of educational disparities in mortality and morbidity? The evolution of life expectancy by educational attainment in Austria in 1981–2006. In: Vienna Yearbook of Population Research 8 (2010), 139–174.

Klotz, Johannes: Soziale Unterschiede in der Sterblichkeit. Bildungsspezifische Sterbetafeln 2001/2002. In: Statistische Nachrichten NF 62 (2007), 296–311.

Klotz, Johannes, Asamer, Eva-Maria: Bildungsspezifische Sterbetafeln 2006/2007 sowie 2011/12. In: Statistische Nachrichten NF 69 (2014), 209–214.

Klotz, Johannes, Doblhammer, Gabriele: Trends in educational mortality differentials in Austria between 1981/82 and 2001/2002: A study based on a linkage of census data and death certificates. In: Demographic Research 19 (2008), 1759–1780.

Klotz, Johannes, Kronsteiner, Christa: Ausstattung privater Haushalte. Konsumerhebung 1999/2000. In: Statistische Nachrichten NF 56 (2001), 644–648.

Knolz, Joseph Johann (Hg.): Darstellung der Brechruhr-Epidemie in der k. k. Haupt- und Residenzstadt Wien wie auch auf dem flachen Lande in Oesterreich unter der Enns in den Jahren 1831 und 1832, nebst den dagegen getroffenen Sanitäts-polizeylichen Vorkehrungen, Wien 1834.

Koblizek, Ruth, Lauwarm und trübe. Trinkwasser in Wien vor 1850. In: Karl Brunner, Petra Schneider (Hg.), Umwelt Stadt. Geschichte des Natur- und Lebensraumes Wien (Wiener Umweltstudien 1), Wien/Köln/Weimar 2005, 188–194.

Koblizek, Ruth, Süssenbeck, Nicole: Die Trinkwasserversorgung der Stadt Wien von ihren Anfängen bis zur Gegenwart (ungedr. phil. Diss.), Wien 2000.

Koblizek, Ruth, Süssenbeck, Nicole: »Wasser in jedwedes Bürgers Haus«. Die Trinkwasserversorgung Wiens, Wien 2003.

Köck, Christian, Kytir, Josef, Münz, Rainer: Risiko »Säuglingstod«. Plädoyer für eine gesundheitspolitische Reform (Schriften des Instituts für Demographie der österreichischen Akademie der Wissenschaften 8), Wien 1988.

Kohl, Josef: Die Entwässerung, in: Paul Kortz (Red.), Wien am Anfang des XX. Jahrhunderts. Ein Führer in technischer und künstlerischer Richtung, Bd. 1, Wien 1905, 193–214.

Komlos, John: The age at Menarche in Vienna: The Relationship between Nutrition and Fertility. In: Historical Methods 22/4 (1989), 158–162.

Komlos, John: Ernährung und wirtschaftliche Entwicklung unter Maria Theresia und Joseph II. Eine anthropometrische Geschichte der Industriellen Revolution in der Habsburgermonarchie, St. Katharinen 1994.

Komlos, John: Modernes ökonomisches Wachstum und der biologische Lebensstandard. In: Eckart Schremmer (Hg.), Wirtschafts- und Sozialgeschichte. Gegenstand und Methoden (Vierteljahrschrift für Sozial- und Wirtschaftsgeschichte 145), Stuttgart 1998, 165–197.

Komlosy, Andrea: Niederösterreich: Wirtschaft im Wandel. In: Manfried Wagner (Hg.): Niederösterreich. Menschen und Gegenden (Niederösterreich. Eine Kulturgeschichte von 1861 bis heute 1), Wien/Köln/Weimar 2004, 211–242.

Kortz: Wasserversorgung. In: Th. Weyl (Hg.), Die Assanierung von Wien (Die Assanierung der Städte in Einzeldarstellungen 1 Heft 2), Leipzig 1902.

Krebs, Gertraud: Die geographische Verbreitung der Cholera im ehemaligen Oesterreich-Ungarn in den Jahren 1831–1916 (Veröffentlichungen aus dem Gebiete des Volksgesundheitsdienstes 55 Heft 6), Berlin 1941.

Kropf, Rudolf, Rauter, Horst: Erklärungsansätze zum Einfluß der Ernährung auf die Gesundheit und Lebenserwartung des Menschen im 19. Jahrhundert. In: Helmut Konrad (Hg.), Der alte Mensch in der Geschichte (Österreichische Texte zur Gesellschaftskritik 11), Wien 1982, 185–204.

Kühschelm, Oliver: Wohlstand im ausgehenden 19. Jahrhundert – die Stadt und das Land. In: Elisabeth Loinig, Stefan Eminger, Andreas Weigl (Hg.), Wien und Niederösterreich – eine untrennbare Beziehung? (Studien und Forschungen aus dem Niederösterreichischen Institut für Landeskunde 70), St. Pölten 2017, 259–280.

Kuppe, Rudolf: Ein Jahrzehnt Aufbau in der Schule. In: Niederösterreichische Landesregierung (Hg.): Das Bundesland Niederösterreich. Seine verfassungsrechtliche, wirtschaftliche, kulturelle und soziale Entwicklung im ersten Jahrzehnt des Bestandes 1920–1930, Wien 1930, 343–351.

Kusternig, Andreas: Die Industrie im oberen Traisental. Zur Rezession eines alten Industriegebietes. In: derselbe (Hg.), Beiträge über die Krise der Industrie Niederösterreichs zwischen den beiden Weltkriegen (Studien und Forschungen aus dem Niederösterreichischen Institut für Landeskunde 7), Wien 1985, 77–99.

Kuznets, Simon: National Income and Capital Formation, 1919–1935, New York 1937.

Kytir, Josef: Regionale Unterschiede der Säuglingssterblichkeit in Österreich. In: Mitteilungen der Österreichischen Geographischen Gesellschaft 131 (1989), 47–76.

Kytir, Josef, Köck, Christian: Epidemiologische Ursachen der überdurchschnittlichen Säuglingssterblichkeit in Wien. In: Demographische Informationen 1995/96, 82–92.

Kytir, Josef, Münz, Rainer: Illegitimität in Österreich. In: Demographische Informationen 1986, 7–21.

Lancaster, H. O.: Expectations of Life. A Study in thze Demography, Statistics, and History of World Mortality, New York [u. a.] 1990.

Landers, John: Death and the metropolis. Studies in the demographic history of London 1670–1830 (Cambridge Studies in Population, Economy and Society in Past Time 20), Cambridge 1993.

Lang, Ludwig: Die pädagogische Situation der gegenwärtigen Landschulerneuerung. In: derselbe (Hg.), Landschule und ländliche Erziehung in Österreich, Wien 1948, 13–32.

Langewiesche, Dieter: Zur Freizeit des Arbeiters. Bildungsbestrebungen und Freizeitgestaltung österreichischer Arbeiter im Kaiserreich und in der Ersten Republik (Industrielle Welt 29), Stuttgart 1980.

Langthaler, Ernst: Hungernde Stadt, sattes Land? »Volksernährung« in Wien und Niederösterreich nach dem Ersten Weltkrieg. In: Elisabeth Loinig, Stefan Eminger, Andreas Weigl (Hg.), Wien und Niederösterreich – eine untrennbare Beziehung? (Studien und Forschungen aus dem Niederösterreichischen Institut für Landeskunde 70), St. Pölten 2017, 281–287.

Langthaler, Ernst: Schlachtfelder. Alltägliches Wirtschaften in der nationalsozialistischen Agrargesellschaft 1938–1945 (Sozial- und wirtschaftshistorische Studien 38), Wien/Köln/Weimar 2016.

Lassnigg, Lorenz: Bildungsreform gescheitert … Gegenreform? 50 Jahre Schul- und Hochschulpolitik in Österreich. In: Reinhard Sieder, Heinz Steinert, Emmerich Tálos (Hg.): Österreich 1945–1995. Gesellschaft, Politik, Kultur (Österreichische Texte zur Gesellschaftskritik 60), 2. Auflage, Wien 1996, 458–484.

Lebzelter Viktor: Größe und Gewicht der Wiener Arbeiterjugend in den Jahren 1919 und 1921. In: Mitteilungen des Volksgesundheitsamtes 1922, 399–401.

Leonard, Carol, Ljungberg, Jonas: Population and living standards 1870–1914. In: Stephen Broadberry, Kevin O'Rourke, The Cambridge Economic History of Modern Europe, Bd. 2, Cambridge 2010, 107–129.

Leonhardt, Gustav (Hg.): Compass. Kalender und Jahrbuch für Handel, Gewerbe und Industrie in Oesterreich 1868, Wien 1868.

Lepenies, Philipp: Die Macht der einen Zahl. Eine politische Geschichte des Bruttoinlandsprodukts (edition suhrkamp 2673), Frankfurt/M. 2013.

Lesigang, Wilhelm von: Erwerbsteuer. In: Ernst Mischler, Josef Ulbrich (Hg.), Oesterreichisches Staatswörterbuch. Handbuch des gesammten österreichischen öffentlichen Rechtes. Bd. 1, Wien 1895, 410–416.

Lesky, Erna: Die Wiener medizinische Schule im 19. Jahrhundert (Studien zur Geschichte der Universität Wien 6), Graz/Köln 1965.

Levine, Myron M., Sztein, Marcelo B., Pasetti, Marcela F.: Salmonella enterica serovar Typhi (Typhoid) Vaccines (The Immunological Basis for Immunization Series Module 20), Geneva 2011.

Livi-Bacci, Massimo: Population and nutrition. An Essay on European Demographic History (Cambridge Studies in Population, Economy and Society in Past Time 14), Cambridge 1991.

Ludescher, Marcus: Büromenschen. Angestellte und Dienstleistungsarbeit in Österreich. Eine sozialgeschichtliche Untersuchung (Bildung – Arbeit – Gesellschaft 23), München/Wien 1998.

Luy, Marc, Zielonke, Nadine: Die geschlechtsspezifischen Sterblichkeitsunterschiede in West- und Ostdeutschland unter besonderer Berücksichtigung der kriegsbedingten Langzeitfolgen auf die Kohortenmortalität. Insa Cassens, Marc Luy, Rembrandt Scholz (Hg.), Die Bevölkerung in Ost- und Westdeutschland. Demographische, gesellschaftliche und wirtschaftliche Entwicklungen seit der Wende, Wiesbaden 2009, 169–198.

Maddison, Angus: Contours of the World Economy 1–2030 AD. Essays in Macro-Economic History, Oxford/New York 2007.

Maddison, Angus: The World Economy: Historical Statistics, Paris 2003.
Maddison, Angus: The World Economy: A Millenial Perspective, Paris 2001.
Maderthaner, Wolfgang: Von der Zeit um 1860 bis zum Jahr 1945. In: Peter Csendes, Ferdinand Opll (Hg.), Wien. Geschichte einer Stadt. Band 3, Wien/Köln/Weimar 2006, 175–544.
Magistrat der Bundeshauptstadt Wien (Hg.): Die Verwaltung der Bundeshauptstadt Wien vom 1. April 1945 bis 31. Dezember 1947, Wien 1949.
Magistrat der Stadt Wien, Abt. für Statistik (Hg.): Beiträge zur Statistik 1924 Nr. 15.
Magistrat der Stadt Wien, MA 22: Daten zur Wiener Wirtschaft, Wien (ca. 1970).
Magistrat der Stadt Wien, MA 23: Wirtschaftsstandort 2018, Wien 2018.
Magistrat der Stadt Wien, MA-L Gesundheitsplanung: Gesundheit der Wiener Bevölkerung im regionalen Vergleich (Statistische Mitteilungen zur Gesundheit in Wien 1999/2).
Magistrat der Stadt Wien, Stadtplanung: Wiener Lebensqualitätsstudien. Forschungsprojekt. Zusammenfassender Bericht, Wien 2009.
Mahidi, Margareta, Vollmann, Kurt: Wohnverhältnisse nach der Staatsbürgerschaft. Zusatzauswertungen der Großzählung 1991 mit Mikrozensus-Ergebnissen 1997. In: Statistische Nachrichten NF 54 (1999), 17–26.
Maier, Gunther, Weiss, Peter: Regionale Arbeitsmarktsegmentierung in Österreich. In: Wirtschaft und Gesellschaft 14 (1988), 505–522.
Marshall, Alfred: Principles of Economics, 8. Auflage, London 1970.
Martinek, E.: Rauchgewohnheiten der österreichischen Bevölkerung. Tl. 1. In: Statistische Nachrichten NF 27 (1972), 487–490.
Matis, Herbert: Österreichs Wirtschaft 1848–1913. Konjunkturelle Dynamik und gesellschaftlicher Wandel im Zeitalter Franz Josephs I., Berlin 1972.
Mattl, Siegfried: Agrarstruktur, Bauernbewegung und Agrarpolitik in Österreich 1919–1929, Wien 1981.
Mattl, Sylvia: Die »Assanierung« Wiens. In: Das Bad. Körperkultur und Hygiene im 19. und 20. Jahrhundert (142. Sonderausstellung des Historischen Museums der Stadt Wien), Wien 1991, 53–63.
Maurer, Rudolf: Baden. In: Österreichischer Städteatlas. Lfg. 6, Wien 2000.
Mayer, Wolfgang: Gebietsänderungen im Raume Wien 1850–1910 und die Debatten um das Entstehen eines Generalregulierungsplanes von Wien (ungedr. Diss.), Wien 1972.
Mayer, Wolfgang: Territoriale Veränderungen im Raume Wien 1938–1954. In: Wiener Geschichtsblätter 30 (1975), 286–294.
Mayerhofer, Peter: Wien in einer erweiterten Union. Ökonomische Effekte der Ostintegration auf die Wiener Stadtwirtschaft (Stadt- und Regionalforschung 2), Wien 2006.
Mayerhofer, Peter: Zweiter Bericht zur internationalen Wettbewerbsfähigkeit Wiens. WIFO, Wien 2002.
Megner, Karl: Beamtenmetropole Wien 1500–1938. Bausteine zu einer Sozialgeschichte der Beamten vorwiegend im neuzeitlichen Wien, Wien 2010.
Meißl, Gerhard: Industriearbeit in Wien 1870–1913. In: Jahrbuch des Vereins für Geschichte der Stadt Wien 36 (1980), 174–229.
Meißl, Gerhard: Im Spannungsfeld von Kundenhandwerk, Verlagswesen und Fabrik. In: Re-

nate Banik-Schweitzer, Gerhard Meißl, Industriestadt Wien. Die Durchsetzung der industriellen Marktproduktion in der Habsburgerresidenz, Wien 1983, 99–187.

Meißl, Gerhard: Hochquellenleitungen und Unratsschiffe. Zur Geschichte der Wiener Wasserver- und entsorgung vor 1914. In: Sylvia Hahn, Reinhold Reith, Umwelt-Geschichte. Arbeitsfelder – Forschungsansätze – Perspektiven (Querschnitte 8), Wien/München 2001, 157–179.

Meißl, Gerhard: Gebirgswasser in Wien. In: Karl Brunner, Petra Schneider (Hg.), Umwelt Stadt. Geschichte des Natur- und Lebensraumes Wien (Wiener Umweltstudien 1), Wien/Köln/Weimar 2005, 195–203.

Meißl, Gerhard: Ökonomie und Urbanität. Zur wirtschafts- und sozialgeschichtlichen Entwicklung Wiens im 20. Jahrhundert und am Beginn des 21. Jahrhunderts. In: Peter Cendes, Ferdinand Opll (Hg.), Wien. Geschichte einer Stadt. Bd. 3, Wien/Köln/Weimar 2006, 651–737.

Melichar, Peter: Alter, neuer und verlorener Reichtum. Eine Skizze zu den großen Vermögen im Österreich der Zwischenkriegszeit. In: Ernst Bruckmüller (Hg.), Armut und Reichtum in der Geschichte Österreichs, Wien 2010, 166–192.

Melinz, Gerhard: Das »zweite soziale Netz« – Kehrseite staatlicher Sozialpolitik. In: Emmerich Tálos [u. a.] (Hg.), Handbuch des politischen Systems Österreichs. Erste Republik 1918–1933, Wien 1995, 587–601.

Melinz, Gerhard, Zimmermann, Susan: Über die Grenzen der Armenhilfe. Kommunale und staatliche Sozialpolitik in Wien und Budapest in der Doppelmonarchie (Materialien zur Arbeiterbewegung 60). Wien/Zürich 1991.

Mercer, Alexander: Infections, Chronic Disease, and the Epidemiological Transition. A New Perspective, Rochester (NY)/Woodbridge 2014.

Mesch, Michael: Arbeiterexistenz in der Spätgründerzeit – Gewerkschaften und Lohnentwicklung in Österreich 1890–1914 (Materialien zur Arbeiterbewegung 33), Wien 1984.

Mesch, Michael: Einkommensverteilung und Branchenstruktur in Österreich. In: Wirtschaft und Gesellschaft 16(1990), 333–378.

Mesch, Michael, Weigl, Andreas: Angestellte und Tertiärisierung in Österreich 1910–51. In: Wirtschaft und Gesellschaft 37/1 (2011), 95–138.

Michel, Harald: Der Bevölkerungsgedanke im Zeitalter des Merkantilismus (Institut für angewandte Demographie Historische Reihe II), Berlin 2006.

Mikl-Horke, Gertraude: Historische Soziologie der Wirtschaft. Wirtschaft und Wirtschaftsdenken in Geschichte und Gegenwart, München/Wien 1999.

Milanović, Branko: Haben und Nicht-Haben. Eine kurze Geschichte der Ungleichheit, Darmstadt 2017.

Militär-Statistisches Jahrbuch für das Jahr 1870. Tl. 1, Wien 1872; 1909–1911, Wien 1910–1912.

Millward Robert, Baten, Jörg: Population and living standards, 1914–1945. In: Stephen Broadberry, Kevin O'Rourke (Hg.), The Cambridge Economic History of Modern Europe, Bd. 2, Cambridge 2010, 232–263.

Mises, Ludwig von: Zur Geschichte der österreichischen Fabrikgesetzgebung. In: Zeitschrift für Volkswirtschaft, Sozialpolitik und Verwaltung 14 (1905), 209–271.

Mitterauer, Michael: Ledige Mütter. Zur Geschichte unehelicher Geburten in Europa, München 1983.

Mühlpeck, Vera, Sandgruber, Roman, Woitek, Hannelore: Index der Verbraucherpreise 1800 bis 1914. Eine Rückberechnung für Wien und den Gebietsstand des heutigen Österreichs. In: Geschichte und Ergebnisse der zentralen amtlichen Statistik in Österreich 1829–1979. Tabellenanhang, Wien 1979 (Beiträge zur österreichischen Statistik 550A), 123–167.

Müller, Daniela: Wien 1888–2001: Zusammenhänge der Entwicklung der technischen Infrastruktur- und ÖV-Systeme in den Siedlungsgebieten (Europäische Hochschulschriften Reihe XXXVII Architektur 28), Frankfurt/M. [u. a.] 2007.

Münz, Rainer, Reiterer Albert F.: Wie schnell wächst die Zahl der Menschen? Weltbevölkerung und weltweite Migration, Frankfurt/M. 1997.

Nagele, Clara, Uschmann, Till: Der Wiener Fleischkonsum 1830–1913. In: Friedrich Hauer (Hg.), Die Versorgung Wiens 1829–1913. Neue Forschungsergebnisse auf Grundlage der Wiener Verzehrsteuer (Forschungen und Beiträge zur Wiener Stadtgeschichte 59), Innsbruck [u. a.] 2014, 51–76.

Namboodiri, Krishnan, Suchindran, C. M.: Life table techniques and their applications. Orlando [u. a.] 1987.

Natmeßnig, Charlotte: Britische Finanzinteressen in Österreich. Die Anglo-Oesterreichische Bank (Studien zur Wirtschaftsgeschichte und Wirtschaftspolitik 5), Wien/Köln/Weimar 1998.

Netolitzky, August: Landes-Sanitäts-Bericht für das Erzherzogtum Österreich unter der Enns für die Jahre 1898–1900, Wien 1903.

Niedermeyer, Albert: Zur sozialen Hygiene von Schwangerschaft, Geburt und Wochenbett. Ein Beitrag zur Frage des Arbeitsschutzes der Frau, Wien 1949.

Niederösterreichische Handels- und Gewerbekammer (Hg.): Die Arbeits- und Lohnverhältnisse in den Fabriken und Gewerben Niederösterreichs, Wien 1870.

Nitsch, Volker: City Growth in Europe (Volkswirtschaftliche Schriften 518), Berlin 2001.

Nobel, E., Rosenfeld, S.: Ursachen und Bekämpfung der Säuglingssterblichkeit in Österreich. Ergebnisse der von der Hygienesektion des Völkerbundes veranstalteten Enquete. Sonderbeilage der Mitteilungen des Volksgesundheitsamtes, Wien 1930.

Oddy, Derek J.: The paradox of diet and health: England and Scotland in the nineteenth and twentieth centuries. In: Alexander Fenton (Hg.), Order and disorder: The health implications of eating and drinking in the nineteenth and twentieth centuries, Edinburgh 2000, 45–63.

OECD Better Life Index, http://www.oecdbetterlifeindex.org/ (Zugriff: 10.12.2018).

OECD Stat Regional Well-Being: Regional income distribution and poverty, https://stats.oecd.org/index.aspx?queryid=58616&_ga=2.151357881.104033945.1547392587-106210393.1547392587 (Zugriff: 15.7.2019).

Österreichische Akademie der Wissenschaften, Institut für Demographie: Historisches Ortslexikon, Statistische Dokumentation zur Bevölkerungs- und Siedlungsgeschichte (https://www.oeaw.ac.at/vid/research/research-groups/demography-of-austria/historisches-ortslexikon/, Zugriff: 4.3.2018).

Österreichische Akademie der Wissenschaften (Hg.): Die Städte Niederösterreichs. Tl. 1–3, Wien 1976–1988.

Die Österreichischen Rinder-Racen. Bd. 2, Heft 2 (Niederösterreich), o. O. 1884
Österreichischer Arbeiterkammertag, Österreichischer Gewerkschaftsbund (Hg.): Der Lebensstandard von Wiener Arbeitnehmerfamilien im Lichte langfristiger Familienbudgetuntersuchungen. Eine Studie der Abteilungen für Wirtschaftswissenschaft und für Statistik der Wiener Arbeiterkammer. In: Arbeit und Wirtschaft 13 (1959), Nr. 12 Beilage 8.
Österreichischer Kinderschutzkongress: Die Ursachen, Erscheinungsformen und die Ausbreitung der Verwahrlosung von Kindern und Jugendlichen in Österreich. Einzeldarstellungen aus allen Teilen Österreichs (Schriften des Ersten Österreichischen Kinderschutzkongresses in Wien, Bd. 1), Wien 1907.
Österreichisches Institut für Raumplanung (ÖIR): Regionale Einkommensverteilung in Österreich, Wien o. J.
Österreichisches Institut für Wirtschaftsforschung: Monatsberichte 1947, Heft 1/3.
Österreichisches Statistisches Zentralamt (Hg.): Ergebnisse der Volkszählung vom 1. Juni 1951. Tabellenband I (Demographischer Teil) (Volkszählungsergebnisse 1951 Heft 12), Wien 1953.
Österreichisches Statistisches Zentralamt (Hg.): Statistisches Handbuch für die Republik Österreich NF 5 (1954), 6 (1955), 11 (1962), Wien 1954, 1955, 1962.
Österreichisches Statistisches Zentralamt, Österreichisches Institut für Wirtschaftsforschung (Hg.): Der Verbrauch der städtischen Bevölkerung Österreichs. Ergebnisse der Konsumerhebung 1954/55, Wien 1956.
Österreichisches Statistisches Zentralamt (Bearb.): Regionale Unterschiede in der Sterblichkeit in Österreich 1959–1963 (Beiträge zur Österreichischen Statistik 106), Wien 1965.
Österreichisches Statistisches Zentralamt (Hg.): Der Verbrauch der städtischen und bäuerlichen Bevölkerung Österreichs. Ergebnisse der Konsumerhebung 1964, Wien 1966.
Österreichisches Statistisches Zentralamt (Bearb.): Konsumerhebung 1974. Ergebnisse für Bundesländer (Beiträge zur österreichischen Statistik 441), Wien 1976.
Österreichisches Statistisches Zentralamt (Bearb.): Gesundheitszustand der österreichischen Bevölkerung. Ergebnisse des Mikrozensus Dezember 1983 (Beiträge zur österreichischen Statistik 840), Wien 1987.
Österreichisches Statistisches Zentralamt: Österreichischer Todesursachenatlas 1978/84 unter besonderer Berücksichtigung der Krebslokalisationen (Beiträge zur Österreichischen Statistik 933). Wien 1989.
Österreichisches Statistisches Zentralamt: Indizes zur Wertsicherung. Anleitungen, Langzeitreihen, Beispiele, Wien 1998.
Österreichisches Statistisches Zentralamt: Österreichischer Todesursachenatlas 1988/94. Wien 1998.
Olegnik, Felix: Historisch-statistische Übersichten von Wien. Tl. 1–2 (Mitteilungen aus Statistik und Verwaltung der Stadt Wien 1956, 1957, Sonderheft Nr. 1), Wien 1956–1957.
Osterloh, Karl-Heinz: Joseph von Sonnenfels und die österreichische Reformbewegung im Zeitalter des aufgeklärten Absolutismus. Eine Studie zum Zusammenhang von Kameralwissenschaft und Verwaltungspraxis (Historische Studien 409), Lübeck/Hamburg 1970.
Otruba, Gustav: Lebenserwartung und Todesursachen der Wiener. Untersuchungen auf Grund der Totenbeschauprotokolle des Archivs der Stadt Wien. In: Jahrbuch des Vereins für Geschichte der Stadt Wien 15/16 (1959/60), 209–222.

Otruba, Gustav: Zur Geschichte der Frauen- und Kinderarbeit im Gewerbe und den Manufakturen Niederösterreichs. In: Jahrbuch für Landeskunde Niederösterreichs 34 (1960), 143–179.

Otruba, Gustav: Österreichs Industrie und Arbeiterschaft im Übergang von der Manufaktur zur Fabrikaturepoche (1790–1848). In: Österreich in Geschichte und Literatur 15 (1971), 569–604.

Pammer, Michael: Vom Beichtzettel zum Impfzeugnis. Beamte, Ärzte, Priester und die Einführung der Vaccination. In: Österreich in Geschichte und Literatur 39 (1995), 11–29.

Pammer, Michael: Entwicklung und Ungleichheit. Österreich im 19. Jahrhundert (Vierteljahrschrift für Sozial- und Wirtschaftsgeschichte Beiheft 161), Stuttgart 2002.

Pammer, Michael: The distribution of income and wealth in Lower Austria in the nineteenth century (Working Papers in Economic and Social History 4, Johannes Kepler University Linz), Linz 2019.

Pammer, Michael: The distribution of income and wealth in Lower Austria in the nineteenth century (ungedr. Man.).

Pammer, Michael: Inequality in Imperial Austria (Working Papers in Economic and Social History 4, Johannes Kepler University Linz), Linz 2019.

Pammer, Michael: Jüdische Vermögen in Wien 1938 (Veröffentlichung der Österreichischen Historikerkommission. Vermögensentzug während der NS-Zeit sowie Rückstellungen und Entschädigungen seit 1945 in Österreich 8), Wien/München 2003.

Pammer, Michael: Umfang und Verteilung von Unternehmervermögen in Wien 1852–1913. In: Zeitschrift für Unternehmensgeschichte 41 (1996), 40–64.

Pammer, Michael: Wachstum und Verteilung. In: Niederösterreich im 19. Jahrhundert (im Druck).

Pamuk, Şevket, van Zanden Jan-Luiten: Standards of living. In: Stephen Broadberry, Kevin O'Rourke (Hg.), The Cambridge Economic History of Modern Europe, Bd. 1, Cambridge 2010, 217–234.

Parak, Franz: Niederösterreichs Schulwesen in Vergangenheit und Gegenwart. In: Dorothea Reiff (Hg.): Das niederösterreichische Heimatbuch, Wien 1965, 229–240.

Pawlowsky, Verena: Kinderfürsorge zwischen Anspruch und Realität. Die Sterblichkeit im Wiener Findelhaus (1784–1910) (ungedr. phil. Diss.), Wien 1996.

Pawlowsky, Verena: Mutter ledig – Vater Staat. Das Gebär- und Findelhaus in Wien 1784–1910, Innsbruck [u. a.] 2001.

Pawlowsky, Verena, Wendelin, Harald: Der Krieg und seine Opfer. Kriegsbeschädigte in Wien. In: Alfred Pfoser, Andreas Weigl (Hg.), Im Epizentrum des Zusammenbruchs. Wien im Ersten Weltkrieg, Wien 2013, 310–317.

Pawlowsky, Verena, Wendelin, Harald: Die Verwaltung des Leides. Kriegsbeschädigtenversorgung in Niederösterreich. In: Peter Melichar, Ernst Langthaler, Stefan Eminger (Hg.), Wirtschaft (Niederösterreich im 20. Jahrhundert Bd. 2), Wien/Köln/Weimar 2008, 507–536.

Pawlowsky, Verena, Zechner, Rosa: Das Wiener Gebär- und Findelhaus (1784–1910). Bd. 1–3, unter Mitarbeit von Ingrid Matschinegg (Forschungsbericht), Wien 1993.

Payer, Peter: Stadthygiene und Geruch. Die Desodorisierung des öffentlichen Raumes. In: Wiener Geschichtsblätter 51 (1996), 1–36.

Peissl, Walter: Das »bessere« Proletariat. Angestellte im 20. Jahrhundert (Studien zur Gesellschafts- und Kulturgeschichte 4), Wien 1994.
Peller, Sigismund: Die Ernährungsverhältnisse der Wiener Arbeiterbevölkerung (Jahre 1912–1914). In: Archiv für soziale Hygiene und Demographie 13, 97–130.
Peller, Sigismund: Die Ernährungsverhältnisse der Wiener Arbeiterschaft im Jahre 1925. In: Wiener Kammer für Arbeiter und Angestellte, Löhne und Lebenshaltung der Wiener Arbeiterschaft im Jahre 1925, Wien 1928, 204–225.
Peller, Sigismund: Der Geburtstod (Mutter und Kind), Leipzig/Wien 1936.
Peller, Sigismund: Säuglingssterblichkeit nach dem Kriege. In: Wiener medizinische Wochenschrift 1923, 799–801, 836–837; 1924, 118–119.
Persson Karl Gunnar: An Economic History of Europe. Knowledge, Institutions and Growth, 600 to the Present, Cambridge 2010.
Peukert, Helge: Rudolf Goldscheid: Menschenökonom und Finanzsoziologe (Finanzsoziologie 3), Frankfurt/M. [u. a.] 2009.
Pierenkemper, Toni: Haushalte. In: Gerold Ambrosius, Dietmar Petzina, Werner Plumpe (Hg.), Moderne Wirtschaftsgeschichte, 2. Auflage, München 2006, 39–59.
Piketty, Thomas: Das Kapital im 21. Jahrhundert, München 2014.
Pirquet, Clemens: Ernährungszustand der Kinder in Österreich während des Krieges und der Nachkriegszeit. In: derselbe (Hg.), Volksgesundheit im Krieg. Tl. 1. Wien/New Haven 1926, 151–179.
Pirquet, Clemens: Schülerspeisung als Teil der allgemeinen Ernährungsfürsorge. In: derselbe (Hg.), Volksgesundheit im Krieg. Tl. 1, Wien/New Haven 1926, 273–362.
Pirquet, Clemens: Geburtenhäufigkeit und Säuglingssterblichkeit. In: Wiener Medizinische Wochenschrift 1927, 11–12.
Polèse, Mario: The Wealth and Poverty of Regions. Why Cities Matter, Chicago/London 2009.
Pollard, Sidney: Peaceful Conquest. The Industrialization of Europe 1760–1970, Oxford 1981.
Popp, Adelheid: Schutz der Mutter und dem Kinde, Wien 1910.
Porter, Roy: Kunst des Heilens. Eine medizinische Geschichte der Menschheit von der Antike bis heute, Berlin 2000.
Pratscher, Kurt: Regionale Verteilung der Einkommen unselbständig erwerbstätiger Personen. Ergebnisse des Mikrozensus September 1995. In: Statistische Nachrichten NF 53(1998), 120–129.
Presl, Fr. C.: Die öffentliche Gesundheitspflege in Oesterreich seit dem Jahre 1848. In: Statistische Monatsschrift 24 (1898) 369–437.
Presl, Fr. C.: Die Säuglingssterblichkeit in Österreich. In: Statistische Monatsschrift NF 8 (1903), 651–680.
Rechnungs-Departement des k. k. Finanzministeriums (Abtheilung für die indirecten Abgaben) (Hg.): Ergebnisse der Verzehrungssteuer, Wien 1860, 1868, 1876, 1892.
Rella, Atttlio: Die Assanirung der Städte in Oesterreich-Ungarn 1848–1898, Wien 1899.
Resch, Rudolf: Retzer Heimatbuch. Bd. 2, Retz 1951.
Riley, James C.: Rising Life Expectancy. A Global History, Cambridge 2001.
Rollet, Catherine: The Fight Against Infant Mortality in the Past : An International Compa-

rison. In: Alain Bideau, Bertrand Desjardins, Héctor Pérez Brignoli (Hg), Infant and Child Mortality in the Past. Oxford 1997, 38–60.

Roscher, Wilhelm: System der Volkswirthschaft. Ein Hand- und Lesebuch für Geschäftsmänner und Studierende. Bd. 1, 2. Aufl., Stuttgart 1875.

Rosenfeld, Siegfried: Die Gesundheitsverhältnisse der Wiener Arbeiterschaft. In: Statistische Monatsschrift NF 10 (1905), 725–753, 821–863, 883–914; 11 (1906), 13–75, 219–278.

Rosenfeld, Siegfried: Die Änderung der Tuberkulosehäufigkeit Österreichs durch den Krieg (Veröffentlichungen des Volksgesundheitsamtes im Staatsamte für soziale Verwaltung 11), Wien 1920.

Rosenfeld, Siegfried: Die Wirkung des Krieges auf die Sterblichkeit in Wien. Wien 1920.

Rosenmayer, Leopold: The Role of the Woman and Mother in the Viennese Family of Today, Wien 1958.

Rothenbacher, Franz: The European Population 1850–1945, Basingstoke 2002.

Rudolph, Richard: The Pattern of Austrian Industrial Growth from the Eighteenth to the Early Twentieth Century. In: Austrian History Yearbook 11 (1975), 3–43.

Rumpler, Helmut: Eine Chance für Mitteleuropa. Bürgerliche Emanzipation und Staatsverfall in der Habsburgermonarchie (Österreichische Geschichte 1804–1914), Wien 1997.

Sandgruber, Roman: Österreichische Agrarstatistik 1750–1918 (Materialien zur Wirtschafts- und Sozialgeschichte 2), München 1978.

Sandgruber, Roman: Lebensstandard und wirtschaftliche Entwicklung im österreichischen Neoabsolutismus (1848–1859). In: Herbert Knittler (Hg.), Wirtschafts- und Sozialhistorische Beiträge. Festschrift für Alfred Hoffmann zum 75. Geburtstag, Wien 1979, 372–394.

Sandgruber, Roman: Die Anfänge der Konsumgesellschaft. Konsumgüterverbrauch, Lebensstandard und Alltagskultur in Österreich im 18. und 19. Jahrhundert (Sozial- und wirtschaftshistorische Studien 15), Wien 1982.

Sandgruber, Roman: Vom Hunger zum Massenkonsum. In: Gerhard Jagschitz, Klaus Dieter Mulley (Hg.), die »wilden« fünfziger Jahre. Gesellschaft, Formen und Gefühle eines Jahrzehnts in Österreich, St. Pölten/Wien 1985, 112–122.

Sandgruber, Roman: Was kostet die Welt? Geld und Geldwert in der österreichischen Geschichte. In: Wolfgang Häusler (Hg.), Geld. 800 Jahre Münzstätte Wien, Wien 1994, 181–193.

Sandgruber, Roman: Ökonomie und Politik. Österreichische Wirtschaftsgeschichte vom Mittelalter bis zur Gegenwart (Herwig Wolfram (Hg.), Österreichische Geschichte), Wien 1995.

Sandgruber, Roman: Geld und Geldwert. Vom Wiener Pfennig zum Euro. In: Vom Pfennig zum Euro. Geld aus Wien (281. Sonderausstellung des Historischen Museums der Stadt Wien), Wien 2002, 62–79.

Sandgruber, Roman: Die Landwirtschaft in der Wirtschaft – Menschen, Maschinen, Märkte. In: Franz Ledermüller (Hg.), Geschichte der österreichischen Land- und Forstwirtschaft im 20. Jahrhundert. Politik – Gesellschaft – Wirtschaft, Wien 2002, 191–408.

Sandgruber, Roman: Frauensachen – Männerdinge. Eine »sächliche« Geschichte der zwei Geschlechter, Wien 2006.

Sandgruber, Roman: Traumzeit für Millionäre. Die 929 reichsten Wienerinnen und Wiener im Jahr 1910, Wien/Graz/Klagenfurt 2013.

Sandgruber, Roman: Rothschild. Glanz und Untergang des Wiener Welthauses, Wien/Graz/Klagenfurt 2018.

Scheidel, Walter: The Great Leveller. Violence and the History of Inequality from the Stone Age to the Twenty-First Century, Princeton 2017.

Schiff, Walter: Die Berufsverhältnisse in Wien und deren Entwicklung. In: Mitteilungen aus Statistik und Verwaltung der Stadt Wien Jg. 1928, 2. Sonderheft.

Schimmer, Gustav Adolph: Mortalität und Vitalität der im Reichsrathe vertretenen Königreiche und Länder der Österreichischen Monarchie. In: Mittheilungen aus dem Gebiete der Statistik 14/4, Wien 1868.

Schimmer, Gustav Adolf (Bearb.): Bewegung der Bevölkerung in den im Reichsrathe vertretenen Königreichen und Ländern nach Städten und Bezirks-Hauptmannschaften im Jahre 1869. In: Mittheilungen aus dem Gebiete der Statistik 19/4 (1872), 86–127.

Schimmer, Gustav Adolf (Bearb.): Die Bevölkerung von Wien und seiner Umgebung nach dem Berufe und der Beschäftigung. Tl. 1, Wien 1874.

Schimmer, Gustav Adolf: Die unehelich Geborenen in Oesterreich. In: Statistische Monatsschrift 2 (1876), 149–174.

Schinnerl, Leo: Die Wohnungsfürsorge der Stadtgemeinde St. Pölten. In: Stadtgemeinde St. Pölten (Hg.), Die Stadt St. Pölten (Die Städte Deutschösterreichs 3), Berlin 1928, 259–267.

Schmid, Josef: Die Choleraepidemien in der Pfarre Zistersdorf. In: Unsere Heimat 35 (1964), 25–34.

Schmidl, A. A. (Hg.): Eine Woche in Wien. Zuverläßlicher Führer durch die Kaiserstadt und ihre nächsten Umgebungen, Wien 1842.

Schmidt, Leopold: Volkskunde von Niederösterreich. Bd. 1, Horn 1966.

Schnell, Hermann: Bildungspolitik in der Zweiten Republik Wien/Zürich 1993.

Schönbauer, L.: 150 Jahre Blatternimpfung. In: Wiener klinische Wochenschrift 58 (1946), 305–310.

Schober, Karl: Die Deutschen in Nieder- und Ober-Oesterreich, Salzburg, Steiermark, Kärnthen und Krain (Die Völker Oesterreich-Ungarns. Ethnographische und culturhistorische Schilderungen 1), Wien/Teschen 1881.

Schrott, Lukas Andreas: Human Development, Well-Being and Health. Evidence from Regional Development and Occupational Psychology (ungedr.rersoec. Diss.), Innsbruck 2014.

Schrott, Lukas, Gächter, Martin, Theurl, Engelbert: Regional development in advanced countries: A within-country application of the Human Development Index for Austria (University of Innsbruck, Working Papers in Economics and Statistics 2012–23), Innsbruck 2012.

Schullern-Schrattenhofen, Hermann von: Die Lohnarbeit in der österreichischen Landwirtschaft und ihre Verhältnisse. In: Zeitschrift für Volkswirtschaft, Socialpolitik und Verwaltung 5 (1896), 1–61.

Schulze, Max-Stephan: Patterns of growth and stagnation in the late nineteenth century Habsburg economy. In: European Review of Economic History 4 (2000), 311–340.

Schulze, Max-Stephan: Regional Income Dispersion and Market Potential in the late Nineteenth Century Hapsburg Empire (London School of Economics Working Papers No. 106/07), London 2007.

Schwarz, Franz: Causes of death contributing to educational mortality disparities in Austria. In: Wiener klinische Wochenschrift 119 (2007), 309–317.

Schwarz, Peter: Julius Tandler. Zwischen Humanismus und Eugenik, Wien 2017.
Schwarz, Wolfgang: Das Wiener Becken – ein alter Industrieraum (ungedr. Diss.), Wien 1968.
Schwarzer, Ernst von: Geld und Gut in Neu-Oesterreich. Wien 1857.
Sedlaczek, Stephan (Bearb.): Die definitiven Ergebnisse der Volkszählung vom 31. December 1890 in der k. k. Reichshaupt- und Residenzstadt Wien, Wien 1891.
Sedlaczek, Stephan, Löwy, Wilhelm: Wien. Statistischer Bericht über die wichtigsten demographischen Verhältnisse, Wien 1887.
Seidel, Hans, Butschek, Felix, Kausel, Anton: Die regionale Dynamik der österreichischen Wirtschaft (Österreichisches Institut für Wirtschaftsforschung, Studien und Analysen 1), Wien 1966.
Sommer, Luise: Die österreichischen Kameralisten in dogmengeschichtlicher Darstellung. Tl. 1–2, Aalen 1967.
Spree, Reinhard: Klassen- und Schichtbildung im Spiegel des Konsumverhaltens individueller Haushalte in Deutschland zu Beginn des 20. Jahrhunderts. Eine clusteranalytische Untersuchung. In: Toni Pierenkemper (Hg.), Haushalt und Verbrauch in historischer Perspektive. Zum Wandel des privaten Verbrauchs in Deutschland im 19. und 20. Jahrhundert, St. Katharinen 1987, 56–80.
Spree, Reinhard: Der Rückzug des Todes. Der epidemiologische Übergang in Deutschland während des 19. und 20. Jahrhunderts. In: Historical Social Research 23 (1998), Nr. 1/2, 4–43.
Stadler, Gerhard A.: Das industrielle Erbe Niederösterreichs. Geschichte – Technik – Architektur, Wien/Köln/Weimar 2006.
Stadler, Rudolf: Die Wasserversorgung der Stadt Wien in ihrer Vergangenheit und Gegenwart. Denkschrift zur Eröffnung der Hochquellen-Wasserleitung im Jahre 1873, Wien 1873.
Stadt Wien, Bereichsleitung für Gesundheitsplanung und Finanzmanagement: Lebenserwartung und Mortalität in Wien. Life Expectancy and Mortality in Vienna, Wien 2003.
Stagl, Verena, Sattmann, Helmut: Der Herr der Würmer. Leben und Werk des Wiener Arztes und Parasitologen Johann Gottfried Bremser (1767–1827), Wien/Köln/Weimar 2013.
Statistik Austria (Hg.): Statistisches Jahrbuch Österreichs NF 61 (2011), Wien 2001.
Statistik Austria (Hg.): Verbrauchsausgaben 1999/2000. Hauptergebnisse der Konsumerhebung, Wien 2001.
Statistik Austria: Volkszählung 2001. Wohnbevölkerung nach Gemeinden (mit der Bevölkerungsentwicklung seit 1869), Wien 2002.
Statistik Austria (Hg.): Verbrauchsausgaben 2004/05. Hauptergebnisse der Konsumerhebung, Wien 2006.
Statistik Austria (Hg.): Demographisches Jahrbuch 2006, Wien 2007.
Statistik Austria (Hg.): Einkommen, Armut und Lebensbedingungen. Ergebnisse aus dem EU-SILC 2005, Wien 2007.
Statistik Austria (Hg.): Österreichischer Todesursachenatlas 1998/2004. Wien 2007.
Statistik Austria: Census 2011 Niederösterreich. Ergebnisse zur Bevölkerung aus der Registerzählung, Wien 2013.
Statistik Austria: Census 2011 Wien. Ergebnisse zur Bevölkerung aus der Registerzählung, Wien 2013.

Statistik Austria: Ausstattungsgrad der Haushalte – Bundesländerergebnisse 2014/15 (http://www.statistik.at/web_de/statistiken/menschen_und_gesellschaft/soziales/ausstattung_privater_haushalte/index.html, Zugriff: 29.11.2018).

Statistik Austria (Hg.): Demographische Indikatoren. Erweiterte Zeitreihen für Niederösterreich ab 1961 (https://www.statistik.at/web_de/statistiken/menschen_und_gesellschaft/bevoelkerung/demographische_indikatoren/index.html, Zugriff: 14.11.2018).

Statistik Austria (Hg.): Demographische Indikatoren. Erweiterte Zeitreihen für Wien ab 1961 (https://www.statistik.at/web_de/statistiken/menschen_und_gesellschaft/bevoelkerung/demographische_indikatoren/index.html, Zugriff: 14.11.2018).

Statistik Austria (Hg.): Jahrbuch der Gesundheitsstatistik, Wien 2018.

Statistik Austria: Demographische Indikatoren 2017 – Mortalität (inkl. Lebenserwartung in Gesundheit), (https://www.statistik.at/web_de/statistiken/menschen_und_gesellschaft/bevoel kerung/demographische_indikatoren/index.html, Zugriff: 4.1.2019).

Statistik Austria (Hg.): Tabellenband EU-SILC 2018 und Bundesländertabellen mit Dreijahresdurchschnitt 2016 bis 2018. Einkommen, Armut und Lebensbedingungen, Wien 2019.

Statistik der Stadt Wien Heft 1–2, Wien 1857–1861.

Statistische Zentralkommission (Hg.): Ergebnisse der außerordentlichen Volkszählung vom 31. Jänner 1920. Alter und Familienstand der Wohnparteien (Beiträge zur Statistik der Republik Österreich 6), Wien 1921.

Statistisches Bureau der Niederösterreichischen Handels- und Gewerbekammer (Bearb.), Ergebnisse der Gewerblichen Betriebszählung vom 3. Juni 1902 in Niederösterreich, Wien 1909.

Statistisches Jahrbuch für die Stadt Wien 1–32 (1883–1914), 1930–1935, 1943–1962, 2018, Wien 1885–2018.

Die steuerpflichtigen Gewerbe des österreichischen Kaiserstaates im Jahre 1862. I.: Industrial-Gewerbe; II.: Commerzial-Gewerbe (Mittheilungen aus dem Gebiete der Statistik 12/1; 12/4), Wien 1865, 1866.

Stiefel, Dieter: Arbeitslosigkeit. Soziale, politische und wirtschaftliche Auswirkungen – am Beispiel Österreichs 1918–1938 (Schriften zur Wirtschafts- und Sozialgeschichte 31), Berlin 1979.

Stiefel, Dieter: »Die österreichischen Banken am Höhepunkt von Macht und Einfluß«. System und Problematik des österreichischen Finanzkapitals von den neunziger Jahren des 19. Jahrhunderts bis zur Weltwirtschaftskrise. In: Bankhistorisches Archiv 1/1984, 18–34.

Stiefel, Dieter: Verstaatlichung und Privatisierung in Österreich. Illusion und Wirklichkeit, Wien/Köln/Weimar 2011.

Stöckel, Sigrid: Säuglingssterblichkeit in Berlin von 1870 bis zum Vorabend des Ersten Weltkriegs – Eine Kurve mit hohem Maximum und starkem Gefälle. In: Berlin-Forschungen 1 (Einzelveröffentlichungen der Historischen Kommission zu Berlin 54), Berlin 1986, 219–264.

Streissler, Erich, Streissler, Monika: Grundzüge der Volkswirtschaftslehre für Juristen. 2. Auflage, Wien 1986.

Streller, Maria: »Verschwender und Geizkrägen«. Eine strukturelle Untersuchung des Wirtschaftsbürgertums in Wien um 1900 auf Grund von Verlassenschaftsakten (ungedr. Dipl.-Arb.), Wien 1988.

Ströbel, Birgit: Die Ernährung der Unterschichten in Wien im Zeitraum 1820 bis 1870 (ungedr. phil. Diss.), Wien 1979.

Szreter, Simon, Mooney, Graham: Urbanization, mortality, and the standard of living debate: new estimates oft he expectation of life at birth in nineteenth-century British cities. In: Economic History Review 51 (1998), 84–112.

Szukits, F.: Über die Menstruation in Österreich. In: Zeitschrift der k. k. Gesellschaft der Ärzte zu Wien 13 (1857), 509–544.

Tafeln zur Statistik der Oesterreichischen Monarchie 1–21, NF 1–5 (1828–1860/65), Wien 1829–1871.

Tálos, Emmerich: Staatliche Sozialpolitik in Österreich. Rekonstruktion und Analyse (Österreichische Texte zur Gesellschaftskritik 5), Wien 1981.

Teleky, Ludwig: Die Sterblichkeit an Tuberkulose in Österreich 1873–1904. In: Statistische Monatsschrift NF 11 (1906), 145–218.

Teleky, Ludwig: Soziale Pathologie der Tuberkulose. In: Handbuch der sozialen Hygiene und Gesundheitsfürsorge 3, Berlin 1926, 116–218.

Totenverluste des Zweiten Weltkrieges. In: Statistische Nachrichten NF 10 (1955), 146–147.

Tribe, Keith: Strategies of economic order. German economic discourse, 1750–1950, Cambridge 1995.

United Nation Development Programme: Human Development Indices and Indicators,. Statistical Update 2018, New York 2018.

Vallin, Jacques: Mortality in Europe from 1720 to 1914. Long-Term trends and Changes in Patterns by Age and Sex. In: Roger Schofield, David Reher, Alain Bideau (Hgg.), The Decline of Mortality in Europe. Oxford 1991, 38–67.

Van Poppel, Frans, Van der Heijden, Cor: The effects of water supply on infant and childhood mortality: a review of historical evidence. In: Health Transition Review 7 (1997), 113–148.

Vaterländische Blätter für den österreichischen Kaiserstaat 1811.

Verwiebe, Roland [u. a.]: Gini Growing Inequalities Impact. Country Report for Austria, o. O. (ca. 2011).

Voit, W.: Die Entwässerung. In: Österreichischer Ingenieur- und Architektenverein (Hg.), Technischer Führer durch Wien, Wien 1910, 140–147.

Vollmann, Kurt: Regionalergebnisse zur Einkommensverteilung der Unselbständigen. Ergebnisse des Mikrozensus-Sonderprogramms September 1987. In: Statistische Nachrichten NF 43 (1988), 571–581.

Voth, Hans-Joachim: Living standards and the urban environment. In: Roderick Floud, Paul Johnson (Hg.), The Cambridge Economic History of Modern Britain. Bd. 1, Cambridge 2003, 268–294.

Wagner, Andrea: Die Entwicklung des Lebensstandards in Deutschland zwischen 1920 und 1960 (Beihefte des Jahrbuchs für Wirtschaftsgeschichte 12), Berlin 2008, 14–16.

Walsch, Christopher: Einleitung: Wirtschaft und Wohlstand in Mitteleuropa – einhundertfünfzig Jahre Rückständigkeit? In: derselbe (Hg.), Einhundertfünfzig Jahre Rückständigkeit? Wirtschaft und Wohlstand in Mitteleuropa von 1867 bis zur Gegenwart (Mitteleuropäische Studien 5), Herne 2013, 12–20.

Walterskirchen, Ewald: Die Entwicklung der Lohnunterschiede in Österreich. In: WIFO-Monatsberichte 52 (1979), 9–22.

Ward, W. Peter: Birth Weight and Economic Growth. Women's Living Standards in the Industrializing West, Chicago/London 1993.

Ward, W. Peter: Birth Weight and Standards of Living in Vienna, 1865–1930, in: Journal of Interdisciplinary History 19 (1988), 203–229.

Weidenholzer, Josef: Der sorgende Staat. Zur Entwicklung der Sozialpolitik von Joseph II. bis Ferdinand Hanusch, Wien/München/Zürich 1985.

Weigl, Andreas: Personelle Einkommensentwicklung und -verteilung in Wien 1945–1997. In: Josef Schmee, Andreas Weigl (Hg.), Wiener Wirtschaft 1945–1998. Geschichte – Entwicklungslinien – Perspektiven, Frankfurt/M. [u. a.] 1999, 155–192.

Weigl, Andreas: Demographischer Wandel und Modernisierung in Wien (Kommentare zum Historischen Atlas von Wien 1), Wien 2000.

Weigl, Andreas: Der langfristige Wandel des Konsumverhaltens Wiener Haushalte im Spiegel der Konsumerhebungen – eine Rückrechnung auf Basis der COICOP, in: Statistische Mitteilungen der Stadt Wien 2002/4, 29–40.

Weigl, Andreas, Frühneuzeitliches Bevölkerungswachstum. In: Peter Csendes, Ferdinand Opll, Wien. Geschichte einer Stadt. Bd. 2, Wien 2003, 109–131.

Weigl, Andreas: »Unbegrenzte Großstadt« oder »Stadt ohne Nachwuchs«? Zur demographischen Entwicklung Wiens im 20. Jahrhundert. In: Franz X. Eder [u. a.], Wien im 20. Jahrhundert. Wirtschaft, Bevölkerung, Konsum (Querschnitte 12), Innsbruck [u. a.] 2003, 141–200.

Weigl, Andreas: Ein misslungener demographischer Zwischenspurt. Zur demographischen Entwicklung des Waldviertels von der frühen Neuzeit bis zur Gegenwart. In: Herbert Knittler (Hrsg.), Wirtschaftsgeschichte des Waldviertels (Schriftenreihe des Waldviertler Heimatbundes 47), Horn-Waidhofen an der Thaya 2006, 417–477.

Weigl, Andreas: Dank Keuschheit ein langes Leben? Hochbetagte Arbeiterinnen und Arbeiter im Wien der Jahrhundertwende. In: Martin Dinges (Hg.), Männlichkeit und Gesundheit im historischen Wandel ca. 1800–ca. 2000 (Medizin, Gesellschaft und Geschichte Beiheft 27), Stuttgart 2007, 227–241.

Weigl, Andreas: Der »gender gap« revisited: Eine Modellrechnung im Kontext historischer, sozial- und naturwissenschaftlicher Befunde. In: Martin Dinges (Hg.), Männlichkeit und Gesundheit im historischen Wandel ca. 1800–ca. 2000 (Medizin, Gesellschaft und Geschichte Beiheft 27), Stuttgart 2007, 41–52.

Weigl, Andreas: Schul-(Alltags-)Geschichte. In: Oliver Kühschelm, Ernst Langthaler, Stefan Eminger (Hrsg.), Kultur (= Niederösterreich im 20. Jahrhundert 3), Wien/Köln/Weimar 2008, 39–71.

Weigl, Andreas: Hinter den Kulissen des Wirtschaftswunders. Kommunale Wirtschaftspolitik im »goldenen Zeitalter« (Wiener Geschichtsblätter 2011 Beiheft 1), Wien 2011.

Weigl, Andreas: Kliometrie in der Erweiterung. Warum anthropometrische Wirtschafts- und Sozialgeschichte nicht nur für die Geschichtswissenschaften von Bedeutung ist. In: Wirtschaft und Gesellschaft 38/2 (2012), 423–434.

Weigl, Andreas: Niederösterreichs Bevölkerung 1848–2000. Stefan Eminger, Elisabeth Loinig, Willibald Rosner (Hg.), Ein Land im Zeitraffer. Niederösterreich seit 1848, Weitra 2012, 76–82.

Weigl, Andreas: Eine Stadt stirbt nicht so schnell. Demographische Fieberkurven am Rande des Abgrunds. In: Alfred Pfoser, Andreas Weigl (Hg.), Im Epizentrum des Zusammenbruchs. Wien im Ersten Weltkrieg, Wien 2013, 62–71.

Weigl, Andreas: Der Einfluss geänderter Ernährungsgewohnheiten auf den »biologischen« Wohlstand der Wiener Bevölkerung im 19. und frühen 20. Jahrhundert. In: Friedrich Hauer (Hg.), Die Versorgung Wiens 1829–1913. Neue Forschungsergebnisse auf Grundlage der Wiener Verzehrsteuer (Forschungen und Beiträge zur Wiener Stadtgeschichte 59), Innsbruck [u. a.] 2014, 131–149.

Weigl, Andreas: Eine Transition vor der Transition? Überlebensverhältnisse in Wien zwischen napoleonischer Epoche und dem Ausbruch der ersten Choleraepidemie 1831/32. In: Pro Civitate Austriae NF 20 (2015), 79–93.

Weigl, Andreas: Kriegsverluste und Stagnation: Die demographischen Wirkungen des Weltkrieges. In: Elisabeth Loinig (Hg.), Fern der Front – Mitten im Krieg 1914–1918. Alltagsleben im Hinterland (Studien und Forschungen aus dem Niederösterreichischen Institut für Landeskunde 60), St. Pölten 2016, 138–153.

Weigl, Andreas: Eine dauerhafte Beziehung. Migrationsbewegungen zwischen Niederösterreich und Wien vom Mittelalter bis in die Gegenwart. In: Elisabeth Loinig, Stefan Eminger, Andreas Weigl (Hg.), Wien und Niederösterreich – eine untrennbare Beziehung? Festschrift für Willibald Rosner (Studien und Forschungen aus dem Niederösterreichischen Institut für Landeskunde 70), St. Pölten 2017, 193–213.

Weigl, Andreas: Cholera. Eine Seuche verändert die Stadt (Veröffentlichungen des Wiener Stadt- und Landesarchivs B 98; Wiener Geschichtsblätter Beiheft 1/2018), Wien 2018.

Weißenhofer, Robert, Langer, Karl: Charakteristik und physische Beschaffenheit der Bevölkerung. In: Die österreichisch=ungarische Monarchie in Wort und Bild. Wien und Niederösterreich. 2. Abt.: Niederösterreich, Wien 1888, 183–188.

Wiener Kommunal-Kalender und städtisches Jahrbuch 2–6 (1864–1868), Wien 1864–1868.

Wiener Stadt- und Landesarchiv, Ludwig Boltzmann Institut für Stadtgeschichtsforschung (Hg.): Historischer Atlas von Wien 5. Lfg., 3.4.1 Bildungsgrad der Bevölkerung 1870/71–1934/35

Wiener Sterbetafeln (Mitteilungen aus Statistik und Verwaltung der Stadt Wien 1953 Sonderheft 1).

WIFO-Monatsberichte 10/12 (1946).

Wilkinson, Richard, Pickett, Kate: Gleichheit ist Glück. Warum gerechtere Gesellschaften für alle besser sind, 3. Auflage, Frankfurt/M. 2010.

Williamson, Jeffrey G.: Coping with city growth during the British industrial revolution, Cambridge 1990.

Williamson, Jeffrey G.: Was the Industrial Revolution Worth It? Disamenties and Death in 19th Century British Towns. In: Explorations in Economic History 19 (1982), 221–245.

Wingard, D.: The sex differential in mortality rates: Demographic and behavioral factors. In: American Journal of Epidemiology 115 (1982), 205–216.

Winkle, Stefan: Geißeln der Menschheit. Kulturgeschichte der Seuchen, 2. Auflage, Düsseldorf/Zürich 1997.

Winkler, Wilhelm: Die Totenverluste der oest.-ung. Monarchie nach Nationalitäten, Wien 1919.

Witrisal, Georg: Der »Soziallamarckismus« Rudolf Goldscheids. Ein milieutheoretischer

Denker zwischen humanitären Engagement und Sozialdarwinismus (Dipl.-Arb.), Graz 2004.

Witzler, Beate: Großstadt und Hygiene. Kommunale Gesundheitspolitik in der Epoche der Urbanisierung (Medizin, Gesellschaft und Geschichte. Jahrbuch des Instituts für Geschichte der Medizin der Robert Bosch Stiftung, Beiheft 5), Stuttgart 1995.

Wochenberichte der statistischen Abteilung des Wiener Magistrates 1922, Heft 18.

Wolf, Maria A.: Das »gesunde Arbeiterkind« als ein Projekt der »Sozialen Medizin«. Zur wissenschaftlichen Neuordnung der Kindheit durch die Medikalisierung der »Sozialen Frage« zu Beginn des 20. Jahrhunderts. In: Virus. Beiträge zur Sozialgeschichte der Medizin 17, Leipzig 2018, 13–28.

Wurzbach, Constant von: Biographisches Lexikon des Kaiserthums Oesterreich … Tl. 11, Wien 1864.

Zwettler, Otto: Die Entwicklung des an die Tschechoslowakei angeschlossenen Weitraer bzw. Gmünder Gebietes 1920 bis 1938. In: Thomas Winkelbauer, Thomas, Kontakte und Konflikte. Böhmen, Mähren und Österreich: Aspekte eines Jahrtausends gemeinsamer Geschichte (Schriftenreihe des Waldviertler Heimatbundes 36), Horn/Waidhofen an der Thaya 1993. 401–411.

Anhang

Währungseinheiten

Nach der Währungsreform von 1816 bestanden Gulden Wiener Währung (fl. WW) und Gulden Conventionsmünze (fl. CM), die ab 1820 zu einem fixen Kurs von 2,5 Gulden WW = 1 Gulden CM getauscht wurden. 1 Gulden entsprach 60 Kreuzern (kr.). Im Jahr 1858 wurde der Gulden um 5 Prozent aufgewertet und ab dann als Gulden österreichische Währung (fl. ÖW) bezeichnet. 1 Gulden entsprach nun 100 kr. Ab dem Jahr 1892 ersetzte die österreichische Krone (K) den Gulden österreichische Währung im Verhältnis 2 K = 1 fl. ÖW. 1 Krone entsprach 100 Hellern (h.). Ab 1925 ersetzte der österreichische Schilling (ATS) die nach der Hyperinflation stabilisierte Krone. 10.000 Kronen = 1 Schilling. 1 Schilling entsprach 100 Groschen (Gr.). Nach dem »Anschluss« an NS-Deutschland ersetzte die Reichsmark (RM) den Schilling zum Wechselkurs von 1 Reichsmark = 1,5 Schilling. 1 Reichsmark entsprach 100 Pfennigen. Nach dem Zweiten Weltkrieg wurde ab November 1945 der Schilling wieder eingeführt, und zwar nur in kleinen Beträgen im Verhältnis 1 Reichsmark = 1 Schilling, mit der Währungsreform 1937 dann im Wesentlichen 3 Reichsmark = 1 neuer Schilling. Mit dem 1.1.2002 ersetzte der Euro den Schilling. 1 Euro (€) = 13,7603 Schilling. 1 Euro entspricht 100 Cent (Ct.).

Glossar

(Alters-)Standardisierte Sterberate: Sterberate berechnet mit einer standardisierten Altersverteilung.

Äquivalisiertes Nettohaushaltseinkommen: Nettohaushaltseinkommen pro Kopf nach Konsumäquivalenten (erwachsene Personen werden mit 1,0 gewichtet, jüngere Haushaltsmitglieder niedriger).

Body-Mass-Index (BMI): Körpergewicht (kg)/(Körpergröße(m))^2.

Geary-Khamis Dollar: Auf US-Dollar beruhende Vergleichswährung, welche die nationalen Kaufkraftparitäten berücksichtigt. Diese Kaufkraftparität ist die Anzahl an inländischen Währungseinheiten, die nötig ist, um im Inland die gleiche Menge an Gütern zu kaufen, welche in den USA für einen US-Dollar zu erwerben ist. Die gehandelten Güter müssen dabei identisch oder zumindest vergleichbar sein.

Gender Gap: Unterschied in der Lebenserwartung von Frauen und Männern.

Gender Pay Gap: Unterschied in den Einkommen von Frauen und Männern.

Gini-Koeffizient: Maß der relativen Ungleichheit, welches auf den Abständen aller Merkmalsausprägungen einer bestimmten Verteilung (z. B. Einkommen, Vermögen) beruht. Sind alle Merkmalsausprägungen gleich, ist der Wert des Koeffizienten 0, sind einige Merkmalsausprägungen sehr hoch, alle anderen sehr niedrig, ist der Wert nahe bei 1.

Korrelationskoeffizient: Maßzahl des linearen positiven oder negativen Zusammenhangs zwischen zwei Variablen. Der Koeffizient liegt zwischen –1 und +1, wobei ein Wert von 0 nur das Nichtbestehen eines linearen Zusammenhangs belegt.

Median: Einkommen, das von 50 Prozent der Einkommensempfänger unterschritten wir.

Mittelwert: arithmetisches Mittel (Durchschnittswert).

Modus: häufigster Wert.

NUTS-3-Region (Nomenclature des unités territoriales statistiques): Bezeichnung für eine in der Europäischen Union fixierte statistische territoriale Einheit unterhalb der Ebene der österreichischen Bundesländer.

Primäres Segment des Arbeitsmarktes: gekennzeichnet durch höhere Bezahlung, geringeres Arbeitsplatzrisiko und Fluktuation.

Proxy-Variablen: Variablen, die zur ersatzweisen Messung nicht oder nur eingeschränkt vorhandener Indikatoren in Regressionsmodellen Verwendung finden.

Quartil (1., 3.): Einkommen, das von 25/75 Prozent der Einkommensempfänger unterschritten wir.

Quartildispersionskoeffizient: Der Koeffizient ist definiert als $(Q_3–Q_1)/(Q_3+Q_1)$, wobei Q_1 = 1. Quartil, 25 Prozent der Einkommensbezieher liegen unter diesem Wert, Q_3 = 3. Quartil, 75 Prozent der Einkommensbezieher liegen unter diesem Wert.

Rohe Sterberate: (jährliche) Sterbefälle bezogen auf 1000 der Bevölkerung.

Sekundäres Segment des Arbeitsmarktes: gekennzeichnet durch niedrige Bezahlung, hohes Arbeitsplatzrisiko und Fluktuation.

Standardabweichung: Wurzel aus der Varianz (Summe der Abweichungsquadrate vom Mittelwert/Anzahl der Fälle).

Todesursachenspezifische Sterberate: (jährliche) Sterbefälle einer bestimmten Todesursache bezogen auf 100.000 der Bevölkerung.

»truncated mean«: ein Mittelwert, in dem der unterste und der oberste Teil der Werte (z. B. die niedrigsten und höchsten 5 Prozent, 10 Prozent) für die Berechnung nicht herangezogen wird.

Variationskoeffizient: relatives Streuungsmaß definiert als Standardabweichung/Mittelwert.

VOMB: Viertel ober dem Manhartsberg.

VOWW: Viertel ober dem Wienerwald.

VUMB: Viertel unter dem Manhartsberg.

VUWW: Viertel unter dem Wienerwald.

Verzeichnis der Tabellen und Graphiken

Abbildungsnachweis

Abbildung 1a+b: Summarische Rapports-Tabelle Nr. III über den am flachen Lande N.Ö.s vom 15. bis 31. August beobachteten Fortgang der Cholera (Quelle: NÖ Reg Präs-Akten 1866 P12 ad 3325 Zl.4426)

Abbildung 2a: Hauptunratskanal am rechten Wienflussufer welcher zur Zeit der Cholera am 1. VIII. 1831 angefangen und am 31. VIII. 1832 beendigt wurde, Hauptsituations- und Niveauplan (WStLA, Kartographische Sammlung, Pläne und Karten, Sammelbestand, P1: 168a)

Abbildung 2b: Zusammenstellung der Profile und Niveauvergleichung des Spühlwasser Einleitungs- und Uiberfalls= und Ausfalls Canals in Bezug auf den rechtseitigen Haupt=Canal (WStLA, Kartographische Sammlung, Pläne und Karten, Sammelbestand, P1: 168c)

Abbildung 2c: Detail Plan des unter dem 22 Klafter langem Mühlbache aus der neuen Bärenmühle durchgeführten Hauptcanales: Längenprofil von der rechten Hand (WStLA, Kartographische Sammlung, Pläne und Karten, Sammelbestand, P1: 168d)

Abbildung 2d: Detail Plan von der Durchführung des Hauptcanales unter dem Mühlbache bei der Gumpendorfer Wehr (WStLA, Kartographische Sammlung, Pläne und Karten, Sammelbestand, P1: 168f)

Abbildung 3: Durchschnitt des Traisentales nach Gesteinsformationen (WStLA, Pläne der Plan- und Schriftenkammer, P4/1: 107821)

Abbildung 4: Die Verteilungsanlagen der I. und II. Kais. Franz Josef Hochquellenleitung in Wien (WStLA, Pläne der Plan- und Schriftenkammer, P4/1: 120423/2)

Abbildung 5: Bau der Franz Josef Wasserleitung in Zwettl 1902 (Stadtarchiv Zwettl: Sammlung Fröhlich, BA-SF-04-01-122)

Abbildung 6: Beim Mittagessen in der Wachau um 1900 – Hamza (Volkshochschulen-Archiv: Skio-Urania 127/102)

Abbildung 7: Schule in Klosterneuburg um 1900 (Quelle: Volkshochschulen Archiv Skio-Urania 564)

Abbildung 8: Subventionszusage des k.k. Ministeriums für Volksgesundheit an den Verein »Kriegspatenschaft«, 20. August 1918 (WStLA, M.Abt. 119, A32: 4949/1927)

Abbildung 9: American Relief Administration European Children's Fund (ARA), List of Child Feeding Stations in Austria. In: Mitteilungen des Generalkommissariats der Amerikanischen Kinderhilfsaktion Nr. 18-26 (Dezember 1920), 107.

Abbildung 10: Zeitungsausschnitt »Stammersdorfer Idylle. Die Wiener auf Kartoffeljagd (Zeichnung von Theo Zasche). In: Kleine Oesterreichische Volks-Zeitung, 29. Juli 1917 (WStLA, Historische Kommission 66)

Abbildung 11: Tagesration eines Wiener Normalverbrauchers 1946 (WStLA, Fotosammlung, Presse- und Informationsdienst, FC1: 4625/1)

Abbildung 12: Die 1.Klasse der Volksschule Rieggers mit ihrer Lehrerin Marie Schüsterl (geb. 05.07.1895) und Pfarrer Johann Flicker, ca. 1914-1918 (Stadtarchiv Zwettl: Nachlass Marie Schüsterl, BA-2-15-17)

Abbildung 13: Tuberkulosefürsorgestelle im Zürcher Hof, Wien Favoriten, Laxenburgerstraße 49-57, 1930 (WStLA, Fotosammlung Gerlach, FC1: 2880 M)

Abbildung 14: Zentralwäscherei, Waschraum, Wohnhausanlage Sandleiten, Wien-Ottakring 1928 (WStLA, Fotosammlung Gerlach, FC1: 1911 M)
Abbildung 15: Amalienbad, Wannenkabine, Wien Favoriten, Reumannplatz 9, 1926 (WStLA, Fotosammlung Gerlach, FC1: 783 M)
Abbildung 16a: Eröffnung des Einkaufszentrums Hietzing durch den Wiener Bürgermeister Franz Jonas 1. Mai 1964 (WStLA, Presse- und Informationsdienst, FA1: 64625/6)
Abbildung 16b: Eröffnung des Einkaufszentrums Hietzing 1. Mai 1964 (WStLA, Presse- und Informationsdienst, FA1: 64625/13)
Abbildung 17: Nebenerwerbsbauernfamilie Groiss vor dem Wohnhaus, Plankenstein, Bezirk Melk, ca. 1965 (Privatbesitz: Karin Winter)
Abbildung 18: Niederösterreichischer Bahnhof (wahrscheinlich Amstetten) mit Pendlern und Schülern 1960 (Archiv des Karl-Vogelsang-Instituts)
Abbildung 19: Parkplatznot in Wien-Innere Stadt, Judenplatz, 7.6.1957 (WStLA, Fotosammlung, Presse- und Informationsdienst, FC 1: 57236/6)

SCHRIFTENREIHE DES FORSCHUNGSINSTITUTS FÜR POLITISCH-HISTORISCHE STUDIEN DER DR. WILFRIED-HASLAUER-BIBLIOTHEK

herausgegeben von Franz Schausberger, Robert Kriechbaumer und Hubert Weinberger

Band 65: Robert Kriechbaumer | Richard Voithofer (Hg.)

Politik im Wandel

Der Salzburger Landtag im Chiemseehof 1868-2018

2018. 1.032 Seiten, mit 332 s/w- und farb. Abb., gebunden € 80,00 D | € 82,00 A

ISBN 978-3-205-20776-4

Auch als eBook erhältlich

Seit 1868 tritt der Salzburger Landtag zu seinen Sitzungen im Chiemseehof zusammen. Als Sitz des Landesparlaments ist der Chiemseehof der zentrale Ort der demokratischen Mitbestimmung in Salzburg.

Band 64: Lothar Höbelt

Die Erste Republik Österreich (1918–1938)

Das Provisorium

2018. 456 Seiten, gebunden

€ 38,00 D | € 40,00 A

ISBN 978-3-205-20539-5

Lothar Höbelt bezeichnet die Erste Republik als ein Provisorium, das sich vom Charakter des Unfertig-Behelfsmäßigen nie ganz zu lösen verstand. Er schildert die Ereignisse der Jahre 1918-1938 nicht als Geschichte der versäumten Gelegenheiten, sondern „wie es eigentlich gewesen ist".

böhlau

Vandenhoeck & Ruprecht Verlage

www.vandenhoeck-ruprecht-verlage.com

Preisstand 1.1.2019

SCHRIFTENREIHE DES FORSCHUNGSINSTITUTS FÜR POLITISCH-HISTORISCHE STUDIEN DER DR. WILFRIED-HASLAUER-BIBLIOTHEK

herausgegeben von Franz Schausberger, Robert Kriechbaumer und Hubert Weinberger

Band 71: Martin Dolezal | Peter Grand | Berthold Molden | David Schriffl

Sehnsucht nach dem starken Mann?

Autoritäre Tendenzen in Österreich seit 1945

2019. 479 Seiten, mit zahlr. Tab., Graf. und 18 s/w und 11 farb. Abb., gebunden

€ 55,00 D | € 57,00 A

ISBN 978-3-205-23195-0

Auch als eBook erhältlich

Auch in Österreich wird über die Gefahr eines neuen Autoritarismus gestritten. Das Buch untersucht das Ausmaß und den Charakter autoritärer Tendenzen seit 1945.

Band 70,1: Robert Kriechbaumer (Hg.)

Die Dunkelheit des politischen Horizonts. Salzburg 1933 bis 1938 in den Berichten der Sicherheitsdirektion

Band 1: Gewitterwolken. Vom März 1933 bis Februar 1934

2019. 459 Seiten, mit 25 s/w-Abb., gebunden

€ 49,00 D | € 51,00 A

ISBN 978-3-205-23205-6

Auch als eBook erhältlich

Jenseits der relativ gut erforschten Ebene der österreichischen Bundespolitik bestehen im Bereich der regionalpolitischen Forschung für die Jahre 1933 bis 1938 noch erhebliche Defizite.

böhlau

Vandenhoeck & Ruprecht Verlage

www.vandenhoeck-ruprecht-verlage.com

Preisstand 1.1.2019